평설 육조단경

평설 육조단경

초판 1쇄 인쇄 2020년 5월 27일
초판 1쇄 발행 2020년 6월 3일
–

저 자 혜능(惠能)
역주자 강경구
발행인 이방원
편 집 김명희·안효희·윤원진·정우경·송원빈·최선희
디자인 손경화·박혜옥·양혜진
영 업 최성수 **기획·마케팅** 정조연 **업무지원** 김경미
–

발행처 세창출판사
신고번호 제300-1990-63호
주 소 03735 서울시 서대문구 경기대로 88 냉천빌딩 4층
전 화 723-8660   **팩 스** 720-4579
이메일 edit@sechangpub.co.kr   **홈페이지** http://www.sechangpub.co.kr/
–

ISBN 978-89-8411-945-1 93220

이 도서의 국립중앙도서관 출판예정도서목록(CIP)은 서지정보유통지원시스템 홈페이지(http://seoji.nl.go.kr)와
국가자료종합목록 구축시스템(http://kolis-net.nl.go.kr)에서 이용하실 수 있습니다.(CIP제어번호 : CIP2020020522)

평설

육조단경

六祖壇經

혜능(惠能) 저

강경구 역주

세창출판사

젊은 시절 도가 높다는 한 노스님을 찾아가 깨달음의 길을 물었던 일이 있습니다. 그 스님은 별 가르침은 없이 복사본『육조단경』한 권을 내주며 이 책을 한 100번만 읽어 보라고 했습니다. 무엇인가 비전의 절대 신공은 아니라도 현묘한 동문서답 하나쯤은 들을 수 있으리라 생각했던 나는 생각했습니다. '시시한 스님이다.'『육조단경』을 내미는 일이야 불교에 대한 소문만 듣고도 흉내 낼 수 있는 일이었기 때문입니다.

　그리고 20여 년이 흘러 고심정사 불교대학의 강의를 계기로『육조단경』을 다시 접하게 되었습니다. 강의를 위해 이런저런 준비와 연구를 진행하면서 매 순간 이 경전이 '시시함'의 가치를 확인시켜 주고 있다는 생각을 하게 되었습니다.

　『육조단경』은 나와 세계의 시시함을 확인시켜 줍니다. 그래서인지 나무꾼 혜능의 신분이 시시하고, 방앗간에서 공고히 한 깨달음이 시시하며, 깨달음 이후의 설법이 시시하고, 전체 전법생애가 시시합니다. 심지어 이 경전은 수시로 신비한 기적과 예언을 제시함으로써 그 시시함이 특별해지는 일조차 막고 있습니다. 그야말로 시시함에 철저한 것입니다.

이로써 깨달음은 가장 시시한 우리 삶의 현장에서 일어나는 것이라야 한다는 주제의식이 성립됩니다. 수행은 장좌불와도 아니고 인위적 고요함도 아닙니다. 더구나 하늘을 날고 미래를 예견하는 기적의 수련법도 아닙니다. 그럼에도 밥 먹고 차 마시는 일 외에 다른 특별한 무엇이 있다고 생각하거나, 그것을 지향하거나, 그에 대한 체험을 자부한다면 그는 삿된 외도입니다. 그렇다고 흘러가는 이대로 정처 없이 살라는 것도 아닙니다. 그 자연주의적 삶은 향상의 의지가 없이 허무에 항복하고 만다는 점에서 역시 외도입니다.

분명 이 경전은 특별한 지향을 세우는 일을 금기시합니다. 그러면서도 간절함으로 점철된 삶을 제안합니다. 눈앞에 분명하게 드러난 노천 금광을 보지 못하도록 하는 분별의 습관을 내려놓도록 다그칩니다. 왜 지금 이것으로 드러난 부처를 놓아두고 다른 곳으로 눈길을 돌리느냐고 안타까워합니다. 그래서 이 경전에는 손자를 사랑하는 할머니의 마음이 철철 흘러넘칩니다.

이 경전을 우리가 만나게 된 것은 참으로 다행한 일입니다. 이 경전은 "거울아, 거울아! 이 세상에서 누가 제일 예쁘니"를 묻고 "당신이 가장 예쁩니다"라는 답을 듣고서야 안심하는 강박적 삶을 사는 우리에게 "당신은 제일 예쁘지 않지만 완전합니다", "가장 높지 않지만 비교할 데 없습니다"라는 확고한 대답을 내놓습니다. 삶이 아무리 거듭되어도 우리가 들어야 할 최고의 대답은 이것입니다. 그것은 사회적 평등의 이상과 개인적 자유의 이상을 함께 성취한 자리를 보여 줍니다. 아니, 성취라는 말조차 어폐가 있습니다. 그것은 우리가 밥 먹고 그릇 씻는 이 자리가 가장 평등하고 가장 자유로운 자리임을 확인시켜 줍니다. 그래서 성취할 것조차 없습니다. 우리 삶의 본래 완전함을 확인하는 이 거대한 전환이

책 100번 읽기로 가능하다면 그것은 정말 수지맞는 장사가 아닐 수 없습니다.

이 책은 돈황본『육조단경』을 번역하고, 장을 구분하고, 주제별 평설을 더한 것입니다. 원래 돈황본은 장 구분이 없는 내리닫이 글의 형식을 취하고 있습니다. 하나의 책으로 읽기에 불편한 점이 있습니다. 그래서 장과 소절로 나누어 독서의 편의를 도모하고자 한 것입니다. 장 구분은 그 기술 순서가 크게 다르지 않은 혜흔본의 것을 참고하되 순서가 다르거나 내용상 일치하지 않는 부분에 대해서는 조정을 가했습니다. 장의 이름과 순서가 혜흔본과 상당히 다르게 된 이유입니다. 덕이본, 종보본 등의 장 구분을 따르지 않은 것은 그 순서와 내용의 차이가 커서 적용하기 어려웠기 때문입니다.

많은 고전이 그렇지만『육조단경』은 특히 판본에 대한 관심을 필요로 합니다. 판본 간의 내용 차이가 크기 때문입니다. 현재 학계에는 종류를 달리하는 판본이 30여 종이 넘는 것으로 보고되어 있습니다. 거기에 새로운 판본이 거듭 발견되는 상황에 있기까지 합니다. 그렇지만 대부분 돈황본[당], 혜흔본[송], 계숭본[송], 덕이본[원], 종보본[원], 조계원본[명] 중의 어느 하나에 속합니다. 그중 계숭본, 덕이본, 종보본, 조계원본은 한 계열로서 계숭본을 조본으로 합니다. 그러니까『육조단경』은 크게 돈황본 계열, 혜흔본 계열, 계숭본 계열[유통본]로 분류할 수 있습니다.

먼저 돈황본 계열이 있습니다. 돈황본은 처음 스타인에 의해 발견된 이후 중국에서 4종이 더 발견됩니다. 그중 돈황박물관본이 스타인의 대영박물관본에 비해 오탈자가 적고 글자가 뛰어나 중국에서 돈박본으로 불리며 통용되고 있습니다. 그러니까 대영박물관본은 이미 신수대장경에 편입되어 널리 수용되고 있다는 점에서, 돈황박물관본은 필사의 질이 우수하다는 점에서 학계의 인정을 받고 있는 상황입니다. 한편 돈황본은 모두 법해집기(法海集記)로 표기되어 있어 일괄 법해본으로 불리기도 합니다. 돈황본은 육조 스님 열반 이후, 가장 이른 시기에 완성된 것으로서 후세에 추가된 부분이 적어 육조혜능의 선사상을 가감 없이 보여 주고 있다고 평가됩니다. 성철 스님이 특히 돈황본에 주목한 것은 이 때문입니다. 본서 역시 돈황본의 번역과 해설을 핵심 내용으로 하고 있습니다.

다음으로 혜흔본 계열이 있습니다. 혜흔본은 송대 혜흔선사의 수정과 보완으로 이루어진 판본입니다. 혜흔선사가 공부하는 사람들의 편의를 위해 『육조단경』을 2권 11장으로 나누어 정리하였다는 판본입니다. 혜흔본에는 상당한 내용이 보완되었는데 돈황본에 비해 약 2천 자가 많습니다. 단순 수정이 아닌 겁니다. 이로 인해 혜흔본은 돈황본이 아니라 별도의 남방본을 저본으로 한 것이라는 주장도 있게 됩니다. 혜흔본은 모두 일본에서 발견되었습니다. 간행 시기로 보면 진복사본, 흥성사본, 대승사본의 순서가 되는데, 판본의 이름은 그것이 발견된 일본의 사찰 이름을 따르고 있습니다. 이 판본들은 약간의 차이가 있으나 기본적으로 동일한 내용과 형식으로 구성되어 있습니다. 대영박물관에서 돈황본이 발견되고 판본에 대해 관심이 일어났을 때, 마침 일본에서 돈황본과 유통본 사이의 과도형으로 보이는 혜흔본이 발견됩니다. 혜흔본은 그 기술 순서가 돈황본과 대체로 일치하여 판본의 발굴자이기도 한 스즈키 다이세쓰는 이것을 가지고 돈황본을 교정하는 중요한 자료로 삼기도 하였습니다. 본서에서는 이를 돈황본의 비교본으로 삼았음은 물론 목차설정의 틀을 빌려 왔습니다.

마지막으로 계승본 계열이 있습니다. 송대 계승 스님이 조계고본을 교감한 것이라 얘기되며 혜흔본에 비해 36개 항목, 약 6,500자의 내용이

다르다고 알려져 있습니다. 이것이 이후 원대의 덕이본과 종보본으로 계승됩니다. 그중 덕이본은 고려대장경에 포함되어 우리나라에서 유통되어 왔습니다. 종보본은 명대 이후 중국에 널리 통용된 유통본입니다. 덕이본과 종보본의 양자 간에는 약간의 차이가 발견되지만 이 두 판본을 포함한 전체 계승본 계열이 널리 유통되어 왔으므로 이들을 유통본이라 부를 수 있습니다. 본서에서는 돈황본과 유통본의 상이한 내용들을 상호 비교하여 육조 스님의 본래 뜻을 확인하는 자료로 삼고자 했습니다. 그래서 유통본에 추가된 내용들 역시 가능하면 모두 번역과 평설의 범위에 포함시키고자 했습니다. 미끄러져 버리기 쉬운 경전의 독서에 낯섦을 입힘으로써 성찰적 경전 읽기가 가능하도록 해보자는 뜻이었습니다.

그러니까 돈황본과 혜흔본, 계승본 계열 사이에는 초고와 수정본, 그리고 재편집본의 관계가 성립합니다. 돈황본이 육조 스님 설법의 원형을 담고 있는 초고본에 해당한다면, 혜흔본은 그 오탈자를 수정하고 빠진 내용을 보완한 수정본이라 할 수 있고, 계승본은 문장과 논리는 물론 전체 구성에 있어서 새롭게 수정하고 보완한 재편집본이라 할 수 있는 것입니다.

위에서 밝힌 바와 같이, 본서에서는 돈황본의 번역과 해설을 중심으로 하되 혜흔본과 유통본의 상이한 내용들을 비교하는 작업을 함께 진행하였습니다. 다만 이 세 그룹 간의 작은 차별성보다는 큰 동질성에 주목하고자 하였습니다. 보다 정직하게 말하자면 그 사이의 옳고 그름을 따지는 일을 최대한 피하고자 했습니다. 차별성과 그에 대한 세밀한 논의는 학문적으로는 의미가 있을 수 있겠지만, 자칫 나무만 보고 숲은 보지 못하는 함정에 빠질 수 있다고 보았기 때문입니다. 수행을 지향하는 사람이 경전을 읽을 때 가장 주의해야 할 부분이기도 합니다.

본서의 초고를 완성한 지는 벌써 몇 년이 됩니다. 그간 몇 차례인지 모를 수정 작업이 있었고, 또 나중에는 아예 한 100번쯤 다듬기를 거듭하며 종지의 전달과 언어의 표현에 완벽을 기해 보자는 생각을 한 적도 있습니다. 그러나 그 완벽이라는 생각 자체가 벌써 '머물지 않음[無住]'을 종지로 하는 육조 스님의 사상에 위배됩니다. 이에 미숙한 행자로서 자기 수행에 대한 성찰의 자료로 삼아 보자는 뜻에서, 또 이를 계기로 불법의 귀중한 인연을 조금이라도 더 맺어 보자는 뜻에서, 잘못 많은 글을 감히 출판에 부칩니다.

2020년 5월
이뭣고 연구실에서 강경구

차
례

제1장

설법의 인연

🪷 설법의 인연

혜능 대사가 대범사 강당의 높은 자리에 올라 마하반야바라밀의 법을 설하시고 모양을 벗어난 계[無相戒]를 전수하셨다. 당시 그 모임에는 비구, 비구니, 수행인과 속인 1만여 명이 있었고, 소주 자사 위거와 여러 관료들 30여 인, 유생들 30명이 있었다. 이들이 대사에게 마하반야바라밀의 법을 설해 줄 것을 함께 요청하였다. 자사는 문인 법해에게 이를 모아 기록하여 후대에 널리 전해지도록 하였다. 도를 배우는 사람들에게 전해 주어 이 종지를 계승하도록 한 것이다. 서로 대를 이어 전하고 받음에 있어서 의지할 약속이 되도록 하였으니, 이렇게 받들어 계승하도록 이 『단경』을 설한 것이다.[1]

평설　　『육조단경』은 선종 6조, 혜능 스님의 설법을 제자 법해(法海)가 기록한 것으로 중국에서 성립된 유일한 불교경전이라는 영예를 안고 있다. 이 경전은 혜능 스님이 깨달아 법을 전하게 되기까지의 생애에 대한 회고와 자성을 보는 길에 대한 가르침, 그 가르침을 받은 제자들의 깨달음, 그리고 열반에 임해 제자들에게 돈오법을 부촉하는 내용으로 이루어져 있다.

　이 부분은 생애에 대한 회고가 있기 전, 설법이 있게 된 유래를 밝히는 서문이다. 대체로 불교의 설법 기록은 종교적, 역사적 차원에서의 신뢰

1　惠能大師於大梵寺講堂中, 昇高座, 說摩訶般若波羅蜜法, 授無相戒. 其時座下僧尼道俗一萬餘人, 韶州刺史韋璩及諸官僚三十餘人, 儒士三十, 同請大師說摩訶般若波羅蜜法. 刺史遂令門人僧法海集記, 流行後代, 與學道者, 承此宗旨, 遞相傳受, 有所依約, 以為稟承, 說此壇經.

성을 얻기 위한 서론 작성의 원칙을 준용하고 있다. 이를 통해 어떠한 법문이 어떠한 사람의 요청으로, 언제, 누가, 어디에서, 어떤 대중들을 대상으로 설해졌는지를 밝히는 것이다. 보통 이것을 믿음의 증거가 되는 서문이라 하며, 이 조건을 모두 갖추었을 때 여섯 가지가 성취되었다고 말한다.

『육조단경』역시 대체로 이러한 서론 작성의 형식을 갖추고 있다. 일반 대승경전에서 법문의 인연을 밝히는 '이와 같음[如是]'이라는 관용적 구절은 여기에서 '마하반야바라밀의 법'과 '모양을 떠난 계'가 대신하고 있다. 마하반야바라밀은 모양에 따른 분별을 내려놓고 본래 깨달음의 지혜에 돌아가는 길이며, 지금 당장의 이것에서 진리를 확인하는 길이다. 모양을 떠난 계는 모양에 대한 분별과 그것에서 비롯되는 집착을 내려놓는 것을 계율의 내용으로 한다. 모양을 떠난 계는 형식으로서의 계율 대신 자성을 바로 보는 일을 핵심으로 제시한다. 이를 통해 『육조단경』이 육조 스님 버전의 『금강경』임을 밝히고 있는 것이다.

경전을 청취한 주인공은 위거와 법해이다. 법해는 육조 스님의 법문을 듣고 전한 아난존자의 역할에 해당한다. 위거는 『오등전서』 등에 스님의 재가 제자로 이름이 올라 있다. 그는 『금강경』의 급고독 장자가 그랬듯이 육조 스님에게 감화를 받은 뒤 신심 깊은 후견인 역할을 수행한다.

설법이 행해진 시기는 빠져 있다. 혜흔본이나 계승본 계열[이하 유통본]에서는 이 점을 의식하여 "그때 대사가 보림사에 오시자"²라는 구절을 더하여 대승경전의 '그때'에 호응하도록 하고 있다. 이 밖에 설법의 주체와 장소, 참가 대중들이 자세히 밝혀져 있다.

---

2 時, 大師至寶林. [宗寶本]

참가 대중의 숫자는 판본에 따라 각기 달라서 만여 명에서 천여 명까지 편차가 크다. 돈황본이 만여 명, 후대의 혜흔본이나 유통분이 천여 명 설을 취하고 있다. 대체적으로 후대의 판본이 육조 스님의 권위를 높이는 방향으로 문구를 조정해 왔다는 점을 고려하면 천여 명설이 보다 합리적이다. 군이 숫자를 줄이는 방향으로 내용의 조정이 가해지지는 않았을 것이기 때문이다. 유통본의 천여 명설은『금강경』의 상수대중 1250명과 절묘하게 일치한다. 이 경전이 육조 스님 버전의『금강경』이라는 점, 돈오법의 계승자들이 육조 스님을 석가모니의 재림으로 이해하고 있었다는 점 등을 고려할 때 의미심장한 숫자가 아닐 수 없다.

한편 참가 대중을 통치자와 관료, 비구와 비구니, 유학자들로 나누어 밝힌 것은 이 가르침이 승속의 구분이 없이 모든 중생들을 싣는 대승의 수레라는 점을 강조하기 위한 것이다.

이 돈황본의 서문은 경전 성립의 원형적 특징을 간직하고 있다. 단순한 서문으로서의 기능 외에 중층적인 의미를 담기 위한 수사적 다듬기가 덜하다는 말이다. 이에 비해 혜흔본이나 기타 유통본에는 당장 깨닫는 돈오법을 강조하는 다음의 구절이 추가되어 있다.

낭장 깨닫는 큰 법을 설하여 당장 성품을 보아 남김없이 크게 깨닫도록 하였다. 승려들과 속인들에게 두루 설하여 말이 떨어짐과 동시에 각자 본래의 마음을 깨달아 당장 그 자리에서 부처의 길을 완성하도록 하였다.[3]

당장 깨닫는 돈오의 법은 육조 스님 설법의 핵심이다. 둘 아님의 이치

---

3 說摩訶頓法, 直下見性, 了然大悟. 普告僧俗, 令言下各悟本心, 現成佛道. [大乘寺本]

를 깨닫기 위해서는 지금 당장 둘 아님의 깨달음을 실천해야 한다는 것이다. 동진(東晉) 시기 도생(道生)이 돈오의 기치를 먼저 내건 적이 있기는 하지만 돈오견성, 견성성불의 법은 아무래도 육조 스님에게서 완성되었다고 보아야 한다. 위 유통본의 서문은 이 법에 승속의 구분이 없다는 점, 이 법이 본래의 마음을 깨닫는 길이라는 점, 지금 당장 부처의 도를 완성하는 길이라는 점을 단도직입으로 드러내고 있다.

제 2 장

깨달음과 가사의 전수

🪷 『금강경』과의 인연

혜능 스님이 말씀하셨다. "여러분! 마음을 청정하게 하여 마하반야 바라밀의 법을 생각하십시오."

스님이 묵묵히 스스로 마음을 청정하게 하고는 한참 뒤에 말씀하셨다. "여러분! 청정한 마음으로 들으십시오. 나의 부친은 본관이 범양(范陽) 사람인데 좌천되어 남방으로 흘러들어 신주(新州)의 백성이 되었습니다. 나는 어려서 일찍 부친을 여의고 홀로 된 노모와 어릴 때 남해로 옮겨 왔습니다. 집안이 어렵고 가난하여 시장에서 땔나무를 팔았는데, 어느 날 한 손님에게 나무를 팔아 내가 객점으로 나르게 되었습니다. 손님에게 나무를 주고 돈을 받아 돌아 나오는데 문 앞에서 한 손님의 『금강경』 읽는 소리가 들려오는 것이었습니다. 나는 듣자마자 마음이 밝아져 바로 깨닫게 되었습니다. 그래서 손님에게 '어디에서 오셨는데 이러한 경전을 읽으시는 것입니까' 하고 물었습니다. 손님이 대답했습니다. '나는 기주(蘄州) 황매(黃梅)현의 동쪽 빙무산(馮茂山)에서 오조 홍인 스님을 뵈었습니다. 지금 그곳에는 천여 명의 문인들이 있습니다. 그곳에서 나는 스님이 수행자와 속인들에게 오직 『금강경』 한 권만 독송하면 바로 본성을 보고 곧바로 깨달아 부처가 될 수 있다고 권하는 말씀을 듣게 되었습니다.'

내가 그 말을 듣고 전생의 인연이 있어 바로 어머니를 떠나 황매 빙무산으로 가서 오조 홍인 스님을 뵙게 되었습니다."[4]

---

4 能大師言, 善知識, 淨心念摩訶般若波羅蜜法. 大師不語, 自淨心神, 良久乃言, 善知識淨聽. 惠能慈父, 本官范陽, 左降遷流南, 作新州百姓. 惠能幼小, 父亦早亡, 老母孤遺, 移來南海, 艱辛貧乏, 於市賣柴. 忽有一客買柴,

평설　　깨달음의 인연을 밝히는 이 설법은 "마음을 청정하게 하여 마하반야바라밀의 법을 생각하라"는 구절로 시작된다. 이 설법이 육조 스님 버전의 『금강경』이므로 '마하반야바라밀'이라는 용어가 먼저 제시된 것이다. 여기에 『육조단경』 설법의 핵심이 남김없이 드러나 있다. 마음을 청정하게 하라는 것은 선도 생각하지 말고 악도 생각하지 말라는 뜻이다. 시비선악을 둘로 나누지 않는 청정함이 있어야 선지식의 설법을 듣는 차원이 열린다.

이 청정한 마음이 바로 마하반야바라밀의 법이다. 그래서 마하반야바라밀의 마하, 반야, 바라밀은 각 측면에서 청정한 마음, 본래 깨달음을 표현하는 수식어에 해당한다. 마하는 크다는 뜻이다. 그것은 작음에 상대되는 큼이 아니라, 크고 작음의 분별을 내려놓는다는 뜻에서의 큼이다. 반야는 지혜라는 뜻이지만 어리석음의 상대로서 지혜가 아니다. 지혜로움과 어리석음을 둘로 분별하지 않는 일 자체를 반야라 한다. 바라밀은 저 언덕에 이른다는 뜻이다. 역시 이곳과 저곳을 둘로 나누지 않는다는 차원에서 저 언덕이다. 분별에 빠지면 이 언덕이고, 분별에서 벗어나면 저 언덕이라는 뜻이다.

이와 같이 반야바라밀이라는 경의 제목은 이곳과 저곳을 둘로 분별하기를 멈추고, 지금 당장의 여기가 우리가 도달하고자 하는 저 언덕이라는 점을 거듭 밝히고 있다.

이 구절은 혜흔본이나 유통본에는 각기 다르게 표현되고 있다. "깨달

遂領惠能至於官店, 客將柴去, 惠能得錢. 卻向門前, 忽見一客讀金剛經, 惠能一聞, 心明便悟, 乃問客曰, 從何處來, 持此經典. 客答曰, 我於蘄州黃梅縣東馮茂山, 禮拜五祖弘忍和尙, 現今在彼, 門人有千餘眾, 我於彼聽見大師勸道俗, 但持金剛經一卷, 即得見性, 直了成佛. 惠能聞說, 宿業有緣, 便即辭親, 往黃梅馮茂山, 禮拜五祖弘忍和尙.

음의 자성은 본래 청정하므로 오직 이 마음만 쓰면 곧바로 부처가 될 것이다"[5]라는 구절을 더하거나, "마하반야바라밀의 법을 생각하라"는 구절을 뺀 경우도 있다. 또 혜흔본이나 유통본에는 마하반야바라밀에 대한 설명이 추가되어 있다. 이 중 특히 두 계열의 판본에 모두 "깨달음의 자성이 본래 청정하다"는 말이 추가되어 있음을 주목할 필요가 있다. 이것이야말로 육조 돈오선의 핵심 메시지이기 때문이다. 자성은 저절로 그러한 본성이라는 뜻이다. 그것은 본래 청정하며 본래 깨달아 있다. 그러니까 미혹한 중생이 깨달아 지혜로운 부처가 되는 것이 아니다. 이미 완전히 갖추고 있는 이 본래 깨달음을 확인하는 일이 있을 뿐이다. 그렇게 확인하는 것이 참된 닦음이고 참된 깨달음이다. 이것은 곧 마하반야바라밀의 법을 생각하고 그것과 하나로 만나는 일이기도 하다.

혜능 스님은 자신이 『금강경』을 듣고 즉시 마음이 밝아져 바로 깨닫게 되었다고 회고하고 있다. 여기에는 경전의 어떤 구절이 나무꾼 혜능을 단박에 눈뜨게 하였는지는 밝혀져 있지 않다. 혜흔본에도 없다. 이에 비해 일부 전적에서는 그것이 "머무는 바 없이 그 마음을 내라"[6]는 구절이었다고 확인해 준다. 이 구절은 나중에 행자 혜능과 오조 홍인의 전법 현장에서 다시 출현한다.

우리는 자아나 내상이 불변의 본질을 갖는 실체라고 생각한다. 이로 인해 나와 나의 것, 그리고 어떤 소중한 것에 대한 집착이 일어난다. 그리고 바로 이 집착으로 인해 인생의 모든 번뇌와 고통이 일어난다. 그런

---

5 菩提自性, 本來淸淨, 但用此心, 直了成佛. [大乘寺本, 宗寶本]
6 예컨대 송대 종경(宗鏡) 스님이 기술한 『銷釋金剛經科儀會要註解』 등에는 그것이 '應無所住, 而生其心'이었다고 밝히고 있다.

데 우리가 집착하는 자아와 대상이라는 것이 인연의 화학 작용이 일어나는 현장일 뿐이라면 어떻게 되겠는가? 실체가 있다는 집착을 내려놓고, 지금 이 인연의 현장에 활짝 열릴 필요가 있지 않겠는가? 특별한 무엇에 머무는 일 없이 매 순간 깨어 있는 마음으로 살아야 하지 않겠는가? 이것이 머무는 바 없이 그 마음을 내는 일이다.

『조계대사별전』 등의 전기 자료에 의하면 혜능 스님은 원래 『열반경』을 먼저 접한다. 이에 의하면 스님이 30세 되던 해 조계에 가기 전에 유지략(劉志略)이라는 사람과 결의형제를 맺고, 잠시 그의 집에 머물게 된다. 그때 유지략의 고모인 무진장이라는 비구니가 『열반경』을 독송하는 것을 듣게 된다. 혜능은 문자를 몰랐음에도 불구하고 그 핵심을 알아차려 비구니 무진장에게 경전의 뜻을 해설해 준다. 이런 일이 있었기 때문에 혜능의 출가를 전후한 행적에는 『열반경』의 불성론과 『금강경』의 반야사상이 하나로 만나가는 궤적이 발견된다. 다만 무진장에게 경전을 설해 준 것이 깨달음 이후의 일이라고 하는 기록도 있다는 것을 기억해 둘 필요가 있다. 이에 대해서는 나중에 언급할 것이다.

어찌 되었든 이 설에 의하면 혜능은 오조 스님을 만나기 전에 이미 반야사상과 불성사상을 만났고 이를 통해 불법의 요체를 깨닫고 있었다. 그래서 당시 불교 최고의 정신적 권위였던 오조 스님을 처음 만난 자리에서 "불성에는 남과 북이 없다"는 대담한 수작을 할 수 있었던 것이다.

한편 혜능은 늙은 홀어머니를 봉양하는 입장에 있었다. 도를 구하는 일이기는 하지만 노모를 두고 갑자기 떠난다면 인륜에 어긋나는 일이라는 사회적 비판을 받을 수도 있는 상황이었다. 그래서 여러 유통본에는 노모에 대한 적절한 조치를 마쳐 놓고 집을 떠났다는 내용이 추가되어 있다. 구체적으로 객이 내주는 10량의 은으로 노모의 생활 근거를 마련

해 놓고 떠났다[7]는 기록도 있다. 남당(南唐) 시기에 쓰여진 『혜능화상전』에는 이때 나무를 사고, 경전을 읽고, 돈을 내준 객이 안도성(安道誠)이라는 사람이었다고 밝혀져 있다. 은전까지 내주면서 오조 스님의 회상에 참학하러 가는 길을 후원했다는 것이다. 어쨌든 간단한 출가 사실을 밝힌 돈황본과 달리 유통본에서 이를 부연하는 내용을 추가한 것은 육조 스님이 세속의 도리에도 최선을 다한 완전한 위인이었음을 강조하기 위한 것으로 이해된다.

오조 홍인 스님이 법을 펼치던 빙무산(馮茂山)은 판본에 따라 다양하게 표기되며 현재에도 통용되는 지명이다. 빙(馮)은 지명일 경우 '풍'으로 읽어야 한다. 그런데 기댈 빙(憑)으로 표기된 판본이 적지 않은 것을 보면 빙무산으로 불렸던 것으로 보인다. 이곳은 동산(東山)으로 불리기도 한다. 황매현의 동쪽에 있는 산이기 때문이다. 그래서 당시에는 오조 홍인 스님의 도량을 동산사라 불렀고, 그 법을 동산법문이라 불렀다.

🪷 오조 스님과의 해후

홍인 스님이 나에게 물었습니다. "그대는 어디 사람인데 이 산에 와서 나에게 예배하는가? 그대는 나에게 무엇을 구하는가?"

내가 대답했습니다. "저는 영남 사람으로 신주의 백성입니다. 지금 일부러 먼 곳에서 찾아와 스님을 예배하는 것은 어떤 무엇을 얻고자 해서가 아닙니다. 오직 부처가 되기만을 구할 뿐입니다."

그러자 스님께서 나를 꾸짖으며 말하는 것이었습니다. "그대는 남

---

7   乃蒙一客, 取銀十兩與惠能, 令充老母衣糧. [宗寶本]

방 사람으로 오랑캐 종족이기까지 하다. 어떻게 부처가 될 수 있겠느냐?"

내가 대답하였습니다. "사람에게는 남과 북의 구별이 있겠지만 불성에는 남쪽이니 북쪽이니 하는 것이 없습니다. 오랑캐인 이 몸뚱이가 스님과 같을 수 없겠지만 불성에 무슨 차별이 있겠습니까?"

스님께서 함께 더 이야기를 하고 싶어 하셨지만, 주위에 사람들이 있는 것을 보고는 다시 말씀하시지 않았습니다. 그리고는 나를 보내 대중들과 같이 일을 하도록 하였습니다. 그때 한 행자가 방앗간에 안내하므로 나는 여덟 달 넘게 방아를 찧게 되었습니다.[8]

평설　　　무식한 나무꾼 혜능이 당대 최고의 정신적 권위 앞에서 '불성에는 남과 북의 구별이 없다'는 경천동지의 말을 하고 있다. 앞에서 살펴본 것과 같이 『열반경』을 막힘없이 해설하는 안목이 없이는 나올 수 없는 말이다. 또한 『금강경』을 통한 깨달음이 있었다는 사실을 확인하게 되는 대목이기도 하다. 그러니까 오조 스님을 예배하기 전에 나무꾼 혜능에게 자성에 눈뜨는 어떤 사건이 있었다는 것은 분명하다.

그런데 과연 첫 대면에서 이러한 대화가 있었을까? 선사들이 그 스승과의 일을 회고하는 데 있어서 유일한 근거는 당사자의 말이다. 그런 일이 있었다고 스스로 말하므로 그렇게 믿을 수밖에 없는 것이다. 여기에

---

8 弘忍和尚問惠能曰, 汝何方人, 來此山禮拜吾. 汝今向吾邊, 復求何物. 惠能答曰, 弟子是嶺南人, 新州百姓. 今
故遠來禮拜和尚, 不求餘物, 唯求作佛. 大師遂責惠能曰, 汝是嶺南人, 又是獦獠, 若為堪作佛. 惠能答曰, 人即有
南北, 佛性即無南北, 獦獠身與和尚不同, 佛性有何差別. 大師欲更共議, 見左右在旁邊, 大師更不言, 遂發遣惠
能, 令隨眾作務. 時有一行者, 遂差惠能於碓坊, 踏碓八個餘月.

서 중요한 것은 실제로 그런 사실이 있었느냐가 아니라 그것을 통해 전달되는 진리의 리얼리티이다. 밝게 깨달아 대조사가 된 육조 스님의 입장에서 과거 스승과의 만남을 회고할 때 이러한 불꽃 튀는 만남의 현장이 없을 수 없다. 이에 대한 보다 자세한 기록이 『혜능화상전』에 전한다.

"여래장의 성품은 개미에게도 두루 갖춰져 있습니다. 어떻게 유독 오랑캐에게만 없다 하십니까?"

"그대가 이미 불성을 갖추었단 말이지! 그렇다면 뭐 하러 나에게 가르침을 구하는가?"

이 대화는 이것으로 완결될 수밖에 없다. 그래서 육조 스님은 이 현장에서 바로 마음의 도장을 확인받고 오조 스님의 회상을 떠났다는 기록이 뒤따른다.[9] 그런데 여러 유통본에는 다시 여기에 다음과 같은 구절이 덧붙여진다.

"스스로 이러한 저의 마음에서 항상 지혜가 일어나고 있습니다. 저절로 이러한 자리를 떠나지 않는 것이 바로 복의 밭을 일구는 일입니다. 그런데 스님께서는 무슨 일을 하라는 것입니까?"

"이 오랑캐의 성품이 참으로 뛰어나구나. 그대는 더 말하지 말고 방앗간으로 가도록 해라."[10]

---

9 不經一月餘日, 則到黃梅縣東馮母山禮拜五祖. 五祖問, 汝從何方而來, 有何所求. 惠能云, 從新州來, 來求作佛. 師云, 汝嶺南人, 無佛性也. 對云, 人即有南北, 佛性即無南北. 師曰, 新州乃獦獠, 寧有佛性耶. 對曰, 如來藏性, 遍於螻蟻, 豈獨於獦獠而無哉. 師云, 汝既有佛性, 何求我意旨. 深奇其言, 不復更問. 自此得之心印. 既承衣法, 遂辭慈容. [祖堂集]

불성에 눈뜬 혜능이 오조 스님을 찾아간 것은 눈 밝은 스승을 찾아 자기의 눈뜸이 불교에서 말하는 깨달음과 같은 것인지 확인하기 위해서였다. 그렇다면 오조 스님의 수행 공동체에서 8개월간 방아를 찧은 일은 무엇인가? 한밤중에 불려가 가르침을 받은 일은 또 무엇인가? 왜 굳이 그 일이 필요했을까?

깨달음을 굳건하게 하는 데 있어서 선지식의 직접적 확인은 필수이다. 같은 깨달음이라 해도 그 순도의 차이가 있어서, 한 번 보고 다시 어두워질 수도 있고, 엷은 천을 가리고 보는 것처럼 어렴풋할 수도 있고, 달밤에 보는 것처럼 밝지 않을 수도 있고, 태양 아래 보는 것처럼 분명할 수도 있다. 깨달음의 내용은 동일하지만 자아와 대상에 대한 집착을 완전히 내려놓기까지 엄연한 차이가 있으므로 선지식과의 만남이 필요하다. 특히 그 깨달음이 자의식의 장난에 속은 착각일 수도 있으므로 눈 밝은 선지식의 확인이 반드시 필요한 것이다.

혜능이 오조 스님의 공동체에서 보낸 세월은 깨달음의 명확함을 완성하고, 남아 있는 자아 집착의 티끌을 떨어내는 시간이었다. 그동안에 이 비범한 마음 관찰자에 대한 오조 스님의 관심 표명이 없을 수 없다. 그래서 각 유통본에는 비밀을 아는 둘 사이에 오간 다음과 같은 암시적 대화가 제시되어 있다.

"나는 그대의 견해가 쓸 만하다고 생각한다. 다만 나쁜 사람들이 그대를 해칠까 걱정되어 그대와 대화를 하지 않고 있을 뿐이다. 그대는 이것을 알

---

10 惠能曰, 惠能啟和尚, 弟子自心, 常生智慧, 不離自性, 即是福田. 未審和尚敎作何務. 祖云, 這獦獠根性大利,
    汝更勿言, 著槽廠去. [宗寶本]

고 있겠지?"

"저도 스승님의 뜻을 압니다. 그래서 스승님의 거처 가까이로 함부로 발길을 옮기지 않았습니다. 사람들이 알게 해서는 안 되겠기에 말입니다."[11]

깨달은 사람은 내외적 위험에 직면할 수밖에 없다. 실제로 육조 스님은 깨달음을 확인받은 뒤에 몇 차례 살해의 위기를 만나게 된다. 오조 스님에게 법과 가사를 전수받은 뒤 남쪽으로 향하는 그를 혜명(惠明) 등의 선배 수행자들이 추격한 일이 있었고, 설법의 현장에 행창(行昌)이라는 자객이 칼을 품고 잠입하여 그를 죽이려 한 일이 있었으며, 보림사에서 법을 펼치던 시기 외도가 침입하여 그를 죽이려 한 일이 있었다. 당시 육조 스님은 돌 틈에 숨어 난을 피했다고 하는데 그 흔적이 각인된 피난석(避難石)이 지금까지 남아 있다. 왜 이런 일들이 일어나는 것일까?

깨달음은 항상 전통을 부정하는 혁명적 방식으로 표현된다. 스승과 제자가 한마음의 자리에서 함께 만나 마음의 도장을 찍는 이러한 깨달음의 속사정을 모르는 사람들이 보기에 그것은 과격하고 불순하다. 얼마든지 위험한 상황이 일어날 수 있는 것이다.

내부의 위험도 있다. 특히 깨달은 사람을 특별한 존재로 보는 주변의 눈길이 그를 해치는 원인이 될 수 있다. 처음 자성에 눈뜬 수행자는 그 넘치는 힘을 통제하지 못한다. 그래서 용감함을 넘어서 기행을 일삼기도 한다. 이때 자신에게 놀라워하는 주변의 반응을 보면서 스스로 비범한 존재라는 자부심을 일으킬 수 있다. 그것은 가까스로 내려놓은 자아를

11　祖一日忽見惠能曰, 吾思汝之見可用, 恐有惡人害汝, 遂不與汝言, 汝知之否. 惠能曰, 弟子亦知師意, 不敢行至堂前, 令人不覺. [宗寶本]

다시 일으켜 세우는 일로서 깨달음과 반대의 길을 걷게 된다. 그래서 깨
달음을 체험한 사람은 자아의 부활을 원수처럼 여겨야 한다. 혜능에게는
그것이 알곡만 남기고 남은 껍데기를 키질로 거듭 날려 보내는 방앗간의
일이었다.

🪷 오조 스님의 숙제

오조 스님이 어느 날 문득 제자들을 모두 불러 모았습니다. 제자들
이 모두 모이자 오조 스님이 말씀하셨습니다.

"내가 말해 온 것처럼 사람들에게 나고 죽는 것이 큰일이다. 그대
들은 종일 공양이나 하고 복이나 구하면서 나고 죽는 고통의 바다에
서 벗어나려는 생각을 않고 있다. 그대들이 저절로 이러한 자성에 눈
뜨지 못했는데 복을 구하는 길이 어떻게 그대들을 구할 수 있겠는
가? 모두 방으로 돌아가 스스로 살펴보라. 지혜가 있는 사람이라면
스스로 본래 이러한 자성에서 우러나오는 반야의 지혜를 가지고 각
기 한 수의 노래를 지어 나에게 가져오도록 하라. 내 그대들의 노래
를 살펴보겠다. 만약 큰 도리를 깨친 사람이라면 그에게 가사와 법을
맡겨 여섯 번째 조사로 삼으리라. 눈썹에 불이 난 듯 서둘러 짓도록
하라."[12]

---

12 五祖忽於一日, 喚門人盡來. 門人集訖, 五祖曰, 吾向汝說, 世人生死事大, 汝等門人, 終日供養, 只求福田, 不求
　　出離生死苦海. 汝等自性迷, 福門何可救汝. 汝等且歸房自看, 有知惠者, 自取本性般若之知, 各作一偈呈吾. 吾
　　看汝偈, 若悟大意者, 付汝衣法, 稟為六代, 火急作.

평설　　　오조 스님은 그간 『금강경』의 도리를 충분히 설했으니 본래 깨달음을 확인한 사람도 없지 않을 것이라 생각했다. 이제 그것을 시로 표현하여 가져와 보라고 한 것이다. 일종의 노래 경연대회 같은 일이 일어났다.

그런데 정말 이런 일이 있었을까? 설사 있었다 해도 이렇게 충분한 시간을 주는 숙제 검사 같은 방식이 괜찮은 것일까? 깨달음은 지금 당장의 이 현장에서 터져 나오고, 지금 당장의 이 현장에서 확인된다. 그렇기 때문에 생각할 시간을 주는 이런 방식은 효과적이지 못할 뿐더러 문제가 될 수도 있다. 깨달음의 대상이 되는 특별한 어떤 법이 존재한다는 오해를 불러일으킬 수 있기 때문이다. 이 점을 의식한 것이었을까? 각 유통본에서는 이러한 문제점을 인식하여 다음과 같은 구절을 더하고 있다.

머뭇거리는 방식은 안 된다. 생각하는 순간, 아닌 것이 되어 버리기 때문이다. 성품을 보는 사람은 말이 떨어짐과 동시에 바로 보아야 한다. 이러한 사람은 칼을 휘두르며 전장에 뛰어들어도 그것을 볼 수 있을 것이다.[13]

어쨌든 각자의 방에 가서 노래를 지어 오라는 방식에 문제가 있는 것은 사실이다. 그럼에도 오조 스님의 이 과제는 각자에게 물러날 자리가 없는 배수의 진을 치도록 하는 힘을 발휘한다. 시한을 정해 놓고 답을 가져오라는 이 과제가 당장 우리 자신에게 떨어졌다고 생각해 보라. 물질적, 정신적 욕망과 습관화된 종교행위에 빠져 있던 게으름이 벼락같이 떨어져 나가지 않을 수 없다. 그래서 지금 당장 이 인생 최대의 숙제에 대한

13　不得遲滯, 思量即不中用. 見性之人, 言下須見, 若如此者, 輪刀上陣, 亦得見之. [宗寶本]

답을 내놓으라는 오조 스님의 요구는 큰 자비심의 발로일 수밖에 없다.

🪷 범부를 자처하는 제자들

제자들이 지시를 받고 각자의 방으로 돌아와 서로 말하였다. "우리가 굳이 마음을 맑히고 신경을 써서 노래를 지어 스님께 올릴 일은 없다. 신수상좌가 교수 스님이니 법을 얻게 되면 이후 자연스럽게 그에 의지하면 될 것이다. 그러니 노래를 지을 필요는 없다."

제자들이 마음을 접고 아무도 노래를 올릴 생각을 하지 않았다.[14]

평설　　오조 스님의 문하에서 신수상좌는 이미 대중들에게 차기 지도자로 인식되고 있었다. 오조 스님의 법이 그에게 전해질 것이라 믿고 있었다는 것이다. 그러니까 대중들은 모양에 사로잡혀 있다. 오조의 동산 법문을 20~30년 동안 들어온 제자들이 적지 않음에도 주고받을 법이 따로 있다는 착각에 빠져 있다. 마치 왕위를 전수하듯 오조 스님이 무엇인가를 내려주고, 신수상좌가 그것을 받아 6조가 될 것이라 생각하고 있는 것이다. 실제로 각 유통본의 묘사를 보면 이들이 법의 전수를 교단의 후계자를 뽑는 일로 환치하여 이해하고 있다는 것이 확인된다. 그래서 노래를 짓는 일을 스스로 후계자가 되겠다고 나서는 오만함의 발로로 이해하거나, 어차피 신수상좌에게 갈 거, 괜한 헛수고를 할 필요가 없다고 생각한다.

14　門人得處分, 卻來各至自房, 遞相謂言, 我等不須澄心用意作偈, 將呈和尚. 神秀上座是教授師, 秀上座得法後, 自可依止, 偈不用作. 諸人息心, 盡不敢呈偈.

이들은 자신들이 법을 모르고 있다는 사실에 답답해 하지 않는다. 모양에 갇히지 말라는 법문을 그렇게 오래 들어 왔음에도 불구하고 법을 어떤 특별한 모양을 가진 무엇이라고 생각하고 있다. 그래서 주는 사람도 정해 있고, 받을 사람도 정해져 있다고 생각하고 있는 것이다.

법은 지금 이 현장의 가장 비근한 이것으로 드러난다. 법에 눈뜬 사람은 물속을 헤엄치는 물고기처럼, 허공을 나는 새처럼 걱정 없이 그것에 맡긴다. 법 아닌 것이 없기 때문이다. 그런데 분별의 차원을 사는 사람들은 법에 맡기는 대신 그것을 쟁취하여 자기 것으로 소유하고자 한다. 법을 대상화하여 손에 잡을 수 있는 특별한 무엇으로 생각한다. 이것은 법과 반대되는 쪽으로 달려 나가는 일이다. 이래서는 수십 년 아니라 억겁을 닦아도 갈수록 멀어질 뿐이다. 깨달음을 특별한 사람의 특별한 전유물로 이해하고 있는 이 제자들의 상황이 바로 그렇다.

🪷 신수 스님의 노래

그때 스님의 거처 앞에는 세 칸짜리 회랑의 벽이 있었습니다. 이 회랑의 벽에 『능가경』의 도리를 그림으로 표현하고, 또 오조 스님까지 내려오면서 가사와 법이 전수된 법맥도를 그려 후대에 전할 기록으로 삼고자 하였습니다. 화가 노진(盧珍)이 벽을 살펴보고 다음 날 그림을 시작할 참이었습니다. 신수상좌가 생각하였습니다. '사람들이 마음의 노래를 올리지 않는 것은 내가 교수 스님이기 때문이다. 내가 만약 마음의 노래를 올리지 않는다면 오조 스님께서 어떻게 내 마음속의 견해가 깊고 옅은지 아시겠는가? 마음의 노래를 오조 스님께 올려 나의 뜻을 밝혀야겠다. 다만 법을 구하는 일은 옳지만, 조사의 지위를 구하는 것은 옳지 않다. 그것은 범부의 마음으로 성인의 위치를 쟁취하려는 것과 같기 때문이다. 그렇지만 마음의 노래를 올리지 않는다면 결국 법을 얻지 못하게 될 것이다.'

이렇게 한참을 생각하며 참으로 어렵고도 어려운 일이라 하였습니다. 밤에 삼경이 되자 아무도 모르게 남쪽 회랑의 가운데 벽으로 가서 마음의 노래를 써서 가사와 법을 전수받고자 하였습니다. '만약 오조께서 이 노래를 보고 그 내용을 말씀하시면서 나를 찾으신다면 스님을 뵙고 이것이 내가 지은 것이라 말하도록 하자. 오조께서 보시고 노래의 내용이 수준에 이르지 못했다고 말씀하시면 그것은 당연히 내가 미혹하고 숙세의 업장이 많아 법을 전수받기에 적합하지 못하다는 말이 될 것이다. 성인의 뜻은 헤아리기 어려운 것이니 이런저런 생각들을 쉬도록 하자.'

신수상좌가 삼경에 남쪽 회랑의 중간 벽에 가서 촛불을 잡고 노래를 썼는데 아무도 그 사실을 알지 못하였습니다. 노래의 내용은 이러했습니다.

몸은 깨달음의 나무,
마음은 밝은 거울.
쉼 없이 부지런히 털어내고 닦아,
먼지와 티끌이 묻지 않도록 하고 있네.

신수상좌가 이 노래를 다 쓰고는 방으로 돌아와 누웠는데 그것을 본 사람이 아무도 없었습니다.[15]

평설　　　신수 스님의 이러지도 못하고 저러지도 못하는 상황이 그림처럼 묘사되어 있다. 그런데 정말 이러한 일이 있었다면 신수 스님은 본래의 깨달음과 하나로 만나는 체험이 없는 사람이다. 본래의 깨달음과 만나는 일은 노래를 쓰거나 쓰지 않거나 상관없이 일어난다. 이것은 나와 만사만물의 경계가 없어 원래부터 진여자성과 하나였음을 확인하는 일이지, 특별한 무엇을 얻는 일이 아니다. 그러므로 실상의 도리를 확인한 입장이라면 고민하고 주저할 일이 없다. 앞으로 나아가 말을 해도 이 일이고, 뒷방에 물러나 잠을 자도 이 일이다. 오조 스님이 인정해 주고 말고의 문제가 아닌 것이다.

　각 유통본에서는 신수 스님의 머뭇거림을 훨씬 더 구체적으로 묘사한다. 신수 스님은 일찌감치 노래를 지어 오조 스님의 거처를 찾아간다. 그런데 그때마다 마음이 두근거리고 온몸에 땀이 나서 노래를 올리지 못한다. 이렇게 오가며 머뭇거리기를 4일간 13차례나 반복한다. 혜흔본에는 그것이 23차례나 되었다고 말하고 있다. 왜 마음이 두근거리고 온몸에 땀이 나는가? 인정과 떠받듦을 바라는 '나'가 세워져 있기 때문이다. 자성을 본다고 표현하지만 애초부터 무엇을 보는 주체로서의 나가 따로 있거나 볼 수 있는 자성이 따로 있지 않다. 심지어 우리가 이해하는 방식의 본다는 일조차 없다. 그러니까 나를 주체로 세워 대상을 보려 하거

15　時大師堂前有三間房廊, 於此廊下供養, 欲畫楞伽變, 並畫五祖大師傳授衣法, 流行後代為記. 畫人盧珍看壁了, 明日下手. 上座神秀思惟, 諸人不呈心偈, 緣我為教授師. 我若不呈心偈, 五祖如何得見我心中見解深淺. 我將心偈上五祖呈意, 求法即善, 覓祖不善, 卻同凡心, 奪其聖位. 若不呈偈, 終不得法. 良久思惟, 甚難甚難. 夜至三更, 不令人見, 遂向南廊下中間壁上, 題作呈心偈, 欲求衣法. 若五祖見偈, 言此偈語, 若訪覓我, 我見和尚, 即云是秀作. 祖見偈言不堪, 自是我迷, 宿業障眾, 不合得法. 聖意難測, 我心自息. 秀上座三更於南廊下中間壁上, 秉燭題作偈, 人盡不知. 偈曰, 身是菩提樹, 心如明鏡臺. 時時勤拂拭, 莫使有塵埃. 神秀上座題此偈畢, 卻歸房臥, 並無人見.

나, 내가 무엇을 보았다고 말한다면 그것은 견성이 아니라 망상이다. 견성은 물고기가 스스로를 물에 맡기는 일이고, 자기 어깨 위에 달린 머리를 자기가 자유롭게 쓰는 일이다. 견성은 걷고, 서고, 앉고, 눕는 이 일이 한결같이 진리의 드러남임을 확인하는 일이지 특별한 무엇을 보는 일이 아니다. 몸과 마음을 나로 보는 자아에 대한 집착을 내려놓을 때 이 일이 일어난다. 별도의 성품이 따로 있다는 관념을 내려놓을 때 이 일이 일어난다.

옛날 자기 용모에 자부심을 느끼는 연야달다라는 사람이 거울에 비친 자기 머리를 찾기 위해 고개를 돌려 뒤를 보았다. 그런데 아무리 뒤로 보아도 머리가 보이지 않는 것이었다. 연야달다는 머리를 찾아 미친 듯 찾아다녔다. 깨달음을 어떤 특별한 무엇에서 찾으려는 어리석음이 이와 같다.

돈오선의 입장에서 보면 신수 스님의 노래는 더 문제가 된다. 쉼 없이 부지런히 닦는다? 자성이 뭐라고 닦는가? 티끌 그대로 자성의 현장인데 티끌을 닦아 내고 드러낼 무엇이 따로 있다는 건가? 그것은 벽돌을 갈아 거울을 만드는 일과 같아 불가능하다. 그러니까 마음을 닦아 자성을 본다는 생각은 아예 처음부터 돈오와 반대의 길로 들어섰음을 고백하는 일이다. 물론 이러한 성실함이 하나의 종교 교단을 이끌어 가는 미덕이 될 수는 있다. 사실 그것은 당시 최대의 교파를 이끄는 사상의 출발이기도 하였다. 그렇지만 지금 당장 본래의 깨달음에 돌아가 그것에 맡기도록 이끄는 돈오선의 길이 아닌 것이라는 점은 변함이 없다.

🪷 오조 스님의 평가

다음 날 아침, 오조 스님이 화가 노진을 남쪽 회랑으로 불러 『능가경』의 도리를 그림으로 그리려고 하다가 이 노래를 보게 되었습니다. 오조 스님께서는 이것을 읽고 화가에게 말하였습니다.

"화가님께 3만 금을 드리겠습니다. 멀리서 오시느라 큰 수고를 하셨는데 그림은 그리지 않겠습니다. 『금강경』에 '모든 모양 가진 것은 다 허망하다'고 했으니 이 노래를 남겨 어둠 속을 헤매는 사람들에게 외우도록 하는 것이 낫겠습니다. 이것에 의지하여 수행한다면 삼악도에 떨어지지 않을 것입니다. 이 법에 의지하여 수행한다면 큰 이익이 있을 것입니다."

그런 뒤 대사께서는 제자들을 모두 불러 노래의 앞에 향을 피우도록 하였습니다. 대중들이 들어와 보고는 모두 공경하는 마음을 내었습니다.

홍인 스님이 말했습니다. "그대들은 모두 이 노래를 외우도록 하라. 그러면 견성할 수 있을 것이다. 이것에 의지하여 수행한다면 아래로 떨어지지 않을 것이다."

제자들이 모두 이를 외우고 공경하는 마음을 내며 다들 '훌륭하다'고 말하였습니다. 오조 스님께서는 마침내 신수상좌를 방으로 불러 물었습니다. "이 노래를 네가 지은 것이 맞느냐? 만약 이것을 네가 지었다면 나의 법을 얻을 것이다."

신수상좌가 말했습니다. "송구합니다. 사실 이것은 제가 지은 것입니다. 감히 조사가 될 생각은 없습니다만 스님께서 자비심으로 한 번 보아 주십시오. 저에게 작은 지혜라도 있어 큰 도리를 알고 있기는 한 것입니까?"

오조 스님이 말씀하셨습니다. "네가 지은 이 노래는 그 견해가 문 앞까지는 왔지만, 아직 문에 들어오지는 못하였다. 보통 사람들이 이 노래에 의지하여 수행한다면 아래로 떨어지지는 않을 것이다. 그렇지만 이러한 견해를 가지고 위 없는 깨달음을 구한다면 그럴 수 없을 것이다. 법의 문에 들어서고자 한다면 자신의 본래 자성을 보아야 한다. 너는 돌아가서 하루 이틀 더 생각해 보고 다시 노래를 지어 나에게 가져오도록 하라. 만약 법의 문에 들어와 자신의 본래 자성을 볼 수 있다면 너에게 가사와 법을 맡기도록 하겠다."

신수상좌가 물러나 며칠이 지나도록 노래를 짓지 못하였습니다.[16]

평설   각고의 노력을 쌓아 가는 수행도 있고 노력을 내려놓는 수행도 있다. 대부분의 사람들은 신수 스님이 노래한 것처럼 각고의 노력을 통해 깨달음을 얻고자 한다. 물론 이것도 하나의 길이다. 그렇지만 그것은 퇴보와 향상, 어두움과 밝음을 둘로 나누고 있기 때문에 아승지겁의 시간 동안 반복되는 시소게임을 필요로 한다. 앞으로 나아가 눈을 떴는가 했는데 다시 뒤로 물러나 있는 것이다. 이것은 필연적이다. 오고 갈

---

16   五祖平旦, 遂喚盧供奉來南廊下, 畫楞伽變. 五祖忽見此偈, 讀訖, 乃謂供奉曰, 弘忍與供奉錢三十千, 深勞遠來, 不畫變相也. 金剛經云, 凡所有相, 皆是虛妄, 不如留此偈, 令迷人誦. 依此修行, 不墮三惡, 依法修行, 人有大利益. 大師遂喚門人盡來, 焚香偈前, 大眾入見, 皆生敬心. 弘忍曰, 汝等盡誦此偈者, 方得見性. 依此修行, 即不墮落. 門人盡誦, 皆生敬心, 喚言善哉. 五祖遂喚秀上座於堂內, 問, 是汝作偈否. 若是汝作, 應得我法. 秀上座言, 罪過, 實是神秀作, 不敢求祖, 願和尚慈悲, 看弟子有小智慧, 識大意否. 五祖曰, 汝作此偈, 見解只到門前, 尚未得入. 凡夫依此偈修行, 即不墮落. 作此見解, 若覓無上菩提, 即未可得. 要入得門, 見自本性, 汝且去, 一兩日思惟, 更作一偈來呈吾. 若入得門, 見自本性, 當付汝衣法. 秀上座去, 數日作不得.

38

상대적 두 측면을 세웠기 때문이다.

그래서 지금 당장 이 자리에서 상대적 분별을 내려놓고 본래 갖추어진 깨달음에 합류하는 길이 제시된다. 이것은 나를 내려놓는 길이며 대상과의 경계를 허무는 길이다. 이것은 견성성불을 위한 노력 자체까지 내려놓기를 요구한다. 오직 지금 당장 본래의 깨달음과 한 몸임을 확인하는 길만 거듭 제시할 뿐이다. 이것이 지금 당장 바로 깨닫는 돈오의 가르침이다.

이 문장에서 확인되는 것처럼 오조 스님은 각고의 노력을 요하는 점수도 인정하고, 지금 당장 자성을 바로 보는 돈오의 길도 인정한다. 그럼에도 그 둘이 서로 다른 방향으로 나아가고 있어 공존하기 어려운 길임을 분명하게 지적하고 있다. 하나는 아래로 떨어지지 않는 노력의 길이고, 다른 하나는 향상도 없고 떨어짐도 없는 내려놓음의 길이다. 그중에서 오조 스님은 당장 눈뜨고 안심하여 맡기는 돈오를 진짜 깨달음이라 말하고 있다. 이 이야기가 돈오선의 완성자인 육조 스님이 직접 구술한 것이므로 그것은 당연한 일에 속한다.

다만 말이 떨어짐과 동시에 바로 깨달아 자성을 보는 것이 진정한 깨달음이라는 이 짧은 구절로는 그 중요성을 충분히 강조하지 못했다는 감이 있다. 그래서 각 유통본에서는 다음과 같이 완선하게 정리된 논오견성의 도리를 추가한다. 오조 스님이 한 말로 되어 있다.

위없는 깨달음은 말이 떨어짐과 동시에 깨달아 저절로 이러한 본래 마음을 아는 일이라야 한다. 저절로 이러한 본래 자성이 생성과 소멸을 벗어난 자리에 있는 것임을 보는 일이라야 한다. 언제나 항상 생각 생각마다 저절로 드러나 있어 모든 현상에 걸림이 없다. 전체를 꿰뚫는 하나의 진리가 있다. 그와 동시에 모든 만사만물이 이대로 진리이기도 하다. 모든 현상이 있는 이대로 한결같으니, 이 한결같은 마음이 바로 진리이며 실상이다. 만약 이와 같이 본다면 그것이 바로 위 없는 깨달음의 저절로 그러한 자성이다.[17]

깨달음은 광대함 그 자체인 법에 남김없이 맡기는 일이지 스스로 훌륭해지는 일이 아니다. 법을 나의 소유로 삼는 일이 아니다. 오히려 깨달음의 주체와 대상을 세우기를 멈추는 일, 그 자체이다.

오조 스님은 짐짓 세속의 왕위를 계승하는 방식으로 한바탕 전법의 연극을 공연하고 있다. 그것은 두 목적을 갖는다. 첫째는 나고 죽는 현장을 벗어나지 못하는 제자들을 경책하기 위해서이다. 둘째는 지금 당장 진여와 하나로 만나 자유롭게 노닐고 있는 용 같고 코끼리 같은 제자들이 있지 않을까 확인해 보기 위해서이다. 『육조단경』의 기술에 의하면 아쉽게도 신수 스님은 아니었다. 그래서 다시 숙제를 받아 방으로 돌아온 신수 스님은 새로운 노래를 짓지 못해 불안하고 몽롱하게 근심에 빠져 시간을 보낸다.

🪷 혜능의 노래

한 동자승이 방앗간 옆을 지나면서 이 노래를 외워 노래하였습니다. 나는 듣자마자 그것이 아직 자성을 밝게 보지 못하고 큰 이치를 알지 못하고 있음을 바로 알았습니다. 내가 동자승에게 물었습니다. "방금

---

17 無上菩提, 須得言下識自本心, 見自本性不生不滅. 於一切時中, 念念自見萬法無滯. 一眞一切眞, 萬境自如如. 如如之心, 卽是眞實. 若如是見, 卽是無上菩提之自性也. [宗寶本]

외운 것은 무슨 노래입니까?"

동자가 대답하였습니다. "모르고 있었군요. 스님께서 말씀하셨지요. '사람에게는 나고 죽는 일이 큰일이다. 가사와 법을 전할 생각이니 문인들은 각자 노래를 하나씩 지어 나에게 가져와 보여라. 큰 이치를 깨달았다면 가사와 법을 전해 여섯 번째 조사로 삼으리라.' 신수상좌라는 분이 계셔서 몰래 남쪽 회랑의 벽에 모양을 세우지 않는 노래[無相偈]를 한 수 썼는데 오조 스님께서 모든 문인들에게 그것을 모두 외우게 했습니다. 이 노래를 깨달으면 바로 자성을 볼 것이며, 이것에 의지하여 수행하면 바로 윤회를 벗어날 거라는 말씀이셨습니다."

내가 말하였습니다. "내가 이 방앗간에서 8개월을 넘게 지내면서 큰 스님의 방 앞에 가본 적이 없습니다. 스님이 나를 안내하여 남쪽 회랑에 데리고 가 주시기 바랍니다. 그 노래를 보고 예배한 뒤 나도 외워 지녀 내생의 인연을 맺음으로써 부처님 땅에 태어나고자 합니다."

동자가 나를 데리고 남쪽 회랑으로 갔습니다. 나는 그 노래에 예배를 하고는 글자를 몰랐기 때문에 어떤 사람에게 읽어 달라고 부탁을 했습니다. 나는 듣자마자 바로 전체의 뜻을 알았습니다. 그래서 나 또한 하나의 노래를 지어서는 다시 글을 아는 사람에게 부탁하여 서쪽 벽에 써서 본래 마음을 드러내 보였습니다. 본래 마음을 모르면 불법을 공부해도 도움이 되지 않는 것입니다. 마음을 알고 자성을 보아야 큰 이치를 깨닫는 것입니다. 나의 노래는 이랬습니다.

깨달음의 나무라는 것이 따로 없고,
밝은 거울이라는 게 따로 있지 않다.

부처의 자성은 항상 청정한데,
어디에 먼지와 티끌이 있겠는가.

두 번째 노래가 또 있었습니다.

마음은 깨달음의 나무라 치자,
몸은 밝은 거울이라 치자.
밝은 거울은 본래 청정한데,
어디에 먼지와 티끌이 묻었던가?

도량의 사람들이 나의 이 노래를 보고는 모두 깜짝 놀랐습니다. 내
가 방앗간으로 돌아오고 나서 오조 스님께서 회랑 아래로 왔다가 나
의 노래를 보고는 큰 뜻을 알았음을 아셨습니다. 그러나 사람들이 이
것을 알까 걱정하여 대중들에게 말하기를 '이것 역시 아직 깨닫지 못한
것이다'라고 하셨습니다.[18]

18 有一童子, 於碓房邊過, 唱誦此偈. 惠能一聞, 知未見性, 即識大意. 能問童子, 適來誦者, 是何言偈. 童子答能
   曰, 你不知大師言, 生死事大, 欲傳衣法, 令門人等各作一偈來呈看. 悟大意, 即付衣法, 稟為六代祖. 有一上座
   名神秀, 忽於南廊下書無相偈一首. 五祖令諸門人盡誦, 悟此偈者, 即見自性, 依此修行, 即得出離. 惠能答曰,
   我此踏碓八個餘月, 未至堂前. 望上人引惠能至南廊下, 見此偈禮拜, 亦願誦取, 結來生緣, 願生佛地. 童子引能
   至南廊下, 能即禮拜此偈. 為不識字, 請一人讀, 惠能聞已, 即識大意. 惠能亦作一偈, 又請得一解書人, 於西間
   壁上題著, 呈自本心. 不識本心, 學法無益, 識心見性, 即悟大意. 惠能偈曰, 菩提本無樹, 明鏡亦非臺. 佛性常
   清淨, 何處有塵埃. 又偈曰, 心是菩提樹, 身爲明鏡臺. 明鏡本清淨, 何處染塵埃. 院內徒眾, 見能作此偈, 盡怪,
   惠能卻入碓坊. 五祖忽來廊下, 見惠能偈, 即知識大意. 恐眾人知, 五祖乃謂眾人曰, 此亦未得之.

평설　　돈오선의 입장에서 보자면 부지런한 수행을 예찬하는 신수 스님의 노래는 불법의 큰 이치를 알지 못하는 차원에 머물러 있다. 물론 몸을 보리수에 비유하고 마음을 밝은 거울에 비유한 솜씨는 절묘하다. 불법이 몸과 마음에 이미 갖추어져 있음을 드러내는 비유로 이만한 것을 들기 어렵다. 그런데 불법이 이미 갖추어져 있다면 어떻게 할 것인가? 여기에서 길이 갈린다. 생각의 먼지가 이것을 가려 드러나지 못하게 하므로 이 먼지를 닦아내는 수행을 하라는 입장이 있다. 신수 스님이 이에 속한다. 반면 불법이 나에게 이미 갖추어져 있음을 알고, 그것이 이 현장에 완전히 드러나 있음을 보라고 하는 입장이 있다. 이러한 입장에서 보면 먼지조차 본래 깨달음이 드러난 모습이다. 그리하여 먼지를 닦아 내어 청정함을 드러낸다는 생각조차 내려놓게 된다. 나를 주체로 하여 무엇을 한다는 의도와 기획까지 내려놓는다는 말이다. 육조 스님이 이에 속한다. 그는 수행을 통해 본래의 밝음을 되살리려는 의도와 기획 자체를 문제 삼는다. 지금 이미 밝고 밝은데 따로 수행의지를 세우고 유위적 행위를 한다면 그 자체가 먼지에 해당하기 때문이다.

돈황본에는 행자 혜능에게 신수 스님의 노래를 읽어 주고 대신 써 준 사람이 누구인지 밝혀져 있지 않다. 유통본에서는 그것이 장일용(張日用) 이라는 관리였다고 밝히고 있다. 지방관을 보좌하는 별가(別駕)의 직책을 갖고 있는 사람이었다. 구체적 이름을 드러낸 것은 혜능 전기의 신빙성을 더하기 위한 문학적 배려에 속한다. 이렇게 구체적 인명이 제기되면서 자연스럽게 구체적인 상황이 제시된다.

내가 듣고 말했습니다. "노래가 하나 있는데 별가께서 대신 써 주시겠습니까?"

별가가 말했습니다. "그대가 노래를 지었다는 건가. 참 희한한 일일세."

내가 별가에게 말했습니다. "위없는 깨달음을 공부하겠다면서 처음 공부하는 사람을 경시해서는 안 됩니다. 가장 낮은 사람에게도 최고의 지혜가 있을 수 있고, 최고로 높은 사람도 지혜가 없을 수 있습니다. 사람을 경시하면 무량무변의 죄가 있게 됩니다."

별가가 말했습니다. "노래만 읊으시오, 내가 대신 써 주겠소. 그대가 만약 법을 얻게 되면 먼저 나를 제도해 주시오. 잊으면 안 되오."[19]

장일용은 행자 혜능이 노래를 지었다는 말을 듣고 처음에는 그를 경시하는 태도를 취한다. 주위에 온통 고관대작들이 넘쳐나고, 자칭·타칭의 고승들이 즐비한 이곳에서 아무도 나서지 못하고 있는 상황인데 오랑캐인 네가 뭐라고 나서느냐는 것이었다. 혜흔본에 보이는 내용이다. 이러한 장일용의 태도는 혜능의 노래가 제시되는 순간을 더욱 극적인 상황으로 만든다. 혜능의 하찮은 신분에 대한 무시가 클수록 깨달음의 위대함이 더욱 강조되기 때문이다.

돈황본과 각 유통본의 차이는 혜능의 노래에서 발견된다. 돈황본에는 깨달음의 노래가 2수 기록되어 있는데 비해 유통본에는 다음의 1수가 제시되어 있다.

깨달음의 나무라는 것이 따로 없고,

---

19 惠能聞已, 遂言, 亦有一偈, 望別駕為書. 別駕言, 汝亦作偈? 其事希有. 惠能向別駕言, 欲學無上菩提, 不得輕於初學. 下下人有上上智, 上上人有沒意智. 若輕人, 即有無量無邊罪. 別駕言, 汝但誦偈, 吾為汝書. 汝若得法, 先須度吾, 勿忘此言. [宗寶本]

밝은 거울이 따로 있지 않다.

본래 한 물건도 없는데,

어디에 먼지와 티끌이 있겠는가.[20]

  돈황본의 첫 번째 노래가 이 유통본의 노래와 유사하다. 전체 4구절 중 3구절이 동일하기 때문이다. 다만 '부처의 바탕은 항상 청정하다'는 돈황본과 '본래 한 물건도 없다'는 유통본 간의 차이는 분명하다.

  원래 혜능의 노래는 신수상좌의 노래를 조목조목 뒤집는 방식으로 이루어져 있다. 보리의 나무와 밝은 거울을 불법에 비유하여 거기에 먼지가 앉지 않도록 부지런히 노력하자는 것이 신수의 노래다. 이에 비해 혜능은 보리의 나무와 밝은 거울이라는 특별한 것을 들어 불법을 비유하는 일을 문제 삼는다. 자칫 맑게 지켜야 할 특별한 무엇이 있다는 오해를 불러일으킬 수 있기 때문이다. 그리고는 불성의 청정함을 강조한다. 청정하다는 말은 부처 따로 있지 않고, 중생 따로 있지 않다는 말이다. 깨달음이 따로 있지 않고, 번뇌가 따로 있지 않다는 말이다. 그래서 자연스럽게 불법이 따로 있는 것이 아니므로 번뇌라는 것 역시 따로 있지 않다는 말로 시를 끝맺는다.

  이에 비해 각 유통본에서는 '불성이 항상 청정하다'는 구절을 '본래 한 물건도 없다'로 대신한다. 본래 한 물건도 없다는 것은 완전히 아무것도 없다는 뜻이 아니다. 불법이라 할 특별한 무엇이 따로 있지 않다는 말이다. 법이라는 것이 따로 있지 않으므로 그것을 가리는 먼지 역시 따로 없다. 이렇게 살펴볼 때, 이 두 노래는 표현의 차이는 있지만 내용은 완전

---

20 菩提本無樹, 明鏡亦非臺. 本來無一物, 何處惹塵埃. [宗寶本]

히 동일하다.

다만 서로 다른 이 표현이 대승불교사의 가장 중요한 두 개념인 불성과 반야에 각각의 친연성을 갖고 있다는 점은 지적할 만하다. 불성의 청정함에 대한 강조는 『열반경』이나 『능가경』의 불성론에 대한 공감에서 나온 것이다. 이에 비해 특별히 지향할 한 물건이 따로 있지 않다는 구절에는 생각 없음[無念], 모양 없음[無相], 머묾 없음[無住]을 내용으로 하는 혜능의 반야사상이 농축되어 있다. 그러니까 보리와 번뇌가 따로 있을 수 없으며, 그러한 이원적 분별을 내려놓는 것이야말로 진정한 깨달음으로 들어가는 길이라는 주제의식에는 다름이 없다. 다만 그 표현이 딛고 있는 사상적 배경의 차이는 분명하다. 사실 이 오도송 사건은 중국의 선종이 『능가경』에서 『금강경』으로 방향을 전환하였던 당시의 상황에 대한 형상적 묘사이기도 하다. 물론 이러한 표현 및 사상적 배경의 차이는 이후 육조의 깨달음 생애에서 완전히 통일되어 가는 궤적을 그린다.

두 번째 노래는 유통본에는 없는 노래이다. 이 노래는 몸과 마음을 깨달음의 나무와 밝은 거울에 비유한 신수상좌의 노래에 대해 사사건건 시비를 걸고 있다. 그것은 장난기 어린 뒤집기로 시작한다. 신수상좌가 몸이 보리의 나무라 한 것을 뒤집어 마음은 깨달음의 나무라 하고 있다. 마음이 밝은 거울이라 한 것을 뒤집어 몸은 밝은 거울이라 하고 있다. 1:1의 비유관계를 무너뜨림으로써 특별한 모양에 한정되지 않는 법의 도리를 드러내고자 하고 있다. 그런 뒤 '밝은 거울은 옛날이나 지금이나 한 번도 오염된 적이 없음'을 밝힌다. 과연 그렇다. 이 세상의 모든 사물들은 밝은 거울의 별명들이다. 이 볼펜과 이 탁자가 밝은 거울이다. 뜰 앞의 잣나무와 차 한 잔이 밝은 거울이고, 쇠오줌, 말똥이 밝은 거울이다. 이렇게 명백히 드러나 있는 밝은 거울을 두고 먼지를 닦는다는 말은 성립할 수 없다. 흥미로운 것은 혜능의 이 두 번째 노래가 자신의 첫 번째 노래에 대해서도 뒤집기를 실천하고 있다는 점이다. 원래 첫 번째 노래는 없음으로 점철된다. 자칫하면 없음을 진리로 보는 집착이 생길 수 있다. 이를 차단하기 위해 두 번째 노래에서는 몸과 마음을 포함한 만사만물이 진리의 나무이자 밝은 거울임을 긍정한다. 이렇게 혜능의 두 노래는 그 스스로 하나의 짝이 되어 절대부정과 절대긍정을 통일함으로써 반야의 중도를 구현하고 있다.

🪷 법의 전수

오조 스님께서 밤이 3경에 이르자 나를 방으로 불러 『금강경』을 설하셨습니다. 나는 한 번 듣고 말이 떨어짐과 동시에 바로 깨달아 그날 밤에 법을 전해 받았는데 아무도 이를 알지 못하였습니다. 당장 깨닫는 돈오의 법과 가사를 전수받아 제6대 조사가 된 것입니다. 가사는 신표로서 대대로 전승되는 것이었고, 법은 마음에서 마음으로 서로 전하는 것이므로 반드시 스스로 깨닫도록 해야 하는 것이었습니다.

오조 스님께서 이렇게 말씀하셨습니다. "혜능아! 예부터 법이 전해지면 그 생명이 실낱같이 위험해지곤 하였다. 이곳에 머물면 누군가 너를 해치게 될 것이다. 너는 빨리 떠나도록 해라."[21]

---

21 五祖夜至三更, 喚惠能堂內, 說金剛經. 惠能一聞, 言下便悟, 其夜受法, 人盡不知. 便傳頓法及衣, 以為六代祖, 衣將為信稟, 代代相傳, 法以心傳心, 當令自悟. 五祖言, 惠能, 自古傳法, 氣如懸絲, 若住此間, 有人害汝, 汝即須速去.

평설　　　3경에 불려가, 3경에 깨닫고, 3경에 스승의 곁을 떠나는 깨달음의 현장을 극적으로 묘사하고 있다. 깨달음은 논리적 이해를 내려놓는 일이자 시간의 구속을 벗어나는 일이다. 요컨대 차원의 전이가 일어나는 일이다. 따라서 가르침을 듣고, 깨닫고, 의발을 전수받아, 스승의 회상을 떠나는 일이 모두 3경 사이에 일어날 수 있는 것이다.

　법은 모두가 잠든 3경의 시각에 전수되었다. 유통본에 의하면 3경에 법을 설하면서 창문을 가사로 가렸다고도 한다. 다른 사람이 보거나 들을 수 없도록 한 것이다. 원래 선가에는 여섯 귀가 있으면 법을 전수하지 않는다는 관행이 있다. 스승과 제자의 네 귀 외에 제3자의 여섯 번째 귀가 엿듣는 일을 피하고자 한 것이다. 왜 그런가? 스승이 제자의 깨달음을 확인하는 현장은 의외로 단순하고 반복적이다. 지금 이 현장의 만사만물로 명백하게 드러나 있는 법과 하나로 만나 노닐고 있는지를 확인하는 일이기 때문이다. 그래서 영리한 사람이라면 이것을 엿듣고 그 원리를 짐작할 수 있다. 그런데 이렇게 원리를 짐작하고 이해하는 일은 당사자에게 득이 되지 않는다. 더구나 이것을 다른 사람들에게 퍼뜨리는 일은 재앙에 가깝다. 법이라고 불리는 객관적인 무엇이 따로 있다는 착각을 불러일으킬 수 있기 때문이다. 따라서 깨달음의 확인은 모두가 잠든 3경이 아니라 할지라도 어쨌든 아무도 모르는 일이라야 한다. 신수상좌를 부를 때도 3경이었다. 오조 스님의 입장에서 이 출중한 제자가 자기와 동일한 마음자리에서 노닐고 있는지 남몰래 확인할 필요가 있었기 때문이다.

　그런데 오조 스님은 행자 혜능의 이 노래만을 보고 그를 부른 것은 아니었다. 깨달음을 인정하는 일은 여러 차례의 확인을 필요로 하기 때문이다. 각 유통본에 의하면 노래 사건이 있은 뒤 오조 스님이 남몰래 방앗간으로 혜능을 찾아간다. 그곳에서 오조 스님은 혜능이 허리에 돌을 매달고 방아를 찧고 있는 장면을 목격한다. 작고 가벼운 몸집이라 방아를 누르는 무게를 더하기 위해서였다. 이에 오조 스님이 감탄한다. 진리를 구하는 사람이라면 이렇게 진리를 위해 몸의 수고로움을 잊을 수 있어야 한다는 것이었다. 혜능에게 자아가 남아 있었다면 이 일을 힘들게 생각하고, 몸을 대신하여 불평을 하였을 것이다. 그러나 혜능에게는 자아를 대변할 무엇이 남아 있지 않았다. 그것은 팔을 잘라 법을 구한 혜가 스님의 정신과 맞닿아 있다. 그리하여 대화가 진행된다.

"쌀의 껍질은 벗겼는가?"
"껍질이 벗겨진 지는 오래됩니다만 아직 그것을 버리는 키질이 필요합니다."[22]

쌀의 껍질이 벗겨졌다는 것은 자아에 대한 집착, 대상에 대한 집착이 사라졌다는 의미이다. 키질을 하여 껍질을 버려야 한다는 것은 그렇게 내려놓았다는 의식조차 함께 내려놓는 중에 있음을 가리킨다. 이 키질에 오조 스님의 확인이 가해져 '안팎에서의 알깨기'가 이루어질 시점이 되었다.

이에 오조 스님은 주장자로 방아를 세 번 두드리고 돌아간다. 3경에 입실하라는 뜻이었다. 그런데 과연 이러한 암호 제시가 있었을까? 혜능이 그 암호를 알아듣지 못하면 어떻게 할 것인가? 여기에서 암호를 알아들었는지 여부는 크게 중요하지 않다. 다만 그것이 우주법계를 가득 채

---

22   米熟也未. 惠能曰, 米熟久矣, 猶欠篩在. [宗寶本]

우고 있는 진리의 암호들을 모두 알아들은 행자 혜능의 상태를 묘사하는 데 더없이 적절한 묘사라는 점은 분명하다.

오조 스님은 혜능에게 『금강경』을 설하여 그 깨달음을 견고히 한다. 무엇을 가르쳤을까? 돈황본에는 그 구체적 내용이 밝혀져 있지 않다. 이에 비해 각 유통본에는 그것이 '머무는 일 없이 그 마음을 내라'는 구절이었다고 밝히고 있다. 원래 혜능은 이 구절을 듣고 눈을 떠 출가의지를 일으킨 일이 있다. 이래저래 『금강경』은 혜능의 깨달음과 불가분의 관계에 있다.

어쨌거나 오조 스님의 가르침을 듣고 말이 떨어짐과 동시에 깨달았다고 하는데 돈황본에는 혜능이 무엇을 깨달았는지 밝혀져 있지 않다. 육조 스님이 그 깨달음의 생애를 회고할 때 최초의 회고담은 돈황본처럼 이렇게 개략적이었을 것이다. 그러나 유통본의 편찬자들은 이 경전을 읽는 수행자들이 모든 단락에서 육조 스님의 본을 따라 말이 떨어짐과 동시에 당장 깨닫게 되기를 바랐다. 그래서 다양한 기록들을 채집하여 그 깨달음의 장면을 구체적으로 제시한다. 각 유통본에는 다음과 같이 혜능이 사자후를 터뜨리는 장면과 오조 스님이 그것을 인정하는 감격적인 장면이 추가되어 있다.

내가 말이 떨어짐과 동시에 크게 깨달아 보니, 모든 하나하나의 현상들이 자성을 떠난 일이 없었습니다. 그래서 조사 스님께 말씀드렸습니다. "자성이 본래 청정함을 이제야 알겠습니다. 자성이 본래 생겨나거나 사라지는 것이 아님을 이제야 알겠습니다. 자성이 본래 완전히 저절로 갖추어진 것임을 이제야 알겠습니다. 자성이 본래 움직인 적이 없음을 이제야 알겠습니다. 자성이 모든 각각의 현상들을 생성하는 것임을 이제야 알겠습니다."

조사 스님께서 내가 자성을 깨달았음을 알고 말씀하셨습니다. "본래의 마음을 모르면 진리를 공부해 봤자 이익이 없다. 만약 저절로 이러한 본래 마음을 알고, 저절로 이러한 본래 성품을 보았다면, 그 사람을 대장부, 하늘 세계와 인간세상의 스승, 부처님이라 부르는 것이다."[23]

이제야 알게 되었다는 말이 다섯 번 반복된다. 불교 설법의 가장 큰 특징을 들자면 동일한 내용을 표현만 달리하여 거듭 반복한다는 데 있다. 자성과 만법의 불이관계를 밝히는 데 매우 효과적인 수사법이다. 자성이 따로 있지 않으므로 그것이 드러나는 모든 현장을 거듭 보여 줄 필요가 있는 것이다. 오조 스님은 어떤 자리에서도 실상을 벗어나지 않는 행자 혜능의 깨달음을 인가한다. 본래의 마음을 알고, 본래의 성품을 보아, 본래의 깨달음과 하나가 되었으며, 궁극적 부처의 마음자리에 합류했다는 것이다. 이로써 행자 혜능은 육조 스님이 된다.

육조 스님은 법과 가사를 전수받은 뒤 바로 오조 스님의 회상을 떠난다. 다만 바로 출발했다는 객관적 묘사만 남아 있는 돈황본과는 달리 각 유통본에는 오조 스님이 전법의 노래와 법맥을 전수하는 장면이 더해져 있다. 그 전법의 노래는 이러하다.

감정의지의 작용을 가진 사람이 씨앗을 뿌려,
인연의 땅에서 깨달음의 열매가 생겨난다.

---

23 惠能言下大悟, 一切萬法, 不離自性. 遂啟祖言, 何期自性本自清淨, 何期自性本不生滅, 何期自性本自具足, 何期自性本無動搖, 何期自性能生萬法. 祖知悟本性, 謂惠能曰, 不識本心, 學法無益. 若識自本心, 見自本性, 即名丈夫天人師佛. [宗寶本]

감정의지도 없고 씨앗도 없으며,

불성이라 할 것도 없고 생성소멸이라 할 것도 없다.[24]

있음과 없음이 하나로 만나 절묘한 화음을 내고 있다. 전반부 두 구절
은 유위적 불법실천에 대한 긍정이다. 수행에 있어서나 중생 제도에 있
어서 간절한 노력을 다해야 할 필요가 있다는 것이다. 후반부 두 구절은
무위적 내맡김에 대한 긍정이다. 본래 청정하므로 씨를 뿌릴 것도 없고,
성취할 것도 없다는 것이다. 물론 그렇다고 하여 목석처럼 감정과 의지
가 없어야 한다는 말은 아니다. 감정과 의지 작용까지 포함하여 모든 현
상이 있는 이대로 생멸을 떠난 자리임을 알라는 것이다. 이렇게 긍정과
부정을 통일하여 함께 제시하는 방식은 둘 아닌 중도의 도리를 드러내는
데 효과적이다. 이 노래는 돈황본의 다른 단락에도 보이는데 다음과 같
이 그 내용이 약간 다르다.

감정의지의 작용을 가진 사람이 씨앗을 뿌려,

감정의지 작용을 갖지 않는 꽃이 피어난다.

감정의지도 없고 씨앗도 없으며,

마음 땅도 없고 생성소멸도 없다.[25]

약간의 차이점에도 불구하고 유위적 차원의 간절한 노력과 무위적 차
원의 청정한 내려놓음이 하나로 만나는 자리를 노래하고 있다는 점에서

---

24 有情來下種, 因地果還生. 無情既無種, 無性亦無生. [宗寶本]

25 第五祖弘忍和尚頌曰, 有情來下種, 無情花即生. 無情又無種, 心地亦無生. [宗寶本]

차이가 없다. 오조 스님은 이렇게 실상의 자리에서 노니는 일을 직접 보여 준 뒤 당부를 계속한다. 특히 타인의 질시를 피해 빨리 떠나라고 했다는 돈황본의 간단한 기술에 비해 각 유통본의 기록은 상당히 구체적이다.

"옛날 달마 스님께서 이 땅에 처음 왔을 때 사람들이 믿지 않았다. 그래서 이 가사를 전하여 구체적 신표로 삼아 대대로 전승하도록 한 것이다. 그렇지만 법은 마음에서 마음으로 전하는 것이므로 언제나 스스로 직접 깨달아 스스로 해탈하도록 하였다. 옛날부터 부처와 부처 간에는 오로지 본래의 한 몸이 전해졌고, 조사와 조사 간에는 본래의 한마음이 비밀리에 전해졌다. 가사는 분쟁의 단서가 될 수 있으므로 이후로는 전하지 말아라. 이 가사를 전하면 생명이 위험해질 수 있기 때문이다. 너는 속히 떠나도록 해라. 너를 해치려는 사람이 있을까 걱정이다."

내가 물었습니다. "어디로 가면 되겠습니까?"

조사께서 말씀하셨습니다. "회(懷)에서 멈추어, 회(會)에서 은거하도록 해라."[26]

묘사가 극히 구체적이다. 돈황본과 유통본의 이렇게 서로 다른 묘사는 모두 역사적 사실에 부합한다고 보아도 된다. 그 최초의 설법 현장에서는 돈황본과 같이 개략적 전말 기술이 있었겠지만, 이후 설법이 계속

---

26 昔達磨大師, 初來此土, 人未之信, 故傳此衣, 以爲信體, 代代相承. 法則以心傳心, 皆令自悟自解. 自古佛佛惟傳本體, 師師密傳本心. 衣爲爭端, 止汝勿傳. 若傳此衣, 命如懸絲. 汝須速去, 恐人害汝. 惠能啓曰, 向甚處去, 祖云逢懷則止, 遇會則藏. [宗寶本]

되면서 유통본에 수록된 구체적인 상황들이 추가적으로 얘기되었을 것이라고 보아 무리가 없기 때문이다.

부처와 부처 간에 본래의 한 몸이 전해졌다고 하지만 실제로 전해진 특별한 무엇이 있지 않다. 모든 부처들에게는 우주 만물을 통해 명백하게 드러나 있는 이 부처의 한 몸을 바로 보는 일이 있을 뿐이기 때문이다. 이것을 바로 본 사람들 간에는 이심전심의 확인과 공감이 일어난다. 한 마당에서 만나 손잡고 노닐게 된 이 일을 법을 전한다고 표현하는 것이다. 또한 조사와 조사 간에 본래 마음이 비밀리에 전해졌다고 하지만 실제로 전해진 마음이 따로 있지 않다. 지금 당장의 이 현장이 모두 본래 마음의 드러남이다. 그것을 바로 본 사람 사이에 염화미소가 일어난다. 진리에 특별한 모양이 있다고 생각하는 사람들은 지금 당장의 가장 비근한 이것이 바로 부처의 마음임을 알지 못한다. 이런 입장에서 일없이 염화미소를 짓는 두 사람을 보게 되면 그 사이에 무엇인가 특별한 것이 오갔다고 생각할 수 있다. 그래서 비밀리에 전해졌다는 말이 있게 된다.

오조 스님은 회(懷)에서 멈추고, 회(會)에서 은거하라는 예언성 당부를 하고 있다. 보통 회(懷)는 회집현(懷集縣)을 가리키고, 회(會)는 사회현(四會縣)을 가리킨다고 얘기된다. 이 두 지역에는 육조 스님이 15년간 은거생활을 했다는 전설이 전하며 지금도 육조 스님을 기리는 사찰들이 세워져 있다. 그렇지만 정확하게 어느 지역에서 15년을 은거하였는지에 대해서는 밝혀진 바가 없다. 분명한 것은 육조 스님이 이 두 지역 사이에서 15년을 은거하였다는 사실이다.

그런데 정말 오조 스님의 이런 예언이 있었던 것일까? 아니면 유통본의 창작일까? 여기에서 우리는 불교의 실천자로서 경전을 읽는 자세가 어떠한지에 대해 짚어 볼 필요가 있다. 돈황본과 유통본 간의 차이점을 따져 그중 하나만을 역사적 사실로 확정하는 일은 학문적으로는 가치가 있을 수 있겠지만 실천적으로는 큰 의미가 없어 보인다. 그보다는 이러한 차이점을 관통하는 불교적 리얼리티의 동질성을 확인하는 안목이 필요하다. 대동소이를 함께 보는 눈이 필요한 것이다.

사실 제자들의 손으로 스승의 행적을 다듬다 보면 이런저런 신비한 얘기들이 더해지지 않을 수 없다. 그러므로 이것은 육조 스님에게 법이 전수되던 현장에 대한 제자들의 깊은 믿음과 찬탄의 일환으로 이해할 필요가 있다. 나아가 이것은 불가사의한 기적을 빌어 생각을 끊는 대승경전의 예를 본받은 것이기도 하다. 『육조단경』의 편찬자들은 자신들의 작업을 옛 대승경전을 결집하던 일과 같은 것으로 의식하고 있었던 것이다.

🪷 귀향

내가 가사와 법을 얻어 삼경에 떠나는데, 오조 스님께서는 직접 나를 구강역(九江驛)까지 전송하시고 곧바로 헤어지면서 이렇게 당부하셨습니다. "이제 가거라. 부지런히 법을 가지고 남쪽으로 가되, 3년간은 이 법을 널리 펴지 말아라. 고난이 지나간 뒤에 널리 교화하도록 해라. 미혹한 사람이라도 잘 깨우쳐 마음만 열리면 나와 다름이 없을 것이다."

나는 작별의 인사를 마치고 바로 출발하여 남쪽으로 향하였습니다.[27]

---

27 能得衣法, 三更發去, 五祖自送能至九江驛, 登時便別, 五祖處分, 汝去, 努力將法向南, 三年勿弘此法, 難去已後弘化, 善誘迷人, 若得心開, 與吾無別. 辭違已了, 便發向南.

평설   깨달은 사람 사이의 헤어짐은 얼핏 무정해 보인다. 생애에 다시없을 지음(知音)을 만났음에도 불구하고 하루 만에 헤어지고 있다. 천 일을 함께해도 부족할 만남을 찰나의 공감으로 대신하고 있다. 오조 스 님과 육조 스님의 이 하룻밤 만남은 이후 육조 스님과 영가현각 스님 사 이에서 재현된다. 그래서 영가 스님을 하룻밤 자고 깨달은 사람[一宿覺]이 라 부르게 되었다는 얘기가 천고의 미담으로 전하기까지 한다. 그러니까 이것은 깨달음의 현장에 드물지 않은 장면이다. 깨달은 사람은 진리라고 부를 별도의 특별한 무엇이 따로 있지 않음을 확인한 사람이다. 지금 이 현장의 만사만물이 바로 그것임을 확인한 사람이다. 그에게는 깨달은 사 람과 미혹한 사람 간의 구분조차 무의미하다. 깨달음의 입장에서 보면 진리는 어디에도 없고 동시에 모든 곳에 있다. 그러므로 깨달은 사람을 만났다 해서 애착할 것도 없고, 미혹한 사람을 만났다 해서 유감일 것도 없다. 깨달은 사람이란 모든 현장에서 한결같이 깨달음을 확인하는 사람 이기 때문이다.

돈황본에는 오조 스님이 구강역까지 전송을 하고 나서 바로 헤어진 것 으로 되어 있지만 각 유통본에는 배를 타고 함께 강을 건너는 장면이 추 가되어 있다. 그것은 비유와 상징으로 점철된 하나의 선문답이다.

오조 스님께서 나를 배에 오르게 하고는 노를 잡아 몸소 저으려 하시기 에 내가 말했습니다. "스님 앉으십시오. 제자가 노를 젓는 것이 옳습니다."

오조 스님이 말씀하셨습니다. "내가 너를 건너게 하는 게 옳지."

내가 말했습니다. "미혹할 때에는 스승님이 건너도록 해 주는 것이지만, 깨닫고 나면 스스로 건너야 하는 것입니다. 건넌다는 말은 같지만 활용하 는 곳은 다릅니다. 저는 변방에 태어나 중원과 다른 말을 쓰고 살았습니다.

그런데 스승님께 법을 전해 받아 이제 깨닫고 보니 자신의 성품은 자신이 직접 제도하는 것이었습니다."

오조 스님이 말씀하셨습니다. "참으로 그렇다! 이후 부처의 진리가 너로 인해 크게 펼쳐지겠구나. 네가 가고 3년이 지나면 나는 세상을 떠날 것이다. 잘 가도록 해라. 부지런히 남쪽으로 가라. 너무 일찍 설법을 하지는 말아라. 불법은 일으키기 어렵기 때문이다."[28]

건널 도(渡)와 제도할 도(度)의 발음이 같아 통용할 수 있다는 점을 활용한 문답이다. 그래서 강을 건너기 위해 누가 노를 저을 것인가를 논하는 표층의미의 밑에 누가 누구를 제도할 것인가를 논하는 심층의미가 복층으로 깔리게 된다. 하나의 단어에 발음이 같은 다른 단어의 뜻을 함께 담는 쌍관어(雙關語)의 수사법이다. 그 핵심은 자신이 직접 자신을 제도해야 한다는 점을 강조하는 데 있다. 진리라 할 무엇이 따로 있다면 그것에 눈뜨게 하는 중생 제도라는 행위가 성립한다. 그러나 불교에서 말하는 진리란 만사만물의 모양과 둘이 아니다. 그래서 스스로 눈을 떴느냐가 중요한 것이다. 특별한 무엇이 따로 있다면 그것을 보도록 하면 되겠지만 만사만물이 그것이므로 오직 눈뜬 이만이 그것을 본다. 그래서 스스로가 스스로를 제도해야 하는 것이다. 그런 점에서 스스로 노를 저어 강을 건너는 육조 스님의 형상은 깨달음에 대한 힘 있는 비유와 상징이 되기에 충분하다.

---

28 祖令上船, 五祖把艣自搖. 惠能言, 請和尚坐, 弟子合搖艣. 祖云, 合是吾渡汝. 惠能云, 迷時師度, 悟了自度. 度名雖一, 用處不同. 惠能生在邊方, 語音不正, 蒙師傳法, 今已得悟, 只合自性自度. 祖云, 如是如是, 以後佛法, 由汝大行. 汝去三年, 吾方逝世. 汝今好去, 努力向南, 不宜速說, 佛法難起. [宗寶本]

각 유통본에 의하면 오조 스님은 육조 스님을 보내면서 3년 후에 자신이 열반에 들 것이라 예언한다. 실제로 오조 스님은 법을 전한 지 4년째 되는 상원(上元) 2년에 열반에 든다. 이러한 예언은 불교사에 드물지 않다. 특히 자신들이 편찬하는 스승의 행적과 어록이 바로 대승경전임을 믿고 있던 제자들의 입장에서 이러한 불가사의한 사건의 기록은 매력적인 것이기도 하다.

마지막으로 오조 스님은 너무 일찍 설법하지 말라고 당부했다. 불법을 펼칠 조건의 성숙을 기다리라는 말이다. 여기에는 두 의미가 있다. 첫째, 사회적 환경의 성숙을 기다리라는 것이다. 말이 떨어짐과 동시에 당장 깨닫는 돈오의 길은 상식을 뒤엎는 차원의 전이를 감행한다. 그것을 용인할 사회적 분위기의 형성이 필요한 것이다. 둘째, 개인적 조건의 성숙을 기다리라는 것이다. 눈앞의 만사만물이 바로 진리가 드러난 현장이라는 사실을 알려면 자아의 성벽을 허물고 기성의 관념을 내려놓는 일이 필요하다. 그것은 알을 깨뜨리고 나오는 아기 새의 상황을 닮아 있다. 준비가 되었을 때는 어미가 밖에서 알을 쪼아 주는 일이 최고의 도움이 된다. 그러나 준비가 되어 있지 않은데 밖에서 쪼면 오히려 새가 탄생할 가능성을 없애는 행위가 될 수 있다. 그러므로 너무 일찍 설법해서는 안 되는 것이다. 선문에 "스승이 나를 위해 법을 해설해 주지 않은 것에 감사한다"는 말이 유행하는 것도 이 때문이다.

🪷 최초 전법

두 달 만에 대유령(大庾嶺)에 이르렀습니다. 나는 알지 못했지만 뒤에서 수백 명의 사람들이 나를 추격하여 붙잡아서 가사와 법을 빼앗고자

하다가 중간에서 모두들 돌아갔다고 합니다. 다만 출가 전에 3품 장군

이었다고 하며 성품과 행동이 거친 진혜순(陳惠順)이라는 승려가 대유령

에서 나를 따라잡았습니다. 내가 가사를 내주자 그는 그것을 받으려

하지 않고 이렇게 말하는 것이었습니다. "제가 멀리까지 쫓아온 것은

불법을 구하기 위해서이지 가사를 원해서가 아닙니다."

　나는 대유령에서 혜순에게 법을 전하였는데 그가 듣고는 말이 떨어

짐과 동시에 깨달았습니다. 나는 혜순에게 북쪽으로 가서 사람들을 교

화하도록 하였습니다.[29]

평설　　혜순(惠順)은 각 유통본에는 혜명(惠明)으로 기록되어 있고, 나

중에는 그 앞 글자[惠]가 스승 육조스님의 이름[惠能]과 겹치므로 도명(道明)

으로 바뀌 기록된다. 육조 스님은 오조 스님에게 법을 전수받아 남쪽으

로 향한 뒤 몇 차례 위기를 겪게 된다. 그중 혜명이 추격하여 대유령에서

해치려 한 일이 첫 페이지를 장식한다.

　혜명은 출가하기 전 3품 장군[유통본에는 4품 장군]의 벼슬을 지낸 사람으

로서 전투에 싸워서 이기고 점령하는 방식으로 수행에 임하였던 것으로

보인다. 육조 스님을 추격하던 무리들의 훨씬 앞에서 집요한 추격을 계

속한 것에도 그 성품이 드러난다. 이러한 혜명이 대유령에서 육조 스님

의 설법을 듣고 깨닫는다. 돈황본이나 혜흔본에는 어떻게 깨달았는지 구

29　兩月中旬, 至大庾嶺, 不知向後有數百人來, 欲擬捉惠能, 奪衣法. 來至半路, 盡總卻迴. 唯有一僧, 姓陳名惠順,
先是三品將軍, 性行麁惡, 直至嶺上, 來趁把著. 惠能即還法衣. 又不肯取, 惠順曰, 我故遠來求法, 不要其衣.
能於嶺上, 便傳法惠順. 惠順得聞, 言下心開. 能使惠順即卻向北化人.

체적인 묘사가 없이 그저 말이 떨어짐과 동시에 깨달았다고 되어 있다. 육조 스님이 법상에 올라가 행한 최초의 회고는 이렇게 개략적인 것이었을 수밖에 없다.

그런데 유통본에는 그 전법의 과정이 구체적으로 묘사되어 있다. 이후 제자들과 함께하는 일상생활에서나 법문 중에 추가된 내용들이라 할 수 있다. 그것은 다음과 같이 전지적 시점으로 기록되어 있는데 육조 스님이 알 수 없는 오조 스님 회상의 일까지 포함하고 있다.

오조 스님이 돌아와 며칠간 설법을 하지 않았다. 대중들이 이상하게 생각하여 찾아와 질문하였다. "스님 어디 편찮으시거나 걱정되는 일이 있으십니까?"

오조 스님이 말하였다. "어디 아픈 데는 없다. 가사와 법은 이미 남쪽으로 건너갔다."

"누구에게 전수하셨습니까?"

오조 스님이 말씀하셨다. "능력 있는 자[能]가 그것을 얻었다."

대중들이 바로 무슨 뜻인지 알았다.[30]

이것은 이후 주석의 방식으로 부기된 것이 본문에 섞여 들어간 것임에 틀림없다. 이후의 편집자들이 이것을 참고자료로 삽입하여 오조 스님의 제자들이 육조 스님을 추격하게 된 논리적 단서를 제시하고자 한 것이다. 당연히 육조 스님이 직접 이렇게 말했을 리는 없다. 현대의 학자들

---

30 五祖歸, 數日不上堂. 眾疑, 詣問曰, 和尚少病少惱否. 曰, 病即無, 衣法已南矣. 問, 誰人傳授. 曰, 能者得之, 眾乃知焉. [宗寶本]

은 이 부분을 괄호로 처리하여 본문과 구분하기도 한다. 혜명이 육조 스님의 설법을 듣고 깨닫는 장면에 대해 유통본에서는 다음과 같이 소설에 가까운 구체적인 묘사를 추가하고 있다.

내가 가사와 발우를 바위 위에 던지며 말했습니다. "이 가사는 신표라서 힘으로 빼앗을 수 있는 것이 아닙니다."

그리고는 풀숲에 숨었습니다. 혜명이 와서 들어 올리려 했으나 움직이지 않자 외쳐 부르는 것이었습니다. "행자님! 행자님! 저는 법을 찾으러 왔지 가사를 뺏으러 온 것이 아닙니다."

이에 내가 나가 바위에 앉자 혜명이 예를 올리고 말하는 것이었습니다. "행자님! 저를 위해 법을 설해 주시기 바랍니다."

내가 말했습니다. "그대가 이제 법을 위해서 왔다면 이런저런 인연에 끌리는 마음을 완전히 쉬고, 한 생각도 일어나지 않도록 하십시오. 그러면 내가 그대를 위해 법을 설해 주겠습니다."

혜명이 그 말대로 한참을 가만히 있으므로 내가 말했습니다. "선도 생각하지 않고 악도 생각하지 않는 바로 이때 어떠한 것이 그대의 본모습이겠습니까?"

혜명이 말이 떨어짐과 동시에 바로 깨닫고는 다시 묻는 것이었습니다. "지금의 비밀스러운 말과 비밀스러운 도리 이외의 다른 어떤 비밀스러운 도리가 더 있는지요?"

내가 말했습니다. "내가 그대에게 말한 것은 비밀이 아닙니다. 그대가 돌이켜 비추어보기만 하면 비밀은 그대에게 있게 될 것입니다."

혜명이 말했습니다. "저는 황매산에 살면서도 자신의 본모습을 진실로 깨닫지 못하였습니다. 이제 가리킴을 받으니 마치 사람이 물을 마실 때 차

가운지 따뜻한지 저절로 알게 되는 것과 같습니다. 이제 행자님이 저의 스승이십니다."

내가 말했습니다. "그대가 만약 이와 같다면 나와 그대는 모두 오조 스님 문하의 동문이 됩니다. 스스로 잘 보호하여 지니도록 하십시오."

혜명이 다시 물었다. "이제 저는 어디로 가면 되겠습니까?"

내가 말했습니다. "원(袁)을 만나게 되면 멈추고, 몽(蒙)을 만나게 되면 그곳에 살도록 하십시오."

혜명이 예를 올리고 돌아갔습니다.[31]

묘사가 더할 수 없이 자세하고 구체적이다. 돈황본이 전하는 최초의 개략식 회고담에는 있을 수 없는 내용이다. 그러니까 이것은 이후 육조 스님의 설법 중에 얘기된 이런저런 사실들을 모아 편찬자가 재구성한 것일 수밖에 없다. 다만 어떻게 보아도 이것이 편찬자의 소설적 창작이라 하기는 어렵다. 특히 한 생각도 일으키지 않도록 마음의 조건을 구성한 뒤, 그렇게 선과 악을 가르는 분별이 일어나지 않는 자리에서 자신의 본 모습을 확인해보라는 설법은 육조 스님이라야 가능한 사자후이다.

육조 스님이 바위에 던져 둔 가사를 혜명이 들어 올릴 수 없었다는 기술에는 역사적 사실과 종교적 진실이 뒤섞여 있다. 유통본에서는 남종

---

31 惠能擲下衣鉢於石上, 云, 此衣表信, 可力爭耶. 能隱草莽中. 惠明至, 提掇不動, 乃喚云, 行者, 行者, 我為法
來, 不為衣來. 惠能遂出, 坐盤石上. 惠明作禮云, 望行者為我說法. 惠能云, 汝既為法而來, 可屏息諸緣, 勿生
一念. 吾為汝說. 明良久. 惠能云, 不思善, 不思惡, 正與麼時, 那箇是明上座本來面目. 惠明言下大悟. 復問云,
上來密語密意外, 還更有密意否. 惠能云, 與汝說者, 即非密也. 汝若返照, 密在汝邊. 明曰, 惠明雖在黃梅, 實
未和自己面目. 今蒙指示, 如人飲水, 冷暖自知. 今行者即惠明師也. 惠能曰, 汝若如是, 吾與汝同師黃梅, 善自
護持. 明又問, 惠明今後向甚處去. 惠能曰, 逢袁則止, 遇蒙則居. 明禮辭. [宗寶本]

선의 완성자인 육조 스님을 최대한 높이고자 한다. 논리적 차원을 넘어서는 불가사의한 사건이 거듭 제시되는 것도 이러한 의도와 무관하지 않다. 그것은 대승경전에 자주 나타나는 신비주의적 상황 묘사와 궤를 같이하는 것이기도 하다. 그럼에도 그것이 오로지 육조 스님을 신격화시키기 위한 의도에서 나온 것이라 말할 수는 없다. '가사를 들어 올릴 수 없었다'는 상황 묘사에는 종교적 진실을 드러내기 위한 비유와 상징이 담겨 있기 때문이다. 육조 스님이 말한 대로 가사는 모양을 가진 물건이지만 법의 신표이기도 하다. 불법은 만사만물의 형태로 드러나 있는 것이라 어떤 특정한 대상으로 한정할 수가 없다. 알고 이해할 수 있는 관념도 아니다. 그러므로 혜명이 아니라 부처님이 와도 불법을 손으로 들어 올릴 수는 없다. 만사만물이 불법의 드러남 아닌 것이 없는데 어떻게 특별히 한정된 어떤 것으로 그것을 들어 올릴 수 있겠는가?

물론 만사만물이 불법임을 확인한 입장이 되면 얘기가 달라진다. 연꽃이 있으면 연꽃을 들어 올리고, 주장자가 있으면 주장자를 들어 올리는 것이다. 활이 있으면 활을 당기되 화살을 내보낼 때마다 불법의 심장에 적중하게 되는 것이다.

'원(袁)을 만나면 멈추고, 몽(蒙)을 만나면 그곳에 살도록 하라'는 말은 예언이다. 오조 스님은 육조 스님을 위해 예언을 하고, 육조 스님은 혜명을 위해 예언을 한다. 그리고 실제로 혜명은 이 예언과 같이 원[袁州府]의 몽[蒙山]에 살면서 법을 폈다. 예언이 먼저 있었는지, 아니면 일어난 사실을 바탕으로 예언이 만들어졌는지는 중요하지 않다. 다만 이것이 대중들을 위해 예언을 하였던 『법화경』 등의 예를 따른 것이라는 점은 확실해 보인다. 육조 스님 문하의 대중들은 스승의 어록을 결집하는 이 작업이 옛 대승경전 편찬과 완전히 같은 일이라고 생각하고 있었던 것이다. 『육조단경』은 처음부터 경전이라는 이름으로 편찬된 서적이었던 것이다.

돈황본에 기록된 육조 스님의 회고담은 여기에서 끝나고 바로 본격적인 설법이 시작된다. 그러나 각 유통본에는 아직 몇 단락의 회고담이 더 남아 있다. 우선 혜명이 산을 내려가서 추격하는 대중들을 돌려보내는 장면묘사가 있다. 혜명이 '행적을 찾을 수 없으므로 다른 데서 찾아보자'라는 말로 대중들의 추격을 따돌렸다는 것이다. 이것은 편찬자가 나중에 알게 된 사실을 주석의 방식으로 끼워 넣은 것임이 분명하다. 현대의 학자들은 이것을 괄호로 묶어 이 점을 밝히기도 한다. 또한 혜명이 스승의 이름자를 범하지 않게 위해 도명(道明)으로 개명했다는 기술도 발견된다.

다음으로 각 유통본에는 육조 스님이 남쪽으로 내려온 이후의 일이 추가 기록되어 있다. 사냥꾼 무리에 섞여 지낸 일, 은둔생활을 마치고 인종(印宗)법사를 만나게 된 사연이 혹은 간단하게 혹은 자세하게 기술되어 있다. 가장 자세한 종보본에 의하면 육조 스님은 남쪽에 내려온 후 사냥꾼 무리에 섞여 지낸다.

나는 이후 조계에 도착한 뒤에도 나쁜 사람들의 추격을 받았습니다. 그래서 사회(四會)에서 사냥꾼의 무리에 약 15년간 섞여 지내면서 재난을 피하였습니다. 그러면서 수시로 사냥꾼들에게 상황에 어울리는 방식으로 법을 설하곤 하였습니다. 사냥꾼들은 항상 나에게 그물을 지키도록 했는데 매번 살아 있는 동물들이 보이면 모두 풀어 주곤 하였습니다. 밥을 먹을 때는 고기를 삶는 솥의 가장자리에 채소를 얹어 익혔습니다. 누가 그 이유를 물으면 '고기 옆의 채소를 먹고 있다'고 대답하곤 하였습니다.[32]

32　惠能後至曹溪, 又被惡人尋逐, 乃於四會, 避難獵人隊中, 凡經一十五載, 時與獵人隨宜說法. 獵人常令守網, 每

64

육조 스님은 회집현(懷集縣)과 사회현(四會縣)에 은거하여 살았다. 여기에서는 사회현에 살았다고 되어 있지만, 오조 스님의 예언은 두 지역을 가리키고 있다. 또 행장에는 이 두 지역 사이에서 살았다는 기록도 있다. 현재 이 두 지역에는 육조 스님의 15년 은거와 관련된 전설이 전하고 있고, 이를 기념하는 사원들이 세워져 있다. 예컨대 회집현에는 냉갱진(冷坑鎭)의 상애령(上愛嶺) 구취암(龜嘴岩)에 육조 스님을 기념하는 육조선원이 세워져 있다. 거북의 주둥이 형상을 하고 있는 이곳에는 3~4인이 기거할 수 있는 천연석실이 있는데 이곳에 스님이 거주했다는 얘기가 전한다. 사회현에는 용보진(龍甫鎭) 부로산(扶盧山)에 육조사가 세워져 중창을 거듭하며 지금까지 남아 있다. 특히 육조 스님의 제자가 창건한 사원터로 지목되고 있는 곳에서 기와와 석주가 나와 그 전설에 신빙성을 더해 주고 있다.

과연 어느 곳이 스님의 진짜 거처였을까? 이 두 곳을 포함하여 주변의 곳곳에 몸을 의탁했다는 것이 사실에 더 가깝지 않을까? 숨어 사는 입장에서, 또 스스로 의식주를 해결할 수 없는 입장에서, 한 곳에 15년을 거주하는 것이 가능할 것 같지 않기 때문이다. 우리는 오조 스님의 예언에 이 두 지역이 함께 얘기되고 있고, 또 일부 행장에 두 지역 사이에 살았다는 기록이 있다는 점을 주목할 필요가 있다. 스님이 이 두 지역의 몇 곳을 오가며 살았다고 생각하는 것이 근거도 있고 더 합리적이라는 말이다. 다만 스님이 사냥꾼의 무리에 섞여 살았다는 것이 그들과 함께 살았다는 말인지, 그들과 교유하였다는 말인지는 분명하지 않다. 어쨌거나 그들과 섞여 살면서 식사를 함께하였다는 것은 분명하다. 사냥을 위한

見生命, 盡放之. 每至飯時, 以菜寄煮肉鍋. 或問則對曰, 但喫肉邊菜. [宗寶本]

그물이나 함정을 관리하면서 살아 있는 동물을 몰래 놓아주었다는 것, 사냥꾼들의 식사 자리에 끼어 고기를 삶은 솥에 채소를 익혀 먹었다는 것이 얘기되고 있기 때문이다.

고기 솥에 채소를 익혀 먹었다는 육변채(肉邊菜)의 얘기는 육식을 금지하는 중국불교의 전통과 관련하여 흥미로운 메시지를 전달하고 있다. 육식 금지의 계율은 중국불교의 창안이다. 이것은 남전불교나 티베트불교에서 육식을 금하지 않고 있는 것을 보면 당장 확인되는 사실이다. 중국불교의 육식 금지 계율은 불심천자로 불렸던 양무제(梁武帝)로부터 시작된다. 양무제는 "육식을 하면 자비심의 씨앗이 끊기게 된다."는 『열반경』 등의 구절에 의거하여 4차에 걸쳐 불교계에 술과 육식을 금지하는 조칙[斷酒肉文]을 반포하고 이를 시행하기 위한 법회를 개최한다. 당시 불교계의 지도자들은 부처님의 법에 육식을 금하는 계율이 없음을 들어 반대 의견을 표한다. 불교의 전통계율인 『십송율』에 육식 금지의 계율이 없었기 때문이다. 여기에는 전통적으로 자신에게 주기 위해 살생을 했다고 보았거나[見], 들었거나[聞], 의심되는[疑] 고기가 아니라면 먹어도 무방하다는 삼정육(三淨肉)의 계율이 반영되어 있다. 그러나 황제는 육식 금지의 계율을 강하게 추진하여 이를 관철시켰고, 육식 금지의 계율이 담긴 『범망경』이 권위 있는 계율서로 자리 잡게 된다.

육조 스님은 육식 금지의 계율이 보편화된 상황에서 고기 솥에 채소를 익혀 먹었다. 고기를 삶은 국물에 채소를 익혀 먹은 이것은 육식일까, 채식일까? 이러한 혐의를 벗기 위해 일부 해석가들은 육변채를 고깃국물이 닿지 않는 솥의 가장자리에서 익힌 채소였다고 보기도 한다.

그런데 육식의 여부는 육조 스님에게 그리 중요하지 않은 일에 속한다. 오직 자성을 바로 보는 일을 불교의 전부로 생각하는 입장에 있었기 때문이다. 원래 전통계율에서 살생을 금하면서도 육식을 금지하지 않은 것은 출가수행자들이 걸식을 하던 상황과 연관되어 있다. 걸식은 인연대로 오는 것을 받아들이는 일이다. 여기에서는 나와 법에 대한 집착에서 일어나는 취사선택을 내려놓는 일이 중요할 뿐이다. 육식의 여부는 부차적인 일에 해당한다고 할 수 있는 것이다.

그러니까 불교의 모든 것을 체화하여 실천하고 있던 육조 스님에게 육식 금지의 계율이 특별한 의미를 가질 수는 없는 일이었다. 그럼에도 스님은 고기 옆에 채소를 익혀 먹는 행동을 보여 준다. 이 육식과 채식의 공존을 두고 육조 스님의 철저한 계행정신을 확인하는 입장도 있고, 불법실천에 있어서의 탄력적 태도를 발견하는 입장도 있다. 그런데 철저한 계행을 실천하는 입장이었다면 직접 조리해 먹거나 굶을 수도 있는 일이 아니었을까? 또 탄력적 태도였다면 굳이 고기를 피할 필요가 있었을까?

그래서 다시 살펴보면 여기에서 우리는 모양에 지배되지 않는 스님의 정신을 발견하게 된다. 스님은 고기 옆에서 공양하면서 고기에 물들지 않았다. 고기를 먹지도 않았고, 고기를 거절하지도 않았다. 그것은 스님이 '모양을 세우지 않는 노래[無相頌]'에서 노래한바, '세간에 있으면서 세간을 벗어나는' 정신을 구현한 현장이었다. 육조 스님은 이러한 생활을 계속하다가 어느 날 사람들에게 내려와 그 존재를 드러낸다. 각 유통본은 그 상황을 이렇게 묘사한다.

어느 날 생각해 보니 법을 널리 펼쳐야 하는 때로서 끝까지 숨어 살 수는 없는 일이었습니다. 그리하여 산을 나와 광주 법성사(法性寺)에 이르게 되었습니다. 마침 인종(印宗)법사가 『열반경』을 설하고 있었는데 그때 바람이 불어 깃발이 움직였습니다. 이에 대해 어떤 스님은 바람이 움직인 것이라 하고, 어떤 스님은 깃발이 움직인 것이라 하면서 끝없이 논쟁하는 것이었습니다. 내가 나서서 말했습니다. "바람이 움직인 것도 아니고 깃발이 움직인 것도 아니고 스님들의 마음이 움직인 것입니다."

내 말에 대중들이 깜짝 놀랐습니다.[33]

깃발과 바람을 분별하여 모양에 따라 이름을 세우는 것은 세속의 살림이다. 반면 이것들이 모두 한마음의 드러남임을 알아 모양에 휩쓸리지 않는 것은 불교의 살림이다. 불교에서 말하는 십이인연, 반야, 열반, 유식의 착안점은 각기 다르지만 객관적 사물에 별도의 실체가 없음을 알아, 그 이름과 모양에 지배되지 않는 길을 걸어야 한다는 수행의 요체를 제시한다는 점에서 서로 통한다.

이 바람과 깃발 논쟁은 인종법사의 『열반경』 법문 중에 일어난 것이었다. 그것은 인종법사가 대중들에게 대답을 요구하여 촉발된 것이었으리라. 대중 스님들은 각기 그 모양에 휩쓸려 깃발이니 바람이니 하는 분별적 논쟁에 빠져든다. 이때 육조 스님이 나서서 이 모든 것이 마음이 드러난 현장임을 간명하게 짚어 보인다. 불교적으로 보면 깃발과 움직임은 모두 인연의 조합이 일어나는 현장이다. 모든 만사만물에 별도의 실체가 없다. 그러면서 가장 비근한 이것을 통해 불성이 확인된다. 육조 스님은 이러한 도리를 마음이라는 단어 하나로 풀었던 것이다. 모양으로 나타나는 모든 것은 마음이 나타나는 현장들이다. 그런 점에서 마음과 만물은 둘이 아니다. 일체유심(一切唯心), 만법유식(萬法唯識)인 것이다. 눈을 뜬 육조

---

33 一日思惟, 時當弘法, 不可終遯. 遂出至廣州法性寺, 値印宗法師講涅槃經. 時有風吹旛動, 一僧曰風動, 一僧曰旛動, 議論不已, 惠能進曰, 不是風動, 不是旛動, 仁者心動. 一眾駭然. [宗寶本]

스님의 입장에서 깃발과 바람은 마음의 다른 이름이었다. 인종법사는 그 말이 불교의 앞날을 열어 갈 새로운 깨달음 운동의 선언임을 감지하였다. 그리하여 육조 스님을 바로 상석에 앉힌다.

인종법사가 나를 상석에 앉게 하고는 깊은 도리를 하나하나 물었습니다. 나의 말이 간단하지만 이치에 맞아떨어져 언어문자에 휘둘리지 않는 것을 보고는 이렇게 말하는 것이었습니다. "행자님은 틀림없이 보통 사람이 아닙니다. 전부터 황매(黃梅)의 법이 남쪽으로 내려왔다는 얘기가 들리더니 그게 행자님 얘기가 아닌지요?"

내가 말했습니다. "그렇다고 직접 말하기는 뭣합니다."

그러자 인종법사가 예의를 갖추고는 전수받은 가사와 발우를 꺼내 대중들에게 보여 주기를 요청했습니다. 인종법사가 다시 물었습니다. "황매에서 스님께서 법을 맡겨 위촉하실 때 어떻게 가리켜 전수해 주셨습니까?"

내가 말했습니다. "가리켜 전수해 준 것은 따로 없었습니다. 오직 성품을 보는 일만 말했을 뿐, 선정이니 해탈이니 하는 일조차 언급한 바 없습니다."

인종법사가 말했습니다. "어째서 선정과 해탈을 언급하지 않았던 것입니까?"

내가 말했습니다. "그것이 둘로 분별하는 법이지 불법이 아니기 때문입니다. 불법은 둘 아닌 법입니다."

인종법사가 또 물었습니다. "어떠한 것이 둘 아닌 불법입니까?"

내가 말했습니다. "법사님께서 『열반경』을 강의하시니 불성을 잘 아실 겁니다. 그것이 둘 아닌 불법입니다. 고귀덕왕(高貴德王)보살이 부처님께 질문하였습니다. '4가지의 꼭 지켜야 하는 계율[34]을 범하고, 5가지의 무거운 죄[35]를 저지른 사람이나 일천제(一闡提)는 선근과 불성이 단절되는 것이니까?' 그러자 부처님이 대답합니다. '선근에는 두 가지가 있다. 하나는 영원한 것이고, 다른 하나는 영원하지 않은 것이다. 불성은 영원하지도 않고 무상하지도 않다. 그래서 끊어지지 않는다고 하고, 둘이 아니라고 말한다. 선과 선하지 않음을 말하는데, 불성은 선한 것도 아니고 선하지 않은 것도 아니다. 그래서 둘이 아니라 말한다. 자아를 구성하는 다섯 요소의 집적물이나 세계의 모든 현상계에 대해 범부는 둘로 나누어 본다. 그러나 지혜로운 사람은 그것이 둘이 아님을 밝게 통달한다. 둘 아닌 자성이 바로 불성이다.'"

인종법사가 그 설명을 듣고는 기쁨에 젖어 합장하고 말했습니다. "제가 경전을 강의하는 것은 깨진 기왓조각과 같고, 깨달으신 어른의 설법은 순금과 같습니다."

이에 나의 머리를 깎아 주고는 스승으로 섬기기를 원했습니다. 그리하여 내가 보리수 아래에서 오조 스님께서 전해준 동산(東山)의 법문을 열게 된 것입니다.[36]

---

34 4바라이죄라 하며 살생, 투도, 사음, 망어를 절대 금지하는 계율이다.

35 5무간죄라고도 하며 아버지를 살해한 죄, 어머니를 살해한 죄, 아라한을 살해한 죄, 대중의 화합을 깨뜨린 죄, 부처님을 상해하여 몸에 피가 나게 하는 죄 등이 이에 속한다.

36 印宗延至上席, 徵詰奧義, 見惠能言簡理當, 不由文字. 宗云, 行者定非常人, 久聞黃梅衣法南來, 莫是行者否. 惠能曰, 不敢. 宗於是作禮, 告請傳來衣鉢出示大眾. 宗復問曰, 黃梅付囑, 如何指授. 惠能曰, 指授即無, 惟論見性, 不論禪定解脫. 宗曰, 何不論禪定解脫. 能曰, 爲是二法, 不是佛法. 佛法是不二之法. 宗又問, 如何是佛法不二之法. 惠能曰, 法師講《涅槃經》, 明佛性, 是佛法不二之法. 如高貴德王菩薩白佛言, 犯四重禁, 作五逆罪, 及一闡提等, 當斷善根佛性否. 佛言, 善根有二, 一者常, 二者無常, 佛性非常非無常, 是故不斷. 名爲不二. 一者善, 二者不善, 佛性非善非不善, 是名不二. 蘊之與界, 凡夫見二, 智者了達其性無二, 無二之性即是佛性. 印宗聞說, 歡喜合掌言, 某甲講經, 猶如瓦礫, 仁者論義, 猶如真金. 於是爲惠能剃髮, 願事爲師, 惠能遂於菩提樹下, 開東山法門. [宗寶本]

어째서 선정과 해탈이 둘로 분별하는 법인가? 망상의 상대로 선정을 세우고, 번뇌의 상대로 해탈을 세웠기 때문이다. 이렇게 상대되는 차원에서 선정과 해탈을 세워 놓고 이를 추구한다면 그 자체가 망상과 번뇌로서 번뇌망상 위에 번뇌망상을 더하는 설상가상의 일이 된다. 그러므로 선정과 해탈을 설정한다면 지금 당장 깨닫지 못하게 된다는 역설이 성립한다. 육조 스님에게 깨달음이란 둘로 나누기를 멈추는 일이다. 둘로 나누기를 멈추면 취사선택의 집착이 사라져 나아갈 곳이 없게 된다. 모든 곳, 모든 것에서 부처를 확인하는 일이 일어나게 된다. 지금 당장 깨닫는 돈오법문의 핵심이 여기에 있다.

고귀덕왕보살과 부처님 간의 대화는 일체의 현상에 본질이 있느냐 없느냐를 두고 전개된다. 고귀덕왕보살은 논리적으로 양쪽을 모두 문제 삼는다. 만약 법성이 원래 공하다면 굳이 수행을 통해 그것을 깨달을 필요가 없을 것이다. 또 만약 법성이 공하지 않다면 아무리 수행을 해도 그것을 공하다고 볼 수 없을 것이다. 이렇게 고귀덕왕보살은 공의 원리를 유무의 차원에서 잘못 이해하고 있었던 것이다. 이에 대해 부처님은 공에 대한 보살의 잘못된 이해를 교정한다. 현상을 떠나 본질적인 무엇을 따로 잡을 수 없는 것을 '공'하다고 한다는 것이다. 다양한 색깔은 다양한 물질을 통해 드러난다. 색깔은 물질을 떠나 따로 존재할 수 없다. 그러니까 다양한 물질을 통해서만 청황적백의 색이 나타날 수 있는 것이다. 그렇다고 그 물질 자체가 색인 것은 아니다. 그러므로 색깔의 본질은 있다고 할 수도 없고 없다고 할 수도 없다. 요컨대 현상과 본질을 둘로 나누는 분별적 사유로는 법을 알 수 없는 것이다.

육조 스님은 이러한 『열반경』의 설법을 빌어 둘 아닌 이치를 설한다. 『열반경』의 전문가였던 인종법사에게 딱 맞는 설법이었다. 이에 일세의 법주였던 인종법사가 일개 행자에 불과하던 육조 스님을 스승으로 모시고 설법을 청하는 극적인 일이 일어난다. 실제로 『오등전서(五燈全書)』에는 직계 제자 명단에 인종법사가 포함되어 있다.

🪷 한마음의 가르침

내가 이곳에 온 것은 여러 관료나 스님들, 그리고 신도님들과 여러 겁에 걸친 인연이 있었기 때문입니다. 이 가르침은 옛 성인이 전한 것이지 내가 혼자 알게 된 것이 아닙니다. 옛 성인의 가르침을 듣고자 하는 사람들은 각기 마음을 청정하게 해야 합니다. 가르침을 듣고서 미혹함을 없애 옛 성인들의 깨달음과 같게 되기를 발원해야 합니다.[37]

평설 만사만물은 한마음의 드러남이다. 하늘과 땅이 나뉘기 이전부터 복잡다단한 삶을 살아가는 오늘에 이르기까지 이 한마음은 한결같다. 성인은 이것을 보고, 이것에 돌아가, 이것에 맡기고, 이것과 하나가 된 사람이다. 그래서 깨달은 사람은 불법 속에서 성인과 하나로 만난다. 부처와 내가 한마음의 자리에서 둘이 아님으로 노닌다. 옛 성인들도 본래의 한마음에 계합하였으므로 성인인 것이고, 육조 스님도 이것과 하나가 되었으므로 조사인 것이다. 옛 성인과 육조 스님은 본래의 한마음 속에 노닐어 너와 나의 구별이 없다.

그러므로 육조 스님의 마음에 혜능이라는 자아의식은 남아 있지 않

---

37 惠能來於此地, 與諸官僚道俗, 亦有累劫之因. 教是先聖所傳. 不是惠能自知. 願聞先聖教者. 各須淨心. 聞了願自除迷. 如先代悟.

다. 한마음의 법은 석가가 되었든 혜능이 되었든 한 개인이 이해할 수 있는 어떤 대상물이 아니다. 나라는 개인이 불법을 이해하려 한다면 그것이 아무리 장한 노력을 수반하더라도 헛되고 어리석다. 주체로서의 자아를 세우고, 불법이라는 대상을 세우는 일 자체가 불교와 반대의 길을 걷는 일이기 때문이다.

우주법계가 전체로서의 바다라면 개인은 접시다. 작은 접시에 바닷물을 담을 수 없다. 그래서 육조 스님은 자아라는 접시를 깨 버렸다. 그리고는 처음부터 하나였던 법의 바다에 돌아간다. 이 법은 혜능이라는 개인이 혼자 알게 된 것은 아니다. 혜능이라는 접시, 안다는 접시가 함께 박살이 나 버려서 혜능도 없고, 법도 없고, 앎도 없다. 요컨대 지금 이것으로 분명히 드러난 한마음 외에 특별한 무엇이 따로 없다.

옛 성인의 가르침은 어떻게 들어야 하는가? 말하는 성인 따로 있고, 듣는 내가 따로 있으면 그 가르침은 들을 수 없다. 성인은 불이중도의 법을 설하는데 나는 분별 망상으로 듣고 있기 때문이다. 그래서 법을 듣는 사람은 마음을 청정하게 해야 한다.

청정이란 무엇인가? 둘로 분별하기를 멈추는 일이 청정이다. 선과 악을 나누지 않으며, 좋고 싫음의 판단을 내리지 않는 일이 청정이다. 중생을 버림의 대상으로 삼지 않는 것, 그리고 성인을 추구의 대상으로 삼지 않는 것이 청정이다. 듣고 이해하는 나라는 접시를 박살내고 진여자성에 내맡기는 것이 청정이다. 이러할 때 성인의 가르침이 정수리로 쏟아져 들어오고, 그것이 남김없이 수용된다. 생각할 일 없이 고개의 끄덕임만 있는 진정한 청법이 성취된다.

육조 스님은 청법 대중이 이 법을 만난 것은 깊은 인연이 있었기 때문이라 강조한다. 각 유통본에서는 이 인연에 대해 '과거생 중에 모든 부처님들께 공양하고 함께 선근을 심었으므로, 이제 드디어 당장 깨닫는 법문을 청취하는 인연을 얻은 것'[38]이라고 설명한다.

스님과 대중이 인연으로 만났다는 이 말에는 두 가지 의미의 층이 형성된다. 그것은 과연 여러 겁 이전에 만난 설법의 주체인 육조 스님과 청법의 주체인 대중이라는 것이 있었을까? 하는 질문에서 비롯된다. 이 질문에 대해 긍정과 부정의 어느 한 측면에서 접근하면 곤란하다. 만남의 주체니 대상이니 할 것이 따로 없기 때문이다. 그래서 육조 스님과 대중의 만남이 있었다고 하면 안 된다. 그런데 다시 생각하면 개별적 존재의 근거가 되는 본래 마음은 한결같이 이러하다. 이 자리에서는 모두가 항상 하나로 만나고 있다. 그러므로 만남이 없었다고 부정해도 안 된다.

육조 스님은 옛 성인들이 함께 소요하며 노닐던 마당을 제시한다. 그것이 '청정한 마음'이다. 이 청정한 마음은 어떤 특별한 노력을 통해 성취되는 것이 아니다. 오로지 나에게 인연으로 다가온 이것을 오는 이대로 수용하고 맡기는 데에서 저절로 밝혀질 뿐이다. 어떻게 하면 옛 성인이 노닐던 청정한 마음의 마당에 돌아갈 수 있는가? 무엇보다도 간절한 발원이 필요하다. 당장 깨닫는 돈오법의 실천에서 간절함은 유일한 동력원이 된다. 불법에 귀의한 사람은 완전한 깨달음을 이루겠다는 발원을 해야 한다. 그것은 알고, 이해하며, 성취하는 주체를 내려놓는 일이 없이는 불가능하다.

깨달음은 나라는 주체가 법이라는 대상을 알고자 하는 틀 자체를 깨버릴 때 일어난다. 그런데 이게 쉽지 않다. 깨달음을 얻고자 하는 노력이 도리어 자아를 강화하는 에너지가 되기 때문이다. 참으로 앞으로 나아갈

38　亦是過去生中, 供養諸佛, 同種善根, 方始得聞, 如上頓教得法之因. [宗寶本]

수도 없고, 뒤로 물러날 수도 없는 상황이다. 앞으로 나아가면 자아가 강화되고, 뒤로 물러나면 수행이 없다. 거듭 내려놓으라 하지만 그 역시 쉽지 않다. 내려놓고자 하는 의지가 자아를 강화하기 때문이다.

그럼에도 이 알 수 없는 하나에 집중하는 간절함이 필요하다. 이 간절함이야말로 옛 성인과 한 마당에서 만나게 될 때까지 매 순간의 깨달음을 추동하는 힘이 된다. 요컨대 간절한 발원은 수행의 생명선이며 깨달음의 원동력이다.

이 짧은 문단에 육조 스님이 하고자 하는 필생의 법문이 모두 녹아 있다. 좋은 설법은 이처럼 한마디에 모든 것을 담는다. 한편 이 구절은 육조 스님이 그 깨달음의 생애에 대한 회고를 마치는 부분이기도 하다. 이정도면 하루의 설법에 해당하는 분량이다.

🪷 보리와 반야지혜

[다음부터는 설법이다] 혜능 대사가 말씀하셨다. "여러분! 보리와 반야지혜는 세상 사람들이 본래부터 스스로 가지고 있는 것입니다. 그렇지만 마음이 미혹하여 스스로 깨닫지 못하고 있습니다. 그러므로 큰 선지식의 안내와 지도를 받아 자성을 보아야 합니다. 여러분! 어리석은 사람이나 지혜로운 이나 불성은 본래 차별이 없습니다. 단지 미혹함과 깨달음의 차이가 있을 뿐입니다. 미혹하면 어리석은 사람이고, 깨달으면 지혜로운 이가 됩니다."[39]

---

39 [下是法]. 惠能大師喚言, 善知識, 菩提般若之智, 世人本自有之, 即緣心迷, 不能自悟. 須求大善知識, 示導見性. 善知識, 愚人智人, 佛性本亦無差別, 只緣迷悟, 迷即為愚, 悟即成智.

평설　　　본격적인 설법임을 밝히는 주석이 붙어 있다. 여러 유통본에서는 이것을 '반야품'으로 나누었다. 반야를 먼저 설하는 것은 이것이 육조 스님 버전의 『금강경』이기 때문이다.

보리는 깨달음이고, 반야는 지혜이다. 육조 스님은 이것을 보리반야로 묶어서 말한다. 그러니까 육조 스님의 법에서 깨달음과 지혜, 즉 보리와 반야는 원인과 결과의 관계가 아니다. 깨달음은 나를 내려놓고 본래의 지혜에 맡기는 일과 동시에 일어난다. 당장 눈뜨는 일이므로 시간이 필요하지 않다. 지금 여기에 분명히 드러나 있는 이 만사만물이 바로 그것임을 보는 데 무슨 시간이 필요하겠는가? 그야말로 눈뜬 자 보고, 귀 열린 자 듣는 것이다.

다만 우리의 특기인 시비선악의 분별과 이에 따라 취사선택을 강행하는 생각이란 것이 문제가 된다. 분별을 본질로 하는 생각은 지금 여기 명백하게 드러나 있는 이것을 보지 못하게 한다. 그래서 생각은 실상을 가리는 미혹의 구름이 된다. 모양에 따라 분별하고 이름과 관념을 세워 사유하는 인간의 특기 자체가 바로 미혹의 구름이 되는 기막힌 상황, 그것이 우리의 현주소이다. 그것은 우리에게 희망과 절망이 반반인 모순적 상황을 선물한다. 보리반야의 절대지혜가 이미 갖추어져 있으므로 희망적이다. 그러나 생각을 하지 않는다는 것이 도대체 어떤 일인지 감이 잡히지 않으므로 절망적이다. 이것을 안다고 말한다면 생각의 차원을 벗어나지 못한 사람이고, 모른다고 말한다면 시비분별의 늪이 무엇인지조차 모르는 사람이다.

상황이 이러하므로 우리는 어둠 속에서 더듬기를 반복하고, 실패와 헛수고를 반복한다. 심지어 이제까지 익혀 온 습관대로 자아를 강화함으로써 진리를 정복하고 깨달음을 소유하려고까지 한다. 그러나 이렇게 해서

76

는 자아의 벽이 높아져 자성에 눈뜨는 일은 결코 일어날 수 없다. 그것은 서울에 가려고 하면서 제주도행 비행기를 타는 일과 같다.

진정한 길은 모든 것을 내려놓을 때 열린다. 모든 노력을 기울인 끝에 도저히 어떻게 해볼 수 없는 상황에 절망하여 문득 탁! 하고 자포자기하여 모든 것을 내려놓을 때 그 길이 열리는 것이다. 모든 것을 내려놓은 가난한 마음이 될 때 위대한 길 안내자가 나타난다. 이것이 대선지식이다. 대선지식은 깨달음이 무엇인지 직접 보여 주는 존재이다. 그는 황량한 모래벌판 전체를 통째로 장엄하는 오아시스와 같다. 오아시스가 메마른 모래밭을 꿈이 넘치는 세계로 바꾸듯, 대선지식은 우매한 우리가 원래부터 보리반야의 지혜를 벗어난 일이 없었음을 알게 한다.

다만 대선지식은 안내자일 뿐이라서 우리를 직접 깨닫게 할 수는 없다. 그래서 우리는 자기 내면의 선지식을 만나야 한다. 우리 각자는 이 유일한 현장을 맞대면하는 유일한 당사자이다. 이 현장에 눈을 뜨는 것은 오로지 우리 각자의 몫이다. 그렇게 눈을 뜨고 보면 자신이 처음부터 옛 부처님과 조사들이 노니는 뜰을 한 걸음도 벗어난 적이 없다는 것을 확인하게 된다.

여기에서 어리석을 우(愚) 자는 원래 필사본에는 만날 우(遇)로 되어 있었다. 돈황의 석굴에서 몇몇 수행자가 육조 스님의 가르침을 실천하는 스승이나 도반을 만나 눈을 뜬다. 그리고 스승이나 선배가 구술하는 내용을 채록한다. 이때 발음이 동일하거나 모양이 유사한 글자로 오기되는 일들이 자주 일어나게 된다. 돈황본의 무수한 오탈자 중 가장 대표적인 것이 발음의 유사성으로 인한 오기라는 점은 이러한 상황을 말해 주고 있다. 현재는 대승사본과 여러 유통본을 참고하여 이 만날 우(遇) 자를 어리석을 우(愚)로 교정한 판본이 통용되고 있다.

제3장

선정과 지혜

🪷 선정과 지혜-1

여러분! 나의 이 법문은 선정과 지혜를 근본으로 합니다. 절대로 지혜와 선정이 다르다고 말하는 미혹에 빠지지 마십시오. 선정과 지혜는 본체가 하나여서 둘로 나눌 수 없습니다. 선정이 바로 지혜의 본체이고, 지혜가 바로 선정의 작용입니다. 지혜가 드러날 때에는 선정이 지혜 속에 있고, 선정이 구현될 때에는 지혜가 선정 속에 있습니다.

여러분! 이것은 곧 선정과 지혜가 같은 것이라는 뜻입니다. 도를 공부하는 사람들은 뜻을 짓되 선정을 통해 지혜가 발현된다거나 지혜를 통해 선정이 일어난다고 말하면 안 됩니다. 이러한 견해를 세우는 사람은 법에 차별되는 두 모양이 있다고 봅니다. 입으로는 옳게 말하지만 마음이 옳지 않으니 지혜와 선정이 함께하지 못합니다. 마음과 말이 모두 옳아 안팎이 한결같아야 선정과 지혜가 함께하게 됩니다. 스스로 깨닫는 수행은 입으로 논쟁하는 데 있지 않습니다. 만약 선후관계를 논쟁한다면 그는 미혹한 사람입니다. 승부를 겨루는 마음이 끊어지지 않아 대상과 자기에 대한 집착이 일어나고, 아상, 인상, 중생상, 수자상의 집착을 벗어나지 못하게 됩니다.[40]

평설 본래 깨달은 마음[本覺心]은 완전하여 안과 밖의 구분이 없이 밝다. 이 본래의 깨달음에 돌아가 한 몸으로 만나는 것이 선정이다. 인연

---

40 善知識, 我此法門, 以定慧為本. 第一勿迷, 言慧定別. 定慧體一不二, 即定是慧體. 即慧是定用, 即慧之時定在慧, 即定之時慧在定. 善知識, 此義即是定慧等. 學道之人作意, 莫言先定發慧, 先慧發定, 定慧各別. 作此見者, 法有二相, 口說善, 心不善, 惠定不等. 心口俱善, 內外一種, 定慧即等. 自悟修行, 不在口諍, 若諍先後, 即是迷人. 不斷勝負, 卻生法我, 不離四相.

에 따라 사물을 대하되 그것에 집착하거나 구속되지 않는 일이 지혜이다. 그러므로 선정과 지혜는 측면을 바꿔 표현한 것일 뿐, 둘로 구별되는 무엇이 아니다.[41] 그것은 마치 황금으로 만든 다양한 그릇을 대하는 일과 같다. 그릇의 모양은 다양하지만 황금의 차원에서는 차별이 없다. 이렇게 그릇과 황금이 둘이 아닌 것처럼 지혜와 선정이 둘이 아니다. 선정과 지혜를 현대어로 바꾼다면 집중과 통찰이 된다. 흔히 집중명상[사마타]과 통찰명상[위빠사나]을 나누어 따로 수행한다고 하거나 선후관계로 말하기도 하는데, 육조 스님은 이 법문에서 집중과 통찰이 결코 둘로 나누어 말할 수 있는 것이 아님을 강조하고 있다. 정혜쌍수이고 지관쌍운(止觀雙運)이라야 하는 것이다.

사실 어떤 특별한 무엇을 지향하거나 조작하는 수행은 답이 될 수 없다. 뜻을 세워 어떤 특정한 무엇을 실천하려 하거나[作], 생각을 멈추려 하거나[止], 생각이 일어나는 대로 맡겨 두려 하거나[任], 일체의 번뇌를 소멸시키려 하거나[滅] 하는 등의 모든 의도는 수행을 망치는 도적이다.

무엇보다도 집중의 선정과 통찰의 지혜가 다르며 거기에 선후가 있다는 생각은 지금 당장의 깨달음을 가로막는 장애가 된다. 별도의 목적지를 설정하고 그에 이르는 방법과 절차를 세우게 되면 지금 당장의 이것에서 멀어지기 때문이다. 불법 수행은 둘로 분별하기를 멈추는 일이다. 과정과 목적을 둘로 분별한다면 이미 수행이 아니다. 그러니 깨달음과 정반대의 길을 걷지 않을 수 없다.

모든 수행자들이 중도의 실천을 말한다. 그러나 많은 경우 도달해야 할 목적지로서의 깨달음을 따로 설정하고 있다. 이렇게 해서는 중도를

41　一心不動, 人境雙忘曰戒. 覺心圓明, 內外湛然曰定. 隨緣應物, 妙用無窮曰慧. 名雖有三, 其揆一也. [宗寶本]

실천할 수 없다. 생각해 보라. 깨달음이라는 목적지가 따로 있다면 지금 이곳은 미혹이 된다. 행복이라는 목적지가 따로 있다면 지금 이곳은 불행의 현장이 되는 것과 같은 이치이다. 실천해야 할 중도가 따로 있다면 이미 상대적 두 차원을 세워 버려야 할 것과 취해야 할 것을 나누고 있다. 그것이 어떤 것이든 모든 분별은 깨달음을 가리는 미혹이다.

미혹을 버리고 깨달음을 향해 나아간다는 분별에 기초한 수행은 자아를 강화할 뿐이다. 요컨대 수행의 주체로서 자아를 세운다면 아무리 열심히 수행해도 진짜 불교는 사라져 버린다. 그 언설이 아무리 훌륭해도 나를 내려놓고 본래 깨달음에 돌아가는 일이 아니라면 앵무새의 종알거림보다 나을 것이 없다. 여기에서 한걸음 더 나아가 논쟁에 빠지게 되면 상황은 더 심각하다. 논쟁이란 나와 너를 나누고, 옳고 그름을 겨루는 일이기 때문이다. 내가 옳다는 것을 증명하여 스스로를 높이고자 하는 일이기 때문이다. 그것은 불교와 멀고 또 멀다.

자아에 대한 집착은 자기 복제를 거듭한다. 그래서 자아에 대한 집착을 내려놓았다면서, 다시 신성을 받은 자아, 업을 받는 주체로서의 자아, 생명, 영혼 등과 같은 실체를 상정하고 그것을 자아의 근거로 삼는 일이 일어난다. 이들은 부처님 법이라는 것을 별도로 상정해 놓고 지금 당장 발길에 차이는 무수한 이것에 눈 감는다. 법을 찾아 세상의 모든 곳을 찾아다니면서 법이 드러나 있는 지금 당장의 이 유일한 현장에만 눈을 감는 기막힌 상황! 이것이 우리의 답답한 살림이다. 둘 아님으로 돌아가는 이 일에는 내려놓고 맡기는 일만 있을 뿐 많은 것이 필요치 않다. 선정과 지혜라는 말만 해도 벌써 너무 많다. 이래서는 지금 당장 미혹의 구름을 지우고, 번뇌의 바퀴를 멈추게 할 길이 없다.

불성이 별도의 특별한 무엇이라면 다른 사람이 가리켜 보일 수 있다.

그러나 불성은 마음의 작용을 통해 드러나고, 그 현장은 자신만이 알 수 있다. 조주선사는 이 일을 오줌 누는 일로 설명한다.

"도는 어디에 있습니까?"

"잠깐, 오줌 좀 누고."

[일을 보고 나서]

"도는 어디에 있습니까?"

"이보게! 오줌 누는 일도 자기가 직접 해야 해. 그런데 도를 어떻게 말하라는 거야?"

모양으로서의 오줌 누는 일은 누구나 본다. 그런데 오줌 누는 일의 현장은 당사자만 안다. 그러니까 다른 것은 몰라도 깨닫고 닦는 일만은 스스로, 직접, 당장 해야 한다.

🪷 일행삼매(一行三昧)

한결같은 삼매, 즉 일행삼매란 움직이거나, 멈추거나, 앉거나, 눕거나 간에 일순간도 예외 없이 항상 분별없는 곧은 마음을 쓰는 것입니다. 『유마경』에서는 분별없는 곧은 마음이 진리의 현장이라 했습니다. 분별없는 곧은 마음이 정토라 했습니다. 마음으로는 왜곡되게 분별을 지으면서 입으로만 분별없는 곧음을 말하지 마십시오. 입으로만 일행삼매를 말하면서 분별없는 곧은 마음을 실천하지 않으면 부처를 공부하는 사람이 아닙니다. 오직 분별없는 곧은 마음을 실천하여 어떠한 법에도 집착하지 않아야 이것을 일행삼매라 합니다. 미혹한 사람들은 모

양에 국한된 일행삼매에 집착합니다. 그래서 움직임 없이 앉아 있으면서 망념을 제거하여 아무런 마음도 일어나지 않는 것을 일행삼매라 합니다. 그렇다면 이 법은 사물과 같은 것이 되어 버립니다. 그것은 오히려 진리로 들어가는 길을 가로막는 원인이 될 것입니다. 진리는 두루 통하여 흐르는 일인데 이것을 막으면 되겠습니까? 마음이 머물지 않으면 진리에 두루 통하여 흐르게 되지만 머물게 되면 그 머무는 바에 묶여 버립니다. 만약 움직이지 않고 가만히 앉아 있는 것이 옳은 일이라면 숲속에서 조용히 좌선하는 사리불을 꾸짖은 유마거사는 틀린 셈이 됩니다.

여러분! 또 사람들에게 좌선을 가르치면서 마음을 보고 고요함에 집중하여 움직이지도 말고 일어나지도 말라고 하는 사람들을 보게 됩니다. 이런 것들에 공을 들이라는 겁니다. 미혹한 사람들이 깨닫지는 못하고 모양에 집착하여 수백 가지의 전도된 망상을 일으키고 있는 것입니다. 그러므로 이렇게 가르치고 이렇게 인도하는 것이야말로 큰 잘못이라는 것을 알아야 합니다.[42]

평설   삼매는 불교수행의 한쪽 바퀴로서, 다른 쪽 바퀴인 밝은 관찰과 짝이 된다. 삼매가 법계의 만 가지 모습에 차별이 없음을 알아 움직

---

42 一行三昧者, 於一切時中, 行住坐臥, 常行直心是. 淨名經云, 直心是道場, 直心是淨土, 莫心行諂曲, 口說法直. 口說一行三昧, 不行直心, 非佛弟子. 但行直心, 於一切法, 無有執著, 名一行三昧. 迷人著法相, 執一行三昧, 直言坐不動, 除妄不起心, 即是一行三昧. 若如是, 此法同無情, 卻是障道因緣. 道須通流, 何以卻滯. 心不住法, 道即通流, 住即被縛. 若坐不動是, 維摩詰不合呵舍利弗宴坐林中. 善知識, 又見有人教人坐, 看心看淨, 不動不起, 從此置功. 迷人不悟, 便執成顚, 即有數百般如此教道者. 故知大錯.

이지 않는 일이라면, 밝은 관찰은 세상의 만사만물이 있는 그대로 진리의 드러남임을 확인하는 일이다. 그래서 삼매와 밝은 관찰은 둘이 아니다. 삼매가 있어야 밝은 관찰이고, 밝은 관찰이 있어야 삼매이다.

이 삼매와 밝은 관찰이 한결같이 유지되는 것을 일행삼매라 한다. 여기에는 뚜렷한 징표들이 있다. 무엇보다도 좋아하고 싫어하는 마음, 취사선택의 마음이 없다. 나와 대상을 나누는 마음이 없다. 범부의 자리에서 성인의 차원으로 건너가려는 조작과 기대가 없다. 부처와 한마음, 한 몸인 자리에 있으므로 움직여도 이 일, 멈춰도 이 일이다. 항상 있는 이 대로일 뿐이라 마음에 동요가 없다. 이처럼 매 순간 깨달음으로 점철하여 그것이 끊어지지 않도록 닦는 일이 일행삼매인 것이다.

선종의 역사를 보면 이러한 일행삼매에 도달하기 위해 90일간 식사와 대소변의 경우만을 제외하고 언제나 움직이지 않고 좌선을 계속하거나[常坐], 걷기를 계속하는[常行] 방법들이 고안되기도 하였다. 이렇게 움직이지 않는 자리에서 아상·아집의 마음을 내려놓도록 하자는 것이었다. 그런데 이 방법 자체가 진정한 일행삼매를 가로막는 장애가 될 수 있다. 이미 모양에 걸려 분별하는 마음을 내었기 때문이다. 90일이라는 기간, 앉거나 걷는 모양, 고요한 마음의 상태 등을 목표로 설정하여 분별의 차원에 떨어져 버렸기 때문이다. 그것은 분별없는 곧은 마음과 정반대의 길을 걷는 일이 된다.

이에 비해 몸과 마음과 법의 특정한 모양에 구속되지 않는다면 그것이 진정한 일행삼매이다. 당장의 일거수일투족, 지금의 만사만물이 부처가 드러나는 현장임을 바로 알아 이것과 함께 나아가는 것이 일행삼매이다. 부처와 중생을 나누지 않고, 안과 밖을 나누지 않는 것이 일행삼매이다. 이것이 모양으로서의 참선에 빠져 있는 사리불에게 내린 유마거사의 엄중한 경책이었다.

　육조 스님 역시 마음을 보고[看心], 고요함을 지키며[看靜], 움직이지 않고[不動], 일어나지 않는[不起] 일을 참선이라 가르치는 신수 스님의 참선론을 비판한다. 그것은 결국 주체와 대상을 나눠 '내'가 '그것'을 보고, 지키고, 행하는 일에 속하기 때문이다. 중생인 내가 부처가 되기 위해 노력하는 일체의 유위적 행위는 자아를 일으키고 불법을 대상화하는 집착일 뿐이다.

　여기에서는 '유마거사＝육조', '사리불＝신수'의 비유관계가 성립된다. 육조 스님의 설법현장이 유마거사의 설법현장과 하나로 통하는 자리임을 드러내고자 한 것이다. 유마거사에게 경책을 받은 사리불과 마찬가지로 신수는 모양 없는 도리를 정면으로 위배하고 있다는 점 때문에 육조의 비판을 받는다.

　올바른 수행이란 불법의 도리와 지금 당장 하나로 만나는 일이다. 중생과 부처가 둘이 아닌 것이 불법의 이치다. 그렇다면 그 수행 역시 둘이 아닌 마음으로 돌아오는 일이 되어야 한다. 누에가 자기 몸에서 실을 뽑아 스스로를 묶는 자승자박의 이 현장을 돌이켜 비춰 보는 일, 그래서 자승자박의 현장조차 진여가 드러나는 자리임을 확인하는 일이 되어야 한다.

🪷 선정과 지혜-2

　여러분! 선정과 지혜는 무엇과 같을까요? 그것은 등불과 빛의 관계와 같습니다. 등불이 있으면 빛이 있습니다. 등불이 없으면 빛도 없습니다. 등불은 빛의 본체이고, 빛은 등불의 작용입니다. 이름은 둘이지

만 본체는 둘이 아닙니다. 선정과 지혜의 이치도 이와 같습니다.[43]

평설　　선정과 지혜가 둘이 아님을 강조하기 위해 등불과 빛의 비유를 들고 있다. 육조 스님이 보기에 선정과 지혜를 둘로 나누지 않는 것이야말로 수행의 생명선이다. 무수한 모양으로 나타나는 세계가 모두 불성의 드러남이다. 이렇게 둘 아님의 이치로 보는 것이 진정한 수행이고 깨달음이다. 빛에만 집중하여 등불을 무시한다든가, 등불에만 집중하여 빛을 무시할 사람은 없다. 그런데 왜 하필이면 불성과 만사만물은 둘로 나누어 이해하려 하는가? 육조 스님은 이것이 답답하다.

　선정과 지혜, 역시 마찬가지이다. 불성과 하나인 자리에서 움직이지 않는 것이 선정이라면, 무수한 모양과 작용이 불성의 드러남임을 바로 아는 것이 지혜이기 때문이다. 이렇게 해야 비로소 일행삼매가 된다. 오조 홍인 스님은 움직이고, 머물고, 앉고, 눕는 일이 모두 불국토의 일이며, 몸과 입과 뜻으로 짓는 일들이 모두 부처의 일임을 알라고 했다. 이것이야말로 등불과 빛의 관계를 아는 사람이 하는 말이다.

　문맥상 이 문단은 바로 앞에서 살펴본 문단과 순서가 바뀔 필요가 있다. 바로 앞의 문단을 사이에 두고 그 앞뒤의 구절이 선정과 지혜를 말하고 있으므로 동일한 주제의 문단이 이어지는 것이 자연스럽기 때문이다. 그래서 각 유통본에서는 그 배치순서를 조정하고 있다. 그럼에도 그것은 그리 중요하지 않다. 어쨌거나 선사의 말은 문맥보다는 지금 당장의 한

43　善知識, 定惠猶如何等, 如燈光. 有燈即有光. 無燈即無光. 燈是光之體, 光是燈之用. 名即有二, 體無兩般. 此定惠法, 亦復如是.

마디로 그 발화의 의도를 성취한다. 그것이 매 순간의 깨달음을 다그치는 말이므로 그 전후 맥락의 연결에 크게 마음 쓸 필요는 없다는 말이다. 오죽하면 언어도단, 말의 길이 끊어졌다고 했겠는가?

🪷 돈오와 점수

여러분! 진리에는 당장 깨닫는다거나 점차 닦는다거나 하는 구분이 없습니다. 그렇지만 사람에게는 영리함과 우둔함의 차이가 있습니다. 미혹한 사람은 점차적으로 계합하고자 하고, 깨달은 사람은 당장 깨달음을 닦습니다. 저절로 그러한 본래의 마음을 알면 본래의 자성을 보게 됩니다. 깨닫고 보면 원래부터 차별이 없습니다. 그러나 깨닫지 못하면 무수한 겁을 윤회하게 됩니다.[44]

평설   돈오는 당장 깨닫는 일이고, 점수는 점차 닦는 일이다. 옛날부터 이에 대해 많은 설들이 있어 왔다. 교학에서는 돈과 점을 함께 인정한다. '이치적으로는 당장 깨닫는 것이지만, 구체적 번뇌는 당장에 제거되지 않고 점차적으로 소멸된다'[45]고 밝힌 『능엄경』의 입장이 대표적이다.

이에 비해 육조 스님은 오로지 돈오돈수의 길을 제창한다. 위의 구절은 보기에 따라서 돈오와 점수를 함께 인정하는 말로 이해될 수도 있다. 사람에게 영리함과 우둔함의 차이가 있어서 조건에 따라 돈오와 점수의

---

44 善知識, 法無頓漸, 人有利鈍. 迷即漸契, 悟人頓修, 識自本心, 是見本性. 悟即原無差別, 不悟即長劫輪迴.

45 理雖頓悟, 乘悟併消, 事非頓除, 因次第盡. [楞嚴經]

길이 갈린다고 말하고 있기 때문이다. 영리한 사람은 돈오의 길을, 우둔한 사람은 점수의 길을 걷게 된다는 것이다. 그렇다고 해서 이것이 우둔한 사람은 점수의 길을 걸어야 한다는 뜻으로 해석되어도 좋을 것인가? 객관적으로 보자면 깨달음에 이르기까지 점차적 수행의 과정이 있는 것처럼 보인다. 육조 스님만 해도 여러 생에 걸친 점수의 과정이 있었기에 돈오가 가능했다고 말하는 사람들도 있다. 그러나 아무리 보아도 육조 스님은 점수의 길을 인정하지 않고 있다. 미혹한 사람은 점수의 길, 깨달은 사람은 돈오의 길을 걷는다고 분명히 밝히고 있기 때문이다. 점수는 미혹의 길이고, 돈오는 깨달음의 길이라는 것이다.

육조 스님은 지금 당장 깨달음을 실천하도록 몰아붙이는 입장에서 법을 설한다. 깨달음이 무엇인지 설명하는 일에는 도무지 관심이 없다. 배고픈 사람에게 종일 음식 이야기를 해 봐야 허기가 해결되지 않는다. 돈과 점의 다양한 조합을 통한 설명들이 바로 이 일에 해당한다. 이에 비해 육조 스님은 배가 고프다면 지금 당장 이 앞에 차려진 음식을 먹으라고 가리키고 있다.

요컨대 교학의 점수 설법과 육조 스님의 돈오 설법은 서로 다른 차원에서 나온 말이다. 차원이 다르므로 충돌하지 않는다. 교학적으로는 궁극적 깨달음에 이르기까지의 지위점차를 말할 수 있다. 싯다르타 태자가 수행을 하여 성불하여 석가모니가 되었다. 거기에는 미혹한 시기가 있었고, 점차적 닦음이 있었으며, 깨달아 부처가 되는 일이 있었다. 이에 대해 돈과 점의 개념을 이리저리 조합하여 어떻게 말해도 모두 이치에 틀리지 않을 수 있다. 깨달음에 대해 돈오돈수, 돈오점수, 점수점오, 점수돈오 등으로 어떻게 설명해도 각 측면에서 그 말이 성립할 수 있다는 말이다.

그렇지만 육조 스님은 지금 당장 깨달음을 실천하는 일에만 관심이 있고, 우리에게도 그것만을 요구한다. 수행을 통해 깨달음에 이른다는 생각을 하는 순간, 깨달음은 어떤 특별한 것이 되어 버린다. 어떤 경우이든 특별한 무엇을 설정하고 그것을 향해 나아가고자 한다면 모양에 갇힌 수행이 된다. 그것은 마치 눈을 가리고 연자방아를 끄는 나귀와 같다. 자신은 열심히 앞으로 나아간다고 생각하지만 제자리 돌기를 반복하며 윤회의 궤도를 벗어나지 못하는 것이다.

그러므로 수행을 하는 이라면 당장 이 자리에서 깨달음을 닦아야 한다. 나와 대상, 미혹과 깨달음을 분별하는 관념의 유희를 당장 멈춰야 한다. 그리하여 밖이나 안에서 별도의 부처를 구하지 않고, 지금 당장의 이 마음, 지금 당장의 이 현장이 바로 부처임을 확인하고 안심해야 한다. 이 '지금 당장'에는 시간이 개입하지 못한다. 시간이 없으므로 닦음을 통해 깨달음을 얻는다는 생각이 들어설 자리가 없다. 오직 이 순간에 깨닫는 일만 있을 수 있기 때문이다. 그러니까 육조 스님에게 지금 당장의 깨달음[돈오]과 지금 당장의 닦음[돈수]은 같은 말이다.

여기에 스스로 본래 마음을 알고, 스스로 본래 자성을 보라는 돈오법문의 핵심이 제시되어 있다. 왜 지금 당장 여기에서 깨달아야 하는가? 지금 당장의 이 인연이 부처가 현전한 자리이기 때문이다. 이 자리에 드러난 부처를 보는 일이므로 지금 당장이라야 한다. 눈앞의 이것을 버리고 별도의 부처를 이루기 위해 수행을 한다면 그것은 모래를 눌러 기름을 짜려는 일과 같고, 머리에게 눈과 얼굴을 보라고 요구하는 일과 같다. 그 일은 결코 일어날 수 없다.

깨달음은 스스로 직접 눈뜨는 일이다. 불성을 자기 마음이라고도 하고, 자기 본성이라고도 한다. 모두 자기에게 본래 있는 일임을 가리키는 말이다. 또 지금 당장의 이것이라고도 한다. 자기 스스로가 당면하고 있는 유일한 현장이 바로 그 일이라는 뜻이다. 이것에 눈뜨는 일이므로 지금 당장이라야 한다.

지금 당장 눈뜨는 일이 일어나지 않는다면 선지식을 찾아야 한다. 선지식은 소를 물가로 이끄는 목동이다. 그런데 선지식은 목마른 자를 물가로 이끈다는 점에서 중요하지만 직접 물을 먹게 할 수는 없다는 점에서 한계가 있다. 바깥의 선지식이 주는 가르침은 깨달음의 계기가 될 뿐이고, 결정적 사건은 안의 선지식이 깨어날 때라야 일어날 수 있다는 말이다. 불쏘시개는 장작에 불이 붙을 때까지만 유용한 것이다.

그래서 바깥의 선지식은 항상 안의 선지식을 깨우는 질문의 방식으로 가르침을 행한다. 육조 스님의 대유령 설법이 그 예이다. 착함도 생각하지 않고, 악함도 생각하지 않을 때 무엇이 그대의 진짜 모습인가? 이렇게 물어 안의 선지식이 깨어나기를 촉발하는 것이다. 대주혜해가 마조 스님에게 가르침을 받을 때 이런 일이 있었다.

"어디에서 왔는가?"

"조주에서 왔습니다."

"무엇을 구하러 왔는가?"

"불법을 구하러 왔습니다."

"여기에는 한 물건도 없는데 무슨 불법을 구한단 말인가? 자기 집의 보물 창고는 돌아보지도 않고 집을 버리고 천지사방 다니면서 뭐 하자는 것인가?"

"어떠한 것이 저의 보물 창고입니까?"

"지금 나에게 묻는 그것이다. 그대의 보물 창고에는 모든 것이 갖추어져 있어 마음대로 써도 된다. 부족한 것이 전혀 없으니, 밖에서 따로 구할 것이 없다."

대주혜해는 이 말을 듣고 깨달음이라는 것이 본래의 마음을 아는 일이지 어떤 특별한 무엇을 찾아내어 소유하는 일이 아님을 알았다. 이 깨달음은 중생과 부처가 본래 둘이 아님을 확인하는 일의 다른 표현이다. 진정한 질문을 일으킨 대주혜해는 꽃 피고 새 우는 일, 바람 불고 눈 오는 일이 한결같이 부처의 일이고, 본래 마음이며, 자기 본성임을 알았던 것이다.

🪷 세 가지 없음

여러분! 나의 이 법문은 원래부터 당장 깨닫거나 점차 닦거나 간에 모두 생각 없음[無念]을 종지로 하고, 모양 없음[無相]을 본체로 하며, 머물지 않음[無住]을 근본으로 합니다.

무엇을 모양 없음이라 하는가? 모양 없음이란 모양을 대하면서 모양에 묶이지 않는 것입니다. 생각 없음이란 생각을 하되 생각에 묶이지 않는 것입니다.

머물지 않음이란 사람의 본성으로서 매 순간의 생각에 머물지 않는다는 말입니다. 앞의 생각과 지금의 생각, 그리고 뒤의 생각은 서로 이어져 끊어지지 않습니다. 한 생각이 끊어진다는 것은 곧 법신이 육신을 떠나는 일이 되기 때문입니다. 이렇게 생각 생각이 이어지지만 그 어떠한 현상에도 머무는 일이 없어야 합니다. 한 생각이 머물면 생각 생각이 머물게 되니 이것을 속박되었다고 말합니다. 모든 법에 있어서 한

생각도 머물지 않으면 속박에서 풀려납니다. 그러므로 머물지 않음을 근본으로 하는 것입니다.[46]

평설   생각 없음[無念], 모양 없음[無相], 머물지 않음[無住]에 관한 이 법문을 흔히 세 가지 없음에 관한 법문이라 한다.

생각 없음은 모양에 따라 분별하지 않는 일을 가리킨다. 지각 작용으로서의 생각을 일으키지 않는다는 뜻이 아닌 것이다. 모든 현상은 구체적이거나 추상적인 모양을 갖고 있다. 둥글고 모난 것도 모양이고, 아름다움과 추함도 모양이고, 착함과 악함도 모양이고, 추구하거나 버리려 하는 것도 모양이다. 심지어 공함조차 자칫하면 있음에 상대되는 없음이라는 모양이 된다. 이러한 모양을 대하되 어떠한 모양에도 분별을 세우지 않는 것이 생각 없음이다. 그러기 위해서는 잘 분별하되 분별하지 않는 자리에 발을 딛고 서 있어야 한다. 잘 분별한다는 것은 대소장단으로 나타나는 상대성을 잘 안다는 뜻[妙有]이고, 분별하지 않는다는 것은 그 대소장단을 관통하는 공의 도리에 철저하다는 뜻[眞空]이다.

진실로 공을 실천하는 사람은 안과 밖을 나누지 않는다. 생성과 소멸에 휩쓸리지 않는다. 시간과 공간에 갇히지 않는다. 어떠한 것도 둘로 분별하지 않으며, 궁극적으로 분별하지 않는다는 생각조차 내려놓는다. 도를 추구하고 번뇌를 버린다는 생각조차 없이 목전의 이 실상에 발 딛는다.

---

46 善知識, 我自法門, 從上已來, 頓漸皆立, 無念爲宗, 無相爲體, 無住爲本. 何名無相, 無相者, 於相而離相. 無念者, 於念而不念. 無住者, 爲人本性, 念念不住, 前念今念後念, 念念相續, 無有斷絕. 若一念斷絕, 法身即離色身. 念念時中, 於一切法上無住, 一念若住, 念念即住, 名繫縛. 於一切法上, 念念不住, 即無縛也, 是以無住爲本.

그러니까 생각 없음은 모양 없음과 동의어일 수밖에 없다. 모양 없음을 본체로 한다고 했는데 그렇다고 모양을 무시한다는 뜻이 아니다. 모양에 대해 시비호오의 분별심을 내지 않는다는 것이지, 모양을 지워 버리거나 모양에 눈감는 일이 아니다. 그러므로 모양 없음을 강조하는 설법을 듣고 그것을 개념화하여 이에 집착하는 일이 있어서는 안 된다. 개념이야말로 중요한 모양이기 때문이다. 특히 허공과 같은 모양 없음의 차원을 따로 설정해서는 안 된다. 중요한 것은 모양을 대하되 그 모양에 지배되지 않는 데 있다. 그것이 바로 진여와 하나 되는 평등의 길이며, 우주법계를 빈틈없이 채우고 있는 눈앞의 이 부처에게 바로 돌아가는 길이다.

머물지 않음 역시 둘 아닌 이 일의 다른 표현이다. 머물지 않는다는 것은 특별한 것을 설정하여 그것을 지향점으로 삼지 않는다는 뜻이다. 생각은 인간의 본성이므로 이것을 소멸할 수는 없다. 다만 폭포와 같이 쏟아져 내리는 생각의 물방울들을 그냥 흘러가도록 놓아두면 된다. 그래서 마음 씀을 마니주와 같이 하라고 하는 것이다. 마니주는 붉은 것이 오면 온통 붉은 색이 되고, 파란 것이 오면 전체가 파랗게 된다. 그것이 지나간 뒤에는 어떤 흔적도 남지 않는다. 머물지 않는 마음이 이렇다. 모든 것과 하나로 만나 맷돌의 아랫돌, 윗돌과 같이 서로 상응하되, 어떤 것에도 호오의 감정과 그에 따른 집착을 일으키지 않는 것이다.

유통본에서는 여기에 있는 구절을 빼기도 하고 없는 구절을 더하기도 한다. 우선 "한 생각이 끊어지면 그것은 곧 법신이 육신을 떠났다는 말이 된다"는 구절을 뺀다. 원래 돈황본은 생각이 이어질 수밖에 없다는 점, 그럼에도 그 어떤 생각에도 집착하여 머물지 않도록 해야 한다는 점을 강조하고 있다. 이 가르침 자체에는 문제가 없다. 그런데 위의 구절은 보기에 따라 두 가지의 문제가 생길 수 있다. 첫째, 머물지 않음의 가르침을 희석시킨다. 생각을 끊을 수 없다는 말이 강조되는 바람에 그것이 정해진 이치이므로 그것을 따르라는 말로 오해될 수도 있다. 둘째, 법신이 육신을 떠난다는 말 자체가 문제가 된다. 불교에서는 법신이 곧 육신이고, 육신이 곧 법신이다. 이처럼 법신과 육신이 둘이 아닌 관계에 있는 바, 육신이 죽으면 법신이 떠난다는 말을 잘 쓰지 않는다. 법신은 죽음과 삶이라는 일체의 현상까지 포함하는 무엇이기 때문이다. 이러한 점들을 고려하여 유통본에서는 이 구절을 빼고 새로운 문맥을 구성하여 머물지 않음의 구체적 실천 현장을 제시한다.

세간의 선과 악, 아름다움과 추함, 미워함과 친함을 분별하여 말로 공격하고, 속이고, 갈등이 일어나게 될 때, 그것에 실체가 없음을 아십시오. 기대하는 생각이나 싫어하는 생각을 내지 마십시오. 생각 생각에 이전의 상황을 생각하지 마십시오. 만약 앞의 생각, 지금의 생각, 뒤의 생각이 생각 생각 이어져 끊어지지 않는다면 그것을 속박에 묶였다고 합니다.[47]

이렇게 함으로써 생각을 끊는 일과 머물지 않음은 동의어가 된다. 유통본은 전체 문단이 누수 없이 머물지 않음의 주제의식을 전달할 수 있도록 단속하고 있다.

---

47 於世間善惡好醜, 乃至冤之與親, 言語觸刺欺爭之時, 並將為空, 不思酬害. 念念之中, 不思前境. 若前念今念後念, 念念相續不斷, 名為繫縛. [大乘寺本], [宗寶本]

🪷 모양 없음과 생각 없음

여러분! 밖으로 어떠한 모양에도 묶이지 않는 것을 모양 없음이라 말합니다. 모양에 묶이지만 않는다면 자성의 본체는 청정합니다. 그러므로 모양 없음을 본체로 한다고 하는 것입니다. 어떠한 대상 경계에도 물들지 않는 것을 생각 없음이라 합니다. 자기의 생각에 있어서 대상 경계의 지배를 벗어나는 것입니다. 상황에 지배되는 생각을 내지 않는 것입니다. 그렇다고 아무 생각도 하지 말라는 것은 아닙니다. 생각을 모두 없애려 해서는 안 됩니다. 한 생각이 끊어지면 다른 곳의 삶을 받게 될 뿐이기 때문입니다.

도를 배우는 사람들은 마음을 다해 법의 본뜻을 잘 알아야 합니다. 혼자 틀리는 것은 괜찮을 수 있겠지만 다른 사람에게까지 권하여 미혹하게 해서야 되겠습니까? 미혹하여 스스로 보지 못하면서, 경전의 가르침을 비방하기까지 해서야 되겠습니까? 그러므로 생각 없음을 종지로 세운다는 것입니다. 미혹한 사람은 경계에 따라 생각을 일으킵니다. 바로 그 생각에서 삿된 견해가 일어나는 것이고, 여기에서 모든 번뇌와 망상이 생겨나는 것입니다.[48]

평설　　　반야실상은 우주법계의 모든 모양 그 자체로 드러나 있다. 모든 모양이 반야실상이므로 모양의 다름에 따라 좋고 나쁨을 나눌 일이

48　善知識, 外離一切相, 是無相, 但能離相, 性體淸淨, 是以無相爲體, 於一切境上不染, 名爲無念. 於自念上離境, 不於法上生念, 莫百物不思, 念盡除卻. 一念斷卽, 別處受生. 學道者用心, 莫不識法意. 自錯尙可, 更勸他人迷. 不自見迷, 又謗經法, 是以立無念爲宗. 卽緣迷人, 於境上有念, 念上便起邪見, 一切塵勞妄念, 從此而生.

없다. 명의의 눈에는 모든 재료가 명약이라 취하거나 버릴 일이 없다. 자아를 내려놓고 반야관조에 맡긴 수행자가 그러하여 모양에 움직이지 않는 반야실상의 자리에서 유희한다. 취사분별을 하지 않는 이러한 청정함의 실천이 있어야 본래의 청정한 자성에 계합할 수 있다. 깊은 산이나 번잡한 시정에서나 분별없이 청정하다면 그는 저절로 이러한 자성을 보고 있는 사람이다. 봄 꽃, 여름 바람, 가을 달, 겨울 눈에 취사선택이 없다면 그는 본래 마음을 보고 있는 사람이다. 특별한 모양에서 도를 찾지 않는다면 그는 만사만물의 모양 이대로 실상임을 확인하는 사람이다.

수행에서 가장 장애가 되는 것은 수행의 지위와 단계를 설정하는 일이다. 지위와 단계는 수행을 개념화, 대상화하기 때문이다. 사실 지위를 밟으며 점차적으로 깨달음에 도달한다는 논리 그 자체가 모양에 묶여 있다. 수행이라는 모양, 단계라는 모양, 깨달음이라는 모양, 그리고 무엇보다도 그 지위를 밟아 나가며 발전하는 수행 주체를 설정하고 있기 때문이다. 이것은 돈오선의 마당에서 설 자리가 없다.

생각 없음은 다양한 인연을 오는 이대로 수용하는 일이다. 그것은 시비호오의 판단을 내려놓는 일을 내용으로 한다. 그러나 생각 없음은 아무런 지각작용도 없는 사물의 상태와는 전혀 다르다. 그것은 비어 있는 상태가 아니다. 모든 분별을 내려놓고 우주법계를 꽉 채우고 있는 진여자성에 돌아가 하나로 만나는 것이 그 일이기 때문이다. 이러한 생각 없음이라야 진짜 수행이다.

그래서 다양한 방식으로 생각 없는 자리를 체험하도록 하는 일들이 선종의 역사를 장식하게 된다. 임제 스님은 고함을 쳤다. 그 고함소리가 뜰을 지나는 이 바람, 코끝을 스치는 이 냄새와 어울려 당장의 우주법계를 형성한다. 이 한 그릇 잘 비벼진 비빔밥을 받아 유감없이 한 순갈 뜨는 것이 임제의 고함을 잘 대접하는 일이다. 덕산 스님은 몽둥이를 휘둘렀다. 그것이 시간과 공간을 꽉 채우며 지금도 후려치기를 거듭하고 있다. 그 몽둥이질은 때로는 눈보라로 천지를 채우고, 때로는 봄바람으로 옷깃을 흔든다. 요컨대 그것은 매 순간의 이러함으로 우리를 일깨운다. 그러므로 우리는 매 순간 이러함과 100% 만나는 자리에서 덕산의 몽둥이를 수용해야 한다. 욕을 먹었다고 억울해 하고, 몽둥이에 맞았다고 화를 낸다면 그는 분별의 강물에 빠진 사람이다. 이 분별의 강물은 육도윤회의 흐름에 끝없이 휘말리게 하는 원인이 된다. 그러므로 상황에 지배되는 생각을 쉬라고 한 것이다.

이 문단의 "한 생각이 끊어지면 다른 곳에서 삶을 받게 될 뿐이다[一念斷即, 別處受生]"는 구절에는 원래 "一念斷即, 無別處受生"과 같이 없을 무(無) 자가 들어 있었다. 이로 인해 다양한 해석들이 나타난다. 없을 무(無) 자가 들어가면서 정상적 의미를 구성하지 못하고 있기 때문이다. 얌폴은 무(無) 자를 지워, 한 생각 끊어지면 다른 곳에서 생을 받게 된다고 이해했다. 각 유통본에서는 무(無)를 사(死)로 표기하여 '한 생각 끊어지면 죽음일 뿐이라 새로운 생을 받게 될 뿐'[49]이라고 처리했다. 어느 경우나 아무 생각도 하지 않는 것을 무념이라 이해해서는 안 된다는 점을 강조한다. 생각을 끊겠다는 깃 자체가 분별이고 집착이기 때문이다. 아무것도 생각하지 않고, 생각을 끊고자 한다면, 그것은 법에 대한 집착으로서 치우친 견해인 것이다.

---

49 一念絶卽死, 別處受生. [宗寶本]

🪷 생각 없음

그러므로 이 법문은 생각 없음을 세워 종지로 삼는 것입니다. 사람들이 견해에 묶이지 않도록 하고, 생각을 일으키지 않도록 하는 것입니다. 생각함이 없으면 생각 없음 또한 세울 일이 없을 것입니다. 없다니, 무엇이 없다는 것인가? 또 생각한다니, 무엇을 생각한다는 것인가? 없다는 것은 둘로 나누어 분별하는 모양이 없다는 뜻입니다. 그로 인해 일어나는 제반 번뇌에 묶이지 않는다는 뜻입니다. 생각한다는 것은 진여의 본래 그러한 자성을 생각한다는 뜻입니다. 진여는 생각의 본체이고, 생각은 진여의 작용입니다. 있는 이대로의 자성에서 생각이 일어나면 보고, 듣고, 느끼고, 아는 일이 있게 됩니다. 그러면서 어떠한 대상 경계에도 지배되지 않는다면 항상 있는 이대로 자재합니다. 『유마경』에서 '밖으로는 제반 현상의 모양을 잘 분별하면서, 안으로는 진여 그 자체의 자리에서 움직이지 않는다'고 한 것이 이 일입니다.[50]

평설   둘로 나누는 생각이 지옥의 문을 열고, 둘로 나누는 생각이 윤회의 바퀴를 돌린다. 본래 차별 없는 모든 현상들이 생각을 따라 천차만별로 나뉘어 시비분별, 번뇌망상의 진원지가 된다. 그러므로 번뇌가 없고자 한다면 생각 없음을 실천해야 한다. 그렇다면 생각 없음이란 무엇인가? 돌처럼 나무처럼 되는 일인가? 그렇지 않다. 알아차리되 분별하

---

50 然此教門, 立無念為宗, 世人離見, 不起於念. 若無有念, 無念亦不立. 無者無何事, 念者念何物. 無者, 離二相諸塵勞, 念者, 念眞如本性. 眞如是念之體, 念是眞如之用. 自性起念, 雖即見聞覺知, 不染萬境, 而常自在. 維摩經云, 外能善分別諸法相, 內於第一義而不動.

고 취사하는 일이 없는 것이 생각 없음이다. 그래서 생각 없음은 모양에 대한 집착 없음을 내용으로 한다. 자아에 신성의 일부가 들어 있다는 관념이 없고, 자기동일성을 갖는 실체로서의 개아, 영혼, 생명이라는 것이 있다는 관념이 없는 것이다. 궁극적으로 절대적 하나가 있다는 집착이 없는 것이다. 생성과 소멸을 둘로 나누지 않으므로 시비호오로 흔들리는 생각이 사라져 고요하고 밝다.

나와 대상의 분별이 사라진 이러한 생각 없음에 거듭 돌아가는 것이 진정한 수행이다. 분별이 없는 자리에서 눈앞의 현상들이 모두 한마음의 다양한 춤사위임을 확인하는 것이 수행이다. 우리가 원래부터 진여실상의 대문 안에 이미 들어와 있음을 확인하는 것이 수행이다. 이러한 생각 없음이라야 진짜 수행이고, 이러한 생각 없음이라야 진짜 깨달음이다.

생각 없음은 작위적 노력을 통해서 성취될 수 없다. 오직 모든 현장에 바로 그 모습으로 부처가 나타난 줄 바로 알아차리는 일만이 중요하다. 그렇게 알아차리는 일조차 더 큰 알아차림으로 끌어안는 것이 중요하다. 그래야 생각에 휩쓸리지 않게 된다. 만약 스스로의 의지를 강화하여 무념을 성취하고자 한다면 그것 자체가 장애가 된다. 어떤 특별한 무엇을 설정하고 그것을 향해 노력한다면 그 노력 자체가 심각한 장애가 된다는 것이 반야법문의 핵심이다. 그래서 저절로 이러한 본래 마음에 돌아가 맡기는 일만한 것이 없는 것이다.

생각 없음과 관련하여 대주혜해선사는 삿된 생각과 바른 생각을 구분한다. 삿된 생각이란 선과 악을 나누고 그에 대해 좋아하거나 싫어하는 생각을 일으키는 것이다. 바른 생각이란 선과 악을 나누지 않아 그것에 지배되지 않는 것이다. 그러니까 바른 생각이 곧 생각 없음이다. 다만 생각 없음이라는 것을 따로 세워 가치를 부여하거나 지향하는 일이 있으면 곤란하다. 그것이야말로 강력한 생각 있음의 운동이 시작되는 기점이 되기 때문이다.

생각 없음을 없음[無]과 생각[念]으로 나누어 설명하는 것은 한문이기 때문에 가능한 일이다. 생각 없음의 설법은 없음의 측면이 강조될 위험이 있다. 그런데 이것을 없음[無]과 생각함[念]으로 나누어 설명하면 진공과 묘유의 통일이 된다. 서로 보완하여 상대되는 한 측면에 떨어지지 않게 된다. 없음은 실체가 있다는 착각을 부정하고, 바르게 생각함은 이 실체가 없다는 생각을 다시 부정한다. 이렇게 하여 있음에 대한 집착을 끊고, 없음에 대한 집착까지 끊어 중도를 실천하는 것이다.

진여자성을 생각한다고 했는데 사실 따로 생각할 수 있는 진여가 따로 없다. 그것은 만사만물을 통해서만 나타나기 때문이다. 그래서 유마거사는 밖으로 모양을 잘 분별하되, 그와 동시에 안으로 진여의 자리에서 움직이지 않아야 한다고 말한 것이다.

유통본에는 생각 없음을 왜 가르침의 핵심으로 삼아야 하는지 그 이유를 밝히는 다음의 문장이 추가되어 있다.

말로만 견성을 말하는 사람들이 있습니다. 그들은 미혹한 사람들이라 경계를 만나면 생각이 일어나고, 그 생각에서 다시 삿된 견해가 일어납니다. 그리하여 모든 번뇌와 망상들이 여기에서 생겨납니다.[51]

바로 그렇기 때문에 이 공부는 무념에서 시작하여 무념으로 돌아가야

---

51 只緣口說見性, 迷人於境上有念, 念上便起邪見, 一切塵勞妄想, 從此而生. [宗寶本]

하는 것이다. 그리고는 진여와 생각을 본체와 작용의 관계로 설명하는
문장이 뒤따른다.

진여자성에서 생각이 일어납니다. 눈이나 귀, 코나 혀가 생각하는 것이
아닙니다. 진여에 자성이 있으므로 생각이 일어납니다. 만약 진여가 없으
면 눈이나 귀, 모양이나 소리가 애초에 성립할 수 없습니다.[52]

진여자성의 본체적 성격과 생각의 작용적 특징을 강조하는 문장이다.
그러니까 시비분별과 그에 기초한 집착을 내려놓고 보면 모든 것이 진여
자성을 증명하는 현장이 된다.

---

52 真如自性起念, 非眼耳鼻舌能念. 真如有性, 所以起念. 真如若無, 眼耳色聲當時即壞. [宗寶本]

제4장

좌선과 선정

🪷 돈오문의 좌선

여러분! 이 돈오문의 좌선은 마음을 보는 일에 집착하지 않습니다. 청정함을 보는 일에 집착하지도 않습니다. 움직이지 말라고 말하지도 않습니다. 마음을 보라고들 하는데, 마음은 원래 실체가 없는 것입니다. 실체가 없어서 환상과 같은 것이므로 볼 수 있는 대상이 아닙니다.[53]

평설　　상식적으로 좌선이란 마음을 보는 일이다, 가부좌의 자세로 움직임 없이 앉는 일이다. 신수 스님도 그렇게 가르쳤고, 초기 불교에서도 그렇게 가르쳤다. 초기 불교에서는 구체적으로 다섯 가지의 바라보기 수행법을 제시한 바 있다. 몸의 더러움 바라보기[부정관], 중생들에게 즐거움을 주고 괴로움을 제거해 주는 상황 바라보기[자비관], 12인연에 따른 생멸의 원리 바라보기[인연관], 부처의 상호 바라보기[염불관], 호흡의 들고 남 바라보기[수식관]가 그것이다. 차원은 다르지만 달마 대사도 벽 바라보기[벽관]를 실천하였으며, 마음 바라보기[관심]를 수행의 요체로 제시한 바 있다.

육조 스님은 이 바라보기 계열의 수행이 마음을 실체화, 대상화하는 위험을 안고 있다고 비판한다. 마음은 실체가 없는 것으로서 볼 수 있는 대상이 아니다. 사실 본래의 마음은 보는 주체와 보이는 대상의 구분을 내려놓으면 드러나는 무엇이다. 그런데도 내가 주체가 되어 그것을 보고자 한다면 그 자체가 망상이다. 눈이 자기 머리를 보려는 것과 같아 불가능한 일인 것이다. 그래서 육조 스님은 어떤 대상을 설정하여 그것에 집

53　善知識, 此法門中, 坐禪, 原不著心, 亦不著淨, 亦不言不動. 若言看心, 心原是妄, 妄如幻故, 無所看也.

중하는 바라보기식의 수행을 부정한다. 대신 능동적 주체의식을 내려놓고 진여의 마음에 돌아가 하나로 만나는 길을 제시한다. 무위법은 수행도 무위 수행, 깨달음도 무위 깨달음이라야 한다.

그러기 위해서는 망상의 제거가 필수적이다. 망상이 진여를 덮고 있으므로 망상만 제거하면 된다는 가르침은 육조선의 핵심에 해당한다. 여기에서 말하는 망상은 자아라는 진지에서 일어나는 모든 분별사유의 군대를 가리키는 말이다. 이 망상이 없으려면 모양에 대한 분별이 없어야 하고, 특정한 무엇 ─그것이 바로 모양이다─ 에 대한 지향이 없어야 한다. 무엇보다도 이 몸과 정신작용을 기준으로 자아라는 모양을 수립하는 일이 없어야 하고, 나아가 진리를 대상화, 실체화하는 일이 없어야 한다.

이때 진여가 저절로 드러난다. 물론 진여란 편의상 붙인 이름이지 따로 실체를 가진 것이 아니다. 그렇기 때문에 그것은 의식적 지향으로 얻을 수 없다. 오직 지금의 이 인연을 유감없이 수용하여 하나로 만나는 일 외에 다른 것이 없다.

좌선은 특별한 무엇을 하지 않음을 생명선으로 한다. 특별한 무엇을 세우지 않을 때 부처를 만난다. 지금 이것으로 이미 부처가 완전히 나타나 있는데 따로 무엇을 세우겠는가? 들판의 백합화는 애써 노력하거나 길쌈하지 않는다. 그럼에도 저토록 아름다운 옷을 입는다. '내'가 '무엇' 하기를 멈추고 본래의 부처에 돌아가 함께 손잡는 일이 그렇다.

🪷 **진정한 좌선-1**

청정함을 보라고[看淨]들 한다는데 사람의 자성은 원래 청정한 것입니다. 번뇌망상이 진여를 뒤덮고 있는 것일 뿐이므로, 번뇌망상만 떠나면 자성은 원래 청정합니다. 자성이 본래 청정함을 보지 못하고, 마음을 일으켜 청정함을 보려 한다면 청정함이라는 망상이 생겨납니다. 망상은 어떤 특별한 장소에 따로 있는 무엇이 아닙니다. 그러므로 그것을 보려 하는 그 자체가 망상이 되는 것입니다. 청정함이라는 모양이 따로 있는 것이 아닙니다. 그런데 청정하다는 모양을 설정하고 그것을 수행 공부라고들 하고 있습니다. 이렇게 견해를 지으면 저절로 이러한 본래의 자성을 가리게 될 것이고, 오히려 청정함에 묶이게 될 것입니다.[54]

평설　　옳고 그름을 나누지 않고 좋아하고 싫어하는 취사선택이 없으면 있는 이대로 청정하다. 모든 분별을 내려놓는 청정함을 실천함으로써 진여의 본래 청정함에 합류하는 것이 수행이다. 그것은 빗방울이 강물에 합류하는 것과 같고, 강물이 바다에 합하는 것과 같다. 저절로 그러한 것이라 그것은 조작을 필요로 하지 않는다.

이에 비해 청정함을 보려는 노력은 인위적이고 분별적인 행위에 속한다. 보는 나와 보이는 대상을 나누어 놓고, 나라는 주체가 청정함이라는 대상을 보려는 조작적 노력을 수반하기 때문이다. 그것은 청정한 진여자성과 정면으로 배치되는 일이다.

청정한 자성은 눈앞의 이 만사만물을 통해 드러난다. 별도의 청정한 자성이라는 것이 따로 있지 않다. 그러므로 지금 당장 깨닫지 않으면 안 된다. 본래 청정함을 알고, 그것에 돌아가, 안심하고 하나로 만나는 것이

---

54 若言看淨, 人性本淨, 為妄念故, 蓋覆眞如. 離妄念, 本性淨. 不見自性本淨, 起心看淨, 卻生淨妄. 妄無處所, 故知看者, 卻是妄也. 淨無形相, 卻立淨相, 言是功夫, 作此見者, 障自本性, 卻被淨縛.

다. 이렇게 본래 청정함, 본래 깨달음으로 돌아가는 것이지, 수행을 통해 별도의 깨달음을 얻는 것이 아니다. 아침에 해 뜨고, 저녁에 달 뜨는 이것이다. 이러함 속에서 아침의 새소리에 문을 열고, 저녁의 어스름에 불을 켜는 것이 깨달음을 닦는 수행자의 살림이다.

🪷 **진정한 좌선-2**

움직이지 않음을 닦는다는 것은 사람들의 오류와 잘못을 분별적으로 보지 않는 일입니다. 자성은 움직이는 일이 없기 때문입니다. 미혹한 사람은 몸만 움직이지 않을 뿐이지, 입만 열면 타인의 옳고 그름을 말합니다. 그것은 도와 어긋나고 도를 등지는 일입니다. 마음을 보려 하거나 청정함을 보려 한다면 오히려 도를 가로막는 장애가 될 것입니다.[55]

평설   본래 청정함에 맡기는 것이 마음을 움직이지 않는 일이다. 그것은 움직임 없는 몸의 자세와 아무런 상관이 없다. 마음이 온갖 시비분별에 요동치고 있다면 아무리 태산 같은 자세를 유지한다 한들 소용이 없다. 중요한 것은 본래 이대로 청정함을 믿고, 알고, 보는 데 있다. 이때 모양으로 짓는 좌선과 차원이 다른 진정한 좌선의 세계가 열린다.

현책: 무엇을 하고 계십니까?

---

55 若不修動者, 不見一切人過患, 即是自性不動. 迷人自身不動, 開口即說人是非, 與道違背, 看心看淨, 卻是障道因緣.

지황: 선정에 듭니다.

현책: 선정에 든다고요? 마음을 가지고 들어갑니까? 마음이 없이 들어갑니

까? 마음이 없이 들어간다면 초목이나 돌멩이와 같이 의식이 없는 존

재들이 다 선정을 얻었다 해도 되겠군요. 마음을 가지고 들어간다면

모든 감정과 의식을 가진 존재들이 다 선정에 들 수 있겠군요.

지황: 내가 선정에 들어갈 때는 있고 없음을 가리는 마음이 없습니다.

현책: 있고 없음을 가리는 마음이 없다고요? 그렇다면 언제나 선정이라는

거군요. 그런데 어떻게 들어가고 나가는 일이 있겠습니까? 만약 들어

가고 나감이 있다면 진정한 선정이라 할 수 없겠지요.[56]

바로 이러하므로 움직여도 선정, 움직이지 않아도 선정이다. 만사만

물, 있는 이대로가 움직이지 않는 선정이다. 문제는 생각이다. 그것은 태

양을 가리는 구름이다. 진리의 태양[佛日]이 한결같이 빛나고 있지만 분별

적 생각의 검은 구름이 일어나 그것을 가린다. 그러므로 태양을 보려 하

지 말고 오직 분별의 구름을 걷어내는 일에 쉼 없어야 하는 것이다.

위에서 말한 바와 같이 마음 바라보기, 청정함 바라보기는 돈오문에서

부정된다. '바라보기'라는 것이 나라는 주체와 마음이라는 대상을 세우

는 일이기 때문이다. 그것은 모양이 일어나는 자리이고, 집착이 일어나

는 현장이다. 그래서 각 유통본에서는 이 마음 바라보기와 청정함 바라

보기[看心看淨]라는 말을 마음에 대한 집착과 청정함에 대한 집착[著心著淨]으

56 　問云, 汝在此作什麼. 隍曰, 入定. 策云, 汝云入定, 爲有心入耶. 無心入耶. 若無心入者, 一切無情草木瓦石, 應
合得定. 若有心入者, 一切有情含識之流, 亦應得定. 隍曰, 我正入定時, 不見有有無之心. 策云, 不見有有無之
心, 卽是常定. 何有出入. 若有出入, 卽非大定. [宗寶本]

로 바꾸어 표현하고 있다. 말을 비트는 솜씨와 효과가 절묘하다.

🪷 진정한 좌선-3

바로 이러하므로 이 돈오법의 길에서는 무엇을 좌선이라 하는가? 이 길에서는 어떤 것에도 걸리는 일이 없어야 합니다. 밖으로 일체의 경계를 대하면서도 생각이 일어나지 않는 것을 좌(坐)라 합니다. 안으로 본래의 자성을 보아 동요하지 않는 것을 선(禪)이라 합니다.[57]

평설　　　육조 스님은 좌선에 대한 일반적 이해를 뒤집는다. 좌선이란 마음을 보는 일도 아니고, 청정함을 보는 일도 아니다. 움직이지 않고 가만히 앉아 있는 일도 아니다. 그래서 다시 묻는다. 진정한 좌선이란 무엇인가?

어떤 것에도 걸리지 않는 것이 좌선이다. 우주에 편재한 부처의 마음에 눈뜨지 못하도록 가로막는 장애가 두 가지 있다. 첫째로는 자아에 대한 집착이다. 자아에 집착하는 사람은 온몸에 악창을 앓고 있는 환자와 같다. 그 몸에 꽃이 스쳐도 아프고, 풀이 스쳐도 아프다. 꽃이나 풀에 좋고 나쁨이 따로 없지만, 종기를 건드리므로 괴로운 것이다. 이와 같이 내외의 모든 상황에 좋고 나쁨이 따로 없지만, 그것이 자아를 건드리므로 희로애락의 번뇌를 일으킨다. 둘째, 진리가 따로 존재한다는 집착이다. 진리가 따로 존재한다는 생각은 지금의 이 실상을 바로 보지 못하게 한다. 누군가는 부처를 향해 다리를 뻗고 앉는 일을 신성모독이라 한다. 누

57　今既如是, 此法門中, 何名坐禪. 此法門中, 一切無礙, 外於一切境界上, 念不起為坐, 內見本性不亂為禪.

군가는 부처를 태워 불을 쬔 단하선사를 불경하다고 꾸짖는다. 누군가는 자기가 배운 교학적 가르침을 최고로 여기며 자부한다. 진리를 따로 설정하는 이러한 일들은 진정한 좌선에 모두 장애가 된다.

육조 스님은 좌선을 좌(坐)와 선(禪)으로 쪼개어 설명한다. 좌, 즉 진정한 앉음이란 어떠한 경계에도 시비호오의 분별적 생각이 일어나지 않는 일이다. 선, 즉 진정한 닦음이란 본래 이러한 자성에 맡기는 일이다. 그러니까 좌선이란 어떤 특별한 인위적 행위를 하지 않는 일을 가리킨다. 그저 분별을 내려놓고 저절로 원래 이러한 자성에 돌아가 그것과 하나임을 확인하는 것이다. 학의 다리는 길고, 오리 다리는 짧다. 이렇게 시비 없이 만나는 것이 좌선이다.

🪷 진정한 선정

무엇을 선정이라 하는가? 밖으로 모양을 떠난 것이 선(禪)이요, 안으로 동요하지 않는 것이 정(定)입니다. 밖으로 모양을 떠나면 안의 자성은 흔들리는 법이 없습니다. 자성이 본래 있는 이대로 청정한 것이 정(定)입니다. 다만 대상 경계에 접촉하는 일이 원인이 되는데 접촉하면 어지럽게 흔들리기 때문입니다. 모양의 지배를 벗어나 어지럽지 않은 것이 바로 정(定)이고, 밖으로 모양을 떠나는 것이 바로 선(禪)입니다. 밖으로 선이고, 안으로 정이므로 이를 선정이라 하는 것입니다.[58]

---

58 何名為禪定, 外離相曰禪, 內不亂曰定. 外若離相, 內性不亂, 本性自淨曰定, 只緣境觸, 觸即亂, 離相不亂即定, 外離相即禪, 內不亂即定. 外禪內定, 故名禪定.

평설   선정은 범어의 발음[禪]과 중국어의 뜻[定]을 중복 표현한 범한쌍창의 조어이다. 원래 그것은 마음을 하나의 대상에 집중시키는 일이었다. 전통적으로 몸과 느낌과 마음과 대상물과 표상이 집중관찰의 대상이 되어왔다.

그런데 육조 스님은 무+념=무념, 좌+선=좌선의 공식을 선정에도 적용하여 선+정=선정으로 설명한다. 스님에 의하면 선은 외적으로 모양에 지배되지 않음, 정은 내적으로 동요가 없음을 가리킨다. 그런데 이것은 바로 앞의 "안으로 본래의 자성을 보아 동요하지 않는 것을 선(禪)이라 한다"는 구절과 상충돼 보인다. 안으로 동요하지 않는 것은 선(禪)인가 정(定)인가? 이렇게 따질 수도 있을 것이다. 그러나 선(禪)은 음역, 정(定)은 의역에 해당하므로 어차피 이 둘을 섞어서 말해도 문제가 없다. 중요한 것은 외적 형태이든 내적 관념이든 어떤 모양에 집착분별하지 않는 자리에 발 딛는 일, 그것을 선정이라 규정했다는 점이다.

모양에 따른 시비선악의 분별과 그 분별에 따른 취사선택은 인간의 원죄이다. 그래서 진리를 추구한다고 하면서 무엇인가 특별한 모양에 집착하게 된다. 또한 하나의 모양을 버렸다 해도 메뚜기 뛰듯 다른 모양으로 건너가 그것에 집착한다. 이렇게 모양에 지배되는 순간 시비호오의 마당이 열리고 집착과 번뇌가 일어난다.

그렇다면 어떻게 모양에 지배되지 않을 수 있는가? 불교사에 보이는 다양한 수행법들은 한결같이 모양에 지배되지 않는 길로 이끄는 비범한 방편들이었다. 그런데도 육조 스님은 이 다양한 수행법들을 부정한다. 그것들이 이미 종교성이라는 모양으로 화석화되어 집착의 대상이 되고 있다고 보았기 때문이다. 모양에 지배되지 않을 수만 있다면 육조 스님은 불교조차 버릴 기세다.

114

모양에 따른 분별이 없으면 동요할 일이 없어 저절로 선정이 구현된다. 영가 스님이 노래한 것처럼 움직여도 선, 앉아도 선[禪]이다. 말을 하거나, 침묵하거나, 움직이거나, 가만히 있거나 간에 본체와 하나 되어 돌아가므로 마음에 동요가 없어서 정[定]이다.

밖으로 모양을 떠나면 안의 자성은 흔들리는 법이 없다는 구절이 있다는 구절의 뒤에 각 유통본에는 다음과 같은 보완의 문장이 더해져 있다.

> 밖으로 모양에 집착하면 안으로 마음이 어지럽게 됩니다. 밖에서 모양에 휘둘리지 않아야 마음이 어지럽지 않게 됩니다. 본래의 자성은 있는 이대로 청정하고, 있는 이대로 흔들리는 일이 없습니다. 그러나 대상경계를 보면서 생각을 일으키는 일이 있어서 어지럽게 됩니다. 만약 모든 대상경계를 보면서 마음이 어지럽지 않다면 이것을 진정한 선정이라 하겠습니다.[59]

이것은 움직이지 않는 모양에 집중하는 수행자들의 잘못된 실천을 사전에 차단하기 위한 조치이다. 활 잘 쏘는 도인은 천지사방에 거리낌 없이 화살을 날리고, 날릴 때마다 진리의 심장을 꿰뚫는다. 모든 현장이 진리의 심장이기 때문이다. 진정한 선정이 그렇다.

🪷 청정한 자성

『유마경』에서는 "지금 당장 밝게 알면 본래의 마음으로 돌아가게 된

---

59 外若著相, 內心即亂. 外若離相, 心即不亂. 本性自淨自定, 只爲見境, 思境即亂. 若見諸境心不亂者, 是眞定也.
   [宗寶本]

다"고 했습니다. 『보살계』에서는 "본래의 근원인 자성은 청정하다"고
했습니다.

여러분! 자성이 있는 원래 이대로 청정함을 보십시오. 자성의 법신을
스스로 닦고, 스스로 지으십시오. 부처의 행동을 스스로 실천하십시오.
부처의 진리를 스스로 짓고, 있는 스스로 완성하십시오.[60]

평설　　깨달음은 있는 이대로 이미 완성되어 있다. 이것을 알고, 이
것에 돌아가 거듭 안식하는 것이 수행이다. 위 『유마경』을 인용한 짧은
법문에는 스스로 자(自) 자가 무려 9번 출현한다. 사실 법의 표현에 있어
서 스스로 이러함, 있는 이대로 그것임을 거듭 보여 주는 일만큼 효과적
인 것도 없다. 스스로 이러하므로 인위적 노력을 멈춰야 한다. 있는 이대
로 그것이므로 밖에서 별도의 진리를 찾는 일을 멈춰야 한다. 스스로 이
러함, 있는 이대로의 이것을 본래 마음이라 하고, 자성이라 하며, 실상이
라 한다. 청정하다 하고, 평등하다 한다. 이것을 밝게 알고, 이것으로 돌
아가며, 이것에 맡기고, 이것과 하나가 되는 것이 진정한 수행이고 깨달
음이다. 이것이 귀의의 바른 뜻이다.

이미 드러나 있는 이것을 아는 일이므로 깨달음은 지금 당장 일어날
수밖에 없다. 그래서 돈오이고 돈수이다. 물을 마심에 차갑고 따뜻함을
아는 일은 저절로 일어나고, 지금 당장 일어나는 것이지, 인위적 노력과
시간적 축적을 통해 성취되는 것이 아니다.

60　維摩經云, 卽時豁然, 還得本心. 菩薩戒云, 本源自性淸淨. 善知識, 見自性自淨, 自修自作自性法身, 自行佛行,
　　自作自成佛道.

저절로 이러한 자성이 곧 법신이라 했는데, 법신이라 해서 특정한 모양이 따로 있지 않다. 만약 나라는 주체가 법신이라는 대상을 보고자 한다면 부처님을 만날 수 없고 본래 깨달음에 합류할 수 없다. 왜 법신을 볼 수 없는가? 우주법계가 끝이 없으므로 법신의 정수리를 볼 수 없고 그 형상의 끝에 이를 수 없다. 그러니까 법신을 보려면 오직 내가 그것과 한 몸이 됨으로써 저절로 확인해야 한다. 그때 발을 딛는 곳마다 비로자나의 정수리 위가 된다.

어떤 경우라 해도 대상화된 어떤 형상을 보는 방식은 성립할 수 없다. 법신은 현상 그 자체로서의 부처[法佛], 이치 그 자체로서의 부처[理佛]라고도 부른다. 지금 여기에 이대로 드러나 있으므로 있는 이대로 이러함의 부처[如如佛]라고도 부른다. 또 실상으로서의 부처[實佛]라고도 부른다.

수행은 이 법신으로서의 부처에 돌아가 하나로 만나는 일이다. 부처가 이렇게 있는 이대로의 자성을 가리키는 다른 표현이므로 우리는 부처를 향해 나아갈 일이 없다. 이미 부처이므로 있는 이대로의 이것에 돌아가 한 몸으로 확인하면 되는 것이다. 굳이 부처를 찾아오라면 당사자의 코를 비틀어 대령하는 것이 선가의 기풍이다.

『유마경』은 『정명경』으로 불리기도 하고, 『불가사의해탈경』으로 불리기도 한다. 『보살계』는 유통본에 보이는 것처럼 『보살계경』으로도 불리며, 대승의 계율을 설하고 있는 『범망경』의 별칭이다. 각 유통본에는 두 경전을 모두 인용한 경우도 있고, 『보살계경』만 인용한 경우도 있다. 본래 청정한 자성으로 돌아가는 일[유마경]이므로 별도의 노력과 별도의 시간이 필요치 않음[보살계경]을 강조한다는 점에 있어서 차이가 없다.

제5장

자성 삼신불

🪷 세 몸 부처에 대한 귀의

여러분! 모두 각자 들으십시오. 모양 없음으로서의 계를 전하겠으니 함께 나를 따라 말하십시오. 여러분들에게 각자의 자성 삼신불을 보게 하겠습니다.

모양 가진 이 몸에 있는 청정 법신불에 귀의합니다.

모양 가진 이 몸에 있는 천백억 화신불에 귀의합니다.

모양 가진 이 몸에 곧 오실 원만 보신불에 귀의합니다. [세 번][61]

평설 『단경』은 무상계,[62] 즉 모양 없음으로서의 계를 전수함을 주된 내용의 하나로 삼고 있다. 그것은 육조 스님이 제창한 돈오문의 3대 핵심인 모양 없음, 생각 없음, 머묾 없음 중의 하나이기도 하다.

신화적 불교 기술에 의하면 최초의 계율은 인욕이었다. 또 석가모니 이전 일곱 부처가 수지했다는 칠불통계의 계율[63]도 있다. 그러나 역사적으로 볼 때 부처님이 처음 설법을 시작하여 12년간은 별도로 정해진 계율이 없었다. 계율의 표본인 부처님이 바로 눈앞에 있었고, 제자들은 그 부처님을 본받아 살겠다는 마음으로 가득 차 있었으므로 문제될 것이 없었기 때문이다. 그런데 제자 중의 한 사람인 수딘나[須提那]가 자손을 이어야 한다는 어머니의 요구에 따라 세속의 전처와 음행을 하는 일이 일어

---

61 善知識, 總須自聽, 與授無相戒. 一時逐惠能口道, 令善知識, 見自性三身佛, 於自色身, 歸依淸淨法身佛, 於自色身, 歸依千百億化身佛, 於自色身, 歸依當來圓滿報身佛. [已上三唱]

62 종보본 등 다른 판본에서 이 무상계는 자기에게 내재하는 법신의 공덕에 대한 귀의, 모양 없음으로서 참회, 사홍서원, 삼귀의, 그리고 자기 본성의 삼신불에 대한 귀의 순으로 설해진다.

63 諸惡莫作, 衆善奉行, 自淨其意, 是諸佛敎.

났다. 이에 부처님은 음행죄를 수행의 생명을 끊는 바라이죄[64]로 규정하고 이를 금하는 계율을 세웠다.

이것이 최초의 계율이다. 이후 문제가 생길 때마다 그것을 예방하기 위해 다양한 금기와 권면의 조목들이 제정되었다. 비구 250계, 비구니 348계는 그 완성형에 속한다.

그런데 이러한 계율을 지킨다는 것이 오히려 장애가 될 수 있다. 계율을 지키느라 그 형식과 모양에 묶여 바른 눈뜸이라는 지상과제를 뒤로 미루는 일이 있을 수 있기 때문이다. 그래서 대승에서는 상황에 따른 탄력적 적용을 권유하는 지범개차(持犯開遮)의 계율정신을 제시한다.

이와 관련한 유마거사의 계율 해석이 있다. 음행과 살인을 저지른 두 명의 비구가 있었다. 이에 대해 당시 계율 해석의 권위였던 우파리존자는 그것을 속죄할 수 없는 바라이죄로 판정한다. 그러자 유마거사는 우파리존자를 비판한다. 자아에 대한 집착, 대상에 대한 집착을 내려놓는 일이 불교 실천의 핵심이다. 죄라는 것은 자아를 주체로 설정할 때 성립한다. 만약 나와 대상이 세워지지 않는다면 죄 또한 성립할 수 없다. 그러니까 나라는 주체, 죄라는 대상이 있다는 관념을 내려놓는 일이야말로 진정한 참회가 된다는 것이다. 이처럼 유마거사는 지금 당장 둘 아님을 실천하는 것이 진정한 계를 지키는 일임을 강조하였다. 지금 이 현장에서 부처님처럼 사는 일이 우선이지, 무수한 금기와 권면의 계목들에 묶여 그것을 뒤로 미루어서는 안 된다는 것이다. 백장선사에게 한 수행자

---

64 파아라지카(parajika), 즉 바라이는 목이 끊어진다[斷頭]는 의미를 갖는다. 수행자로서 생명을 상실한다는 뜻이다. 바라이죄는 절대적 금지의 대상이 되는데 음행, 도둑질, 살인, 거짓말이 이에 속한다.

가 물었다.

"우리는 풀을 베고 나무를 자릅니다. 땅을 파고 흙을 개간합니다. 이 일이 죄가 되지는 않을까요?"

"꼭 죄가 있다고 할 수도 없고 죄가 없다고 할 수도 없다. 죄의 유무는 각자에게 달려 있다. 있음과 없음에 집착한다면 그는 죄가 있다. 취사선택하는 마음이 있다면 그는 죄가 있다. 있음과 없음, 있지도 않고 없지도 않음의 범주를 벗어나지 못하는 사람이라면 그는 죄가 있다. 만약 있음과 없음, 그리고 있지도 않고 없지도 않음의 틀을 벗어났다면 그는 죄가 없다. 마음이 허공과 같되 허공처럼 하겠다는 생각조차 짓지 않는 사람이라면 그는 죄가 없다. 마음이 허공과 같아 어떤 것에도 머물지 않는데 죄가 어디에 깃들이 겠는가? 허공과 같다는 생각조차 없는데 죄가 어디에 있겠는가?"

백장선사는 분별을 내려놓고 불이중도를 실천하는 일을 계율 수지의 핵심으로 설하고 있다. 그것은 자성을 바로 보는 일이기도 하다.

한편 부처를 세 측면으로 나누어 이해하는 삼신불 사상은 석가모니 부처님의 열반에 대한 불제자들의 아쉬움을 배경으로 하고 있다. 불제자들은 육신을 가진 석가모니불은 사라졌지만 부처의 원리와 몸과 작용은 여전하다는 논리를 세운다. 그리하여 생성소멸하는 육신 부처의 근원으로 법신 부처를 설정한다. 삼신불 사상은 이것을 정밀하게 발전시킨 결과물이다. 진리 그 자체로서의 부처, 수행의 결과로 얻게 된 공덕으로서의 부처, 진리의 현현인 만물로서의 부처가 그것이다.

세 몸 부처는 자성의 각 측면을 드러낸다. 그것은 자기에게 내재하는 것이며, 지금 여기 구현되어 있는 것이다. 이 몸과 자성과 세 몸 부처는 둘이 아니다. 그러므로 귀의는 내가 어떤 전능의 위대한 부처를 따르는 일이 아니다. 진정한 귀의는 지금, 당장, 이 자리에 만사만물의 모양과 작용으로 드러나 있는 자성에 돌아가 합류하는 일이다. 파도가 바다에 돌아가듯 자성에 돌아가 하나로 만나는 것이 삼신불에 대한 귀의이다. 모양 가진 몸 이대로가 법신·보신·화신의 집이므로 다른 곳에서 찾을 일이 없다. 이 일 이대로 부처의 존재성이고, 이 일 이대로 부처의 지혜이고, 이 일 이대로 부처의 모양이다. 그러므로 이 일에 바로 눈떠 맡기는 일이 있을 뿐, 별도의 귀의 대상을 세우지 않는다. 봄날의 이 꽃향기를 직접 맡을 뿐, 누구에게 물어볼 일 없다.

🪷 자기 몸에 깃들인 부처

모양 가진 몸은 부처가 깃들인 집이지 귀의할 곳이 아닙니다. 앞에서 말한 세 몸의 부처는 자기의 법성에 있는 것입니다. 세상 사람들은 이것을 모두 갖고 있지만 미혹하여 보지 못합니다. 밖에서 세 몸의 부처를 찾으면서 자기의 모양 가진 몸에 깃들인 세 몸 부처를 보지 못하고 있습니다.

여러분! 잘 들으십시오. 여러분들에게 말하여 여러분들이 각기 자기의 모양 가진 몸에서 저절로 그러한 법성을 보도록 해 주겠습니다. 거기에 세 몸의 부처가 깃들어 있음을 보게 해 주겠습니다. 이 세 몸의 부처는 자성에서 일어나는 것입니다.[65]

---

65 色身是舍宅, 不可言歸, 向者三身, 在自法性, 世人盡有, 爲迷不見, 外覓三身如來, 不見自色身中三身佛. 善知識, 聽與善知識說, 令善知識, 於自色身, 見自法性有三身佛. 此三身佛, 從自性上生.

평설　　모양 가진 몸에 부처가 깃들여 있다. 그렇다고 해서 어떤 특정한 모양을 가진 몸 자체가 귀의의 대상은 아니다. 모든 형상이 부처의 드러남이라는 말은 옳다. 그러나 어느 하나를 특정하여 그것만이 부처라 해서는 안 된다. 그래서 모양을 가진 이 몸을 귀의의 대상으로 삼을 수는 없다고 말하는 것이다. 대웅전이 성스러운 것은 부처가 거기 있기 때문이다. 거기 깃들인 부처에게 귀의하지 않고 건물 자체에 귀의한다면 어리석은 일이다. 그런데 부처가 없는 곳이 없으므로 모든 공간은 대웅전이다. 모든 곳이 법당이 되고, 모든 일이 부처를 모시는 일이 된다.

그러니까 모양이라는 겉껍질을 제거한 자리에 법성이라는 알맹이가 따로 있는 것이 아니다. 그래서 한 물건이라 할 무엇이 따로 있으면 안 된다. 그때 지금 당장 목전의 이 모든 것들이 예외 없이 그것임을 확인하게 된다. 그러므로 모양으로 나타난 가장 비근한 이것의 밖에서 부처를 찾으려 해서는 안 된다. 미혹한 사람은 이것의 밖에서 부처를 찾는다. 그것은 옳지 않다. 그 반대로 이 몸뚱이 속 어딘가에서 부처를 찾는 일 역시 옳지 않다. 특정한 모양에서 부처를 찾는 일은 어느 경우나 옳지 않다. 이 몸의 부처는 모든 모양과 모든 작용을 통해 나타난다. 코를 비틀면 아프다고 우는 부처가 나타나고, 물을 마시면 따뜻한지 시원한지 아는 부처가 나타난다. 요컨대 모든 모양과 모든 작용으로 부처가 나타난다. 귀가 있으므로 부처의 소리를 듣고, 눈이 있으므로 부처의 모양을 본다. 노승은 누워서 와불을 증명하고, 동자는 다리 뻗고 앉아서 좌불을 드러낸다. 일없는 부처 나라의 풍경화가 이렇다.

🪷 자성의 법신불

어떤 것을 청정한 법신불이라 할까요? 여러분! 세상 사람들의 자성은 본래 있는 이대로 청정하여, 모든 사물과 현상이 자성 속에 있습니다. 이런저런 나쁜 일을 생각하면 나쁜 일을 행하는 것이 됩니다. 이런 저런 좋은 일을 생각하면 바로 좋은 일을 닦는 것이 됩니다. 이와 같이 모든 현상이 다 자성에 있음을 알아야 합니다.[66]

평설　　　　청정한 부처라는 순수한 초월적 존재가 따로 있지 않다. 진흙투성이의 이 현장이 그대로 청정한 자성이며 법신 부처이다. 자성은 마음의 모든 작용과 우주법계의 만사만물을 남김없이 담는 그릇이다. 자성은 또한 모든 것에 담겨 있는 핵심 요소이기도 하다. 모든 것에 그것이 담겨 있으므로 한 물건이라 할 것이 따로 없다. 어떤 이는 고함 소리에서 이것을 보고, 어떤 이는 몽둥이질에서 이것을 확인한다. 이 당장의 현장에서 일어나는 모든 작용이 자성을 드러내고 있다. 선행, 악행이라는 것도 자성의 바다에서 일어난 파도이다. 둘로 분별하는 시선을 거두어 스스로 돌이켜보면 수만 가지 현상의 파도들이 있는 그대로 자성의 바다이다. 파도가 그대로 바다이므로 망상조차 쉴 일이 없다. 모든 일이 자성의 바다 안에서 일어나는 일이기 때문이다. 이렇게 아는 사람은 지금의 이 잔치에 가장 어울리는 춤을 춘다.

66　何名淸淨法身佛. 善知識, 世人性本自淨, 萬法在自性. 思量一切惡事, 卽行於惡行, 思量一切善事, 便修於善行. 知如是一切法, 盡在自性.

☸ 청정자성과 번뇌망상

자성은 항상 청정하여 해와 달이 언제나 밝은 것과 같습니다. 다만 여기에 구름이 덮여 위는 밝지만 아래는 어두워 해와 달과 별을 분명하게 보지 못하고 있습니다. 그러다 문득 지혜의 바람을 만나 구름과 안개가 모두 흩어져 버리면 삼라만상이 일시에 모두 나타나게 됩니다. 세상 사람의 성품은 청정하여 맑은 하늘과 같으며, 혜(惠)는 해와 같고 지(智)는 달과 같아 지혜(智惠)가 항상 밝습니다. 다만 밖의 경계에 대한 집착으로 번뇌망상의 뜬구름이 자성을 뒤덮어 밝지 못할 뿐입니다.[67]

평설 분별을 내려놓은 자리에 명확하게 나타나는 이것이 청정한 자성이고, 이것과 하나로 만나는 것이 밝은 지혜이다. 다만 자성이라 하면 그 본체적 측면이 강조되고, 지혜라 하면 그 작용적 측면이 강조되는 감이 있다. 자성을 푸른 하늘에 비유하고, 지혜를 해와 달과 바람에 비유한 것도 이 때문이다. 그럼에도 청정한 자성을 보기 위해서 성취할 지혜가 따로 있지 않고, 밝은 지혜를 완성하기 위해서 보아야 할 자성이 따로 있지 않다. 자성이라는 보배 산이 따로 없고 보배를 찾게 해 주는 횃불이 따로 없다. 그것은 모두 방편으로 제시된 언어일 뿐이다. 사실을 말하자면 분별을 멈추고 돌이켜 비출 때, 저절로 드러나는 이것을 가리켜 자성이라 하고 지혜라 한다. 자성의 속성이 바로 지혜이다. 그래서 이 지혜를 자성 지혜라 부르기도 한다.

---

67 自性常淸淨. 日月常明, 只爲雲覆蓋, 上明下暗, 不能了見日月星辰, 忽遇惠風吹散捲盡雲霧, 萬像森羅, 一時皆現. 世人性淨, 猶如淸天, 惠如日智如月, 智惠常明. 於外着境, 妄念浮雲, 蓋覆自性不能明.

자성 지혜는 노력을 통해 획득되는 후천적 지혜와는 본질적으로 다르다. 진리에 합류하는 자리에서 저절로 드러나는 것이므로 아무리 써도 다하는 일이 없다. 오는 이대로 이것이며, 가는 저대로 그것이다. 옛날 법상(法常)선사는 방구석의 쥐가 찍찍대자, "바로 이것이지 다른 것이 아니다."라고 말했다.

"세상 사람들의 성품이 청정하여 맑은 하늘과 같다[世人性淨, 猶如清天]"는 구절을 각 유통본에서는 "세상 사람의 성품은 항상 떠다녀서 저 하늘의 구름과 같다[世人性常浮游, 如彼天雲]"고 정반대로 표현하고 있다. 아무리 문맥을 고려해 봐도 이 중 어느 하나는 잘못이다. 그런데 바로 앞 문단에 "세상 사람들의 자성은 본래 있는 이대로 청정하다[世人性本清淨]"는 구절이 보인다. 결국 유통본의 성품이 구름과 같다는 말은 오류일 가능성이 크다. 물론 설명을 붙이면 말이 되지 않는 것은 아니다. 어쨌든 성품=하늘, 생각=구름, 지혜=해와 달의 비유관계를 바꿀 특별한 이유는 발견되지 않는다.

🪷 자성 귀의

그러므로 참되고 바른 법을 열어 보여 주는 선지식을 만나 미혹과 망상을 떨쳐내야 합니다. 안과 밖이 구분 없이 완전히 밝게 되면 자성 가운데에 만사만물이 다 드러나게 됩니다. 만사만물이 자성 속에 있습니다. 이것을 청정법신이라 합니다. 저절로 이러함에 귀의한다고 했는데, 착하지 못한 마음과 착하지 못한 행위를 없애는 것을 귀의한다고 말합니다.[68]

평설   선지식은 참된 법을 열어 주고, 보여 주고, 깨닫게 해 주고, 들어가게 해 주는 존재이다. 저 언덕으로 가는 배를 제시하는 존재이며, 스스로 이미 건너갔지만 이 언덕을 떠난 일이 없는 존재이다.

그럼에도 진정한 선지식은 내면의 선지식 외에 다른 것이 될 수 없다. 밖의 선지식이 무의미한 것은 아니지만 내면의 선지식이 눈을 뜨는 일과 비교할 수 없다. 그래서 육조 스님은 모든 청법 대중을 '선지식'[69]으로 부른다. 불교에서 중생들을 '아기 부처(佛子)'로 부르는 일과 같다. 각자가 이미 갖추고 있는 내면의 선지식을 호명하여 직접 일어나도록 하는 언어전략이다.

그렇다고 밖의 선지식이 배제되지는 않는다. 밖의 선지식은 부화를 앞둔 알을 밖에서 쪼아 주는 어미 닭이고, 안의 선지식은 스스로 껍질을 쪼는 병아리이다. 안이 되었든, 밖이 되었든, 선지식은 오로지 자아에 대한 집착을 내려놓을 때 나타난다. 자아의 벽이 허물어질 때 인연이 되는 사람이나 사건, 혹은 사물이 선지식으로 나타나 참된 법을 열어준다. 그것이 자기에게 본래 갖추어진 선지식인 '부처의 앎, 부처의 눈'을 열어 준다. 분별의 경계를 무너뜨려 부처의 마음에 합류하도록 해 준다. 우주법계와 모든 중생이 있는 이대로 부처임을 확인하도록 해 준다.

이것은 둘로 나누는 분별을 멈추는 일이므로 미혹과 망상, 안과 밖의 구분이 없어 투명한 유리처럼 맑다. 이것을 내외명철이라 표현하는 것이다. 내외명철과 관련하여 아난존자가 삼매 중에 창자 안의 회충을 보고

---

68   故遇善知識, 開眞正法, 吹卻迷妄, 內外明徹, 於自性中, 萬法皆現, 一切法在自性, 名爲淸淨法身. 自歸依者, 除
     不善心與不善行, 是名歸依.
69   육조 스님이 대중들을 호칭하는 선지식이라는 말을 본서에서는 일괄 '여러분'으로 번역하고
     있다.

그것을 집어냈다는 얘기가 전한다. 물론 이것은 진정한 내외명철이 아니다. 진정한 내외명철은 안과 밖이 둘 아님을 체화한 사람에게 일어나는 한결같은 앎 자체를 가리키는 말이다. 안과 밖으로 나누는 경계가 사라져 원래부터 우주법계를 채우고 있는 밝은 앎이 현전한다는 뜻이다. 내적 인식 주체와 외적 인식 대상을 둘로 나누기를 멈출 때 일어나는 일이다.

이때 나와 만사만물과 자성이 다르지 않음을 확인하게 된다. 그래서 자성이 만법을 생성한다고 말하고, 만법 이대로 자성을 본다고 말한다. 우주법계에 한 치의 오차도 없이 가득 스며들어 있는 이것을 자성이라고도 하고 청정법신이라고 한다. 그러니까 청정법신에 대한 귀의는 자성을 바로 보는 일이라는 말이 되는 것이다.

한편 본래의 자성을 보는 일은 착하지 못한 마음을 없애는 일이기도 하다. 착하지 못한 마음이란 자아의식에 기초한 모든 분별적 마음이다. 유통본에는 그 착하지 못한 마음을 제거하는 길을 이렇게 제시한다.

자성 중의 착하지 못한 마음을 제거해야 합니다. 질투하는 마음, 아첨하는 마음, 자기중심적인 마음, 속이는 마음, 남을 경시하는 마음, 남에게 오만한 마음, 삿된 견해의 마음, 스스로를 높이는 마음을 제거해야 합니다. 나아가 모든 시간 중의 옳지 못한 행동을 제거해야 합니다. 이를 위해 항상 자기의 잘못을 볼 뿐, 타인의 좋고 나쁨을 말하지 않아야 합니다. 이것이 스스로에게 귀의하는 일입니다. 항상 자기를 내려놓는 마음으로, 두루두루 공손과 존경을 실천해야 합니다. 그렇게 하면 자성을 보아 두루 통하게 되어 다시 막히거나 걸리는 일이 없게 될 것입니다. 이것이 스스로에게 귀의하는 일입니다.[70]

착하지 못한 마음은 자아의 집착에서 일어나는 마음이므로 이것을 제거한다는 것은 자아에 대한 집착을 내려놓는다는 뜻이다. 내려놓고 보면 자성과 만사만물은 전혀 차이가 없다. 안팎의 경계가 사라져 오직 부처의 경계만이 현전한다. 이때 모든 일이 자성에 대한 귀의가 된다. 다만 유통본의 이 문장은 자칫하면 질투, 아첨 등의 악덕을 버리고 공손, 존경의 미덕을 실천하라는 교훈으로 읽힐 수 있어 주의를 요한다. 이 가르침에서 악행은 자아에 대한 집착, 선과 악을 분별하는 일의 다른 표현이라는 점을 알아야 한다. 공손, 존경 등의 미덕이 자아에 대한 집착을 내려놓는 일의 다른 표현이라는 점도 알아야 한다. 아무리 좋은 것이라도 그것이 분별에서 일어나는 것이라면 성질은 다르지만 엄밀히 말해 망상의 범주에 속하는 것이므로 이 가르침을 윤리도덕적 차원에서 이해하지 않도록 주의해야 한다.

🪷 자성의 화신불

천백억화신불이란 무엇일까요? 생각하지 않으면 자성은 공적할 뿐이지만 생각을 하면 곧바로 그것으로 변화합니다. 악한 일을 생각하면 지옥이 되고, 착한 일을 생각하면 천당이 됩니다. 악독하고 해로운 생각을 하면 축생이 되고, 자비로운 생각을 하면 보살이 됩니다. 지혜롭게 생각하면 차원 높은 세계가 되고, 어리석게 생각하면 차원 낮은 세계가 됩니다. 무수히 많은 모든 것들이 다 자성이 변하여 된 것들인데

---

70 除卻自性中, 不善心, 嫉妒心, 諂曲心, 吾我心, 誑妄心, 輕人心, 慢他心, 邪見心, 貢高心, 及一切時中不善之行, 常自見己過, 不說他人好惡, 是自歸依. 常須下心, 普行恭敬, 即是見性通達, 更無滯礙, 是自歸依. [宗寶本]

미혹한 사람은 이것을 스스로 알고 보지 못합니다. 한 생각이 착하면 곧 지혜가 생깁니다. 이것을 자성의 화신불이라 합니다.[71]

평설   자성은 공적하므로 별도의 실체가 없다. 그렇게 집착을 내려놓고 보면 모든 것이 바로 자성의 드러남이다. 요컨대 자성은 어디에도 없지만 모든 곳에 있다. 자성은 허공과 같아 모든 것을 담고, 자성은 공기와 같아 모든 곳에 스며든다. 그래서 만사만물이 모두 자성 속에 담겨 있다고 해도 되고, 우주법계의 만사만물이 모두 자성의 화신이라 해도 된다.

선과 악 역시 자성의 드러남이다. 악한 생각이 지옥을 만들고, 착한 생각이 천당을 만든다. 한 생각으로 축생이 되고 한 생각으로 보살이 된다. 이렇게 만사만물이 자성의 화신이다. 이 화신들은 모두 생각에서 일어난 것이고, 모든 생각들은 한마음에서 나온 것이며, 한마음은 곧 자성이다. 그러니까 화신, 생각, 마음, 자성이 서로 다르지 않다.

위의 설법을 이렇게 이해하면 문제가 없다. 선도 생각하지 말고, 악도 생각하지 말라는 육조선의 원칙과 모순되지도 않는다. 그런데 이렇게 선과 악, 악독함과 자비로움을 나누는 이 설법을 듣다 보면 은연중에 취사선택의 마음이 움직인다. 악한 생각을 버리고 착한 생각을 해야 할 것 같다. 악독함을 버리고 자비로움을 실천해야 할 것 같다. 진정 육조 스님은

---

71 何名為千百億化身佛, 不思量, 性即空寂, 思量, 即是自化. 思量惡法, 化為地獄, 思量善法, 化為天堂. 思量毒害, 化為畜生, 思量慈悲, 化為菩薩, 思量智惠, 化為上界, 思量愚癡, 化為下方. 自性變化甚多, 迷人自不知見, 一念善知惠即生, 此名自性化身佛.

지옥을 만드는 생각 대신 천당을 만드는 생각을 하라고 한 것일까? 축생이 되는 악독하고 해로운 생각 대신, 보살이 되는 자비로운 생각을 하라고 한 것일까? 그렇다면 육조 스님의 가르침은 도덕주의의 범주에 갇혀 버리고 만다.

육조 스님이 강조하고자 하는 것은 지옥이 나타난다면 그것이 자기의 생각에서 일어난 것임을 알아차리라는 것이다. 천당이 펼쳐진다면 그 역시 자기의 생각에서 일어난 것임을 알라는 것이다. 지옥과 천당을 포함한 다양한 생각들과 모양들이 모두 자성에서 일어난 것임을 알라는 것이다.

애초 좋고 나쁨은 분별적 생각의 구름이 만들어 낸 그림자이다. 옛 보적(寶積)선사의 깨달음이 그것을 말하고 있다. 선사는 푸줏간을 지나다가 손님과 주인의 대화를 듣게 된다. "좋은 고기로 한 근 주시오!" "손님! 안 좋은 고기가 어디 있습니까?" 선사는 여기에서 입을 닫는다. 과연 그렇다. 안 좋은 고기가 어디 있는가? 삼겹살은 삼겹살대로, 목살은 목살대로, 비곗살은 비곗살대로 좋다. 부모를 잃은 아들은 울음으로 부처를 증명하고, 아들을 얻은 아비는 파안미소로 부처를 드러낸다.

여기에서 말하는 착함은 악에 상대되는 것이 아니라, 선악을 나누기 이전의 착함이다. 어리석음에 상대되는 지혜가 아니라 실상을 바로 보는 지혜이다. 어느 경우나 자기를 집착하는 마음들을 내려놓는 실천을 핵심으로 한다. 그렇게 질투하는 마음, 왜곡된 마음, 나를 높이는 마음, 허망한 마음, 남을 경시하는 마음, 오만한 마음, 삿된 견해의 마음, 스스로를 높이는 마음을 내려놓는 실천에 애쓰라는 것이다. 그것들은 나와 남을 둘로 나누지 않는 본래의 착한 마음, 모양에 대한 집착을 내려놓은 본래 청정한 마음으로 돌아가는 하나의 실천에 귀납된다.

🪷 자성의 보신불

원만보신이란 무엇이겠습니까? 하나의 등불이 천년의 어두움을 없앱니다. 한순간의 지혜가 만년의 어리석음을 없앱니다. 앞을 향하여 생각하지 말고, 언제나 뒤에서 생각해야 합니다. 뒤의 생각이 항상 착한 것을 보신이라 합니다.[72]

평설　　원만보신은 불법수행의 결과 얻게 되는 뛰어난 몸이다. 그것은 본래 깨달음과 수행이 하나로 만날 때 성취되는 몸이다. 단도직입을 좋아하는 육조 스님은 이것을 마음의 작용으로 설명한다. 지금 당장 밝은 것이 원만보신이라는 것이다. '앞을 향해 생각하지 말라'는 것은 선악이라는 모양에 묶이지 말라는 뜻이고, 지난 잘못에 묶이지 말라는 뜻이다. 뒤에서 생각하라는 것은 선악에 묶이지 않는 자성의 자리로 물러서서 인연을 끌어안으라는 뜻이다. '뒤의 생각이 착하다'는 말 역시 마찬가지이다. 앞의 선악에 묶이지 않고, 그것이 둘 아님을 밝게 알아 분별을 내려놓는다는 뜻이다. 이러한 이치를 분명하게 드러내기 위해 각 유통본에는 다음과 같은 구절이 더해져 있다.

생각 생각마다 분별함이 없이 밝으면 본래 자성이 드러납니다. 선과 악이 다르지만 본래 자성은 둘이 아닙니다. 둘 아닌 자성을 진실한 자성이라 합니다. 진실한 자성 가운데에서 선과 악의 분별에 물들지 않는 것이 원만보신불입니다.[73]

72　何名圓滿報身, 一燈能除千年闇, 一智能滅萬年愚. 莫思向前, 常思於後. 常後念善, 名爲報身.

모양에 갇힌 사람은 선과 악에 대한 시비분별을 내려놓지 못한다. 부처를 좋다 하고 중생을 싫다 하며, 이곳을 버리고 저곳으로 건너가고자 한다. 이러한 분별과 지향이 바로 견성을 가로막는 장애가 된다. 그러므로 아무리 착하고 숭고한 것이라 해도 모든 시비분별은 깨달음의 적이다. 오로지 일체의 분별적 관념에서 벗어나 이 현장에 통째로 드러나 있는 깨달음의 빛에 돌아가 하나로 녹아드는 것, 이것이 자성 원만보신불의 성취이다.

> ### 🪷 한 생각 착함과 보신불
>
> 한 생각 악하면 그 과보가 천년의 착한 마음을 몰아냅니다. 한 생각 착하면 그 과보가 천년의 악을 물리쳐 소멸시킵니다. 비롯함이 없는 때로부터 뒤의 생각이 착한 것을 보신이라 합니다. 법신에서 일어난 생각을 화신이라 하고, 생각 생각이 착한 것을 보신이라 합니다.[74]

평설 수행에 있어서 시간적 축적은 최소한의 의미도 없다. 지금 당장의 이 한 생각을 돌이켜 본래의 빛에 합류하는 일만이 있을 뿐이다. 오직 이 한 생각의 바름이 있을 뿐이고, 지금 당장의 눈뜸이 있을 뿐이다. 지금 당장의 이 한 생각이 악하면 오랜 세월의 선행이 모두 지나간 옛 노래가 된다. 그 반대도 성립한다. 이 한순간의 생각이 선하다면 오랜

---

73 念念圓明, 自見本性. 善惡雖殊, 本性無二, 無二之性, 名為實性. 於實性中, 不染善惡, 此名圓滿報身佛. [宗寶本]
74 一念惡, 報卻千年善心, 一念善, 報卻千年惡滅, 無時已來, 後念善, 名為報身. 從法身思量, 即是化身, 念念善, 即是報身.

세월의 악행에도 불구하고 천당의 문이 저절로 열린다.

그렇다고 해서 이러한 상대적 차원의 선악에 묶일 수는 없다. 수행자는 선행과 악행을 기억하여 그것에 갇혀서는 안 된다. 수행자가 할 유일한 일은 모양의 중독에서 벗어나는 일이다. 자아와 대상을 둘로 나누기를 멈추고, 진여자성과 만사만물이 있는 이대로 둘이 아님을 밝게 확인하는 일이다. 궁극적 깨달음이 언제 오는지 물어서도 안 된다. 깨달음을 설정하고 그것을 추구하는 일 자체가 망념이기 때문이다. 둘로 분별하는 이 못된 생각을 내려놓고 보면 깨달음은 처음부터 나를 떠난 적이 없다.

"비롯함이 없는 때로부터 뒤의 생각이 착한 것을 보신이라 한다"고 했는데, 여기에서 뒤의 생각은 선악의 모양을 떠나 지금 당장 이러함을 비춰 보는 일을 가리킨다.

'비롯함이 없는 때로부터'는 진여자성을 강조하는 말이다. 진여자성은 생성과 소멸을 둘로 나누는 지점을 벗어나 있다. 그것은 과거에 생성되어 현재, 혹은 미래에 소멸되는 무엇이 아니다. 공간적 부피를 갖는 것도 아니다. 진여자성은 시간적, 공간적 기준점과 상관없는 지금 여기에 드러나 있는 무엇이다. 그러므로 지금 당장 분별을 내려놓고 본래 밝은 지혜에 돌아가 맡기는 것이 바로 자성 보신불이다. 밥 먹을 때 오직 밥 먹고, 잠잘 때 오직 잠을 잔다면, 그리하여 본래 깨달음의 빛에 녹아들어 한 몸으로 비추어 본다면, 그 지혜가 바로 자성 보신불이다. 밥 먹을 때 다른 생각을 하고, 잠잘 때 내일을 위해 다른 생각을 한다면 그는 중생이다.

그렇다면 어떤 것이 본래 깨달음에 맡기는 일인가? 기행으로 유명한 등은봉(鄧隱峰)선사가 물구나무를 서서 열반에 들자 그 누이가 주검을 향해 말했다. "살아서 거꾸로 살더니만 죽어서까지 사람 헷갈리게 할 참이 세요?" 그러자 물구나무 자세로 움직이지 않던 선사의 유해가 땅으로 넘어졌다. 등은봉선사의 도력이 높다고 감탄한다면 그는 도가 특별한 것이라는 분별에 걸린 사람이다. 그 누이의 지혜가 높다고 고개를 끄덕인다면 그는 도는 평범한 것이라는 분별에 걸린 사람이다. 찰밥이 나와도 저녁밥, 국수가 나와도 저녁밥, 저녁에 나오는 밥은 모두 저녁밥이다.

"한 생각이 착하다"고 했는데, 선악을 분별하지 않는다는 뜻이다. 이점을 분명히 하기 위해 유통본에서는 '생각 생각마다 스스로 돌이켜보아 본래 마음을 잃지 않는 것을 보신이라고 한다'[75]는 설명을 덧붙이고 있다.

🪷 있는 이대로의 깨달음을 닦는 귀의

있는 이대로 깨닫고, 있는 이대로 닦는 것을 귀의라 합니다. 가죽과 살로 이루어진 모양 가진 몸은 부처가 머무는 집일 뿐, 귀의할 곳이 아닙니다. 오직 세 몸의 부처를 깨달아야 큰 도리를 알게 될 것입니다.[76]

평설　　돈오문의 모든 이론과 실천은 자성에 눈뜨는 일 하나로 돌아간다. 귀의 또한 자성을 바로 깨닫는 일 외에 다른 것이 될 수 없다. 자성에 눈을 떠 그것에 돌아가 맡기는 것이 진정한 귀의이다. 그래서 자성에 귀의한다는 말이 성립한다. 사람들은 모양에 중독되어 특별한 모양의 부처를 찾는다. 이것은 다른 대상에 대한 귀의이고, 모양에 대한 귀의로

75　念念自見, 不失本念, 名為報身. [宗寶本]

76　自悟自修, 即名歸衣也. 皮肉是色身, 色身是舍宅, 不在歸依也, 但悟三身, 即識大意.

서 바른 귀의가 아니다. 밖으로 찾아다니기를 멈추고 스스로에게 귀의해야 하므로 돌아와야[歸] 한다. 원래 이러함에 맡기는 일이므로 의지해야[依] 한다. 스스로 완전한 이 자성은 더할 것도 없고 뺄 것도 없다. 이것에 귀의하는 것이지 어떤 훌륭한 스승을 찾아 그에게 기대는 일이 아니다.

원래 귀의는 불교 교단에 가입하는 의식으로서 불법승 삼보에 대한 귀의를 서약하는 형식으로 이루어진다. 그런데 돈오의 입장에서 보면 자기 자성이 바로 부처이고, 지금 당장의 이것이 진리의 드러남이다. 그러므로 당장의 이것에 돌아가는 일 외에 다른 것이 있을 수 없다. 이것을 모르고 귀의할 스승을 찾아 밖으로 돌아다닌다면 숲에서 물고기를 찾는 일과 다르지 않다. 자기 집안의 보물을 버려두고 남의 집에 돌멩이를 얻으러 다니고 있는 것이다. 그러므로 밖으로 찾아다니기를 멈추어야 한다.

자기 육신에 깃든 부처에게 귀의하라 했다. 이것을 자기 육신에 귀의하라는 뜻으로 이해해서는 안 된다. 귀의는 이 몸과 마음을 집착하는 '나'를 내려놓을 때 가능해진다. 가죽과 살과 뼈로 이루어진 이 모양 가진 몸에 대한 집착을 내려놓는 일이 진정한 귀의의 출발이 된다. 귀의자는 '나'라는 독초가 가득한 벌판에 난 외줄기 길에서 소를 먹이는 목동과 같다. 소가 '나'라는 독초를 먹으려고 길을 벗어날 기미가 보이면 고삐를 채는 것이다. 스스로에게 귀의하고, 스스로 닦고, 스스로 깨닫는 일과 자아를 내려놓는 일은 서로 다르지 않다. 그러니까 잘 내려놓는 일로 귀의가 완성되는 것이다. 네 발 의자는 들고 있으면 힘들지만 내려놓으면 쉴 곳이 된다. 앉아도 좋고, 가방을 올려놓아도 좋다. 자아를 내려놓고 본래 이러한 자성으로 돌아가 맡기는 일 역시 그렇다. 그것은 이제까지 버려두었던 100분의 99를 되살리는 일이기도 하다.

돈황본에서 무상계 설법은 자성삼신불 → 사홍서원 → 참회 → 삼귀의의 순서로 진행된다. 이에 비해 유통본에서는 참회 → 사홍서원 → 삼귀의 → 자성삼신불로 그 순서를 달리한다. 그래서 자성삼신불 설법은 돈황본에서는 무상계 설법의 시작이 되지만, 유통본에서는 무상계 설법의 끝이 된다. 거듭 확인한 바와 같이 육조 스님은 불교의 모든 형식과 내용을 자성을 바로 보는 일로 모아들인다. 그러므로 순서상의 차이로 인해 그 설법 내용에 차이가 나타나지는 않는다. 다만 유통본에는 이 자성삼신불 설법으로 전체 무상계 설법을 끝내면서 그 결론으로 다음과 같은 '모양을 세우지 않는 노래[無相頌]'를 제시하고 있어 주목을 요한다. 이 노래는 돈황본에서는 나중에 법의 전수를 말하는 장면에서 설해진다. 유통본의 배치가 맥락에 더 어울린다.

나에게 '모양을 세우지 않는 노래'가 하나 있는데 이것을 스승으로 삼아 지니고 다니도록 하십시오. 그러면 말이 떨어짐과 동시에 여러분의 무수한 겁에 쌓인 미혹함의 죄업이 일시에 소멸할 것입니다. 노래는 이렇습니다.[77]

미혹한 사람은 복만 닦고 도를 닦지 않으면서,
복을 닦는 것이 곧 도를 닦는 것이라고 말하네.
보시와 공양의 복이 한량없다 해도,
마음속 탐진치는 그대로라네.[78]

복을 닦는 일과 도를 닦는 일을 혼동하지 말라는 노래이다. 삼천대천

77　吾有一無相頌, 若能師持, 言下令汝積劫迷罪一時銷滅. 頌曰. [宗寶本]

78　迷人修福不修道, 只言修福便是道, 布施供養福無邊, 心中三惡元來造. [宗寶本]

세계를 칠보로 가득 채워 보시한다면 그 과보로 받게 될 복이 많겠지만 어쨌든 그것은 끝나는 날이 있다. 이에 비해 집착을 내려놓은 공덕은 무한하다. 자아에 대한 집착, 대상에 대한 집착을 모두 내려놓으면 자성에 돌아가 부처와 한 몸이 되기 때문이다.

> 복을 닦아 죄를 소멸코자 한다면,
> 후세의 복은 얻겠지만 죄는 그대로 남게 되네.
> 마음에서 죄의 인연을 제거하는 것만이,
> 자성의 진정한 참회라 하겠네.[79]

　나와 대상의 분별을 내려놓는 것이 진정한 참회임을 노래하고 있다. 일반적인 참회는 '내'가 '누군가'에게 지은 어떤 '죄'를 뉘우친다. 자성참회는 죄를 짓는 주체로서의 '나'를 내려놓고, 죄의 행위와 대상을 내려놓고, 죄와 죄 아님의 구분을 내려놓는다. 아예 죄가 일어날 무대 자체를 지워 버리는 것이다. 이것이 진정한 참회이다.

> 법의 수레가 커서 벗어날 수 없음을 깨닫는 것이 진정한 참회,
> 삿됨을 없애고 바름을 실천하면 죄가 없게 되네.
> 항상 자성을 보는 것으로 도의 공부로 삼으면,
> 곧 모든 부처님들과 같게 된다네.[80]

79　擬將修福欲滅罪, 後世得福罪還在, 但向心中除罪緣, 名自性中真懺悔. [宗寶本]

80　忽悟大乘真懺悔, 除邪行正即無罪, 學道常於自性觀, 即與諸佛同一類. [宗寶本]

대승의 수레는 크고 커서 중생과 부처를 함께 싣고, 우주와 먼지를 함께 싣는다. 선과 악을 함께 싣고, 옳고 그름을 함께 싣는다. 천사와 악마, 지옥과 천당을 함께 싣는다. 만사만물이 분별없이 한 수레에 동승하고 있다. 이 분별없이 동승하고 있는 수레가 바로 대승의 수레이고 자성의 다른 이름이다. 이것을 바로 보는 것이 곧 성불이다.

> 달마조사님은 오로지 당장 깨닫는 이 법을 전하였으니,
> 모두가 자성을 바로 보아 한 몸이 되기를 두루 발원하세.
> 가까운 장래에 법신을 찾고자 한다면,
> 모든 현상의 모양에 구속됨 없이 마음의 때를 씻어내세.[81]

어떻게 자성을 보고 어떻게 부처의 법신을 보는가? 부처를 특별한 모양에서 찾는 일을 멈추어야 한다. 모양과 이름에 따라 분별하는 못된 습관이 바로 여기에서 말하는 마음의 때이다. 그러므로 어떤 모양이든 그것이 제시되는 순간, 내려놓기를 반복해야 한다. 그 실천에 인위적 조작성이 말끔히 사라질 때 그것을 도의 완성이라 부른다.

> 노력하여 스스로의 성품을 보기에 게으르지 말 것이니,
> 뒤의 한 생각 문득 끊어지면 한세상이 끝나는 것이라네.
> 큰 수레의 법을 깨달아 자성을 보고자 한다면,
> 경건함과 정성으로 합장하고 지극한 마음으로 구해야 하네.[82]

---

81 吾祖惟傳此頓法, 普願見性同一體, 若欲當來覓法身, 離諸法相心中洗. [宗寶本]
82 努力自見莫悠悠, 後念忽絕一世休, 若悟大乘得見性, 虔恭合掌至心求. [宗寶本]

나라는 생각은 물론 부처라는 생각조차 내려놓았다고 하자. 그렇다면 어떤 힘으로 자성을 보고, 누가 성불을 하는가? 이 질문은 수행의 결과를 수용할 주체, 성불을 이룰 주체를 상정하고 있어 출발부터 불교를 부정하고 있다. 닦음의 길에는 한결같은 내려놓음의 연속이 있을 뿐이다. 그것이 자성을 보게 하고, 부처를 드러내게 한다. 내려놓고 보면 그동안 가려져 있던 자성이 주인공의 자리로 복귀한다. 가짜 주인공이 물러나면 저절로 진짜 주인공이 돌아오게 되는 것이다. 이것이 지극한 마음이다. 내가 애써서 무엇을 실천하고 성취하는 것이 아니라 매 순간 이 지극함에 맡기는 것이다. 그때 감추어져 있던 본래 부처가 온전히 드러난다.

이렇게 노래를 전하고 나서 육조 스님은 그 의의를 강조하는 것으로 노래에 대한 법문을 마친다.

스님이 말씀하셨다. 여러분! 모두 이것을 외워 지니십시오. 이것에 의지하여 수행하면 말이 떨어짐과 동시에 바로 자성을 볼 것입니다. 그러면 나와 천 리 멀리 떨어져 있어도 마치 나의 곁에 있는 것과 같을 것입니다. 이말을 듣고 말이 떨어짐과 동시에 깨닫지 못한다면 얼굴을 마주 대하고 있다해도 천 리에 떨어진 것과 같을 것이니 먼 곳에서 애써 찾아올 일이 뭐 있겠습니까? 건강하시고 잘들 가십시오. 대중들이 설법을 듣고 모두 마음이 열리고 깨달아 환희의 마음으로 받들어 실천하였다.[83]

부처님이나 조사와 만난다는 것은 스스로 부처님의 마음에 합류한다

---

83 師言, 善知識, 總須誦取, 依此修行, 言下見性. 雖去吾千里, 如常在吾邊. 於此言下不悟, 即對面千里, 何勤遠來. 珍重好去. 一眾聞法, 靡不開悟, 歡喜奉行. [宗寶本]

는 뜻이다. 이 범상한 모습의 중생이 저 성스러운 모습의 부처를 신봉한다는 생각이 있다면 그것은 망상이다. 오로지 본래 부처의 마음으로 거듭 돌아가는 일, 이것이 육조 스님과 함께 사는 일이라는 것이다. 우리가 자성으로 돌아가 부처님의 마음에 합류하는 입장이 되면 시간과 공간의 거리는 전혀 무의미한 것이다.

제6장

자성 사홍서원

🪷 네 가지 큰 맹세와 발원

이제 자기 삼신불에 대한 귀의를 마쳤으니, 여러분들과 네 가지 큰 발원을 하도록 하겠습니다. 여러분! 함께 나를 따라 말하십시오.

한량없는 중생, 다 제도하기를 서약하며 발원합니다.
한량없는 번뇌, 다 끊게 되기 서약하며 발원합니다.
한량없는 법문, 다 배우기 서약하며 발원합니다.
견줄 바 없는 부처의 도리, 다 이루게 되기 서약하며 발원합니다. [세 번][84]

평설　　불보살들은 각자 다양한 서원을 세운다. 석가모니불 500대원, 아미타불 48대원, 미륵보살 12대원, 문수보살 10대원, 보현보살 10대원, 관음보살 12대원 등이 있다.

그중에서도 사홍서원은 자아와 대상의 집착을 내려놓은 모든 불보살들에게 공통된 서원이다. 그래서 큰 서원, 총원이라고 한다. 사홍서원의 핵심은 큼[弘]에 있다. 모든 중생, 모든 번뇌, 모든 법문, 모든 부처의 도리를 포함하여 하나도 빼놓지 않기 때문에 크다. 무엇보다도 나와 대상을 둘로 쪼개는 분별이 없는 둘 아닌 자리에 세워지는 것이므로 크다.

이 세상의 모든 것이 중생이다. 그러므로 진정한 수행이라면 모든 삶의 현장에서 중생 제도가 일어나야 한다. 모든 것이 번뇌이므로 모든 현장에서 번뇌단절이 일어나야 한다. 모든 것이 법문이므로 모든 현장에서

---

[84]　今旣自歸依三身佛已, 與善知識發四弘大願. 善知識, 一時逐惠能道, 衆生無邊誓願度, 煩惱無邊誓願斷, 法門無邊誓願學, 無上佛道誓願成. [三唱]

법문공부가 일어나야 한다. 모든 것이 부처의 도리이므로 모든 현장에서 부처를 이루는 일이 일어나야 한다.

이렇게 발원하는 사홍서원은 원래 사성제, 그러니까 부처님의 고집멸도에 대한 설법에 뿌리를 두고 있다. 고통[苦]에 대한 가르침에서 중생구제의 서원이 나왔다. 번뇌의 집적[集]에 대한 가르침에서 번뇌를 끊겠다는 서원이 생겼다. 번뇌의 소멸[滅]에 이르는 길에 대한 가르침에서 법문을 다 배우겠다는 서원이 나왔다. 번뇌의 소멸과 해탈의 길[道]에 대한 가르침에서 부처의 도리를 완성하겠다는 서원이 나왔다.

이 4가지 서원을 세운 입장에서 보면 중생 제도와 깨달음은 동시적 사건이 된다. 깨닫지 못한 중생이 하나라도 있다면 자신 역시 깨달음을 취하지 않겠다는 자기서약을 하고 있기 때문이다. 다른 경우도 마찬가지이다. 이 사홍서원은 모든 실천의 근본이며 밝은 깨달음의 근원이다. 그래서 발원이 없으면 깨달음도 없다는 말이 있게 된다. 보살은 이 네 가지 서원의 힘으로 생사의 현장에서 중생의 모습으로 살아간다. 이러한 서원을 품고 있으므로 보살은 머물지 않는 실천 그 자체가 된다.

육조 스님은 모든 대중들에게 사홍서원을 따라 하도록 한다. 이를 통해 대중들은 보살로 다시 태어난다. 보살의 큰 수레를 몰고 중생 제도와 불법 성취를 함께 실천하는 길에 들어선다. 그 실천항목은 나누면 넷이지만 합치면 자성을 보는 일 하나가 된다. 그래서 그것은 둘로 분별하지 않음의 실천을 기본내용으로 한다.

사홍서원의 첫 번째 서원은 모든 중생을 제도하겠다는 자기서약과 발원이다. 『금강경』에서 말한 바와 같이, 보살은 난생, 태생, 습생, 화생을 포함한 아홉 부류의 중생들을 제도하겠다고 서약한 존재이다. 중생들은 모두 삶과 죽음의 수레바퀴에 의해 굴려지는 존재들이다. 분별과 집착의 삶을 살므로 중생이다. 그래서 이들에 대한 제도는 분별과 집착을 내려놓도록 하는 일 하나에 집중된다. 나와 대상이 모두 실체가 없는 허상이며 집착할 것이 없음을 알도록 하는 일이다. 마음과 현상의 모든 작용이 부처의 드러남임을 확인시켜 주는 것이다. 보살은 짐짓 모양을 지어 이러한 자기실천의 길을 중생들에게 보여 준다. 그리고 중생들은 보살의 모범을 따라 분별과 집착의 강을 건넌다. 이것이 진정한 중생 제도이다.

그런데 그 중생이라는 것이 나의 밖에 따로 있지 않다. 우리의 특기인 나누고 분별하는 그 일 자체가 중생이기 때문이다. 청정함과 더러움을 나누는 이 마음이 중생이고, 범부와 부처를 분별하는 이 생각이 중생이다. 이 분별은 자성에서 일어나는 것이므로 자성중생이라 한다. 그래서 제도는 자성중생의 제도라야 한다. 이것이야말로 진짜 중생 제도인 것이다. 초월적 존재가 빛과 함께 내려와 괴로움 속에 사는 우리를 건져 올리는 일이 아닌 것이다. 오로지 둘로 분별하여 집착하기를 멈추는 일, 청정 평등의 자리로 돌아오는 일, 스스로 그것을 실천하는 일이 진정한 자성 중생의 제도이다.

두 번째 서원은 한량없는 번뇌를 다 끊겠다는 자기서약과 발원이다. 번뇌는 잘못된 견해와 생각, 대상세계에 대한 집착, 실상에 대한 무지에서 비롯된다. 중생들은 그 내적 번뇌의 장막[煩惱障]과 외적 무지의 장막[所知障]으로 인해 지금 이 현장에 남김없이 드러난 자성을 바로 보지 못한다. 만사만물의 본질이 무상, 고, 무아인 동시에 만사만물이 있는 이대로 청정하다는 사실을 모른다.

이 번뇌는 펼치면 8만 4천을 곱하고 곱하여 미진수 번뇌가 되고, 모아들이면 모든 분별의 근원인 무명의 뿌리가 된다. 그러므로 뿌리를 뽑아야 한다. 이 무명의 뿌리, 이 분별의 뿌리를 뽑아내는 일로 삶을 뒤집는 혁명이 일어나야 한다.

세 번째 서원은 한량없는 법문을 다 배우겠다는 서약과 발원이다. 무량법문은 보통 8만 4천 법문이라고도 하며 번뇌를 소멸시키는 다양한 길을 가리켜 보여 준다. 이와 관련하여 보통 37가지 도움의 길[85]이 제시된다. 그중에서도 8가지의 바른 길인 팔정도,[86] 6가지 실천의 길인 육바라밀,[87] 4가지의 중생과 함께하는 길인 사섭법[88]이 중요하게 제시되기도 한다. 각 교파별[89]로 제시되는 다양한 수행법도 여기에 속한다.

이 많은 법문을 다 배우겠다는 것이다. 태산은 흙덩이 하나 사양하는 일이 없고, 대양은 물방울 하나 사양하는 일이 없다. 불교의 공부는 스스로 돌아가 태산과 하나가 되고, 바다와 하나가 되는 일이다. 그러니까 여기에서 말하는 무수한 법문 공부는 작은 나에 대한 집착을 내려놓고 자성으로 돌아가는 일에 의해 하나로 꿰어질 수밖에 없다. 결국 자성을 바로 보는 한 길로 8만 4천의 법문을 한 번에 닦는다는 말이 성립한다. 자성에 8만 4천의 법문이 모두 갖추어져 있다는 말도 성립한다. 그러므로 우리는 수행과 깨달음에 대해 설명하기를 멈추고, 지금 당장 수행과 깨달음 그 자체가 될 필요가 있다.

---

85 四念處[身受心法], 四正勤[已生惡法令斷, 未生惡法不令生, 未生善法令生, 已生善法令增長], 四如意足[欲如意足, 精進如意足, 心如意足, 思惟如意足], 五根[信根, 精進根, 念根, 定根, 慧根], 五力[信力, 精進力, 念力, 定力, 慧力], 七覺支[擇法覺支, 精進覺支, 喜覺支, 輕安覺支, 念覺支, 定覺支, 捨覺支], 八正道[正見, 正思惟, 正語, 正業, 正命, 正精進, 正念, 正定].

86 八正道: 正見, 正思惟, 正語, 正業, 正命, 正精進, 正念, 正定.

87 六波羅密: 布施, 持戒, 忍辱, 精進, 禪定, 智慧.

88 四攝法: 布施攝, 愛語攝, 利行攝, 同事攝.

89 크게 보아 이론을 중시하는 4개 종파[천태종, 화엄종, 법상종, 삼론종], 수행을 중시하는 4개 종파[선종, 염불종, 율종, 밀종]가 있었다. 이 8대 종파의 특징을 다음과 같은 시로 표현하기도 한다. 密富禪貧方便淨, 唯識耐煩嘉祥空, 傳統華嚴修身律, 義理組織天台宗.

네 번째 서원은 견줄 바 없는 부처의 도를 성취하겠다는 자기 서약과 발원이다. 부처의 도는 아뇩다라삼먁삼보리, 즉 무상정등각을 가리킨다. 여기에서 견줄 바 없다는 말은 몇 가지의 뜻을 동시에 담고 있다. 우선 그것은 이교도의 길을 뛰어넘는 최고의 진리라는 뜻을 갖는다. 부처님은 수행의 과정에서 이교도들이 설정한 최고의 경지를 뛰어넘기를 거듭했다. 그중에는 극단적 고행을 실천하는 그룹도 있었고, 해와 달, 물과 불을 숭배하는 그룹도 있었다. 또 다양한 차원의 무심과 선정을 궁극의 자리로 보는 그룹[90]도 있었다. 부처님은 이렇게 설정된 모든 경계를 뛰어넘었다. 보다 정확하게 말하자면 어떤 특별한 도달점이 있다는 관념 자체를 내려놓았다. 그리하여 모든 것이 있는 이대로 완전함을 비춰보는 길을 걸어 궁극의 깨달음에 이르렀다. 이렇게 모두 뛰어넘었으므로 견줄 바 없다고 말한다.

불교 내적으로도 그것은 모든 지위를 넘어선 묘각의 차원이므로 견줄 바 없다. 대승에서는 3현과 10성,[91] 그리고 등각의 지위를 거쳐 궁극의 깨달음인 묘각에 이르는 길을 제시한다. 묘각이 여러 차원의 지위를 넘어선 최고의 자리이므로 견줄 바 없다고 말한다.

그런데 돈오문에서 말하는 견줄 바 없음은 이와 다르다. 그것은 상대되는 두 차원을 세우지 않으므로 견줄 바 없다. 선정과 산란을 둘로 나누

---

90 알라라 칼라마(Alara Kalama)와 웃다카 라마풋다(Uddaka Ramaputta) 같은 선정주의자가 그 대표적 인물이다. 알라라 칼라마는 무상정을, 웃다카 라마풋다는 비상비비상처의 선정을 최고 경계로 제시하고 수행을 이끌었다.

91 3현 10성은 십신과 묘각의 사이에 있는 40개의 수행지위를 가리킨다. 이 중 3현은 십주, 십행, 십회향을 가리키고, 10성은 성인의 지위를 발하게 된 10지의 각 계위를 가리킨다. 3현 이전의 초입에는 십신이 있고, 10지 이후에는 등각, 묘각이 있다. 이것을 모두 합해 보살의 52위 수행등차로 부른다.

지 않으므로 견줄 바 없다. 수행의 등급을 나누지 않고, 높고 낮음을 구분하지 않으므로 견줄 바 없다. 그러니까 일체의 분별과 그에 기초한 상대적 비교를 멈추고 지금의 이것이 바로 부처임을 확인하는 일이야말로 견줄 바 없음의 기본 내용이 된다. 중생의 한계를 극복하여 도달할 부처의 자리가 따로 있지 않다. 자성은 만사만물로 펼쳐지고 만사만물은 자성으로 모아진다. 그래서 만사만물에서 부처를 보는 일이 자성에 밝게 눈뜨는 일이며, 불도를 성취하는 일이 된다. 이것이 견줄 바 없음의 진정한 뜻이다.

🪷 자성의 중생 제도

여러분! 한량없는 중생을 다 제도하게 되기를 서약하고 발원했는데, 그것은 내가 제도해 준다는 말이 아닙니다. 여러분의 마음속에 중생이 있으므로 각자 자신에게 있는 자성으로 스스로 제도해야 합니다. 자성으로 스스로를 제도한다는 것이 무슨 말이겠습니까? 자기 색신 가운데에 삿된 견해와 번뇌, 어리석음과 미망이 있습니다. 그리고 본래 깨달음의 자성도 저절로 갖추어져 있습니다. 이 바른 견해로써 제도하는 것입니다. 바른 견해를 깨달으면 반야의 지혜가 어리석음과 미망이라는 중생을 없애버립니다. 그러니 각자 스스로 제도하는 것입니다. 삿됨이 오면 바름으로 제도합니다. 미혹이 오면 깨달음으로 제도합니다. 어리석음이 오면 지혜로 제도하고, 악이 오면 선으로 제도하며, 번뇌가 오면 깨달음으로 제도합니다. 이렇게 제도하는 것을 진정한 제도라 말합니다.[92]

평설　　　여타 유통본에서는 마음속의 중생을 삿된 마음, 미혹한 마음, 거짓된 마음, 허망한 마음, 선하지 못한 마음, 질투하는 마음이라 설명한다. 그러니까 일체의 분별적 사유와 그에 근거한 자기 집착이 마음속의 중생이다.

자기 마음속의 중생 제도는 모양과 이름의 지배를 벗어나는 일을 통해 실현된다. 스스로 자성을 바로 보고 그것에 돌아가 맡길 때 중생 제도가 일어난다. 그런데 이 자성은 지금 이 현장의 이것으로 드러나 있다. 그러므로 수행은 자성이 드러나는 이 현장으로 스스로 돌아오는 일 외에 다른 것이 될 수 없다. 옛날 서암(瑞巖)선사는 항상 아침저녁으로 자문자답하였다. "주인공아!" "예!" "깨어 있어야 해! 남에게 속지 말고." "깨어 있겠습니다. 남에게 속지 않겠습니다." 그러니까 밖의 엉뚱한 곳을 헤매기를 멈추는 일이 곧 본래 주인공을 깨우는 일이고, 자성을 보는 일이다.

불행하게 우리는 분별망상과 집착에 빠져 청정한 자성을 바로 보지 못한다. 그런데 또 다행스럽게도 깨달음의 힘 또한 이미 저절로 갖추어져 있다. 본래 깨달음이 그것이다. 그것은 청정한 자성의 다른 이름이다. 이 청정한 자성은 분별망상과 집착이 일어나기 전의 자리이다. 우리가 자각하거나 자각하지 못하거나 간에 본래 깨달음은 우리에게 완전히 갖추어져 있다. 이렇게 본래 갖추고 있는 청정한 자성에 돌아가 합류한 입장이라면 그것이 바른 견해다. 물론 그것은 삿된 견해에 상대되는 의미로서의 바른 견해가 아니다. 분별과 집착을 내려놓은 자리에 깨달음의 빛이

92　善知識, 衆生無邊誓願度, 不是惠能度. 善知識, 心中衆生, 各於自身, 自性自度. 何名自性自度, 自色身中, 邪見煩惱, 愚癡迷妄, 自有本覺性, 將正見度. 既悟正見般若之智, 除卻愚癡迷妄衆生, 备各自度. 邪來正度, 迷來悟度, 愚來智度, 惡來善度, 煩惱來菩提度. 如是度者, 是名真度.

저절로 드러난다. 이 빛으로 돌아가 합류하는 것이 바른 견해이다. 미혹함을 제도하는 깨달음, 어리석음을 제도하는 지혜, 악을 제도하는 선, 번뇌를 제도하는 보리도 마찬가지다. 그것들은 모두 분별을 내려놓은 자리에 드러나는 본래 깨달음, 청정한 자성의 다른 이름들이다. 그것과 손잡고 돌아보면 모든 중생이 이미 제도되어 있다.

중생을 제도한다고 서원하고 있지만 그것은 '혜능'이라는 주체가 '중생'이라는 대상을 제도한다는 뜻이 아니다. 자기 마음속의 분별심에서 일어나는 중생을 제도하는 것이야말로 진정한 제도이다. 이 점을 분명히 하기 위해 유통본에는 중생을 제도하겠다는 보통방식의 서원을 말하지 않고, 자성의 중생을 제도하겠다고, 왜 그렇게 말해야 하는가를 모두에게 질문하는 것으로 법문을 시작한다. 유통본에서는 이 점을 더욱 분명히 드러내기 위해 각각의 서원에 그것이 자기 마음[自心], 자기 성품[自性]에서의 일임을 밝히는 수식어가 붙어 있는 것이 다르다.

한량없는 자기 마음의 중생, 다 제도하기를 서약하고 발원합니다.
한량없는 자기 마음의 번뇌, 다 끊기를 서약하고 발원합니다.
다함없는 자성의 법문, 다 배우기를 서약하고 발원합니다.
견줄 바 없는 자성의 부처 도리, 다 우리게 되기를 서약하고 발원합니다.

여러분! 왜 모두들 한량없는 중생을 다 제도하겠다고 서원하지 않고 이렇게 말하는 것일까요? 혜능이 다른 누구를 제도하는 것이 아니기 때문입니다.[93]

---

[93] 自心眾生無邊誓願度, 自心煩惱無邊誓願斷, 自性法門無盡誓願學, 自性無上佛道誓願成. 善知識, 大家豈不道,

이에 의하면 중생과 번뇌가 자기 마음에서 일어나는 일이므로 마음속의 분별을 내려놓는 것이 중생 제도가 되고 번뇌단절이 된다. 법문과 부처의 도리가 자성에 갖추어져 있으므로 자성을 바로 보는 것이 법문의 배움이 되고 불도의 성취가 된다. 이를 통해 육조 스님의 가르침이 보다 명확해진다. 유통본에서 수정을 가한 이유이다.

🪷 반야지혜와 사홍서원

한량없는 번뇌를 다 끊게 되기를 서약하며 발원한다고 했습니다. 자기 마음의 허망함을 제거하겠다는 말입니다. 한량없는 법문을 다 배우게 되기를 서약하고 발원한다고 했습니다. 비할 바 없는 바른 법을 배우겠다는 말입니다. 견줄 바 없는 부처의 도리를 다 이루게 되기를 서약하며 발원한다고 했습니다. 항상 내려놓는 마음을 실천하여 모든 것을 공경하겠다는 말입니다. 미혹과 집착에서 멀리 벗어나면 깨달음의 지혜에서 반야가 일어나 미혹과 망상을 없애 버립니다. 이렇게 하면 바로 스스로 깨쳐 불도를 완성하게 되니 서약과 발원의 힘이 발휘되는 것입니다.[94]

평설　　번뇌를 끊겠다는 발원은 반야지혜의 빛으로 분별과 집착의 허망함을 비추는 일을 통해 실천된다. 비추어 보면 실체가 없으므로 비

衆生無邊誓願度, 恁麼道, 且不是惠能度. [宗寶本]

94　煩惱無邊誓願斷, 自心除虛妄. 法門無邊誓願學, 學無上正法. 無上佛道誓願成, 常下心行, 恭敬一切, 遠離迷執, 覺智生般若, 除卻迷妄, 即自悟佛道成, 行誓願力.

었음[虛]을 안다. 돌이켜 보면 진실하지 않으므로 거짓됨[妄]을 안다. 별도의 실체가 없어 모두 부정되지만, 만사만물이 마음 아닌 것이 없어 남김없이 긍정된다. 어떻게 이 일이 가능한가? 자성에 반야지혜가 이미 갖추어져 있기 때문이다. 그래서 유통본에서는 번뇌의 단절에 대해 "자성의 반야지혜를 가지고 허망한 생각과 허망한 마음을 제거하는 것"[95]이라고 정의한다.

모든 법문을 다 배우겠다고 발원하였는데, 여기에서 모든 법문을 많은 법문이라고만 이해해서는 곤란하다. 그것은 머물지 않음을 실천하는 일로서 허다한 법문을 섭렵하는 일과는 오히려 큰 관련이 없다.

다음으로 모든 법문을 다 배우겠다는 서원 역시 자성을 바로 보겠다는 각오의 다른 표현이다. 자성이 만법의 바탕이므로 자성을 보는 일 하나로 모든 법문을 배우겠다는 서원이 성취되는 것이다. 유통본에서는 "스스로 자성을 보아 항상 바른 법을 실천하는 것이 진짜 공부"[96]라고 정의한다. 자성을 보는 일과 바른 법의 실천이 둘이 아님을 표현하고 있다.

이렇게 자성을 보는 일은 모든 법문을 배우는 일인 동시에 세상의 모든 법문을 쏟아내는 현장이 되기도 한다. 그것은 손을 넣어 꺼낼 때마다 가장 적절한 것이 나오는 포대화상의 포대이다. 그러니까 자성을 바로 보는 일 하나로 모든 법문을 다 배우고, 모든 바른 법을 다 실천하게 되는 것이다.

그런데 자성을 보는 일이 쉽지 않다. 그것은 마치 스스로 활을 당겨 자기를 맞추려는 것과 같아 불가능해 보인다. 그런데 나와 대상을 둘로 나

---

95 煩惱無邊誓願斷, 將自性般若智, 除却虛妄思想心是也. [宗寶本]

96 法門無盡誓願學, 須自見性, 常行正法, 是名真學. [宗寶本]

누기를 멈추고 보면 세수를 하다가 코를 만지는 것처럼 그 일은 쉽다. 사냥에 비유하자면 아무렇게나 활을 당겨도 모든 화살이 자성의 심장에 명중한다. 만사만물이 자성 아닌 것이 없기 때문이다. 그래서 마조 스님은 화살 하나로 세상의 모든 사슴을 다 잡을 수 있다고 말한 것이다.

다음으로 견줄 바 없는 부처의 도리를 이루겠다는 발원은 하심(下心)의 실천을 필요로 한다. 하심은 보통 자기를 낮추는 일로 얘기되지만, 내려놓는 마음으로 이해하면 더 큰 법문이 된다. 자아에 대한 집착을 내려놓는 일, 특정 대상에 대한 집착을 내려놓는 일이 바로 내려놓는 마음이다. 그 내려놓음이 완전해지면 그것이 바로 깨달음이다.

여기에 모든 것을 공경하겠다는 발원이 뒤따르는데 사실 모든 것이 부처의 드러남이므로 모든 것에 대한 공경이 아니면 진정한 공경이 아니다. 하찮은 소똥과 말오줌에서 고귀한 현자와 성인에 이르기까지 모든 것이 부처의 드러남이다. 그러므로 만사만물 중에서 하나라도 공경의 범위에서 배제한다면 진정한 공경이 아니다. 요컨대 자성을 바로 보는 일과 모든 것을 공경하는 일은 동시적 사건이 된다.

유통본에서는 미혹과 집착에서 벗어나라고 하는 대신, 미혹과 깨달음에 대한 분별에서 벗어나라고 말한다. 미혹과 망상을 버리라고 하는 대신, 진여와 망상을 분별하지 말라고 말한다. 미혹과 깨달음을 나누어 미혹을 버리고 깨달음에 나아가고자 하는 것 자체가 바로 미혹이기 때문이다. 망상과 진여를 분별하여 망상을 싫어하고 진여를 좋아하는 것이 바로 망상이기 때문이다. 결국 문제는 분별이다. 유통본에서는 이렇게 문맥을 적절히 보완함으로써 지혜 법문의 누수를 막고 있다.

부처의 앎이라는 것이 있다. 이 부처의 앎은 온 우주를 빈틈없이 가득 채우고 있다. 아니 차라리 우주법계와 한 몸이다. 그러므로 부처의 앎은 나라는 주체가 소유할 수 있는 무엇이 아니라, 나의 담장을 허물어서 하나로 통해야 할 본래의 자리이다. 그러므로 수행자는 세상을 평가하고 판단하는 판정관이기를 멈추고 부처의 앎에 돌아가 그것에 합류하는 길을 걷는다. 그러다 어느 순간 자신이 부처의 앎을 떠난 적이 없음을 진실히 알게 된다. 지금 당장 보고, 듣고, 느끼고, 아는 모든 일들이 부처의 앎과 둘이 아님을 확인하게 된다. 이것이 반야지혜이다.

이 모든 일이 큰 맹세와 발원의 힘으로 일어난다. 요컨대 맹세와 발원은 깨달음을 추동하는 힘이다. 그것은 온 우주법계를 구성하는 부처의 앎을 드러내고, 일체중생에게 갖춰진 여래의 보물창고를 열어젖힌다. 그리하여 모든 일이 중생 제도가 되고, 모든 일이 번뇌를 끊는 일이 된다. 모든 행위가 법문을 배우는 일이 되고, 모든 성취가 부처의 진리를 완성하는 일이 된다.

이 서원은 개인적 의지와 전혀 다르다. 의지는 자아를 강화하는 길을 걷지만 서원은 자아를 내려놓는 길을 걷는다. 모든 인연을 최고의 손님으로 맞이하는 길을 걷는다. 북쪽에서는 추울 때 쉬고, 남쪽에서는 더울 때 쉰다. 모든 인연을 이와 같이 대접한다면 그것이 큰 서원의 길이다.

제7장

자성 무상참회

🪷 모양 없음으로서의 참회

이제 네 가지 큰 발원을 마쳤으니 여러분들에게 모양 없음으로서의
참회를 전수하여 삼세에 지은 죄로 인한 장애를 소멸하도록 해 주겠습
니다.[97]

평설　　　육조 스님의 법문에서 잘못은 시비분별을 줄인 말이고, 악
행은 선악분별을 줄인 말이다. 시비선악의 분별을 떠나 자성에 돌아가
고, 자성에 안착하며, 자성에 맡기고, 자성과 하나가 된다. 그것이 바로
자성의 부처에게 귀의하는 길임을 앞에서 살펴보았다.

　이제 참회의 법문이다. 참회의 정신은 모양에 휘둘리지 않는 데 있다.
그렇다면 무엇이 모양에 휘둘리지 않는 참회인가? 죄를 짓는 주체와 죄
라는 작용과 죄를 짓는 대상에 실체가 없음을 아는 일이다. 나를 세우지
않으므로 선악이 성립하지 않고, 선악을 세우지 않으므로 죄라는 것이
성립하지 않는다.

　그러므로 나와 대상, 선과 악에 실체가 없음을 비추어 보는 것이 참회
의 본질이다. 그것은 또한 마음이 별도의 모양을 갖는 실체가 아님을 확
인하는 일이기도 하다. 지금의 이 현장 전체가 마음이라고 할 수 있지만,
어떤 특정한 모양만을 마음이라고 하면 그것은 옳지 않다. 자성이니 불
성이니, 보리니, 진여니 하는 등으로 표현되는 어떤 성스러운 것도 별도
의 모양을 갖는 무엇이 아니다. 그러면서 그것은 만사만물의 다양한 모
양을 통해 드러난다. 그래서 지금 이 현장의 만사만물이 바로 자성의 드

97　今既發四弘誓願訖, 與善知識, 授無相懺悔, 滅三世罪障.

러남임을 알아야 한다고 거듭 말하는 것이다.

이처럼 진리는 별도의 모양을 갖지 않지만 모든 모양을 통해 드러난다. 어디에도 없지만 모든 곳에 있다. 그러므로 우리는 다양한 모양에 대해 둘 아님을 실천해야 한다. 시비호오, 취사선택의 분별심을 내지 않아야 하지만 그렇다고 모양의 다양함에 눈감아서도 안 된다. 지금 이 모양의 밖에 진리가 따로 있지 않다는 말을 잘 이해해야 한다. 없음의 입장에서는 모양 없음[無相]이라 말하지만, 있음의 입장에서는 이것을 진실한 모양[實相]이라 말한다. 이처럼 모양을 대하되 모양에 묶이지 않는 것이 진정한 참회다. 이러한 참회가 있을 때 억겁을 더해온 죄와 그로 인한 장애가 일시에 사라진다.

원래 참회에는 이치적 눈뜸을 본질로 하는 원리적 참회도 있고, 개별적 죄행을 반성하는 구체적 참회도 있다. 또 특별한 형식을 갖는 참회, 부처의 상호를 관찰하는 참회, 실상의 도리를 관찰하여 죄의 본체가 생겨난 적이 없음을 알아차리는 참회도 있다. 참회의 진실성을 기준으로 상품참회, 중품참회, 하품참회로 등급을 매겨 얘기하기도 한다.

이 모든 참회 중 모양 없음을 실천하는 무상참회가 제일이다. 그것은 죄의 본체가 따로 있지 않음을 알아차리는 참회이며, 실상의 도리에 바로 눈뜨는 참회이다. 죄를 짓는 나와 대상이 사라지고, 죄행이 있다는 분별적 생각이 말끔히 사라질 때 참회가 완성된다. 요컨대 아집과 법집을 완전히 버릴 때 참회가 완성된다. 나라는 주체를 세우지 않고, 과거·현재·미래를 세우지 않고, 선과 악을 세우지 않으므로 삼세의 죄업이 일시에 사라지는 것이다.

이것이 이미 지은 죄에 대한 무책임한 면죄부가 된다고 말하는 논리주의자들도 있다. 그러나 현실적으로 생각해도 마찬가지이다. 모든 악은 자아의 폭력적 구현에서 발생한다. 그런데 자아에 대한 집착이 없다면 다시 무슨 악이 일어나겠는가? 이미 지은 죄는? 그 과보가 없을 수는 없 겠지만 이미 자아를 내려놓은 삶에는 허공을 베는 청룡도와 같아 아무런 흔적을 남기지 못한다.

혜흔본과 각 유통본에는 모양 없는 참회를 설하기 전에 먼저 자성의 오분법신향(五分法身香)을 전수한다. 한국 예불문의 핵심이기도 한 오분법 신향은 돈황본에는 발견되지 않는다. 그럼에도 오분법신향의 설법에는 견성을 참회의 완성으로 보고 성불로 보았던 육조 스님의 관점이 잘 드 러나 있어 주목할 필요가 있다. 그것은 계정혜 삼학은 물론 해탈과 해탈 지견의 경계가 자성에 완전히 갖추어져 있음을 강조하는 다음과 같은 내 용으로 되어 있다.

첫째, 계율의 향이 있습니다. 이것은 자기 마음에 잘못과 악행이 없음을 가리킵니다. 질투와 탐욕과 분노가 없으며, 남을 해치는 일이 없음을 계율 의 향이라 합니다.

둘째, 선정의 향이 있습니다. 모든 선과 악의 경계와 현상을 보면서 자기 마음에 동요가 없는 것을 선정의 향이라 합니다.

셋째, 지혜의 향이 있습니다. 자기 마음에 걸림이 없어 항상 지혜로써 자 성을 관조하며 어떠한 악도 짓지 않고, 모든 선행을 닦으면서도 마음에 집 착함이 없는 것입니다. 위를 존중하고 아래를 염려하여 외롭고 가난한 이 들을 가엾게 여기는 것이 지혜의 향입니다.

넷째, 해탈의 향이 있습니다. 자기 마음에 있어서 인연에 집착하는 일이 없는 것입니다. 선도 생각하지 않고, 악도 생각하지 않으면 있는 이대로 걸 림이 없게 됩니다. 이것을 해탈의 향이라 합니다.

다섯째, 해탈지견의 향이 있습니다. 자기 마음에서 선과 악의 인연에 집착하는 일이 없을 뿐만 아니라, 텅 빈 자리에 빠지거나 고요함을 지키지도 않습니다. 널리 배우고 많이 들어서 자기 본심을 밝게 압니다. 모든 부처의 이치에 통달하여 조화롭게 사람과 세상을 대합니다. 나와 남의 분별을 떠나 곧바로 깨달음에 들어가되 진여자성은 바뀌는 일이 없습니다. 이것을 해탈지견향이라 합니다.

여러분! 이 향들은 각자 스스로 안에서 사르는 것이므로 밖에서 찾아서는 안 됩니다.[98]

향 하나 사르는 일이 이렇게 의미심장하다. 중생살림에서는 내가 부처에게 향을 올리는 일 하나만 해도 최소 세 가지 분별이 일어난다. '나'가 있고, 부처가 있으며, 향이 있다는 분별이 그것이다. 이러한 분별을 내려놓고 자성을 바로 보아 나와 부처와 향이 다르지 않도록 이끄는 육조 스님의 법문은 참으로 철저하다.

🪷 자성참회

대사가 말씀하셨다. 여러분! 앞의 생각과 뒤의 생각과 지금의 생각에 있어서, 생각 생각이 어리석음과 미혹함에 물들지 않으면 이제까지

---

[98] 一戒香, 即自心中, 無非無惡, 無嫉妒無貪瞋無劫害, 名戒香. 二定香, 即睹諸善惡境相, 自心不亂, 名定香. 三慧香, 自心無礙, 常以智慧觀照自性, 不造諸惡. 雖修眾善, 心不執著, 敬上念下, 矜恤孤貧, 名慧香. 四解脫香, 即自心無所攀緣, 不思善不思惡, 自在無礙, 名解脫香. 五解脫知見香, 自心既無所攀緣善惡, 不可沈空守寂, 即須廣學多聞, 識自本心, 達諸佛理, 和光接物, 無我無人, 直至菩提, 眞性不易, 名解脫知見香. 善知識, 此香各自內熏, 莫向外覓. [宗寶本]

의 악행들이 한순간에 사라집니다. 자성의 차원에서 그것을 제거하는 것이 바로 참회입니다.

　앞의 생각과 뒤의 생각과 지금의 생각에 있어서, 생각 생각이 어리석음에 물들지 않으면 이제까지의 삿되고 속이는 마음이 사라집니다. 이것을 영원히 끊는 것을 자성참회라 합니다.

　앞의 생각과 뒤의 생각과 지금의 생각에 있어서 질투에 물들지 않으면 이제까지의 질투하는 마음이 사라집니다. 자성의 차원에서 이것을 제거하는 것이 바로 참회입니다. [세 번]⁹⁹

평설　　생각 생각이 어리석음에 물들지 않는 것이 참회의 핵심이다. 생각 생각이 어리석음에 물들지 않는다는 것은 분별의 악습관을 내려놓는다는 뜻이다. 원래의 청정한 자성으로 돌아간다는 뜻이다. 이 자리에는 선과 악이 성립하지 않는다. 선과 악은 일정한 모양에 붙인 임시적 이름이다. 모양에 따라 이름 붙이기를 멈추면 선과 악이 있는 그대로 자성의 드러남임을 확인하게 된다.

　이렇게 자성에 밝게 눈떠 그것과 하나로 만나는 것이 진짜 참회이다. 그러기 위해 해야 할 일은 나와 대상을 둘로 나누는 분별의 장벽을 허무는 일 외에 다른 것이 없다. 분별을 내려놓는 일이 참회를 통째로 완성한다. 선과 악을 나눠놓고 악을 조금씩 줄여나가는 방식은 여기에서 언급

99　大師言, 善知識, 前念後念及今念, 念念不被愚迷染, 從前惡行一時除, 自性若除即是懺. 前念後念及今念, 念念不被愚痴染, 除卻從前矯誑心, 永斷名為自性懺. 前念後念及今念, 不被疾妬染, 除卻從前疾妬心, 自性若除即是懺. [已上三唱].

의 대상이 되지 못한다. 나와 대상이 둘이 아니어서 선과 악이 따로 없는데, 어떤 악을 줄이고 어떤 선으로 나아가겠는가? 죄에 묶여 죄를 참회하려는 일 자체가 미혹이고 어리석음이다.

여기에 앞의 생각, 지금의 생각, 뒤의 생각이 어리석음에 물들지 않아야 한다는 표현이 나온다. 그것은 생각 생각이 물들지 않는다고 표현되기도 한다. 지금 당장의 이 한 생각 외에 별도의 마음이 따로 없고 부처가 따로 없다. 그러므로 지금 이 한 생각을 바로 깨닫는 일에 투신해야 한다. 벌레는 나무를 한 입 한 입 갉아먹을 뿐이지만, 결과적으로 나무에 용의 무늬를 새긴다. 한 입 먹는데 전 존재를 건 결과이다. 만약 스스로 용의 무늬를 새겨 보겠다고 계획하고 구상하는 벌레가 있다면 굶어 죽고 말 것이다. 진지한 수행자는 벌레가 지금 당장의 한 입만 먹듯 지금의 한 생각에 본래의 깨달음으로 돌아가는 일에만 전력을 기울인다. 그렇지 않고 특별한 진리를 찾아 그것을 소유하고, 그것을 성취하여, 스스로 훌륭한 사람이 되고자 한다면 그 어떤 시도도 모두 헛되다.

자성참회를 각 유통본에서는 '모양을 세우지 않는 참회[無相懺]'라 부른다. 그것은 어리석음과 미혹함, 자존심과 허영, 질투 등으로 인한 악업을 멈추는 일을 내용으로 한다. 그런데 유통본의 문장은 읽기에 따라서 어리석음 대신 지혜로움, 자존심 대신 겸손함, 질투 대신 화해로 나아가라는 가르침으로 이해될 수도 있다. 모양을 내려놓는 참회라면서 모양에 집착하도록 이끄는 도덕적 훈계가 될 수도 있다. 이에 비해 자성 차원의 참회를 거듭 강조하는 돈황본은 그 전달하는 주제의식이 분명하다. 모양 차원의 참회에서 자성 차원의 참회로 나아가야 진정한 참회라는 점을 거듭 밝히고 있기 때문이다.

모양을 따라 다니는 참회는 원숭이가 자기 그림자를 잡으려는 일과 같아 수고롭기만 하다. 만약 자신이 참회했다고 말하는 사람이 있다면 그는 참회는커녕 새로운 죄를 하나 더 짓고 있는 중이다. 생각하면 그 즉시 번뇌가 일어난다. 오죽하면 한 번의 분별적 생각이 일어났다가 사라지는 찰나에 900개의 번뇌가 추가된다고 했겠는가?

🪷 참회의 의의

여러분! 참회란 무엇일까요? 참(懺)이란 죽을 때까지 죄를 짓지 않는 것입니다. 회(悔)란 지난 잘못을 아는 것입니다. 마음이 항상 악업을 벗어나지 못하면서 모든 부처님들 앞에서 입으로만 말해 봤자 소용이 없습니다. 나의 이 법문에서는 영원히 끊어 다시 저지르지 않는 것을 참회라 합니다.[100]

평설　　참회(懺悔)는 범어를 음역한 참마(懺摩)와 그것의 한자 번역어인 뉘우칠 회(悔)를 결합한 말이다. 범어와 한어를 함께 말하여 그것이 본래의 한자어와 차별되는 어휘임을 밝히기 위한 범한쌍창[인도 발음과 한문의 뜻을 중복해서 말함]의 조어이다.

육조 스님은 참회를 참+회로 나누어서 참은 죽을 때까지 죄를 짓지 않는 일, 회는 과거의 잘못을 아는 일이라고 설명한다. 각 유통본에서는 이와 반대로 설명한다. 참은 이전의 잘못을 뉘우쳐 다시 일어나지 않도록 하는 일, 회는 앞으로 있을 잘못을 영원히 끊는 일[101]이라는 것이다. 원래

100　善知識, 何名懺悔, 懺者, 終身不作. 悔者, 知於前非. 惡業恒不離心, 諸佛前口說無益. 我此法門中, 永斷不作, 名為懺悔.

이 두 글자는 쌍창의 조어이므로 의미적 차이, 문자적 시비를 가릴 필요
는 없다. 중요한 것은 앞의 잘못을 뉘우치고 뒤에 있을 잘못을 미리 끊는
다는 데 있다.

어떻게 하면 과거의 잘못을 당장 참회하고, 이후의 죄업이 일어나지
않게 할 것인가? 선과 악이 나뉘기 전의 청정한 자성으로 돌아가는 일 하
나로 이 숙제를 해결할 수 있다. 진정한 참회는 선악이라는 모양에 따른
분별을 멈출 때 제대로 성취된다. 어떤 경우라도 선과 악의 두 기둥을 세
우고 있다면 진정한 참회와는 거리가 멀다.

그러니까 죄업을 영원히 끊는 일은 자성을 바로 보는 일과 함께 일어
난다. 영원히 죄를 짓지 않으려면 죄를 짓는 주체와 대상이 없어야 하기
때문이다. 보고, 듣고, 느끼고 아는 모든 일이 부처의 마음인 자리에 돌
아가야 하기 때문이다. 움직이고, 멈추고, 앉고, 눕는 일이 부처의 행동
인 자리에 발 딛고 서야 하는 것이다. 이 차원에서는 죄라는 것 자체가
성립하지 않는다. 숨 쉬고, 눈 깜박이는 일조차 참회가 된다. 만사만물이
다 참회의 문이 된다.

이에 비해 악을 버리고 선을 지향하는 방식의 참회는 아승지겁을 거
쳐도 끝나지 못한다. 그 지향 자체가 업이 되기 때문이다. 그렇다고 선과
악을 벗어난다면서 목석과 같은 무지각을 지향해서도 안 된다. 중도의
실천은 분별과 무지각의 프레임을 벗어나는 일이기 때문이다. 분별은 선
업과 악업을 짓고, 무지각은 무기업을 짓는다. 모두 업을 짓는 일인 것이
다. 오직 허공과 같아 선과 악이 성립하지 않는 자성의 자리에 발을 딛고

---

101 懺其前愆, 從前所有惡業, 愚迷憍誑嫉妬等罪, 悉皆盡懺, 永不復起, 是名為懺. 悔者, 悔其後過, 從今以後, 所有
惡業, 愚迷憍誑嫉妬等罪, 今已覺悟, 悉皆永斷, 更不復作, 是名為悔.

설 때 진정한 참회가 가능하다.

이 정도면 참회에 대한 법문이 끝났다고 보아도 무방하다. 그러나 유통본에는 이전의 죄업에 묶이지 않고, 또 이후로 영원히 죄를 짓지 않는 길을 걷도록 인도하는 다음과 같은 법문이 보충되어 있다.

범부들은 어리석고 미혹하여 지난날의 죄업을 참회할 줄만 알지, 이후로 죄를 짓지 않도록 해야 한다는 것을 모릅니다. 이후에 다시 죄가 일어난다면 지난날의 죄업도 소멸될 수 없습니다. 그러면 이후로도 다시 잘못이 일어날 수밖에 없습니다. 앞의 죄가 소멸하지 않고, 뒤의 죄가 다시 일어난다면 이게 무슨 참회가 되겠습니까?[102]

유마거사는 죄업의 실체성을 설정하는 실수를 저지른 우파리존자를 꾸짖었다. 죄라는 것은 마음의 분별이 만들어 낸 허상이자 관념이다. 그러므로 분별을 멈추는 순간, 죄라는 것 자체가 성립하지 못하게 된다. 위의 설법은 이러한 유마거사의 입장과 동일한 차원에 있다.

---

102 凡夫愚迷, 只知懺其前愆, 不知悔其後過. 以不悔故, 前愆不滅, 後過又生. 前愆既不滅, 後過復又生, 何名懺悔.

제8장

자성 삼귀의

참회하기를 마쳤으니 이제 여러분에게 모양 없음으로서의 삼귀의계를 전수하겠습니다. 대사가 말씀하셨다. 여러분! 지혜와 복덕을 함께 갖춘 존귀한 깨달음에 귀의합니다. 애착을 벗어난 존귀한 바름에 귀의합니다. 무리들 가운데 물들지 않는 존귀한 청정에 귀의합니다. 이제부터 깨달음을 스승으로 모시고, 그 외의 삿되고 미혹한 외도에 절대 귀의하지 않겠습니다. 원컨대 자성의 삼보여! 자비로써 증명하소서! [세 번][103]

평설   삼귀의는 불법승 삼보에 귀의하겠다는 서약이다. 귀의는 자아의 깃발을 내려놓고 진리의 진영으로 귀순하는 일이다. 그런데 돌아가 의지할 진리라는 실체가 따로 있지 않다. 그래서 지금 당장 있는 이대로의 자성 삼보에 귀의하라는 가르침이 내려진다.

원래 최초의 귀의는 뚜렷한 대상을 갖고 있었다. 석가모니 부처님과 그 설법, 출가한 비구 집단이 그것이다. 이것을 구체적 모양을 갖는 삼보[事相三寶]라 한다. 그런데 육조 스님은 구체적 모양을 갖는 귀의의 대상을 지워 버린다. 불법승을 나의 밖에서 찾는 관념을 타파하고, 삼귀의를 자성에 귀의하는 자기 서약으로 그 핵심을 바꿔 버린다. 이를 통해 형식화된 귀의가 자성을 확인하는 깨달음의 현장으로 승격된다. 그 핵심은 모양 없음에 눈뜨는 데 있다. 그래서 이 귀의를 모양 없음으로서의 삼귀의,

---

103 今既懺悔已, 與善知識, 授無相三歸依戒. 大師言, 善知識, 歸依覺兩足尊, 歸依正離欲尊, 歸衣淨眾中尊. 從今已後, 稱覺為師, 更不歸依餘邪迷外道, 願自性三寶, 慈悲證明. [已上三唱]

자성삼귀의라 한다.

자성은 별도의 모양을 갖는 실체가 아니다. 자성을 보는 일은 모양에 대한 분별을 내려놓는 일과 동시에 일어난다. 자성삼보에 대한 귀의 역시 마찬가지이다. 모양에 기대어 분별하는 습관을 내려놓을 때 귀의가 성취된다. 이것이 모양 없음으로서의 귀의의 핵심이다. 이것을 자성에 대한 귀의, 불성에 대한 귀의, 법성에 대한 귀의, 혹은 진여실상에 대한 귀의라고도 한다.

자성의 삼보란 어떤 것인가? 자성은 본래의 깨달음이다. 이 본래 깨달음에 귀의하는 것이 진정한 부처에 대한 귀의이다. 자성은 본래 바른 중도이다. 이 본래 바른 중도에 귀의하는 것이 진정한 법에 대한 귀의이다. 자성은 본래 청정하다. 이 본래 청정함에 귀의하는 것이 진정한 승가에 대한 귀의이다. 여기에서 말하는 본래 깨달음, 본래 바른 중도의 자리, 본래 청정함은 자성의 특성이다. 그래서 삼보에 대한 귀의는 자성에 대한 귀의가 된다. 이렇게 하나의 자성에 돌아가는 귀의를 『열반경』에서는 하나에 대한 귀의라 부른다. 자성이 바로 삼보의 본체임을 알아 그것에 돌아가 맡기는 것, 이것이 모양 없음으로서의 삼귀의다. 그러니까 육조의 돈오문에서는 삼귀의 자체가 견성이다.

물론 자성이 따로 있지 않다. 비오는 날 처마의 낙숫물이 그것이고, 알 수 없는 도리 앞에 까마득한 이 마음이 그것이다. 그러므로 매 순간의 이것에 돌아가 유보 없이 맡기는 것이 진정한 귀의가 일어나야 한다. 그것은 결국 활짝 열린 실상의 광장으로 되돌아 나오는 일이기도 하다.

🪷 자성삼보

> 여러분! 나는 여러분에게 권합니다. 자성의 삼보에 귀의하십시오.
> 부처란 깨달음입니다. 법이란 바름입니다. 승가란 청정함입니다.[104]

평설　삼보에는 구체적 경배의 대상이 되는 삼보[住持三寶], 모양으로 드러난 삼보[化相三寶], 진리의 본체로서의 삼보[理體三寶]가 있고, 육조 스님이 말하는 자성으로서의 삼보[自性三寶]도 있다. 이 모든 삼보에 대한 귀의는 우리로 하여금 삼보에 귀의하는 마음을 잊지 않고, 그것에 합류하도록 이끄는 힘을 발휘한다. 불상이나 불경을 숭배하는 일조차 유치하다 해서는 안 된다. 어떤 특정한 모양을 집착하지만 않는다면 모든 모양에 자성의 삼보가 함께하고 있음을 확인하는 일은 언제나 옳다.

　배휴: 옛 선지식의 초상화는 여기 있는데 그 선지식은 어디 있습니까?
　황벽: 배휴!
　배휴: 예!
　황벽: 어디 있습니까?

이렇게 부르고 이렇게 대답하는 자리에 남김없이 드러나는 것이 삼보이고 옛 선지식이다. 설사 부처가 저곳에 현현했다는 소식이 들려와도 자신은 이 현장을 떠나서는 안 된다. 지금 여기의 부처를 놔두고 밖에서 따로 그것을 찾는다면 영원히 찾을 수 없기 때문이다. 이렇게 육조 스님

104　善知識, 惠能勸善知識, 歸依自性三寶. 佛者覺也, 法者正也, 僧者淨也.

은 특별한 위신력을 갖춘 삼보가 따로 있다는 관념을 타파한다. 자성의 특징인 본래 깨달음, 본래 바름, 본래 청정함이 불법승 삼보라는 것이다. 그러니까 귀의 역시 자성에 눈뜨는 일 외의 다른 것이 되어서는 안 된다.

자성법문에서 부처에 해당하는 것은 깨달음이다. 자성은 있는 이대로의 본래 깨달음이다. 번뇌의 무더기 속에 사는 것이 중생이지만, 그 번뇌 자체가 청정한 지혜와 바른 눈과 원만한 몸을 갖춘 여래가 나타나는 현장이다. 중생의 몸에 법신, 보신, 화신의 삼신불이 본래 갖추어져 있고, 중생의 마음에 대원경지, 평등성지, 묘관찰지, 성소작지의 네 가지 지혜가 완비되어 있다. 요컨대 보고, 듣고, 느끼고, 아는 중생의 살림살이 자체가 그대로 부처의 살림이다. 그래서 닦음을 통해 부처를 이루겠다는 생각을 내면 안 된다. 오직 자성을 바로 보아 만사만물이 부처의 드러남임을 확인하는 일이 있을 뿐이다. 자성의 본래 깨달음에 돌아가 의지하는 것이 부처에 귀의하는 일이자 깨달음을 성취하는 길인 것이다.

자성법문에서 법에 해당하는 것은 바름이다. 자아와 대상을 실체로 설정하면 집착하게 되고, 집착하면 지배된다. 이로 인해 8만 4천의 번뇌가 끝없이 일어나 수미산을 이루게 된다. 이 분별을 멈출 때 본래의 바른 법이 만사만물의 모양으로 나타나 있음을 알게 된다. 모든 것이 법이므로 인연으로 오는 이것을 잘 대접하지 않을 수 없다.

이것이 자성의 바름에 돌아가 귀순하는 일이고 법에 귀의하는 일이다. 불법 실천의 모델인 팔정도는 바로 이러한 자성의 바름으로 돌아가는 효과적인 길을 제시하고 있다. 그러나 돈오문에서는 그러한 구분조차 번거롭다. 오직 저절로 이러한 자성을 바로 보는 일 하나로 법에 대한 귀의가 완전히 성취되기 때문이다. 바름이란 일체의 분별과 그에 따른 유위적 행위를 멈추는 일이다. 이 실천의 바름이 자성의 바름에 상응한다.

다만 자성의 바름이라는 것이 따로 있다고 생각하면 곤란하다. 그것은 바다에 고기가 뛰고, 하늘에 새가 나는 일의 밖에 따로 있는 무엇이 아니다.

마지막으로 자성의 청정함에 돌아가 맡기는 것이 승가에 대한 귀의가 된다. 승가에 대한 귀의는 선지식에 대한 귀의를 뜻한다. 선지식은 계율을 바르게 수지하며, 바른 견해를 갖추고, 바른 법을 베푸는 선각자를 가리킨다. 이들은 중생들에게 악을 끊고 선으로 나아갈 길을 제시한다. 그러므로 선지식을 가까이하는 것으로 수행의 절반을 미리 성취하고 들어간다는 말까지 있게 된다. 일부 경전에서는 선지식의 중요성을 강조하여 다음과 같이 말하기도 한다.

아난다여! 선지식이 수행의 절반이라 말하지 말라. 무슨 뜻인가? 선지식은 수행의 전부이기 때문이다. 그가 있으므로 잘못된 안내자인 악지식을 떠날 수 있으며, 어떠한 악도 짓지 않을 수 있다. 항상 모든 선을 닦아 순일하고 청정하게 수행하여 완전한 수행의 모습을 갖추게 된다. 그러므로 선지식을 찾아 그와 함께 지낼 수 있다면 열반에 이르기까지의 모든 일을 성취할 수 있게 된다. 그래서 수행의 전부라 말하는 것이다.[105]

선지식을 만나는 일이 수행의 전부이기 때문에 수행자들은 선지식을 찾아 운수 행각을 한다. 그런데 선지식을 만났다 해도 구도자의 마음이

---

105 阿難陀勿作是語, 善知識者是半梵行. 何以故. 善知識者是全梵行, 由此便能離惡知識, 不造諸惡常修眾善, 純一淸白具足圓滿梵行之相. 由是因緣若得善伴與其同住, 乃至涅槃事無不辦, 故名全梵行. [根本說一切有部毘奈耶雜事]

준비되어 있지 않으면 소용이 없다. 자아에 대한 집착을 내려놓지 못하고, 세상의 속된 일에서 벗어난 성스러운 불법이 따로 있다고 집착한다면 아무런 도움도 얻을 수 없다. 그래서 내면의 선지식을 깨우는 일이 중요하다. 자성의 청정함에 돌아가는 일이 우선되어야 한다는 말이다.

자성은 스스로 스승 역할을 한다. 다만 자성의 본래 청정함을 스승으로 삼으려면 지금 당장 청정함의 실천이 있어야 한다. 자성의 본래 청정함과 지금 당장의 청정함의 실천이 서로 상응할 때 깨달음이 찾아온다. 매실은 시고, 소금은 짜다는 것을 확인하게 된다. 겨울에 눈 내리고, 봄에 꽃 피는 것에서 진리를 보게 된다.

불·법·승 삼보에 대한 귀의를 자성이 갖추고 있는 본래의 깨달음, 본래의 바름, 본래의 청정함에 돌아가는 일로 풀이하는 이 설법은 고명하기 짝이 없다.

🪷 삼귀의의 실천

자기 마음의 깨달음에 귀의하면 삿됨과 미혹함이 일어나지 않게 됩니다. 욕망하는 바가 적어 만족할 줄 알면 재물과 모양에 움직이지 않게 됩니다. 이것을 두 가지를 완전하게 갖춘 존귀함이라 부릅니다. 자기 마음이 바름에 귀의하면 생각 생각에 삿됨이 없고, 애착이 또한 없게 됩니다. 애착이 없으므로 욕망을 떠난 존귀함이라 합니다. 자기 마음의 청정함에 귀의하면 일체의 번뇌와 망념에도 불구하고 자성은 물들지 않습니다. 이것을 많은 무리 가운데의 존귀함이라 합니다.[106]

평설   부처님은 지혜와 복덕을 완전하게 갖춘 존귀한 분이다. 이

지혜와 복덕은 우리가 아는 그것과 다르다. 지혜는 분별을 내려놓아 미혹함이 생겨나지 않는 일이다. 복덕은 욕망이 사라져 만족할 줄 아는 일이다. 그것은 깨달음에 대한 관념까지 내려놓는다는 뜻이다. 한 수행자가 자기는 한 물건도 없는 경지에 도달했다고 하자 조주선사가 말한다.

"내려놓게."

"한 물건도 없다니까요."

"그러면 떠메고 가든지."

내려놓았다는 자아의식이 남아 있는 한 이 내려놓음은 관념이고 집착이다. 주체와 대상을 분별하기를 멈추고, 목전의 이것이 부처의 현현임을 바로 볼 때 비로소 완전한 내려놓음이 성취된다. 이렇게 깨닫는 일이야말로 최상의 지혜와 복덕을 갖춘 존귀함이다.

욕망을 벗어난 존귀함이란 무엇인가? 불법의 바름은 욕계와 색계, 무색계의 차원을 뛰어넘는다. 그 핵심은 자아에 대한 집착과 대상에 대한 욕망을 철저히 내려놓는 데 있다. 그래서 욕망을 벗어난 존귀함이라 부른다. 그렇다면 바름이란 무엇인가? 생각 생각에 자아와 대상에 대한 집착이 없는 것이 바름이다. 이러한 바름을 실천하는 것이 불법에 대한 진짜 귀의이다.

무리 가운데의 존귀함이란 무엇인가? 승가는 부처의 가르침을 세상에 실천하는 존재이다. 그래서 무리 가운데 존귀하다고 말한다. 인간이

---

106 自心歸依覺, 邪迷不生, 少欲知足, 離財離色, 名兩足尊. 自心歸依正, 念念無邪故, 即無愛著, 以無愛著, 名離欲
尊. 自心歸依淨, 一切塵勞妄念, 雖在自性, 自性不染著, 名眾中尊.

나 천신들은 물론, 귀신의 무리들까지 그 존귀함을 존중한다. 그런데 육조 스님은 여기에서 '무리'를 일체의 번뇌와 망념의 무더기로 재해석한다. 이 번뇌의 무더기를 내려놓고 청정한 자성에 돌아가는 것이다. 자성은 일체의 번뇌와 망념의 무더기에 물들지 않으므로 청정하다. 지금 당장 이 자성의 청정함으로 돌아가는 것이 승가에 대한 귀의라는 것이 육조 스님의 새로운 가르침이다.

그런데 이 본래의 깨달음과 바름과 청정함에 대한 귀의가 쉽지 않다. 귀의는 자아의 깃발을 내려놓는 항복과 귀순으로 일어나는 것인데 자아의 생존전략이 수행을 앞서가기 때문이다. 변신을 거듭하며 수행자를 길가의 술집으로 유혹하기 때문이다. 진지한 수행자에게도 그 일은 일어난다. 부처님을 받드는 경건한 세월을 보내다 보면 남과 다른 성스러운 삶을 사는 '나'라는 자아의 변종이 생긴다. 경전을 읽다 보면 경전의 가르침을 깊이 이해한 '나'라는 자아의 변종이 생긴다. 선지식을 가까이하다 보면 선지식과 친한 '나'라는 자아의 변종이 생긴다. 그런데 어제 모신 부처님은 오늘 다시 저만큼 멀어져 있고, 어제 알았다 싶던 경전은 오늘 생판 모르는 것이 되어 있다. 선지식과 친해서 나도 그 수준쯤은 된다 했는데 지금 보니 형편없는 자리에 떨어져 있다. 절망이다.

그럼에도 절망하는 사람, 이것을 솔직하게 인정하는 사람에게는 희망이 있다. 그로 인한 안타까운 마음이 쌓이면서 압력이 축적되어 이것이 터지는 날이 있을 것이기 때문이다. 그때 본래 깨달음과 본래 바름과 본래 청정함이 지금의 이 덜컥 하고 열리는 문소리에서 확인된다. 반성하자면 등에 식은땀이 흐를 일이고, 환희하자면 지나가는 사람을 모두 껴안고 축하할 일이다.

🪷 자성 부처에의 귀의

보통 사람들은 이 도리를 모르면서 날마다 삼귀의계를 받습니다. 부처님께 귀의한다고 말하지만 부처가 어디 있습니까? 그렇다고 부처를 볼 수 없다고 한다면 귀의할 곳이 없을 것입니다. 귀의할 곳이 없는데 귀의한다고 말한다면 거짓말이 되고 맙니다.

여러분! 각자 스스로 관찰하여 마음을 잘못 쓰지 않도록 하십시오. 경전에서는 저절로 이러함인 부처에게 귀의하라고 했지 다른 부처에게 귀의하라 말한 일이 없습니다. 자성에 귀의하지 않는다면 귀의할 곳이 없습니다.[107]

평설　　　삼귀의는 불교의 가장 일상화된 의식으로서 불교의 정수를 담고 있다. 그러나 일상적이고 명백한 바로 그 점 때문에 형식화의 위험을 안고 있기도 하다. 그래서 육조 스님의 이 법문은 형식으로 미끄러져 버리는 삼귀의를 본래의 자리로 돌려놓고자 한다. 밥 먹고 차 마시는 일상의 한가운데에서 부처에 대한 간절한 귀의가 이루어지도록 인도한다.

부처에 대한 귀의를 실천하는 데 있어서 부처에 대한 이론적 이해는 무용할 뿐더러 해롭기까지 하다. 부처를 대상화하고 부처가 이 마음의 밖에 따로 있다고 생각하도록 만들기 때문이다. 부처에게 귀의한다고 하는데 과연 부처가 어디 있는가? 이 다그침에 대해 혹은 대웅전의 부처를 가리키고, 혹은 2500년 전의 역사적 인물을 제시하기도 한다. 그러나 부

107　凡夫不解, 從日至日, 受三歸依戒, 若言歸佛, 佛在何處, 若不見佛, 即無所歸, 既無所歸, 言卻是妄. 善知識, 各自觀察, 莫錯用意. 經中只言, 自歸依佛, 不言歸他佛, 自性不歸, 無所依處.

처에 대한 진짜 귀의는 그런 뜻이 아니다. 부처는 지금 당장 이것에서 분명히 확인되는 실상이다. 그래서 스스로 부처의 눈으로 돌아가 지금 이것과 하나로 만나는 일이야말로 부처에 대한 진정한 귀의가 된다. 스스로 부처임을 확인하고 스스로 부처로서 살아가는 일이 부처에 대한 진짜 귀의가 된다. 지금 당장, 여기에서 스스로 부처에 돌아가 맡기는 것이 부처에 대한 귀의이다. 모든 것이 스스로에 귀결되므로 그것은 자기 소유의 보물 창고를 여는 일이 된다.

스스로의 부처에게 귀의하라는 말은 『화엄경』에 보인다. '스스로의 부처에게 귀의합니다. 원컨대 중생들이 부처의 종자를 받아 싹을 틔워 무상보리의 마음을 내기를 바랍니다'[108]는 구절이 그것이다. 불·법·승 삼보가 자성에 완전하게 갖추어져 있으므로 스스로의 부처를 강조할 수밖에 없다. 자성에 돌아가 남김없이 통째로 맡기는 것이 진정한 귀의이자 깨달음이다. 다만 자성이라 하는 무엇을 따로 찾으려 해서는 안 된다. 오직 분별을 내려놓는 일이 있을 뿐이다. 공덕천녀는 복을 선물하고, 흑암마녀는 재앙을 가져온다. 진정한 귀의를 실천하는 사람은 이들이 쌍둥이 자매임을 알아 둘을 분별없이 대접한다.

이로써 전체 무상계의 설법이 끝난다. 무상계를 설하는 순서는 돈황본과 각 유통본 사이에 큰 차이가 있다. 돈황본은 자성삼신불 → 사홍서원 → 무상참회 → 무상삼귀의계의 순서로 설법이 진행된다. 이에 비해 각 유통본은 오분법신향 → 무상참회 → 사홍서원 → 무상삼귀의계 → 자성삼신불 → 무상송의 순서로 설법이 행해진다. 순서가 판연히 다를

---

108 自歸於佛, 當願眾生, 紹隆佛種, 發無上意. 自歸於法, 當願眾生, 深入經藏, 智慧如海. 自歸於僧, 當願眾生,
統理大眾, 一切無礙. [大方廣佛華嚴經 · 淨行品]

뿐만 아니라 앞에서 살펴본 바와 같이 오분법신향과 같은 내용이 완전히 새롭게 추가되기도 한다.

판본 간에 발견되는 이러한 차이가 가르침의 차이에서 비롯되는 것은 아니다. 따라서 학문적으로 연구할 것이 아니라면 이 차이점에 흔들릴 필요는 없다. 중요한 것은 일상적으로 행하는 참회와 귀의와 서원이 그 자체로 깨달음을 실천하는 현장이라야 한다는 데 있다. 어떤 것이 실천하는 현장인가? 가위와 바위와 보는 모두 하나의 손이다.

제9장

자성 마하반야바라밀

🪷 마하반야바라밀의 법

자성삼보에 귀의하기를 마쳐 모두 각자 지극한 마음이 되었습니다.
이제 여러분에게 마하반야바라밀의 법을 말씀드리겠습니다.

여러분! 생각으로 이해되는 것은 아니지만 내가 말해 줄 테니 각자
들도록 하십시오.[109]

평설   마하반야바라밀의 법을 들으려면 지극한 마음이 있어야 한
다. 마하반야바라밀이 지극하므로 그 법을 듣는 마음 역시 지극해야 한
다. 지극한 마음이란 자아를 완전히 내려놓는 마음이고, 자성에 돌아가
하나로 만나는 마음이다. 지극한 마음은 분별없음의 근원에 도달한 마음
이고, 실상에 투철한 마음이다. 안팎을 나누지 않는 마음이며, 어떤 것도
둘로 나누지 않는 청정한 마음이다. 이러한 마음이라야 마하반야바라밀
의 법을 받아들일 수 있다.

알고 이해하는 차원의 분별적 사유로는 어떻게 해도 이 법을 만날 수
없다. 그 알고 이해하고자 하는 노력 자체가 이미 장애이기 때문이다. 그
래서 시작과 중간과 끝에 있어서 착함도 생각하지 않고, 악함도 생각하
지 않는 자리에 돌아가야 한다. 그때 마하반야바라밀의 법과 하나로 만
나는 진정한 청법이 성취된다. 분별을 내려놓아야 크고 작음을 벗어난
'마하'와 만나고, 분별을 내려놓아야 지혜와 어리석음을 나누지 않는 '반
야'와 만나며, 분별을 내려놓아야 이 언덕과 저 언덕을 나누지 않는 '저
언덕'에 이른다. 나의 마음이 선지식의 마음과 동일한 지평에 서게 되는

---

109 今既自歸依三寶, 總各各至心, 與善知識, 說摩訶般若波羅蜜法. 善知識, 雖念不解, 惠能與說, 各各聽.

것이다. 이처럼 진정한 청법은 나의 마음이 선지식의 마음과 하나로 만나는 일이며, 모든 불보살, 조사들과 어깨동무하는 일이며, 궁극적으로 마하반야바라밀의 바다에 헤엄치는 일이다.

그래서 마하반야바라밀의 헤엄은 평등의 헤엄이다. 여기 마하반야바라밀의 이야기가 하나 있다. 중국 청량산 영취사에서 무차대회가 열렸다. 둘로 가르는 분별의 장벽을 허물어[無遮] 지옥 영혼들과 빈곤 중생들을 함께 모아[大會] 구원의 길로 안내하겠다는 대회였다. 한 가난한 여인이 아이 둘과 개 한 마리를 끌고 와서 머리칼을 잘라 공양을 올리고는 음식을 청했다. 일을 맡은 스님이 세 몫의 음식을 내주자 여인이 한 몫을 더 요구했다. 개에게도 줘야 하지 않느냐는 것이었다. 한 몫을 내어주자 여인이 다시 한 사람 몫을 더 요구했다. 뱃속의 아기에게도 먹여야 한다는 것이었다. 스님이 화를 벌컥 내며 욕심이 많다고 꾸짖었다. 그러자 여인이 노래했다. "쓴 여지는 뿌리부터 쓰고, 단 참외는 꼭지까지 달다네. 삼계에 집착할 것이 없는데 스님은 왜 화를 내실까." 여인은 보살의 화신이었다.

이 구절에 대해 마음이 쓰면 모든 현상이 쓰게 느껴지고, 마음이 달면 삼라만상이 달게 느껴진다는 해석이 뒤따른다. 이것조차 군말이다. 그저 여지는 쓰고 참외는 달다. 여지는 쓴맛으로 먹고, 참외는 단맛으로 먹는다. 그래야 진정한 무차대회가 성취된다.

마하반야바라밀의 설법은 육조스님의 가장 중요한 법문 중의 하나이다. 유통본에서도 가장 중요한 '반야품'으로 장이 나뉘어 있다. 유통본에는 위의 본격 설법이 시작되기 전에 간단한 서론이 붙어 있다.

다음 날 위사군이 가르침을 청하니 스님이 자리에 올라 대중들에게 말씀하셨다. "모두들 마음을 청정하게 하여 마하반야바라밀을 생각하십시오."

이어서 다시 말씀하셨다. "여러분! 보리반야의 지혜는 모든 세상 사람들에게 본래부터 저절로 갖추어져 있는 것입니다. 다만 마음이 미혹하여 스스로 깨닫지 못하고 있을 뿐입니다. 그러므로 반드시 큰 선지식을 만나 그 인도를 받아 자성을 보아야 합니다. 어리석은 사람과 지혜로운 이가 있지만 불성에는 본래 차별이 없음을 알아야 합니다. 다만 미혹함과 깨달음이 다르기 때문에 어리석은 사람도 있고 지혜로운 이도 있는 것입니다. 이제 마하반야바라밀의 법을 설하여 여러분들이 각각 지혜를 얻도록 하겠습니다. 여러분에게 해설해 드릴 테니 마음을 집중하여 지극한 마음으로 들으십시오. 여러분! 세상 사람들은 종일토록 입으로만 반야를 외면서 자성의 반야를 알지 못하고 있습니다. 그것은 마치 밥 먹는 일을 아무리 말해도 배를 채우지 못하는 것과 같습니다. 입으로만 공(空)을 말한다면 만겁이 지나도 자성을 볼 수 없을 것이니 끝내 아무 이익도 얻지 못할 것입니다."[110]

🪷 마하반야바라밀의 실천

마하반야바라밀은 인도어입니다. 중국말로는 '큰 지혜로 저 언덕에 도달한다'는 뜻입니다. 이 법은 실천하는 데 있지 입으로 외는 데 있지 않습니다. 입으로만 외고 실천하지 않으면 환영이나 허깨비와 같습니다. 직접 닦고 실천하는 사람이라야 그 법신이 부처와 같게 될 것입니다.[111]

---

110 次日, 韋使君請益. 師陞座, 告大眾曰, 總淨心念摩訶般若波羅蜜多. 復云, 善知識, 菩提般若之智, 世人本自有之. 只緣心迷, 不能自悟. 須假大善知識, 示導見性. 當知愚人智人, 佛性本無差別, 只緣迷悟不同, 所以有愚有智. 吾今為說摩訶般若波羅蜜法, 使汝等各得智慧. 志心諦聽, 吾為汝說. 善知識, 世人終日口念般若, 不識自性般若, 猶如說食不飽. 口但說空, 萬劫不得見性, 終無有益. [宗寶本]

평설　　　돈황본 『육조단경』의 정식 명칭은 '남종돈교 최상승 마하반
야바라밀경'이다. 마하반야바라밀의 설법이 전체 『육조단경』의 주제라
는 말이다.

마하반야바라밀은 큰 지혜로 저 언덕에 도달한다는 뜻이다. 이 제목
은 하나의 주제를 반복적으로 드러내고 있다. 이 제목을 구성하는 '큼,
지혜, 저 언덕'은 모두 분별을 벗어난 차원을 가리키는 말들이다. 그러므
로 지금 당장 둘 아님을 실천하고 있다면 모든 것이 마하반야바라밀이
다. 입으로 외고 마음으로 실천하는 것이 그 실천의 요체이다. 입으로 외
는 일과 마음으로 실천하는 일이 상하의 맷돌이 맞듯 서로 상응해야 한
다. 그렇게 몸과 마음이 상응하여 분별이 사라진 입장에서 보면 본성이
바로 부처라서 이것을 떠나 따로 부처를 찾을 길이 없다.[112] 그렇지 못하
고 나와 대상을 둘로 나누고 있다면 반야부의 모든 경전에 통달한다 해
도 마하반야바라밀의 반쪽조차 알 수 없다. 진정한 둘 아님은 나의 모든
것을 내려놓는 간절한 마음에서 온다.

4조 도신 스님은 70여 일간 포위되어 있던 길주(吉州)성의 백성들에게
한 마음으로 마하반야바라밀을 염하도록 가르쳤다. 그러자 적들의 눈에
금강역사가 나타나 성을 호위하는 모습이 보였다. 적들이 이것을 보고
물러났다. 마하반야바라밀을 염송하면서 한 마음으로 뭉친 백성들의 힘
이 적을 물리친 것인지, 기적이 일어난 것인지는 중요하지 않다. 여기에
서 증명하고자 하는 것은 나에 대한 집착을 내려놓은 힘의 불가사의함이

111　摩訶般若波羅蜜者, 西國梵語, 唐言, 大智惠彼岸到. 此法須行不在口, 口念不行, 如幻如化, 修行者, 法身與佛
　　　等也.
112　口念心行, 則心口相應, 本性是佛, 離性無別佛. [宗寶本]

다. 분별과 집착을 내려놓으면 이 현장에 마하반야바라밀의 큼과 지혜와 저 해탈의 언덕이 즉시 현현되는 것이다.

🪷 마하, 진정한 큼

마하란 무엇인가? 마하란 크다는 뜻입니다. 마음이 허공과 같이 넓고 크다는 뜻입니다. 그렇다고 텅 빈 마음으로 앉아 있으라는 것은 아닙니다. 그러면 바로 무기공에 떨어지고 말 것입니다. 세계는 허공과 같아 일월성신과 산하대지를 포함합니다. 모든 풀과 나무, 악한 사람과 선한 사람, 나쁜 일과 좋은 일, 천당과 지옥이 모두 그 허공에 포함됩니다. 세상 사람들의 자성에 실체가 없어 공한 것이 또한 이와 같습니다.[113]

평설   마하는 한마음이 허공과 같이 넓고 크다는 뜻이다. 그 큼은 세계의 만사만물을 모두 포함한다. 그러므로 마하반야바라밀을 배우는 사람의 마음 씀은 허공과 같아야 한다. 어떻게 하는 것이 허공과 같은 마음 씀인가? 아무것도 없이 마음을 텅 비우는 일일까? 실제로 이렇게 하는 것을 수행이라 보는 사람들도 있다. 그러나 이것은 공에 집착하는 잘못된 수행이다. 있음에 대한 집착을 버리려다 없음에 빠지는 것이다.

여기에서 허공의 비유는 세 가지 의미를 갖는다. 실체가 없다는 점, 모든 것을 포함한다는 점, 일체의 현상에 영향 받지 않는다는 점이 그것이

---

113 何名摩訶, 摩訶者, 是大, 心量廣大, 猶如虛空, 莫空心坐, 即落無記空. 世界虛空, 能含日月星辰, 大地山河, 一切草木, 惡人善人, 惡法善法, 天堂地獄, 盡在空中. 世人性空, 亦復如是.

다. 돈황본에서는 허공이 모든 것을 포함한다는 포용성을 주로 부각시키면서 그것에 별도의 실체가 없다는 점에 대해서는 언급하지 않는다. 이에 비해 유통본에서는 허공의 실체 없음을 강조하는 구절을 추가한다. "허공은 둥글고 모남, 크고 작음, 청황적백, 상하장단, 분노와 환희, 시비선악, 처음과 끝 등 어떤 고정된 특성을 갖지 않는다"[114]는 것이다. 바로 이런 점에서 허공은 자성의 무실체성에 대한 적절한 비유가 된다. 물론 허공은 하나의 비유일 뿐, 이것에 집착할 필요는 없다. 언제나 중요한 것은 나와 나의 것에 대한 집착을 내려놓는 실천이기 때문이다.

한 선사[碧峰]가 열반에 들려 할 때 저승사자가 때를 맞춰 찾아왔지만 도무지 그를 찾을 수 없었다. 선사에게 집착하는 바가 없었기 때문이다. 저승사자가 꾀를 내어 선사가 평소 아끼던 발우를 흔들었다. 이에 선사의 마음이 움직였다. 터럭 만큼이기는 하지만 평생을 함께한 유일한 '나의 것'에 대한 집착이 일어났기 때문이다. 저승사자가 놓치지 않고 선사를 잡았다. 이에 선사는 잠깐의 시간을 얻어 그 집착의 대상인 발우를 깨뜨려 버리고 다시 선정에 들었다. 저승사자는 허공과 같은 마음이 된 선사를 영원히 찾지 못하였다. 저승사자를 이기는 게임, 이것이 나와 나의 것에 대한 집착을 내려놓는 것이 진정한 닦음이고 진정한 깨달음이다.

🪷 마하의 실천-1

자성은 모든 현상을 포함하므로 이것을 크다 합니다. 모든 현상이

---

[114] 亦無方圓大小, 亦非青黃赤白, 亦無上下長短, 亦無瞋無喜, 無是無非, 無善無惡, 無有頭尾, 諸佛刹土, 盡同虛空. 世人妙性本空, 無有一法可得, 自性真空, 亦復如是. [宗寶本]

다 자성입니다. 일체의 인간과 인간외적 존재, 악과 선, 나쁜 일과 좋은 일을 보면서 그것을 모두 버리거나 그것에 물들어 집착하지 않습니다. 그것이 마치 허공과 같으므로 크다고 하는 것입니다. 이것이 마하의 실천입니다.[115]

평설 자성은 비어 있어 독립적 실체가 따로 없지만, 만사만물의 모양을 통해 드러난다. 그러므로 자성을 바로 보는 일은 두 가지의 실천을 통해 성취된다. 특정한 모양에 대한 집착을 내려놓는 일이 그 하나이고, 만사만물의 현장으로 돌아오는 일이 다른 하나이다. 절대부정과 절대긍정의 동시 실천이 실현되는 현장이다. 자성이 허공에 비유되는 것도 그 때문이다. 허공이야말로 만물을 포용하면서도 그것에 지배되지 않기 때문이다.

이것이 마하의 '큼'이다. 마하의 큼은 자성을 표현하는 말이기도 하고, 자성을 바로 보는 실천을 가리키는 말이기도 하다. 진리가 이렇게 크므로 마음을 짓는 일 역시 크게 해야 한다. 상대되는 둘을 버리지도 않고, 그것에 지배되지도 않아야 하는 것이다. 이것이 큼을 실천하는 일이다.

이러한 모순적 요구를 동시에 만족시키기는 쉽지 않다. 자아와 대상에 대한 집착의 철저한 방기가 있어야 가능한 일이기 때문이다. 우리가 지금 당장 여기와 저곳을 나누지 않는다면 그것이 큼의 실천이다. 우리 각자가 서 있는 지금의 이 자리가 여정인 동시에 도착지라면 그것이 큼

---

115 性含萬法是大, 萬法盡是自性. 見一切人及非人, 惡之與善, 惡法善法, 盡皆不捨, 不可染著, 猶如虛空, 名之為大, 此是摩訶行.

의 실천이다. 이러한 입장이 되면 부처님을 찾아다닐 필요가 없다. 삼세의 모든 부처님이 지금 이 발아래에서 사자후 설법을 하고 있기 때문이다.

🪷 **마하의 실천-2**

미혹한 사람은 입으로만 외고, 지혜로운 사람은 마음으로 실천합니다. 어떤 미혹한 사람들은 마음을 텅 비워 아무 생각도 하지 않는 것을 크다고 합니다. 이 역시 잘못된 것입니다. 마음이 넓고 큰데 이것을 실천하지 않는 것이 작음입니다. 입으로만 헛되이 말하지 않도록 하십시오. 이러한 실천을 닦지 않는다면 나의 제자가 아닙니다.[116]

평설　　　스스로 마하가 되는 것이 진정한 마하의 실천이다. 그것은 입으로 외는 데 있지 않다. 입으로 외는 것으로는 둘 아닌 자리에 이르지 못한다. 이미 나라는 주체와 마하라는 대상이 둘로 나뉘어 있기 때문이다. 그래서 마음으로 실천한다는 말이 나왔다. 물론 실천해야 할 어떤 특별한 일이 따로 있는 것은 아니다. 상대되는 두 차원을 세우지 않는 일 자체가 진정한 실천이기 때문이다.

허공과 같이 마음을 쓰라고 했는데 아무것도 생각하지 말라는 뜻이 아니다. 아무 생각 없는 것 역시 있음과 없음의 상대적 차원에 떨어지는 일이기 때문이다. 생각하지 않는 일을 옳은 것으로 여기며 이것에 집착한

116　迷人口念, 智者心行. 又有迷人. 空心不思, 名之爲大, 此亦不是. 心量廣大, 不行是小, 莫口空說. 不修此行, 非
　　我弟子.

다면 그것은 마하가 아니라 분별이다. 아무리 열심히 해도 무기공에 떨어져 버린다. 이래서는 선악을 내려놓은 마하의 큼과 하나로 만나지 못한다. 이미 무엇인가 선택하여 추구하는 둘로 나눈 작은 마음이기 때문이다.

마하에 대한 설법의 결론에 해당하는 돈황본의 이 문장은 지나칠 정도로 간략하다. 그래서 유통본에서는 문장을 추가하여 그 완결성을 기하고자 한다.

여러분! 미혹한 사람은 입으로만 외고 지혜로운 사람은 마음으로 실천합니다. 또 어떤 미혹한 사람들은 마음을 비우고 고요하게 앉아 아무 생각도 하지 않으면서 그것을 크다고 자처합니다. 이러한 사람들과 함께 얘기해서는 안 됩니다. 삿된 견해이기 때문입니다.

여러분! 마음이 넓고 커서 법계를 두루 채우고 있습니다. 이것의 작용은 밝고 분명하며 이것에 상응하여 활용하면 모든 것을 알게 됩니다. 모든 것은 곧 하나이며, 하나는 곧 모든 것입니다. 가거나 오거나 저절로 그러하여 마음의 본체는 걸릴 것이 없습니다. 이것이 바로 반야입니다.

여러분! 모든 반야지혜는 다 저절로 이러할 뿐인 자성에서 생겨나는 것입니다. 밖에서 들어오는 것이 아니므로 마음을 잘못 써서는 안 됩니다. 이것을 진정한 자성을 스스로 활용한다고 말합니다. 하나가 진실하므로 모든 것이 진실합니다. 마음은 큼과 함께하는 것이지 분별적 작은 도를 실천하지 않습니다. 종일 입으로만 공을 말하지 마십시오. 마음으로 이러한 실천을 닦지 않는다면 마치 평민이 "나는 이 나라의 임금이다"라고 자칭하는 것과 같아 끝내 헛될 것입니다. 이러한 사람은 나의 제자가 아닙니다.[117]

기승전결이 완전하여 편집자의 고심이 느껴지는 설법이다. 이처럼 유통본은 각각의 문단이 자기 완결성을 갖추어 매 순간 육조선의 종지를 완전하게 전달할 수 있도록 하자는 원칙에 따라 문장이 보완되고 있다. 너무 과한 것이 문제가 되기는 하였지만!

🪷 반야의 실천

반야란 무엇인가? 반야란 지혜입니다. 어느 때나 생각 생각이 어리석지 않아 항상 지혜를 실천하는 것을 반야의 실천이라 합니다. 한 생각이 어리석으면 반야가 끊어집니다. 한 생각이 지혜로우면 반야가 일어납니다. 사람들은 마음은 여전히 어리석으면서 스스로 반야를 닦는다고들 말합니다. 원래 반야에는 모양이 따로 없습니다. 지혜의 자성이 바로 반야인 것입니다.[118]

평설 반야는 전체 불법의 핵심이며, 부처의 어머니이며, 성불에 이르는 큰 길이다. 문제는 이러한 반야가 생각으로 이해할 수 있는 차원의 것이 아니라는 데 있다. 오직 생각을 내려놓아야 비로소 이해되는 반야! 그것은 차라리 하나의 화두이다. 반야는 매 찰나 자아와 대상에 대한

---

117 善知識, 迷人口說, 智者心行. 又有迷人, 空心靜坐, 百無所思, 自稱為大. 此一輩人, 不可與語, 為邪見故. 善知識, 心量廣大, 遍周法界, 用即了了分明, 應用便知一切. 一切即一, 一即一切. 去來自由, 心體無滯, 即是般若. 善知識, 一切般若智, 皆從自性而生, 不從外入. 莫錯用意, 名為真性自用, 一真一切真. 心量大事, 不行小道. 口莫終日說空, 心中不修此行, 恰似凡人自稱國王, 終不可得, 非吾弟子. [宗寶本]

118 何名般若, 般若是智惠. 一切時中, 念念不愚, 常行智惠, 即名般若行. 一念愚即般若絕, 一念智即般若生. 世人心中常愚, 自言我修般若. 般若無形相, 智惠性即是.

196

집착을 내려놓고 자성에 돌아가 맡기는 실천에 의해 스스로 확인될 뿐이다.

이 반야지혜는 절대부정과 절대긍정의 동시 실천에서 일어나는 중도의 지혜이다. 절대부정은 무엇인가? 나, 부처, 반야, 혹은 그 어떤 것이라 해도 고유한 모양을 갖는 무엇이 따로 있지 않다. 변하지 않는 본질이 따로 없다. 이렇게 바로 보아 실체성에 대한 집착을 떠난다. 이것이 반야의 절대부정이다. 그런데 그 결과, 공이야말로 궁극의 실체가 아닐까 하는 생각에 이를 수 있다. 그렇지만 이 공 역시 실체가 없다. 그래서 공을 부정한다. 그 순간 기왕에 부정되었던 만사만물이 모두 되살아나는 절대긍정이 일어난다. 지금 당장의 이 모든 인연이 부처가 드러나는 현장이다. 그래서 산은 산이고, 물은 물이다. 매 순간, 매 찰나의 이 현장에서 한결같이 부처가 확인된다.

이처럼 반야지혜의 실천은 별도의 진리를 설정하지 않음에서 시작하여 인연으로 찾아오는 이 눈앞의 모든 부처와 하나로 만나는 일로 귀결된다. 그렇다고 해서 이것을 순차적 사건으로 이해하면 곤란하다. 진정한 절대부정과 절대긍정은 둘이 아니다. 그것은 동시 실천 외에 다른 길이 없다. 그래서 반야의 실천은 쉽고도 어렵다. 차 마시고, 밥 먹는 일 외에 다른 것이 아니므로 쉽다. 백두산이 무너지고, 한강의 물이 다 말라도 자취가 보이지 않는 일이므로 어렵다.

반야의 수행자는 지금 당장의 이 한 생각에 반야를 실천할 뿐, 그 앞과 뒤로 눈을 돌려서는 안 된다. 지금 당장 지혜로워야 끝내 지혜로울 수 있다. 지금 꽃을 심어야 궁극의 꽃밭을 가꿀 수 있다. 이것은 찰나주의와는 전혀 다른 일이다. 찰나에서 영원을 보고, 영원에서 찰나를 보는 둘 아님을 실천하는 일이 이것이기 때문이다.

🪷 바라밀의 실천

바라밀이란 무엇일까요? 이것은 서역어로서 저 언덕에 도달한다는 뜻입니다. 큰 이치를 알아 생성과 소멸의 차원을 떠난다는 뜻입니다. 대상경계에 집착하면 생성과 소멸이 일어납니다. 그것은 물에 파도가 일어나는 것과 같습니다. 그러면 이 언덕에 있게 됩니다. 대상경계에 집착하지 않으면 생성과 소멸이 없습니다. 그것은 물이 끊어지지 않고 항상 시원하게 흐르는 것과 같습니다. 그래서 이것을 저 언덕에 이른다고 말하고 바라밀이라 부릅니다.[119]

평설　　바라밀은 저 언덕으로 건너간다는 뜻이다. 이 언덕에서 저 언덕으로 건너가려면 반야지혜의 배를 타야 한다. 옳음과 그름, 생성과 소멸을 나누는 분별과 취사선택의 마음으로 모순 갈등하는 것이 이 언덕의 일이다. 호오의 마음, 취사의 마음을 쓰는 이는 인연으로 다가오는 대상 경계에 대해 시비호오의 반응을 한다. 어느 쪽이라 해도 그것은 번뇌의 파도이다. 만족하면 즐거움이라는 파도가 일어나고, 만족하지 못하면 불쾌함이라는 파도가 일어난다. 그리하여 즐거움을 취하고, 불쾌함을 버리는 취사선택이 일어나고, 그것은 필연적으로 더 큰 번뇌를 불러온다. 이 악순환의 반복이 이 언덕의 일이다.

반면 대상경계에 대해 시비호오의 마음을 내지 않으면 모든 것이 완전하다. 옳고 그름, 아름다움과 추함, 삶과 죽음을 둘로 나누지 않는 온전

---

119 何名波羅蜜, 此是西國梵音, 言彼岸到, 解義離生滅. 著境生滅起, 如水有波浪, 即是於此岸. 離境無生滅, 如水永長流, 故即名到彼岸, 故名波羅蜜.

한 차원이 열린다. 이것이 저 언덕의 일이다.

그렇다고 저 언덕이라는 특별한 세계가 따로 있지 않다. 이 언덕과 저 언덕의 차이는 지금 이 순간의 마음이 상대적 두 차원을 세우고 있는지의 여부에 의해 갈린다. 모든 상대적 두 차원은 자아를 기준으로 성립한다. 그래서 자아에 대한 집착을 내려놓는 것과 분별을 내려놓는 것은 같은 일이다. 집착과 분별을 내려놓으면 그것이 바로 저 언덕이다. 땅에 넘어진 사람을 상대하는 법에는 부축하여 일으키는 법도 있고, 함께 넘어지는 법도 있다. 그냥 서서 바라보는 길도 있다. 나와 대상의 분별이 없다면 어느 경우나 바라밀이다.

🪷 깨달음의 실천

미혹한 사람은 입으로만 외고, 지혜로운 사람은 마음으로 실천합니다. 입으로만 외면 분별망상이 있게 됩니다. 분별망상이 있으면 진실함이 없습니다. 생각 생각마다 실천하면 진실함이 있습니다. 이 법을 깨달은 사람은 반야법을 깨닫고 반야의 실천을 닦습니다. 닦지 않으면 범부이지만, 한 생각 수행하면 그 법신이 부처와 같습니다.

여러분! 번뇌가 바로 보리입니다. 앞의 생각이 미혹하면 범부이고, 뒤의 생각이 깨달으면 바로 부처입니다.[120]

평설 마음으로 실천한다는 것은 지금 당장 분별을 내려놓는다는

---

120 迷人口念, 智者心行. 當念時有妄, 有妄即非真有, 念念若行, 是名真有. 悟此法者, 悟般若法, 修般若行. 不修即凡, 一念修行, 法身等佛. 善知識, 即煩惱是菩提, 前念迷即凡, 後念悟即佛.

뜻이며, 실상의 법에 돌아온다는 뜻이다. 모든 불교적 실천은 마하반야 바라밀의 법과 하나로 만나는 일 외에 다른 것이 될 수 없다. 그것은 지금 당장 분별을 내려놓고 반야법에 돌아가 하나로 만나는 실천을 내용으로 한다. 입으로만 외면서 실제로는 시비분별에 빠져 있다면 그것은 수행이 아니다.

사람들은 모양을 구분하고, 이름을 붙이고, 시비를 판정하고, 호오의 반응을 하는 연극에 평생을 허비한다. 만사만물에 붙여 놓은 무수한 이름은 허공을 쪼개어 명찰을 붙여 놓는 것처럼 허망한 행위이다. 실상과는 무관한 관념의 장난이다. 근거가 없어 허망하다. 이것이 지금 이대로 완전한 자성을 가려 버린다. 그러므로 이 허망한 이름과 분별과 반응을 내려놓을 필요가 있다.

그렇다면 허공과 같은 자성을 어떻게 들어 보여 줄 수 있을까? 허공이라 불러도 되고, 쉬! 하고 입을 막아도 되고, 손가락을 세워 드러낼 수도 있다. 다만 생각 생각마다 분별망상을 쉬는 일이 없으면 안 된다. 번뇌와 보리가 다르지 않고, 범부와 부처가 다르지 않아, 모든 일이 부처의 일인 자리에서 노니는 것이 반야를 실천하는 사람의 살림이다.

유통본에는 "번뇌가 보리", "미혹하면 범부, 깨달으면 부처"라는 말 뒤에 약간의 문구가 추가되어 있다. "앞생각이 대상에 집착하면 번뇌이고, 뒷생각이 대상에 대한 집착에서 벗어나면 보리이다"[121]는 말이 그것이다. 미혹함과 깨달음, 번뇌와 보리가 따로 있지 않다는 점, 어떤 하나를 특정하여 집착하는 일이 바로 문제라는 점을 강조하고 있다. 집착이 없는 눈으로 보면 육도중생이 모두 부처이고, 분별의 눈으로 보면 삼세제불이

---

121 前念著境即煩惱, 後念離境即菩提. [宗寶本]

모두 중생이다. 그러므로 스스로 부처를 실천해야지, 지금 내 앞의 이 사람이 부처인가, 중생인가? 이렇게 물어서는 안 된다. 오직 문제는 나이다. 사진의 질은 카메라 앞의 대상물이 아니라 카메라 뒤의 촬영자가 결정한다.

🪷 마하반야바라밀의 최상승법

여러분! 마하반야바라밀은 가장 높고, 가장 으뜸이며, 첫째가는 것입니다. 이것은 머무는 일도 없고, 가는 일도 없고, 오는 일도 없습니다. 삼세의 모든 부처님들이 여기에서 나와 큰 지혜로 저 언덕에 도달합니다. 자아를 구성하는 다섯 무더기[五蘊]의 무수한 번뇌들을 깨뜨려 버립니다. 이것은 가장 존귀하고, 가장 으뜸이고, 첫째가는 것입니다. 이 최상승법을 찬탄하고 수행하면 반드시 불도를 성취할 것입니다. 가는 일도 없고, 머무는 일도 없고, 오가는 일도 없는 것, 이것이 선정과 지혜가 함께하는 일로서 일체의 현상에 물들 일이 없습니다. 삼세의 모든 부처가 여기에서 나오며, 탐진치의 맹독이 여기에서 계정혜로 바꿥니다.[122]

평설　　　마하반야바라밀에 대한 찬탄이다. 가장 높고, 으뜸이며, 첫째간다는 것은 상대적 분별을 떠나 있다는 말이다. 높고 낮음을 설정하

122　善知識, 摩訶般若波羅蜜, 最尊最上第一, 無住無去無來, 三世諸佛從中出, 將大智惠到彼岸, 打破五陰煩惱塵勞, 最尊最上第一, 讚最上乘法, 修行定成佛, 無去無住無來往, 是定惠等, 不染一切法, 三世諸佛從中出, 變三毒為戒定惠.

지 않으면 언제나 가장 높다. 일등과 꼴등을 설정하지 않으면 언제나 으뜸이다. 첫째와 둘째를 설정하지 않으면 언제나 첫째간다. 그것은 고정된 무엇이 아니므로 어디에도 머물지 않는다. 지금 이 현장에 항상 현현하고 있으므로 어디로 가버리는 일도 없다. 그러므로 지금 여기의 가장 비근한 이것이 가장 높고, 으뜸이며, 첫째가는 바로 그것일 수밖에 없다. 이것이 마하이고, 이것이 반야이며, 이것이 바라밀이다.

우리는 몸과 생각과 느낌과 인식작용에 근거하여 자아를 수립한다. 그런데 이 몸과 마음은 다양한 요소의 인연화합일 뿐, 실체라 할 것이 없다. 따라서 가장 먼저 몸과 생각에 대한 자기 동일시에서 오는 집착을 내려놓을 필요가 있다. 그것은 고립된 자아를 떠나 큰 나의 잔치에 회합하는 일이기도 하다. 그리고 그 큰 나의 잔치에 회합하는 일이 바로 마하반야바라밀의 법이다.

오직 유일한 하나의 법으로 찬탄한다는 것은 그것을 대상화하지 않는다는 뜻이다. 우주법계에 가득 차 있으면서 지금 이것으로 드러나 있는 마하반야바라밀의 법을 믿어 그것과 둘이 아님을 잊지 않는 것이다. 이것이 수행이다. 또한 이 회합의 잔치가 매 찰나의 생각에 실천되어 끊임이 없다면 그것이 바로 견성이고 성불이다. 스스로 법과 둘이 아닌 존재임을 확인하는 부처의 살림이 열리는 것이다. 이때 나와 법계가 빈틈없이 맞물려 있으므로 선정이라 하고, 한 몸이므로 모든 것을 아는 지혜라 하는 것이다.

백장선사가 물병을 가리키며 물었다. "이것을 물병이라 하지 말고 불러 봐라." 한 스님이 대답한다. "나무 그루터기가 아니군요." "아니다." 위산 스님이 앞으로 나아가 이것을 발로 차고 나가 버렸다. 최상승의 마하반야바라밀의 법은 똑같은 질문을 우리에게 던지고 있다. "이것을 마하반야바라밀이라 하지 말고 불러 봐라."

> ## 🪷 반야지혜와 견성
>
> 여러분! 나의 이 법문에서는 하나의 반야에서 8만 4천의 지혜가 생겨납니다. 왜 그럴까요? 세상 사람들에게 8만 4천의 번뇌가 있기 때문입니다. 번뇌가 없다면 반야가 항상 드러나 자성을 떠나지 않게 됩니다. 이 법을 깨달은 이에게는 망념이 없습니다. 기억과 집착도 없습니다. 거짓된 망상이 일어나지 않으면 그 자체가 진여자성입니다. 지혜로써 관조하여 모든 현상을 취하지도 않고 버리지도 않는다면, 그것이 바로 견성이고 불도의 성취입니다.[123]

평설　　자신이 주체가 되어 진리를 이해하거나 소유하려 한다면 8만 4천의 모든 생각이 그대로 번뇌가 된다. 자아를 내려놓고 모양에 대한 집착을 내려놓으면 만사만물이 있는 그대로 8만 4천의 지혜가 된다. 그러므로 반야지혜의 자리에서 보면 8만 4천의 번뇌가 그대로 8만 4천의 지혜가 된다. 이렇게 자성의 큼을 알고, 이렇게 자성의 지혜로움과 하나로 만나는 것이 저 언덕에 건너가는 일이다.

그것은 좁고 어두운 동굴을 부수고 밝은 빛과 시원한 공기가 가득한 광장으로 나오는 일과 같다. 자아와 대상에 대한 분별과 집착을 내려놓는 것이 좁고 어두운 동굴을 부수는 일이고, 크고 밝은 반야와 하나로 만

---

123 善知識, 我此法門, 從一般若生八萬四千智惠, 何以故. 為世有八萬四千塵勞, 若無塵勞, 般若常在, 不離自性. 悟此法者, 即是無念, 無憶無著. 莫起誑妄, 即自是真如性, 用知惠觀照, 於一切法, 不取不捨, 即見性成佛道.

나는 것이 광장에 나오는 일이다. 광장에 나와 보면 행위의 주체도 없고, 행위의 대상도 없어서, 모든 현장이 비춤 그 자체가 된다. 동굴에 있을 때처럼 작은 등잔불을 밝히기 위해 애쓸 일이 없다. 밝은 진리의 태양빛 아래에서는 모든 것이 백일하에 명백하다. 언제나 할 일이 분명하여 배고프면 밥 먹고 목마르면 물 마신다. 그런데 왜 다들 똑같이 밥 먹고 물 마시고 있는데 그 일이 일어나지 않는가? 간절 절(切)자 하나가 빠져 있기 때문이다. 그래서 한사코 '뜰 앞의 잣나무'를 가리키는 선사와 그 앞에서 말문이 막히는 수행자의 간절한 모습이 슬프지만 아름다운 것이다.

🪷 『금강경』과 견성

여러분! 깊고 깊은 법성의 세계에 들어가 반야삼매에 들고자 한다면, 곧바로 반야바라밀의 실천을 닦아야 합니다. 『금강반야바라밀경』 한 권만 지니면 견성할 수 있고, 반야삼매에 들 수 있습니다.[124]

평설　　　깨달음이란 나에 대한 집착을 내려놓는 일이고, 진리를 소유하고자 하는 욕망을 내려놓는 일이다. 나와 법성이 둘이 아니므로 나라는 주체를 세워 내가 저 법성이라는 대상세계에 들어가고자 한다면 그것은 불가능하다. 나 이대로 법성의 세계이고, 법성의 세계 이대로 나인데 이것을 둘로 나누고 있기 때문이다. 그렇기 때문에 안다는 말은 늘 위험하다. 안다는 것은 나와 대상이 나뉜 이후에 일어나는 일이기 때문이

124　善知識, 若欲入甚深法界, 入般若三昧者, 直須修般若波羅蜜行. 但持金剛般若波羅蜜經一卷, 即得見性, 入般若三昧.

다. 그러므로 법성의 세계에 들어가 하나로 만나는 일은 있어도 내가 법성을 알 수는 없다. 법성을 알고자 하는 것은 소 등에 앉아서 소를 찾는 것과 같고, 작은 벌레가 거목을 들어 올리려는 것과 같다. 자기가 당긴 활로 자기를 맞히려는 것과 같다.

반야삼매는 이러한 어리석음을 치유하는 명약이다. 그것은 법성과 나, 법성과 만물이 둘이 아님을 바로 아는 자리에서 일어나는 지혜이다. 물론 안다고 하지만 아는 주체인 나와 앎의 대상이 되는 법성이 따로 있지 않다. 무엇이 따로 있다면 그것은 반야삼매가 아니다. 나와 대상에 대한 집착을 내려놓으면 원래 크고, 원래 밝으며, 원래 굳건한 반야삼매가 한 몸으로 확인된다. 그것을 가리켜 삼매가 저절로 현전한다고 말하는 것이다.

그러니까 반야삼매에서는 선정과 지혜가 하나이다. 나와 대상의 구분이 없어 흔들리지 않으므로 선정이고, 전체를 한 몸으로 밝게 확인하므로 지혜이다. 나와 대상경계에 집착하지 않는다는 점에서 반야삼매는 무심의 다른 이름이기도 하다. 반야삼매는 반야바라밀의 실천에서 일어난다고 말할 수밖에 없지만 반야바라밀이라는 특별한 수행법이 따로 있는 것은 아니다. 어떤 길을 걷든 둘로 나누어 분별하거나 집착하지 않는 것이 반야바라밀의 실천이다. 그러니까 반야바라밀의 수행은 분별에 휩쓸리지 않음을 생명으로 한다. 그것은 지금 당장 닦는다는 뜻이며, 지금 당장 모양에 대한 집착을 내려놓는다는 뜻이며, 지금 당장 부처의 마음에 돌아가 하나로 합류한다는 뜻이다.

『금강경』에 대한 강조가 보인다. 육조 스님은 『금강경』을 중시하여 이 한 권만 지니면 견성한다고 말하였다. 그런데 여기에서 경전을 지닌다는 말에 주목해야 한다. 불교에서 경전을 지닌다는 말은 그냥 가지고 다닌

다는 말이 아니라 그 경전이 전하는 진리를 항상 실천한다는 뜻이다. 『금
강경』은 모양에 대한 집착을 내려놓으라는 가르침으로 일관하는 경전이
다. 모양에 대한 집착이란 무엇인가? 그것은 흔히 4구게라 불리는 다음
과 같은 노래들을 통해 남김없이 드러나 있다. 하나를 보자.

> 모든 모양은,
> 다 허망하다.
> 만약 모든 모양에 실체가 없음을 보면,
> 바로 여래를 보리라.[125]

　　모양에 실체가 없음을 보라고 했지 모양에 눈 감으라고 하지 않았다.
문제는 그것을 보는 순간 옳으니 그르니, 좋으니 싫으니 하는 관념과 견
해와 생각과 집착을 일으키는 나에게 있다. 그러니 인식기관의 작용을
닫아서는 안 된다. 모든 모양의 분별상을 그대로 보되 그것에 대해 시비
호오의 집착을 내려놓으면[실체가 없음을 보면], 그 순간 모든 것에서 부처
를 보게 된다[바로 여래를 보리라]. 이것이 반야삼매다. 다른 노래도 있다.

> 모양에 머물러 마음을 내지 말고,
> 소리, 냄새, 맛, 감촉, 대상에 머물러 마음을 내지 말라.
> 머무는 곳 없이,
> 그 마음을 내야 한다.[126]

125　凡所有相, 皆是虛妄, 若見諸相非相, 卽見如來. [如理實見分]
126　不應住色生心, 不應住聲香味觸法生心, 應無所住, 而生其心. [莊嚴淨土分]

기차가 지나간다. 창가에 알 만한 사람이 앉아 있다. 생각난다. 그의 모양, 그의 이름, 그의 신분…그와의 인연, 그의 눈빛, 그의 말투…그가 빌려가고 갚지 않은 돈…생각해 보니 원래 비루했던 그의 성품…더 섭섭한 일들…앞으로 있을 더 큰 배신…울컥…야! 이 자식아!

기차가 지나는 사이 벌어진 일이다. 그러나 돌아보면 기차가 지나간 철길 옆에는 풀이 흔들리고, 매미가 울고, 시냇물이 흐른다. 얼굴이 벌겋게 달아 씩씩대는 나도 있다. 이렇게 기차를 따라가며 그 사람에게 머무는 마음은 지금 당장의 이 현장을 함께하지 못한다. 그것은 허공에 떠오르는 모양의 점을 이어가며 허구의 스토리를 짜나가는 마음이다. 이렇게 머무는 마음을 이어지는 마음[相續心]이라고 한다. 꼭 붙잡고 따라가며 집착하는 마음[執着心]이라고도 한다.

그런데 사실을 말하자면 눈앞의 사물이 한순간도 머물지 않듯 이 마음도 한순간도 머무는 일 없이 샘물처럼 솟아난다. 그러니 매번 새롭게 찾아오는 인연을 맞아, 매번 새롭게 솟아나는 이 마음을 자유롭게 써야 한다. 그것이 번뇌이든 보리이든 거기에 어떤 고정된 무엇이 따로 있다는 생각을 내려놓아야 한다.

만약 모양으로 나를 보려 하거나,
소리로 나를 찾는다면.
그 사람은 삿된 길을 실천하는 사람이라,
여래를 볼 수 없다.[127]

---

127 若以色見我, 以音聲求我, 是人行邪道, 不能見如來. [法相非相分]

부처님은 32가지 특별한 모양과 80가지 남다른 특징을 갖고 있었다. 그것은 무수한 생을 거치며 수행과 실천을 거듭해 온 결과이다. 사람들은 이 징표로 부처를 확인할 수 있다고 생각한다. 정수리의 살이 상투처럼 올라와 있다면 그는 깨달음을 성취한 사람이겠지만 맨들하다면 아니다! 이렇게 분별하고 집착하는 것이다. 아난존자가 부처님의 열반 후 자신을 따르던 신도들에게 부처님의 상호를 보여 주었다는 전설도 이렇게 해서 나온 것이다. 모양으로 부처를 찾으려 한 아난은 이후 이 일로 가섭존자의 엄중한 경책을 받는다. 여기에서 부처님은 분명히 말한다. 32가지 특별한 모양이 부처의 징표라면 똑같은 특징을 가진 전륜성왕도 부처라 할 수 있지 않겠는가? 정말 그렇다! 부처를 사자후의 음성으로 찾는다면 아예 사자를 부처라 하지?

그러나 부처는 크지도 않고, 작지도 않고, 젊지도 않고, 늙지도 않다. 새로 생겨나는 것도 아니고 소멸하는 것도 아니다. 어떤 무엇을 내놔도 그것으로 특정되지 않는다. 그래서 색즉시공이다. 그럼에도 부처는 모든 모양과 모든 소리를 통해 그 존재를 드러낸다. 석가모니 부처님은 32상 80종호로 부처를 증명했지만, 만사만물은 그 각각의 모양과 소리로 부처를 드러내고 있다. 그래서 공즉시색이다. 이것이 외도와 구별되는 대승의 부처 보기이다. 그러므로 대승은 철저한 부정 속에 완전한 긍정을 품고 산다. 또 하나의 노래가 있다.

모든 모양가진 현상은,
꿈같고, 허깨비 같고, 물거품 같고, 그림자 같다.
이슬 같고, 번개 같다,
이와 같이 보아야 한다.[128]

이렇게 생사와 열반을 모두 허공의 꽃, 꿈속의 일로 보는 사람이라야 그림자 같은 세상에서 한바탕의 연극에 충실할 수 있다. 모양에도 집착하지 않고, 공에도 집착하지 않는 실상의 살림을 꾸릴 수 있는 것이다.

사실『금강경』에서는 위 노래들뿐 아니라 모든 구절을 통해 모양에 대한 분별과 집착을 내려놓기를 요구하고 있다. 모양에 대한 분별과 집착을 내려놓고 보면 나와 대상, 중생과 부처가 다르지 않다. 현실적으로 중생이라 불리는 존재, 부처라 불리는 존재가 있기는 하다. 선과 악도 분명한 차별적 모양을 갖는다. 그리고 그것을 구분하는 타당한 세속적 기준도 있다.

그렇지만 반야지혜의 눈으로 보면 선과 악 역시 부처가 드러난 현장이다. 우주의 모든 것은 부처 마음의 드러남이라는 점에서 차별이 없는 것이다. 그래서 항상 부처의 마음, 부처의 눈으로 모든 모양을 대해야 한다. 그것이 분별의 마당에서 날뛰는 소를 길들이는 유일한 방법이다. 이 소가 길이 들면 목동이 이끌지 않아도 저절로 돌아온다. 최고로 좋기로는 우주의 들판에 편안히 나앉은 흰 소이다. 이 소는 온 세상이 있는 이대로 집이라서 들고 날 일조차 없이 항상 목동의 눈앞을 떠나지 않는다. 그래서 뛰어난 돈오문의 목동은 소를 먹이되 밖으로 찾아다니지 않는 것이다.

🪷 최상승의 가르침

분명히 알아야 합니다. 이 경전은 공덕이 무량합니다. 경전에서 분명히 찬탄하기를 그것을 일일이 다 말할 수는 없을 정도라고 했습니다.

---

128 一切有為法, 如夢幻泡影, 如露亦如電, 應作如是觀 [應化非眞分]

이것은 최상승법으로서 크게 지혜로운 사람, 깨달음의 자질이 높은 사람을 위해 설한 것입니다. 깨달음의 자질이 낮고 지혜가 작은 사람이 이 법을 들으면 마음에 믿음이 일어나지 않을 것입니다.[129]

평설   『금강경』은 모양에 대한 분별을 내려놓기를 가르치는 경전이다. 분별하지 않으므로 비교의 대상이 없고, 비교의 대상이 없으므로 최상승법이다. 여기에서 말하는 크게 지혜로운 사람은 선과 악의 분별, 미혹과 깨달음의 분별을 내려놓은 사람이다. 깨달음의 자질이 높은 사람은 모양에 따른 분별을 내려놓으라는 가르침을 알아듣고 바로 그것을 실천한다. 이런 사람이라야 모양을 세우지 않는 『금강경』과 하나로 만날 수 있다.

반면 깨달음의 자질이 부족한 사람은 모양에 따라 분별하고, 시비호오하고, 취사선택한다. 이로 인해 지금 당장의 이 일에 부처가 완전히 드러나 있음을 알지 못하고, 엉뚱한 곳에서 특별한 모습의 부처를 찾아다니며 시간을 허비한다. 그는 부처라는 옳음이 따로 있고, 중생이라는 그름이 따로 있다고 생각한다. 그래서 시비선악, 호오애증의 판단중지를 요구하는 이 경전의 가르침에 믿음을 내지 못한다. 심지어 비웃기까지 한다. 분별적 생각의 차원에서는 분별을 벗어난 부처의 마음을 알지 못하기 때문이다. 그래서 생각의 성채가 허물어지지 않은 사람에게 불법은 헛소리로 비판받곤 한다. 설혹 호의적인 자세로 이해한다고 할지라도 그것은 백 프로 오해일 뿐이다.

---

129 當知此經, 功德無量, 經中分明讚嘆, 不能具說, 此是最上乘法, 爲大智上根人說, 少根智人若聞法, 心不生信.

자아의 깃발을 스스로 꺾어 버린 대승보살은 다르다. 그는 가르침을 듣는 순간 깨달음에 대한 기존의 관념을 내려놓는다. 분별적 생각을 내려놓고, 자아를 내려놓고, 부처를 내려놓는다. 그리하여 부처의 세계가 전 우주에 펼쳐져 있어 새삼 찾아 들어갈 곳이 따로 있지 않음을 확인한다. 오로지 지금 이것에서 부처와 하나로 만나고 있다는 사실을 확인한다. 그는 부처와 한 몸일 뿐만 아니라 중생과 둘이 아니다. 부처와 한 몸이므로 안락하고, 중생과 둘이 아니므로 아프다. 그래서 대승은 본질적으로 대자대비이다.

🪷 본성으로서의 반야지혜

왜 그런 걸까요? 큰 용이 큰비를 내린다고 합시다. 이 비가 이 염부제 세계에 내리면 크고 작은 마을들이 풀잎처럼 나뭇잎처럼 물에 휩쓸려 갑니다. 그러나 이 비가 큰 바다에 내리면 늘지도 줄지도 않습니다. 대승에 속하는 사람이 『금강경』을 들으면 마음이 열리고 깨달아 알게 됩니다. 그러므로 본래의 자성에 반야지혜가 저절로 갖추어져 있음을 알아야 합니다. 스스로의 지혜를 가지고 비추어 보아야지 문자로 된 지식을 빌려서는 안 되는 것입니다.[130]

평설　　사람들은 크고 작음, 많고 적음, 높고 낮음을 분별하고 그것에 시비호오의 마음을 낸다. 그것은 마치 표류부침하는 나뭇잎과 같다.

---

130 何以故, 譬如大龍, 若下大雨, 雨於閻浮提, 城邑聚落, 悉皆漂流, 如漂草葉. 若下大雨, 雨於大海, 不增不減. 若大乘者, 聞說金剛經, 心開悟解. 故知本性, 自有般若之智, 自用知惠觀照, 不假文字.

이에 비해 대승은 큰 바다와 같다. 큰비, 작은 비에 상관하지 않고, 모두 받아들이면서도 늘지도 줄지도 않는다. 이와 같이 지금 이 자리에 완전한 부처의 마음은 늘지도 않고, 줄지도 않으며, 더럽혀지지도 않고, 깨끗해지지도 않는다.

대승의 가르침을 만나고자 한다면 모양의 분별과 이에 따른 취사선택을 내려놓아야 한다. 그러기 위한 구체적 실천이 모양을 버리는[棄相] 수행이다. 모양에 따라 둘로 나누기를 멈춘다는 뜻이다. 그래야 담장이 허물어져 모든 모양에서 부처를 확인하게 된다.

어떻게 모양을 버리는가? 나라는 기준을 내려놓고 우주법계에 가득 차 있는 반야지혜의 빛과 하나로 사는 것이다. 다만 반야지혜라는 것이 따로 있지 않다. 그것은 오로지 지금 이 자리의 인연으로 나타나 있을 뿐이기 때문이다. 그래서 진정한 수행은 매 찰나 인연으로 찾아오는 이것을 온몸으로 대접하는 일에 전력투구한다. 이것은 시간을 필요로 하지 않는다. 그래서 돈오돈수이다. 이것은 스스로 갖춘 지혜를 거듭 확인하는 일이고, 그것과 하나가 되는 일이기도 하다. 자기가 무엇을 비추는 것이 아니라 나라는 주체에 대한 집착을 내려놓고, 대상에 대한 집착을 내려놓는 일이다. 그때 따뜻한 물은 따뜻하고, 찬물은 차서 완전하다. 더구나 그것은 알고 모르는 차원이 아니다. 안다면 망상이고, 모른다면 무기이다. 허공과 같이 시비분별을 내려놓고 삼라만상을 있는 대로 끌어안을 때 이것을 허공과 같이 마음을 쓴다고 말한다.

유랑자가 고향의 어머니 품속으로 돌아오는 것과 같은 이 여정에서 문자적 지식은 장애가 되기 쉽다. 모든 문자적 지식은 그 가리키는 대상이 있어서 그것에 집착하게 만들기 때문이다. 그래서 문자에 기대지 말라고 하고 있는 것이다.

🪷 빗물과 바닷물

빗물에 비유해 말해 보겠습니다. 그것은 하늘에서 내려오는 것이 아니라 원래 용왕이 강과 바다에서 그 몸을 가지고 물을 끌어온 것입니다. 그것으로 모든 중생과 초목과 감정 작용을 가진 존재와 감정 작용이 없는 사물들이 적셔지는 것입니다. 이 모든 물과 모든 강물들은 결국 큰 바다로 들어갑니다. 바다는 모든 물을 받아들여 합하여 한 몸이 됩니다. 중생의 본래 자성인 반야의 지혜도 또한 이와 같습니다.[131]

평설 전체적 물의 차원에서 보면 강의 물, 바다의 물, 지금 이 한 방울의 물이 서로 둘이 아니다. 반야지혜의 차원에서 보면 너의 마음, 나의 마음, 모든 마음이 둘이 아니다. 반야지혜는 오고 가는 일이 없이 지금 이 자리에 이것으로 드러난다. 그러므로 이미 갖추고 있는 이것을 밖에서 얻으려 해서는 안 된다.

이와 같이 진정한 닦음이란 반야의 지혜가 지금 이 현장에 완전히 드러나 있음을 확인하고 이것에 돌아가 하나로 만나는 일이다. 그러니까 잊을 때마다 상기하여 돌아가 만나기를 거듭하는 것이 수행이라면 수행이다. 만약 반야의 지혜를 대상화하여 자신이 그것을 소유하고자 한다면 그야말로 파탄이고 평지풍파다. 그러한 소유욕과 노력 자체가 반야지혜를 가리는 구름이 되기 때문이다.

반야지혜의 바다에는 일어나는 것마다 모두 반야라서 나와 진리, 부처

---

131 譬如其雨水, 不從天有. 原是龍王, 於江海中, 將身引此水. 令一切眾生, 一切草木, 一切有情無情, 悉皆蒙潤. 諸水眾流, 卻入大海, 海納眾水, 合為一體. 眾生本性, 般若之智, 亦復如是.

와 중생의 구분이 없다. 또한 그것은 안과, 밖과, 중간의 분별이 없다. 그것은 잘 비벼진 비빔밥을 받는 일과 같아서 별도의 밥과 김치를 찾을 일이 없다. 특별한 무엇을 추구하기를 멈추면 반야의 밥상은 이미 풍성하다. 우리가 할 일은 오로지 이것을 달갑게 받아 매 순간 최고의 충만함으로 한 숟갈 뜨는 일이다.

☸ 소근기와 돈오법

깨달음의 자질이 작은 사람이 당장 깨닫는 이 가르침을 듣는다고 합시다. 그것은 대지의 뿌리가 깊지 못한 초목들이 큰비를 맞으면 모두 쓰러져 자라지 못하는 것과 같습니다. 깨달음의 자질이 낮은 사람도 그렇습니다.[132]

평설   둘로 분별하는 사유의 습관에 갇혀 있는 사람은 반야지혜에 합류하라는 이 설법을 수용하지 못한다. 반야지혜는 주체와 대상을 나누기를 멈추었을 때 열리는 본래적인 앎을 가리킨다. 그런데 깨달음의 자질이 작은 사람은 수행을 하는 나라는 주체가 깨달음이라는 대상을 소유하겠다는 생각을 내려놓지 못하므로 이것을 수용하지 못한다. 생각할수록 어불성설이고 언어도단이다. 그래서 당장 깨닫는 가르침을 듣고도 그것을 비웃거나 분별적 차원에서 이해하고자 하는 것이다.

이들은 수행을 통해 스스로를 발전시켜 영혼의 진화를 거듭함으로써 완전한 인간에 이르고자 한다. 이들 앞에 "모든 이들이 이미 부처"라는

---

132 小根之人, 聞說此頓敎, 猶如大地草木. 根性自小者, 若被大雨一沃, 悉皆自到, 不能增長. 小根之人, 亦復如是.

가르침이 내려진다고 하자. 이들은 분노한다. 이제껏 각고의 노력을 통해 이만한 수준에 이른 '나'가 무의미해지기 때문이다. 발전을 거듭하여 스스로 완성된 존재가 되고자 했던 증상만(增上慢)의 수행 엘리트들이『법화경』의 설법 현장을 박차고 나간 이유가 여기에 있다. 그래서 뿌리가 약한 초목들이 큰비를 맞으면 모두 쓰러져 버린다고 한 것이다. 부산의 소가 여물을 먹었는데 서울의 말이 배가 부르다고 한다. 분별에 가득 찬 이들이 이 헛소리를 듣고 참을 수 싶겠는가? 그러나 옳은 것을 좋아하고 싫은 것을 미워하기를 멈추고 보면 이 말이 되지 않는 자리가 엄연한 실상의 자리이다.

🪷 반야지혜와 생각의 구름

반야의 지혜를 갖추고 있는 것은 크게 지혜로운 사람과 다를 바가 없습니다. 그런데 어째서 법을 듣고도 깨닫지 못하는 것일까요? 삿된 견해의 장애가 크고, 번뇌의 뿌리가 깊기 때문입니다. 그것은 큰 구름이 해를 가리고 있는 일과 같습니다. 바람이 불지 않으면 해는 드러나지 못하게 되는 것입니다.[133]

평설　　　반야지혜는 햇빛과 같이 온 누리를 비추고 있으며, 우리는 원래부터 부처와 똑같은 반야의 지혜를 갖추고 있다. 이렇게 이미 갖추고 있음을 알아 그것에 돌아가 하나로 만나는 것, 그렇게 둘 아닌 입장에

133　有般若之智, 與大智之人, 亦無差別. 因何聞法即不悟, 緣邪見障重, 煩惱根深. 猶如大雲, 蓋覆於日, 不得風吹, 日無能現.

서 만사만물을 대하는 것이 마하반야바라밀의 실천이다. 그런데 생각이라는 악당이 나와 대상을 나누어 이 돌아감과 손잡음을 가로막는다. 그래서 분별의 구름을 날려 버리는 선지식이라는 바람이 필요한 것이다. 선지식은 사람일 수도 있고, 자연현상일 수도 있고, 갑작스런 내면의 변화일 수도 있고, 구체적 사건일 수도 있다. 선종의 역사를 장식하는 선사의 고함과 몽둥이질, 만개한 복숭아꽃과 대나무에 돌 부딪치는 소리들이 그것이다.

우리는 지금도 이 모든 것을 만나고 있다. 이 흔한 현상에서 깨달음은 어떻게 일어나는가? 우주를 가득 채운 부처의 마음에 합류하려면 생각의 장벽을 허물어야 한다. 이를 위해 무엇보다도 자아의 제방을 허무는 불온한 물결이 끝없이 불어날 필요가 있다. 선종의 수행자들은 '왜', '어째서', '이 뭣고'의 의문으로 이 불온한 물결을 키운다. 이 의문의 불온한 물결은 점점 격앙되어 가는 감정의 운동과 비슷한 방식으로 팽창한다. 그래서 이것을 의문의 감정[疑情]이라 부른다. 이 불온한 의심의 물결이 걷잡을 수 없게 불어 오르다 어느 순간 자아의 둑, 생각의 장벽을 허물어 버리는 것이다. 이것이 기존의 틀과 벽을 깨뜨리는 것이므로 깨침이라 부르는 것이다.

🪷 **밖에서 찾는 부처**

반야의 지혜에는 크고 작음의 구분이 없습니다. 그런데 모든 중생들은 스스로 미혹한 마음을 가지고 밖으로 닦으며 부처를 찾느라 자성을 깨닫지 못하고 있습니다. 깨달음의 자질이 낮은 사람일지라도 이 당장 깨닫는 가르침을 듣고 밖으로 닦는 일에 기대지 않는다면, 그래서 오로지 자기 마음에서 자기의 본래 자성이 항상 바른 견해를 일으키도록 한다면, 삿된 견해와 무수한 번뇌에 시달리는 중생들이 당장에 모두 깨닫게 될 것입니다.[134]

평설　중생이나 부처나 본래 갖춘 반야지혜에는 전혀 차이가 없다. 반야지혜는 늘어나는 일도 없고 줄어드는 일도 없다. 반야지혜에 크고 작음의 구분이 없으므로 수행자는 크고 작음에 대해 시비호오하지 않고 취사선택하지 않는다. 이것이 수행이라면 수행이다.

밖에서 닦으면 안 된다는 것은 무슨 뜻일까? 수행과 깨달음에 특별한 모양과 경계를 설정하지 말라는 것이다. 특별한 모양에서 부처를 구하는 일이야말로 반야와 정반대되는 길이라서 노력할수록 더 멀어진다.

반야수행자는 어떤 특별한 깨달음의 세계가 따로 있다는 생각을 내려놓고 목전의 만사만물이 있는 이대로 부처의 마음임을 확인한다. 일체의 번뇌가 그대로 보리임을 확인한다. 추위에는 옷을 더하고, 더위에는 부채를 든다. 매 순간 이것 외에 다른 일이 없다면 이것이 바른 견해로서 천 겹 만 겹의 불덩이가 청량한 푸른 연꽃이 되는 현장이다.

🪷 한 몸 되어 확인하는 깨달음

그것은 큰 바다가 모든 물줄기를 받아들여 작은 물, 큰물 할 것 없

134　般若之智, 亦無大小, 爲一切眾生自有迷心, 外修覓佛, 未悟自性. 卽是小根人, 聞其頓教, 不信外修, 但於自心, 令自本性, 常起正見, 一切邪見煩惱塵勞眾生, 當時盡悟.

이 모두 합쳐 한 몸이 되는 것과 같습니다. 이것이 견성입니다. 그리하여 안과 밖에 머물지 않고, 가거나 오거나 저절로 이러할 뿐이라서 집착하는 마음이 사라져 두루 통해 걸릴 것이 없게 됩니다. 마음으로 이 실천을 닦으면 그대로 반야바라밀경과 아무런 차별이 없게 될 것입니다.[135]

평설   반야지혜는 모든 강물을 차별 없이 받아들이는 바다에 돌아가 한 몸으로 합류하는 일이다. 바다는 깨끗한 물, 더러운 물을 차별하지 않는다. 큰 강, 작은 시내를 가리지 않는다. 나와 대상을 차별적으로 나누지 않으므로 안과 밖의 구분이 없다. 나라는 기준점이 없으므로 가는 일, 오는 일이 없다. 이렇게 하여 나와 대상을 나누는 분별의 장벽이 무너져 버리고 나면 우리가 원래 이미 반야지혜와 한 몸이었음을 확인하게 된다.

마음으로 닦는다는 것은 이렇게 자아에 대한 집착을 내려놓고 반야지혜와 한 몸이 된다는 말이다. 닦을 무엇을 정해 놓고 내가 그것을 향하여 나아간다는 뜻이 아닌 것이다. 진정한 반야의 실천을 닦는 사람은 반야바라밀 자체가 된다.

견성이라는 표현이 보이는 데, 돈황본과 각 유통본 사이에 주목할 만한 차이가 발견된다. 돈황본의 문장에서는 "바다에서 큰물이나 작은 물이 모두 합쳐 한 몸이 되는 일이 견성"이라 했다. 그런데 각 유통본에서

---

135 猶如大海, 納於眾流. 小水大水, 合為一體. 即是見性, 內外不住, 來去自由, 能除執心, 通達無礙, 心修此行, 即與般若波羅蜜經, 本無差別.

는 이 매력적인 비유를 통째로 들어내 버린다. 그 대신 "오로지 자기 마음에 항상 바른 견해를 일으키기만 하면 잡다한 번뇌에 휘둘리지 않게 된다. 이것을 견성이라 한다"[136]는 구절이 더해진다. 왜일까?

불교의 수행과 깨달음의 길에 있어서 궁극적 실체에 대한 집착이야말로 가장 큰 장애에 속한다. 그런데 위의 비유를 따라가다 보면 크고 작은 현상을 버리고 돌아갈 궁극의 실체가 있다는 생각에 도달할 수도 있다. 크고 작은 강물이 큰 바다에 들어간다는 말을 듣고, 그것을 잡다한 비본질을 버리고 본질의 세계로 나아가는 일로 이해할 수 있다는 말이다. 유통본의 편집자들은 이러한 오해를 차단하고자 한다. 사실 바다까지 갈 필요조차 없다. 지금 당장의 이 물 한 방울이 큰 바다와 둘이 아님을 바로 보아 확인하는 일일 뿐이므로.

🪷 경전은 사람을 위한 것

모든 경전과 문장들, 그리고 대승과 소승의 12부 경전들[137]이 다 사람이 있기 때문에 있게 된 것입니다. 그것은 지혜로운 자성에 의해 세워질 수 있었습니다. 만약 사람들이 없다면 일체의 만법이니 하는 것 역시 아예 있을 수가 없습니다. 그러니까 만법은 본래 사람에게서 일어난 것이며, 모든 경전은 사람이 있기 때문에 설해지고 전해진 것임을

---

136 但於自心常起正見, 煩惱塵勞常不能染, 即是見性. [宗寶本]

137 12부의 경전은 12분교, 혹은 12분경이라 한다. 부처님이 말한 모든 법을 수다라라고 하는 데 이것을 종류별로 나누어 모은 것이 경율론 삼장이다. 12부는 장행(長行), 중송(重頌), 고기(孤起), 비유(譬喻), 인연(因緣), 무문자설(無問自說), 본생(本生), 본사(本事), 미증유(未曾有), 방광(方廣), 논의(論議), 수기(授記)를 포함한다.

알아야 합니다.[138]

평설　　　우리의 몸에 독화살이 꽂혀 있다면 당장 뽑아야 한다. 우리가 탐진치의 독화살에 맞아 괴로워하고 있다는 것은 분명한 사실이다. 불교의 가르침에서는 이 독화살이 어디에서 왔는지, 누가 쏜 것인지를 묻지 않는다. 오직 그것을 당장 뽑도록 가르칠 뿐이다. 그러니까 불법에서는 번뇌로 괴로워하는 당사자를 뺀 객관적 진리에 대해서는 별로 관심이 없다.

불법의 가르침은 당사자의 고통에 대한 질문과 그 해소의 길에 대한 답변을 내용으로 한다. 그것은 당사자가 본성으로 갖추고 있는 반야지혜에 기대어 설해진다. 시비선악을 내려놓고 보면 반야지혜는 타고난 본성으로 이미 갖추어져 있다. 그래서 이것을 지혜의 성품이라고도 말한다. 이것은 또 개인에게 충만하고 법계에 가득 찬 지혜이므로 크다고 말한다.

그런데 이 큰 반야의 법조차 사람이 없으면 성립하지 않는다. 사람이 없으면 지혜니 어리석음이니 할 것이 없기 때문이다. 따라서 모든 구원의 가르침이 사람으로 인해 일어난 것임을 알아야 한다고 강조하는 것이다.

육조 스님의 법문은 지금 당장의 이 현장에 있는 사람을 겨냥해서 설해진 것이다. 그것이 시간과 공간을 뛰어넘어 오늘에 이르기까지 우리 삶의 현장에 적용되고 있다. 우리는 이 가르침을 지금의 이 현장에서 수용해야 한다. 지금 당장 그 가르침에 따라 나와 대상에 대한 분별과 집착

138　一切經書及文字, 小大二乘, 十二部經, 皆因人置, 因智惠性故, 然能建立. 若無世人, 一切萬法, 本亦不有. 故知萬法, 本從人興, 一切經書, 因人說有.

을 내려놓는 길을 걸어야 한다. 특별한 무엇을 설정하고 그것을 추구하는 노력을 멈추어야 한다.

간절히 알고자 하라면서 어떤 특별한 무엇을 추구하지 말라는 이 가르침은 철저히 모순적이다. 이로 인해 절망에 가까운 마음이 일어난다. 이 절망이 귀중하다. 바로 이 절망과 안타까움이 자아의 성벽을 무너뜨리는 원동력이 되기 때문이다. 완전한 절망에 이른 수행자는 남김없이 무너진 폐허에서 문득 눈을 떠 사방을 돌아보면서 원래의 만사만물이 있는 이대로 반짝이는 황금이었음을 확인한다.

그래서 모든 선지식들은 구도자를 절망으로 밀어 넣는 일에 철저했다. 옛날 뱃사공[船子]화상은 자기를 찾아온 구도자를 물에 빠뜨려 놓고 입만 열려고 하면 머리를 눌렀다. 또 도의 문턱에 서 있는 구도자의 마지막 미련을 끊기 위해 스스로 배를 뒤집어 물에 빠져 죽어 버렸다. 그들이 이처럼 철저할 수 있었던 것은 지금의 현장이 궁극의 도달점이었기 때문이다. 눈앞에 나타난 이 일이 법이고 이 일이 부처다. 특별한 무엇이 따로 있는 것이 아니므로 나의 것으로 소유할 수도 없고 버릴 수도 없다. 그래서 부처와 조사를 찾아다니며 거기에서 무엇인가 특별한 것을 배우려는 노력은 필연적으로 실패로 돌아간다. 목전의 이것이 불법인데 이것만 지버리고 다른 것에서 잡으려 하고 있기 때문이다. 그러므로 특별한 무엇을 찾아 헤매는 수행자의 갈 길을 차단하는 것이 중요하다. 이를 위해 적당한 수단과 방편을 찾아 쓰는 사람, 그가 선지식이다.

🪷 한 생각 깨달으면 부처

사람들 중에는 어리석은 사람도 있고 지혜로운 이도 있습니다. 어리석으면 작은 사람이고, 지혜로우면 큰 사람입니다. 미혹한 사람은 지혜로운 이에게 물어야 합니다. 지혜로운 이는 어리석은 사람에게 법을 설하여 어리석은 사람을 깨닫게 하고, 알게 하고, 마음이 열리게 합니다. 미혹한 사람이 깨닫고, 알고, 마음이 열리게 되면 크게 지혜로운 이와 차별이 없습니다. 그러므로 깨닫지 못하면 부처가 바로 중생이고, 한 생각 깨달으면 중생이 곧 부처라는 것을 알아야 합니다.[139]

평설　　본성의 차원에는 지혜와 어리석음의 분별이 없다. 그렇지만 구체적 삶의 현장에서는 어리석은 사람과 지혜로운 이가 나뉜다. 세계를 둘로 나누는 분별 세계의 사람은 매 순간 둘 중 하나를 선택해야 하는 미로를 걷게 된다. 이 미로는 누가 만들었는가? 바로 우리 자신이다. 우리는 매 순간, 매 찰나 봉착하는 문제마다 둘로 나누기를 거듭하여 결코 벗어날 수 없는 미노스 왕의 미궁을 구축하고 있는 당사자들이다.

그래서 지혜로운 선지식은 어떤 특별한 길을 가리켜 주는 대신 그 가상의 벽을 허물도록 촉구한다. 스스로 만들어 가는 미로의 구조물을 무너뜨리기를 역설한다. 그는 선동가이지만 해결사는 아니다. 스스로 분별의 벽을 세웠으므로 그것을 허무는 일 역시 스스로 각자가 단행해야 하는 것이다. 결자해지 아닌가!

깨달으면 중생이 부처이고, 깨닫지 못하면 부처가 중생이라는 말은 돈오문의 핵심이다. 돈오문은 지금 이 한 생각에 깨닫고 있는지만 묻는다.

139　緣在人中, 有愚有智, 愚為小人, 智為大人. 迷人問於智者, 智人與愚人說法, 令使愚者, 悟解心開. 迷人若悟解心開, 與大智人無別. 故知不悟, 即佛是眾生, 一念若悟, 即眾生是佛.

그래서 미혹한 사람에 대한 모든 가르침은 벽을 허무는 일로 집중된다.

문: 속박에서 풀려나는 법을 가르쳐 주십시오.

답: 그대가 나와 대상을 나눠 새끼줄을 꼬고 있으면서 뭘!

문: 저의 병을 고쳐 주십시오.

답: 병과 건강을 둘로 나누기를 멈추고 나서 얘기하자.

이 가르침을 받아 벽을 허물고 보면 자신이 원래 확 트인 광장에서 허상의 미로 놀이를 하고 있었음을 확인하게 된다. 지혜로운 이의 가르침이 이렇게 별 것 없고 눈뜨는 일이 이렇게 평범하다.

🪷 마음속의 만법

그러므로 일체의 만법이 다 자신의 마음에 있다는 것을 알아야 합니다. 어째서 자기의 마음에서 당장 진여의 본성을 드러내지 않는 것입니까? 『범망보살계경』에서는 "나의 본래 근원인 자성은 청정하다"고 하였습니다. 마음을 알고 성품을 보면 불도는 저절로 성취됩니다. '그 즉시 밝아져 본래의 마음으로 돌아가게 되는' 것입니다.[140]

평설 반야의 눈으로 볼 때 만법은 한마음의 다른 말이다. 그러니까 지금 이렇게 보는 주체인 '나'와 저렇게 보이는 대상인 '저것'이 한마음

---

140 故知一切萬法, 盡在自身心中. 何不從於自心, 頓現真如本性. 梵網菩薩戒經云, 我本源自性淸淨, 識心見性, 自成佛道, 即時豁然, 還得本心.

의 다른 이름이다. 모든 지금의 이것이 한마음이므로 새삼스레 도착할 것도 없다. 오로지 자아와 대상을 가르는 성벽을 허물고 허물어 바로 보고, 바로 합류하기만 하면 모든 것이 저절로 밝다.

그러기 위해서는 깨달음을 성취하겠다는 능동적 의도와 기대를 내려놓는 일이 우선되어야 한다. 내가 무엇을 성취하겠다는 마음이 있는 한, 이것에 눈뜰 수 없기 때문이다. 부처의 도는 본래 이것에 돌아가 하나로 만나는 일이지 없던 것을 성취하는 일이 아니다. 하나로 만나려면 내가 없어야 한다. 그래서 불교에서는 자아의 깃발을 내리고, 자아의 성채를 허물어, 진리의 나라에 귀순하는 일을 중시한다. 그것은 매 순간 이루어져야 하고 끊임없이 지속되어야 한다. 이것이 수행이라면 수행이다. 그리하여 지금 이것으로 드러난 부처에 돌아가 합류하기가 저절로, 끝없이, 이루어질 때 본래 밝은 한마음의 확인이 완전해진다.

물론 돌아갈 대상으로서의 본래 마음, 밝은 한마음이 따로 있는 것은 아니다. 그것은 자아를 내려놓으면 저절로 드러나는 원래의 주인공이다. 문제는 자아를 내려놓는다는 것이 어떤 일인지 알지 못한다는 데 있다. 그래서 수행을 한다 하면서 깨달음을 내가 소유할 어떤 대상물로 욕망하곤 하는 것이다. 특별한 법이 따로 있어 내가 그것을 성취하는 주인공이 되겠다는 착각에 빠지곤 하는 것이다. 그리하여 수행을 한다면서 불상을 태운 단하 스님을 흉내 내거나, 부처를 닦는다면서 이런저런 금기로 스스로를 묶는다. 수행과 깨달음에 특별한 모양이 있다는 분별의 늪에 빠져 있기 때문이다.

두 경전의 말이 인용되어 있는데 '자성청정'의 구절은 『보살계경』, 즉 『범망경』(보살심지계품)의 것이고, '본래의 마음으로 돌아가게 된다'는 구절은 『정명경』, 즉 『유마힐경』의 것이다. 돈황본에서는 앞의 출전만 밝혔고, 유통본에서는 뒤의 구절이 『유마힐경』에서 온 것임을 함께 밝히고 있다. 오독의 가능성을 차단하고자 한 것이다.

🪷 당장 깨닫는 길

여러분! 나는 홍인 스님에게서 한 번 듣고 말이 떨어짐과 동시에 크게 깨달았습니다. 진여의 본래 그러한 자성을 그 자리에서 보았던 것입니다. 그래서 나는 당장 깨닫도록 가르치는 이 법을 후세에 퍼뜨려 도를 공부하는 사람들이 당장 보리를 깨닫게 하려 합니다. 각자 마음을 보아 자기의 본래 자성을 당장 깨닫도록 하려는 것입니다.[141]

평설   육조 스님이 오조 스님의 어떤 말에 깨닫게 되었는지는 분명하지 않다. 돈황본에서는 그냥 『금강경』의 설법을 듣고 깨달았다고 하고 있다. 이에 비해 각 유통본에서는 구체적으로 그것이 "머무는 바 없이 그 마음을 내라"는 가르침이었다고 밝히고 있다. 『신회어록』에는 "방앗간에서 곧바로 깨달아 견성한 뒤 밤에 방으로 불려가 삼일삼야를 이야기했다"고 되어 있고, 『별전』에서는 불성에 대한 문답을 통해 깨달았다고 말하고 있다. 또 근세의 인순(仁順) 대사는 그 한마디가 무슨 말이었는지는 알 수 없다고 말하기도 한다. 사실 한마디가 무엇이었는지는 중요하지 않다. 다만 그 한마디가 도에 특별한 모양이 있다는 관념을 철저히 타파하는 계기가 되었다는 점은 분명하다.

---

141 善知識, 我於忍和尚處, 一聞言下大悟, 頓見眞如本性. 是故以頓悟敎法, 流行後代, 令學道者, 頓悟菩提, 各自觀心, 令自本性頓悟.

한 수행자가 산책을 하다가 매미껍질을 보고 스승에게 물었다. '껍데기는 여기에 있는데 매미는 어디로 간 걸까요?' 스승은 대답하는 대신 매미껍질을 귀에 대고 흔들면서 입으로 매미소리를 냈다. 이 소리에 수행자가 깨달았다. 도대체 무엇을 깨달은 것인가? 원래 수행자의 이 질문은 현상과 본질을 껍데기와 알맹이의 관계로 보는 분별의 차원에서 일어난 것이다. 생멸의 차원을 벗어난 불생불멸의 법이 따로 있다고 보는 입장이다. 이에 선사는 수행자로 하여금 분별이 허물어진 지평을 보여 준다. 본질 따로, 껍데기 따로 있는 것이 아니라는 점을 보게 한다. 지금 이 눈앞의 인연이 바로 그것임을 알게 한다. 이를 통해 버려야 할 중생, 성취해야 할 부처가 따로 있다는 생각을 내려놓도록 한 것이다.

오조 스님의 가르침 역시 깨달음이라는 본질 따로, 번뇌라는 껍질 따로 있는 것이 아니라는 점을 드러내는 내용으로 이루어진 것임에 틀림없다. 그러므로 구체적 내용이 무엇이었는지에 상관없이 그것이 '머무는 바 없음'의 가르침이었다는 것은 틀릴 수 없는 말이 된다.

위의 설법은 육조 스님의 입장에서 돈오법을 펼치겠다는 전법선언이다. 돈오법은 지금 당장 이 마음을 보도록 하는 법이다. 원래 이러함을 본질로 하는 자성을 스스로 깨닫게 하는 법이다. 이것은 법을 설명하는 대신 지금 당장 말이 떨어짐과 동시에 깨닫게 하는 법을 퍼겠다는 약속이기도 하다.

🪷 큰 선지식

스스로 깨달을 수 없다면 큰 선지식을 찾아 가르침과 인도를 받아 견성하도록 해야 합니다. 큰 선지식이란 무엇일까요? 최상승의 법을

226

잘 알아 바른길을 곧바로 가리켜 보여 주는 사람이 큰 선지식이자 큰 인연입니다. 교화하고 인도하여 부처를 볼 수 있게 해 준다고 했는데, 모든 훌륭한 법이 큰 선지식을 통해 일어나기 때문입니다.[142]

평설　　　큰 선지식은 중생이 본래 갖추고 있는 부처의 앎과 봄을 활짝 열어 주는 존재이다. 그는 부처의 앎과 봄을 열어 주고, 드러내 보여 주고, 밝게 깨닫도록 하여, 법의 바다에 합류하게 해 준다. 선지식은 스스로 부처의 앎과 봄에 합류한 자리에서 최고의 솜씨와 불가사의한 힘을 발휘하여 분별의 장벽을 허문다.

이 큰 선지식을 큰 인연이라고도 한다. 진정한 선지식은 본래의 깨달음이 우리가 대면하고 있는 지금의 이 유일한 인연과 다른 것이 아님을 확인시켜 주는 존재이다. 이것이 유일하고, 궁극이며, 모든 곳에 편재하므로 큰 인연이라 한다. 이 큼에 합류하기 위해서는 우리의 실천 또한 커야 한다. 삶과 죽음, 나와 대상을 둘로 분별하는 작음을 내려놓아야 한다는 말이다. 그것은 태어남과 죽음의 굴레를 넘어서는 일이기도 하다. 그래서 큰 인연이다. 큰 인연은 우리가 집착하는 작은 인연들이 한결같이 생사의 쳇바퀴를 돌리는 일이라는 점에서 다름이 없다는 사실에 눈뜨게 한다.

큰 선지식의 인도 없이 논리적 사유와 추론을 통해 법의 세계에 합류하기는 어렵다. 바로 그 논리와 추론이야말로 미혹의 핵심이기 때문이

142　若不能自悟者, 須覓大善知識, 示導見性. 何名大善知識, 解最上乘法, 直示正路, 是大善知識, 是大因緣. 所謂化導, 令得見佛. 一切善法, 皆因大善知識, 能發起故.

다. 그렇다고 지각이 없는 목석과 같은 상태가 되라는 말도 아니다. 그런 점에서 "훌륭한 법이 큰 선지식을 통해 일어난다"는 말을 잘 이해할 필요가 있다. 그것은 세상에 없는 특별한 법을 펼친다는 뜻이 아니다. 지금 여기에 이미 갖추어져 있는 글자 없는 진짜 경전을 우리 각자가 직접 펼치도록 인도한다는 뜻이다. 그리하여 온 산하대지가 이대로 부처의 눈이고, 부처의 모습이며, 부처의 설법임을 스스로 알도록 하는 것이다. 산하대지가 전체 있는 이대로 그것이므로 어떤 특별한 것을 따라가면 안 된다. 이런 일이 있었다.

마조: [날아오르는 들오리를 가리키며] 저게 뭘까?

회해: 들오리입니다.

마조: 어디 가는 걸까?

회해: 날아갔습니다.

[갑자기 몸을 돌려 회해 스님의 코를 비틀자 회해 스님이 비명을 질렀다.]

마조: 다시 한 번 '날아갔다'고 말해 봐라.

[회해 스님이 그 말을 듣고 환해졌다. 이 일이 있은 후 회해 스님이 시자실로 돌아와 통곡하였다. 도반이 이것을 보고 물었다.]

동료: 부모가 그리워서 그럽니까?

회해: 아닙니다.

동료: 누가 욕을 했습니까?

회해: 아닙니다.

동료: 그러면 왜 우는 겁니까?

회해: 스승님이 내 코를 비트는 바람에 너무 아픕니다.

동료: 어떤 빗나가는 인연이 있었던 겁니까?

회해: 스승님께 가서 물어보십시오.

[동료가 방장실로 마조 스님을 찾아가 질문하였다.]

동료: 회해 시자에게 무슨 빗나간 인연이 있었기에 시자실에서 울고 있습니까? 저에게 말씀해 주십시오.

마조: 그 아이가 벌써 깨달았으니 직접 그 아이에게 물어봐라.

[동료가 시자실로 돌아와 말했다.]

동료: 스승님 말씀에 스님이 벌써 깨달았으니 직접 물어보라고 하셨습니다.

[회해 스님이 껄껄 하고 크게 웃었다. 동료가 어리둥절해 하며 물었다.]

동료: 방금까지 울더니 지금은 또 어째서 웃는 겁니까?

회해: 방금까지는 울었고, 지금은 웃습니다.

회해 스님은 스승 마조 스님의 질문을 따라가고 오리를 따라가다가 코를 비틀렸다. 그리고 코가 아픈 바람에 현장으로 돌아왔다. 아픔에는 울음으로 대접하고 아픔이 지나간 인연에는 웃음으로 대접하는 자유의 세계가 열린 것이다. 마조 스님은 과연 천하제일의 큰 선지식이었다. 제자가 진여의 현장을 벗어나는 순간을 놓치지 않는 눈이 있었기 때문에 가장 적절한 경책을 할 수 있었다. 회해 스님은 과연 큰 학생이었다. 한 번의 경책으로 진리의 바다에 돌아와 이후 한순간도 떠나는 일이 없었다. 선문에 총림이라는 학교의 큰 문이 이 인연으로 열리게 되었다고 해도 과언이 아니다.

🪷 밖의 선지식

삼세의 모든 부처와 12부의 경전이 사람의 자성 속에 본래 저절로 갖추어져 있습니다. 이것을 스스로 깨닫지 못한다면 가리켜 보여 주고 인도하는 선지식을 찾아 자성을 보아야 합니다. 스스로 깨달은 사람이라면 밖에서 선지식을 구할 필요가 없습니다. 밖에서 선지식을 구해 해탈하기를 바란다면 그런 일은 있을 수 없습니다.[143]

평설　　부처와 부처의 경전이 자기의 본래 본성에 갖추어져 있다. 지금 눈앞의 이 만사만물로 드러나 있다. 그런데도 자기 부처를 보는 사람이 아홉 마리 소의 터럭 중 하나의 꼴도 되지 않는다. 선지식은 안타까운 마음에 다양한 방편을 베풀어 각자에게 이미 와 있는 부처를 거듭 가리켜 보인다. 불교에서 선지식이 중요한 이유이다.

　그럼에도 결국은 스스로 눈떠야 한다. 부처는 내가 만나는 지금 당장의 이것으로 와 있기 때문이다. 지금 이것은 나만 안다. 그러므로 밖의 선지식만 찾아다닌다면 깨달음은 일어나지 않는다. 심지어 선지식을 찾아다니는 일이 또 다른 집착이 될 수도 있다. 물론 밖의 선지식이 필요 없다는 말은 아니다. 다만 그것에만 집착하느라 시간을 허비하지 말라는 것이다. 밖의 선지식은 자명종과 같다. 내가 깨지 않으면 자명종은 아무 소용이 없다.

　바른 눈으로 본다면 인연으로 다가온 모든 것이 선지식이다. 이 분명한 것을 놓아두고 밖에서만 찾는 것이 수행도량의 안타까운 풍경이다. 여기에서 밖의 선지식과 안의 선지식을 나누어 말했지만 사실 안팎이 없

143　三世諸佛, 十二部經, 在人性中本自具有. 不能自悟, 須得善知識, 示道見性. 若自悟者, 不假外求善知識. 若取外求善知識, 望得解脫, 無有是處.

다. 굳이 말하자면 안팎의 구분을 내려놓는 일이 선지식을 호출한다.

옛날 가섭존자는 나도 없고 여래도 없는 자리에 안착하고 있었기 때문에 꽃을 보고 미소 지었다. 2조 혜가는 따로 들을 법이 없는 자리에 들어섰기 때문에 달마의 설법을 듣고 안심하였다. 이처럼 안과 밖이 허물어지면 모든 것이 선지식이다. 이제까지 심상히 보아 넘기던 복숭아꽃이 선지식이다. 푸른 산과 흰 구름이 선지식이다. 이렇게 하여 안과 밖의 선지식이 법의 바다에서 만나 한 몸이 되는 것이다.

🪷 안의 선지식

자기 마음의 안에 있는 선지식을 알면 즉시 해탈을 얻게 됩니다. 만약 자기 마음이 삿되고 미혹하여 망념으로 전도되어 있다면 밖의 선지식이 아무리 가르쳐 주어도 구제받지 못합니다. 여러분이 스스로 깨닫지 못했다면 반야관조를 일으켜야 합니다. 그러면 찰나 간에 망념이 모두 사라질 것입니다. 그것이야말로 각자의 진실하고 바른 선지식입니다. 한 번 깨달으면 즉시 부처의 자리를 알게 될 것입니다.[144]

평설   자기 안에 있는 선지식이라 해서 이 몸속이나 마음의 어디에 그런 존재가 따로 있다는 말은 아니다. 지금 눈앞의 이 만사만물이 하나같이 부처의 드러남이라는 사실을 바로 아는 것이 안의 선지식을 만나는 일이다. 결국 자기 안의 선지식을 만나는 일과 자성을 보는 일은 다르

---

144 識自心內善知識, 即得解脫. 若自心邪迷, 妄念顚倒, 外善知識, 即有教授, 救不可得. 汝若不得自悟, 當起般若觀照, 刹那間, 妄念俱滅, 即是自真正善知識, 一悟即知佛地.

지 않다.

삿됨과 미혹을 말하고 있는데, 그것은 중생과 부처를 둘로 나누어 시비호오의 마음을 일으키는 일이다. 모양에 따라 분별하여 중도를 보지 못하므로 삿되다. 눈앞에 드러난 실상을 바로 보지 못하므로 미혹하다. 삿됨과 미혹은 쌍생아로서 삿되므로 미혹하고, 미혹하므로 삿되다. 이것이 망념의 정체이다. 이 삿됨과 미혹은 안에 있는 선지식과 양립할 수 없다. 분별과 집착으로 인한 미혹이 없는 것이 선지식이고, 허상을 좇는 삿됨을 내려놓아 실상을 바로 보는 것이 선지식이기 때문이다. 그러니까 모양을 좇아 밖으로 찾아다니기를 멈추고 나와 대상에 대한 집착을 내려놓는 순간 안에 있던 선지식이 저절로 나타난다.

모양에 혹하면 두꺼비를 천리마로 생각하는 착각이 일어난다. 춘추시대 천리마의 감별로 유명한 손양(孫陽)이 천리마에 관한 책을 냈다. 그 아들이 바보였는데 아버지의 책에 묘사된 조건에 따라 천리마를 찾아다니다가 두꺼비를 보게 되었다. 아들이 보니 이 두꺼비가 천리마의 조건으로 제시된 툭 튀어나온 머리와 반짝이는 눈, 우렁찬 소리, 그리고 굳센 네 다리를 갖추고 있는 것이었다. 아들은 천리마를 찾았다고 기뻐했지만 아버지는 가슴이 아팠다. 부처와 그 법에 특별한 모양이 따로 있다고 생각하여 밖에서 찾는 일이 이와 같다.

반면 모양에 따른 분별을 내려놓는 일이 반야관조이다. 반야는 모양에 대한 분별과 집착을 내려놓고 실상을 바로 보는 지혜다. 관조는 개별적인 인연의 현장들과 그 전체를 관통하는 공의 이치를 함께 비추어 보는 일이다. 그러므로 반야와 관조는 같은 일이다. 반야는 관조를 수반하고, 관조는 반야로 돌아간다.

부처의 자리를 알게 된다고 했는데 부처의 자리에 도달한다고 표현해도 좋다. 부처의 자리에 도달해야 부처의 자리를 알 수 있기 때문이다. 실제로 각 유통본에는 모두 '도달한다'고 되어 있다. 부처의 자리를 안다, 도달한다, 본다, 하나로 만난다는 등의 말이 모두 같은 일을 가리키는 것이다.

🪷 반야삼매와 무념

자성의 마음바탕을 지혜로 관조하십시오. 그러면 안과 밖이 밝게 통하여 자기의 본래 마음을 알게 될 것입니다. 본래 마음을 알게 되면 그것이 바로 해탈입니다. 해탈을 얻었다면 그것이 바로 반야삼매이며, 반야삼매를 깨달았다면 그것이 바로 무념입니다.[145]

평설　　자성의 마음바탕은 선악을 분별하지 않고, 시비를 나누지 않는 자리이다. 시비분별과 선악호오만 쉬면 저절로 자성의 마음바탕에 돌아가게 되고, 우주법계와 한 몸으로 만나게 된다. 또한 한 몸으로 만나므로 만사만물의 실상을 남김없이 알게 된다. 남김없이 알게 된다는 말을 전지전능한 존재가 된다는 뜻으로 이해해서는 곤란하다. 머리는 가장 멀리 떨어져 있는 발가락이 가시에 찔리는 순간을 남김없이 안다. 한 몸이기 때문이다. 둘로 분별하기를 멈추고 우주법계와 하나로 합류하면 이렇게 한 몸처럼 알아차리는 일이 일어난다. 이것이 지혜로 관조하는 일이다.

145　自性心地, 以智惠觀照, 內外明徹, 識自本心. 若識本心, 卽是解脫. 旣得解脫, 卽是般若三昧. 悟般若三昧, 卽是無念.

그러니까 자성의 마음바탕에 돌아가는 일이나 지혜로 관조하는 일은 같은 일이다. 그 핵심은 분별을 내려놓고 눈앞의 인연과 유보 없이 만나는 데 있다. 이렇게 만나는 현장에는 나라는 기둥이 없고, 대상이라는 벽이 없어, 결국 안과 밖의 구분이 없다. 그래서 안과 밖이 밝게 통한다 하고 내외명철이 된다 하는 것이다. 이때 근본마음을 알게 된다. 안다고 표현했지만 앎의 대상이 되는 근본마음이라는 것 역시 따로 있지는 않다. 아는 주체인 내가 없는 것이 이 진정한 앎의 출발이기 때문이다. 내가 없으므로 안팎이 없고, 안팎이 없으므로 저 만사만물과 이 견문각지의 작용이 모두 근본마음의 다양한 드러남임을 진정으로 아는 것이다.

요컨대 안과 밖을 나누지 않는 근본마음은 분별이 없음을 특징으로 한다. 여기에서는 상대적 두 차원을 세워 꼬아 나가는 속박의 밧줄이 아예 성립하지 않는다. 이것이 진정한 의미의 해탈이다. 나와 법계가 있는 이 대로 해탈이며, 있는 이대로 깨달음임을 알게 된다. 이렇게 분별을 멈추고 두 손바닥이 딱 맞아떨어지듯 진여와 계합하는 일을 반야삼매라 한다. 물론 반야와 삼매 역시 둘이 아니다. 삼매는 인위적 집중으로 성취되는 어떤 신비한 경계가 아니다. 그것은 만사만물과 하나로 만나는 일 자체이다. 둘로 분별하지 않으므로 만난다는 말조차 새삼스럽다.

무념 또한 마찬가지이다. 나와 대상을 둘로 분별하지 않는 것이 무념이다. 내가 없으므로 만사만물에 대한 시비호오의 판정이 멈춘다. 대상이 없으므로 지향할 바가 사라진다. 이것을 평등하다고 하며 진정한 무념이라 한다. 그래서 반야삼매는 무념과 동의어가 된다.

자성, 마음바탕, 지혜, 관조, 내외명철, 본래 마음, 해탈, 반야, 삼매, 무념 등의 어휘가 한꺼번에 쏟아지고 있다. 여기에서 어떤 고상한 개념을 뽑아내고 그것을 내가 이해하였다고 자부하는 일은 모두 망상일 뿐이다.

그것은 본래 청정한 부처에 더러운 오수를 끼얹는 일이다. 부처는 '내'가 '그것'을 '이해하기'를 멈추는 순간 열리는 세계이다. 이 세계에 발을 딛고 보면 눈앞의 이 만사만물이 부처의 다양한 드러남이다.

이렇게 부처의 마음과 하나로 만나는 일이 없다면 몸을 태우는 간절한 공양도 헛되다. 구름 같고 비 같은 설법에 하늘에서 꽃비가 쏟아진다 해도 소용이 없다. 모두 삿된 외도의 언설일 뿐이다. 옳고 그름을 다투는 자리는 불법과 멀고도 멀어 아예 반대편에 서 있다.

유통본에서는 "자성의 마음바탕[自性心地]"이라는 첫 구절을 생략하였다. 원래 그것은 마음이 다양한 식물들의 씨앗을 품고 있는 땅과 같다는 의미에서 붙여진 이름이다. 모양이라는 싹이 드러나지 않았으므로 마음바탕에는 옳고 그름의 구분이 없다. 여기에 발 딛는 것이 진정한 계율이다. 마음바탕에는 어리석음이 없다. 여기에 발 딛는 것이 진정한 지혜이다. 마음바탕은 산란함이 없다. 여기에 발 딛는 것이 진정한 선정이다. 이 한 구절이 전하는 메시지가 이렇게 중차대하다.

그런데 유통본에서는 이 중요한 구절을 왜 지운 것일까? 마음바탕을 지혜로 관조한다는 이 구절을 잘못 읽으면 마음바탕이라는 대상물을 자기의 지혜로운 눈으로 본다는 잘못된 이해가 일어날 수 있다. 마음바탕은 볼 수 있는 대상물이 아니다. 나라고 하는 이것조차 마음바탕의 드러남일 뿐이다. 뿐인가? 만사만물 또한 마음바탕의 드러남이다. 그럼에도 자성이니, 마음바탕이니, 불성이니, 부처니 하는 말들에 속아 그것을 나의 밖에 있는 대상물로 이해하고 그것을 내가 보고자 하므로 도에서 멀어질 수밖에 없다. 이러한 위험을 피하기 위해 해당 구절을 생략했다고 이해해도 무방하다.

🪷 무념과 반야삼매

무엇을 무념이라 하는가? 무념의 법이란 일체의 현상을 보되 그 어떤 것에도 집착하지 않는 일입니다. 모든 곳에 편재하지만 그 어떤 곳에도 집착하지 않는 것입니다. 청정한 자성을 항상 유지하면서 여섯 의식이 여섯 기관을 통해 나가 여섯 대상 속에 들어가게 합니다. 그 여섯 대상을 떠나지도 않고, 휘둘리지도 않아, 오고 감이 자유롭습니다. 이것이 바로 반야삼매이고, 있는 이대로 자재한 해탈입니다. 이것을 무념의 실천이라 하는 것입니다.[146]

평설   무념은 사유작용 자체를 끊는 일이 아니다. 모든 감각기관과 모든 지각작용이 변함없이 작동하되, 모양에 대한 분별과 판단과 취사선택을 내려놓고 대상을 있는 그대로 볼 수 있다면 이것이 무념이다. 활발한 지각작용을 그대로 살려 다양한 대상경계를 상대하되, 그것을 억지로 떠나지도 않고 그것에 휩쓸리지도 않는 것이 진정한 무념이다.

그러기 위해서는 무엇보다도 나와 대상경계가 둘이 아님을 확인하는 입장이 되어야 한다. 만사만물이 오로지 나의 마음이며 자성의 드러남임을 아는 것이다. '나'가 따로 없으므로 떠날 일도 없고 휘둘릴 일이 없다. 오고 감에 걸릴 일도 없다. 이렇게 하여 반야삼매와 해탈, 불이, 중도 등의 동의어에 무념이 추가된다. 이 고귀한 어휘들은 모두 요즘 시장의 쌀값이 얼마인지를 묻는 가장 속된 말과 둘이 아니다.

---

146   何名無念, 無念法者, 見一切法, 不著一切法. 遍一切處, 不著一切處, 常淨自性. 使六賊, 從六門走出, 於六塵中, 不離不染, 來去自由, 即是般若三昧, 自在解脫, 名無念行.

🪷 무념과 성불

만약 아무것도 생각하지 않으면서 생각을 끊고자 한다면 그것은 법에 속박되는 일입니다. 이것을 분별에 따른 치우친 견해라 합니다. 무념의 법을 깨달은 사람은 만 가지 현상에 두루 통합니다. 무념의 법을 깨달은 사람은 모든 부처님들의 경계를 봅니다. 무념으로 당장 깨닫는 법을 깨달은 사람은 부처의 지위에 이릅니다.[147]

평설　　생각이 번뇌의 원인이라는 가르침을 들으면 사람들은 이것을 끊고자 하는 의욕을 일으킨다. 사실 생각을 끊으면 갈등과 번뇌가 사라지는 것처럼 보이기도 한다. 그런데 이것을 끊는다 해서 자아의식은 물론 그 깊은 뿌리인 근본무명은 쉽게 사라지지 않는다. 더구나 생각을 끊겠다는 의욕 자체가 일종의 시비분별과 취사선택으로서 이 또한 생각이다.

진정한 무념은 만 가지 현상에 걸림 없이 통하는 일이다. 나와 대상의 분별과 그에 기초한 시비호오를 내려놓고 보면 만 가지 현상이 모두 한 마음이다. 동서남북으로 나뉜 공간이 방위의 개념을 내려놓고 보면 모두 같은 허공인 것과 같은 이치이다.

이렇게 나와 대상경계의 분별과 집착이 사라진 자리가 곧 부처의 경계이다. 무념의 법을 깨달은 사람은 지금 당장 이 자리에서 부처로서 산다. 그에게는 불법이라 할 특별한 것이 따로 없다. 지금의 모든 이것이 그대

147　若百物不思, 當令念絕, 即是法縛, 即名邊見. 悟無念法者, 萬法盡通. 悟無念法者, 見諸佛境界. 悟無念頓法者, 至佛位地.

로 불법이기 때문이다. 부처의 마음으로 보므로 모든 것이 부처의 살림인 것이다.

모든 깨달음은 분별의 생각이 무너지는 사건과 동시에 일어난다. 분별이 무너지는 순간, 산은 산이 아니고 물은 물이 아니다. 무엇보다도 나는 내가 아니고, 너는 네가 아니다. 그런데 이렇게 나와 대상을 남김없이 부정하고 보면 큰 부활이 일어난다. 그리하여 산하대지가 한결같이 부처이고, 그것을 보고, 듣고, 느끼고, 아는 이 작용 또한 부처의 일일 뿐임을 확인하게 된다. 그리하여 이렇게 차별 없는 자리에서 보면 산은 산이고 물은 물이다. 진정한 무심은 이렇게 모든 것에 대한 절대부정과 절대긍정이 동시에 일어나는 사건이다. 크게 죽어 크게 되살아나는 일이다. 아무 생각도 없는 공적한 무지각이 아닌 것이다.

여기에서는 무념으로 당장 깨닫는 법[無念頓法]을 말하고 있다. 이미 확인한 바와 같이 돈오법의 강조는 『육조단경』을 전법의 징표로 전수하던 육조 문중의 징표에 해당한다. 그래서 무념과 돈오법이 합쳐진 무념돈법이라는 단어가 나타나게 된 것이다. 각 유통본에서는 여기에서 당장 깨닫는다[頓]는 말을 빼고 무념의 법[無念法]으로 표현하고 있다.

무념이란 분별을 내려놓는 일로서 지금 여기에서 당장 일어나는 일이지 의식적 수련을 통해 단련되는 것이 아니다. 그래서 무념법은 당장 깨닫는 법이기도 하다. 돈황본에서 무념법과 돈법을 합쳐 한 단어로 만든 것은 그 때문이다. 물론 무념법이나 돈법이나 모두 육조 스님의 법이다. 유통본에서는 전체 문맥의 통일성을 기하기 위해 돈(頓)을 뺀 것으로 보인다. 그럼에도 육조선의 표지가 되는 당장 깨닫는다[頓]는 말을 뺀 것은 아쉽다. 작은 자아를 내려놓고 만 가지 모양으로 드러나는 큰 나에 녹아드는 일은 연습으로 성취되지 않는다. 연습은 진짜를 맞이하기 위한 예

238

비 길 닦음일 뿐이다. 인연이 익어 문득[頓] 진짜가 도래하면 이제까지의
모든 생각, 모든 현상이 이 하나의 큰 몸을 벗어나 본 적이 없음을 알게
된다. 이토록 중요한 글자를 생략한 것은 아깝다.

🪷 당장 깨닫는 법문

여러분! 후대에 나의 법을 얻는 이는 언제나 나의 법신이 그 주위를
떠나지 않음을 볼 것입니다.

여러분! 당장에 깨닫는 이 법문을 가지고 같은 견해, 같은 실천을 하
는 사람들이 발원하여 받아 지니게 하십시오. 이 부처님의 가르침을 종
신토록 받아 지녀 물러나지 않고 반드시 성인의 자리에 들어가고자 하
는 이들에게만 이것을 전수하도록 하십시오.[148]

평설　　　육조 스님이 말하는 나의 법이란 분별적 생각을 내려놓아
당장 깨닫는 법[無念頓法]이다. 이 법문은 지금 당장 만사만물이 법신의 드
러남이고, 모든 지각작용이 법신의 작용임을 확인하라는 가르침 외에 다
른 것이 아니다. 무념을 연습하지 말고 지금 당장 무념이 되라는 가르침
이다. 이렇게 무념이 되어 분별을 내려놓고 완전히 법신으로 돌아간 자
리에서 보면 티끌조차 버릴 것이 없다. 전체 몸의 입장에서 보면 머리도
몸이고, 손도 몸이고, 손톱도 몸이기 때문이다. 이렇게 한 몸처럼 만사만
물과 하나로 만날 때 진정한 깨달음이 현전한다. 그것은 초목이 대지에

148　善知識, 後代得吾法者, 常見吾法身, 不離汝左右. 善知識, 將此頓教法門, 同見同行, 發願受持. 如是佛教, 終
　　身受持, 而不退者, 定入聖位, 然須傳受,

기대는 일과 같고, 파도가 바다로 돌아가는 일과 같다. 돌아와 보면 본래 그 일이라 애초 멀어진 일이 없다. 그러므로 새삼 닦거나 성취할 것이 없다. 새로 생겨나는 것도 아니고, 있던 것이 사라지는 것이 아니기 때문이다. 원래의 이것에 돌아가 하나로 만나는 것이므로 노력한다고 늘어나고 해찰한다고 줄어들지 않는다. 그래서 이 법을 새어 나가지 않는 법[無漏法]이라 한다. 그것은 또한 인위적 노력을 내려놓는 일이므로 무위법이라고도 한다.

진여에 돌아가 한 몸으로 합류하는 법을 얻었다면 이것을 널리 전파해야 한다. 여기에 하나의 전제가 있다. 그 전법의 대상이 같은 견해, 같은 실천을 하는 사람들이라야 한다. 추구해야 할 부처가 따로 있다는 관념을 내려놓은 사람들, 진정으로 나를 내려놓고 진여자성에 돌아가 한 몸으로 만나겠다는 큰 소원을 발한 사람이라야 한다.

한편 진여자성에 돌아가 통째로 만나는 체험을 한 사람은 그 체험이 항상적인지를 점검할 필요가 있다. 만약 한순간이라도 분별에 떨어지는 일이 있다면 다시 각성하여 자성의 자리로 되돌아가기를 반복해야 한다. 그렇게 거듭함으로써 다시는 의심이 일어나지 않는 자리에 도달하면 이것을 진정한 믿음이라 하고 진정한 받아지님이라 한다. 이렇게 돌아가 하나로 만나 이 몸이 끝날 때까지 물러나지 않는다면 그가 성인이다. 법에 완전히 맡겼으므로 크게 자유롭고 크게 자재한 입장이 되었기 때문이다.

유통본에는 "나의 법을 얻은 이는 언제나 나의 법신이 주위를 떠나지 않음을 볼 것"이라는 구절이 빠져 있다. 나의 법이란 무심의 법[無念法], 지금 당장 깨닫는 법[頓法]이다. 이 법을 깨달은 사람은 지금 당장의 모든 현장에서 부처를 본다. 육조 스님의 몸이 부처의 법신이고, 저 산과 이 물이 부처의 법신이다. 유통본에서는 이 힘 있는 구절을 삭제하였다. 구절은 아깝지만 육조 스님을 초월적 실체라고 오해하는 일을 차단하는 것이 더 중요한 일이라 생각했기 때문이라 이해된다.

☘ 법의 전수

법을 전수함에 있어서 예로부터 반드시 말을 떠나 법을 전하되, 큰 맹세와 서원을 발하여 보리에서 물러나지 않는 이들에게 법을 전해 주었습니다. 그러니 견해가 다르거나 의지와 발원이 없는 경우라면 아무 곳에서나 함부로 펼쳐 전하지 않아야 합니다. 옛 불조들을 손상시킬 뿐 결국 아무런 이익도 없을 것이기 때문입니다. 어리석은 사람들이 이 법의 길을 이해하지 못하고 비방하면 백 겁, 만 겁, 천 생 동안 부처의 씨앗과 본성을 끊어 버리게 될 것입니다.[149]

평설 언제나 이렇게 환히 드러나 있는 법을 가리켜 보여 주는 데 있어서 말은 오히려 장애이다. 말은 본질적으로 가리키는 무엇이 있다. 이에 비해 이 법은 정해진 무엇을 세우지 않는다. 모든 것이 그것이지만 어떤 특별한 하나가 따로 있지 않다. 따라서 말과 법은 기본적으로 양립하기 어려운 점이 있다.

그래서 마음으로 전한다고 하는데 여기에도 오해가 따라붙는다. 각자의 독립된 마음이 따로 있어 그 사이에 서로 무엇을 주고받는다는 관념이 세워질 수 있기 때문이다. 정확히 말하자면 마음으로 전한다는 것은

---

149 從上已來, 默然而付於法. 發大誓願, 不退菩提, 即須分付. 若不同見解, 無有志願, 在在處處, 勿妄宣傳. 損彼前人, 究竟無益. 若愚人不解, 謗此法門, 百劫萬劫千生, 斷佛種性.

나와 대상의 경계를 허물고 큰마음의 마당에서 함께 만난다는 뜻이다. 이 큰마음은 우주법계, 만사만물, 견문각지와 동의어이다. 이것이 수량적으로나 공간적으로 비할 바 없으므로 크다고 표현한다. 이 큼에 돌아가 하나로 만나 손잡는 일이니 큰 맹세와 큰 서원이 아닐 수 없다.

자아와 법에 대한 집착을 내려놓지 못하는 이들에게 이 큼을 전하기는 쉽지 않다. 이들은 특별한 수행을 거쳐 도달할 특별한 자리가 있다고 생각하고, 거기에 도달하는 특별한 존재가 되고자 한다. 그래서 자아와 법에 대한 집착을 내려놓고 하나이자 모든 것인 이 큼에 합류하여 한 몸으로 만나라는 가르침은 종종 비난의 대상이 되곤 한다. 남다른 수행이 없이 모두가 이미 그 자리에 있다면 자신이 특별해질 길은 없기 때문이다. 『법화경』의 설법도량에서 증상만(增上慢)의 제자들이 교단을 탈퇴한 것처럼 큰 법을 전하는 현장에는 언제라도 이 일이 일어날 수 있다.

스스로 법의 바다에 합류하여 하나로 만나는 일도 중요하지만 중생들을 잘 이끄는 방편도 중요하다. 물론 바다에 합류한 입장이 되면 다양한 방편이 나타나게 되지만, 여기에 준비되지 않은 중생들을 끌어들이는 일이 능사가 아니라는 가르침이 내려진다. 어떤 사람에게 법을 전할 것인가를 두고 돈황본과 유통본 사이에는 약간의 차이가 있다. 돈황본에서는 큰 맹세와 서원을 발하여 보리에서 물러나지 않는 이들에게만 법을 전해주되, 서원이 세워지지 않은 사람들에게 맹목적으로 전하지 말라고 했다. 때가 익기를 기다리라는 말이다. 이것을 각 유통본에서는 다른 법을 실천하는 사람들에게 전수하지 말라는 말로 바꾸었다. '나'를 신처럼 받들고 사는 사람들, 돈을 신으로 모시는 사람들, 천상과 지상의 이런저런 절대자, 이런저런 절대 경지를 설정하는 사람들이 다른 법을 실천하는 이들이다. 내용은 같지만 타 종교, 타 종파를 배제하는 혐의가 없지 않다. 돈황본이 훨씬 온건하다.

> ## 🪷 모양을 세우지 않는 노래[無相頌]
>
> 대사가 말씀하셨다. 여러분! 내가 부르는 모양을 세우지 않는 노래
> [無相頌]를 들어보십시오. 여러분, 미혹한 사람들의 죄를 소멸시켜 주므
> 로 이것을 죄를 소멸시키는 노래[滅罪頌]라고도 부릅니다. 노래는 다음
> 과 같습니다.[150]

평설　　모양을 세우지 않는 노래, 즉 무상송이라 불리는 노래가 『육
조단경』에 2편 전한다. 2편 모두 육조 스님이 제자들에게 법을 부촉하며
결론으로 설한 것이다. 법을 부촉하는 동일한 상황에서 같은 제목의 노
래가 두 번 불린 것이다. 그러나 그 내용은 다르다. 이것은 그중의 한 수
로서 죄를 소멸시키는 노래라고도 한다. 모양을 세우지 않는 일이 곧 죄
를 소멸시키는 일이기 때문이다.

죄는 자아에 대한 집착에서 일어난다. 사회적으로 보자면 자아에 대
한 집착이 타인에 대한 배려를 넘어설 때 죄가 발생한다. 자아의 폭력적
구현이 곧 죄인 것이다. 불교의 죄에 대한 규정은 더 철저하여 그 뿌리를
공략한다. 나를 기준으로 좋고 나쁜 것을 나누고 그에 따라 애착하고 미
워하는 마음을 일으키는 일 자체를 죄로 보기 때문이다. 모양에 따른 분
별을 멈추고 보면 우주법계의 다양한 현상들이 모두 부처와 둘이 아니
다. 한결같이 부처를 모시는 자리에 죄가 성립할 수 없다.

150　大師言, 善知識, 聽吾說無相頌, 令汝迷者罪滅, 亦名滅罪頌. 頌曰.

이와 같이 하나하나의 이것, 순간순간의 이 일이 모두 진여의 드러남이다. 이 밖에 다른 것을 세운다면 그것은 모양에 갇히는 일이다. 무엇보다도 중생과 구별되는 특별한 부처가 따로 있다고 생각하는 것이 모양에 구속되는 일이다.

모양에 구속되지 않음은 육조 스님 반야법문의 전부이다. 이 전체 경전에 "모양 없음으로서의 계율을 전수함"이라는 부제를 붙인 것도 그런 이유이다. 그것은 또한 대승의 종지이자 선문의 핵심이기도 하다.

술집[樓子] 스님이라 불리던 스님이 있었다. 왜 술집 스님으로 불렸는지 유래가 있다. 어느 날 행각을 하다가 술집 앞에서 풀어진 행건의 끈을 묶으려고 허리를 굽히는데 노랫소리가 들려왔다. "당신에게 마음이 없다면 나도 그만두겠어요." 스님은 술집에서 들려오는 이 노랫소리에 깨달아 이후 술집 스님으로 불리게 되었다. 이 노랫말에 깨달을 무슨 내용이 따로 숨어 있었던 것은 아니다. 원래 어떤 특정한 사건에 한정하여 특별한 의미를 부여하지 않은 것이 선문의 일이다. 그래서 "어떤 특별한 사건이 따로 있지는 않지만 모든 사건이 특별하다"고 말해야 한다. 법의 드러남인 모든 사건 중의 하나인 어떤 사건이 특별한 계기가 되어 만법이 불법의 드러남임을 깨닫는 일이 있을 뿐이다.

문맥상 죄의 소멸을 내용으로 하는 이 무상송은 좀 갑작스럽다. 그 앞에 죄의 본질과 그 참회의 도리에 대한 설법이 전혀 보이지 않기 때문이다. 유통본은 이 점을 고려하여 불사와 공양으로 도를 닦는다고 착각했던 양무제에 대한 설법, 죄를 참회하는 도리에 대한 설법의 뒤에 이 노래를 배치하였다. 편집자로서의 역할을 충실히 수행한 것이고, 독자로서 읽기에도 매끄럽다. 그렇지만 돈황본의 오탈자를 교정하는 현대의 학자들은 그 순서까지 바꾸지는 않는다. 그것이 교정의 범위를 넘어서는 일이라고 보았기 때문이다. 다만 이러한 맥락의 삐걱거림이 있다는 점은 지적할 필요가 있다.

🪷 **모양을 세우지 않는 노래-1**

어리석은 사람들은 복만 닦고 도는 닦지 않으면서,
복을 닦는 것이 곧 도를 닦는 것이라 말하네.
보시와 공양의 복이 한량없다 해도,
마음속 탐진치는 그대로 남아 있네.

복 닦음으로 죄를 소멸코자 한다면,
후세의 복은 얻겠지만 죄는 여전히 남게 되네.
마음에서 죄의 인연을 제거한다면,
그것이 각자 자성의 진정한 참회라네.[151]

평설　　복을 닦는 일과 도를 닦는 일은 같기도 하고 다르기도 하다. 복을 닦는 일이 자기를 내려놓는 일이라면 그것은 도를 닦는 일과 다르지 않다. 그러나 대부분의 사람들은 작은 것을 내놓아 큰 것을 얻기를 바라는 장사꾼의 마음으로 복을 닦는다. 이렇게 닦는 복은 도를 닦는 일과 아무 상관이 없다. 보시공양이 아무리 훌륭해도 그것이 나와 대상에 대한 집착을 내려놓는 일로 연결되지 않는다면 도에서 멀어지는 길을 걷게

---

151 愚人修福不修道, 謂言修福便是道. 布施供養福無邊, 心中三業原來造. 若將修福欲滅罪, 後世得福罪原在. 若解向心除罪緣, 各自性中真懺悔.

되기 때문이다.

옛날에 한 가난한 소녀가 똥 속에서 2전을 주워 부끄러워하며 이를 승단에 보시하였다. 돈 2전은 그녀가 가진 전부였다. 그것을 보시한다는 것은 자기의 모든 것을 내놓는 일이었다. 이것이야말로 진짜 도를 실천하고, 진짜 복을 닦는 일이었다. 대아라한이 그 마음을 알고 축복한다. 소녀는 그 복덕으로 나중에 왕후가 되는데, 이 축복을 잊지 않고 승단에 막대한 보시를 한다. 그러나 대아라한은 더 이상 그녀를 축복하지 않는다. 복을 지어 더 큰 복을 바란다는 점에서 장사꾼의 마음과 다름이 없기 때문이라는 이유에서였다.

어쨌거나 모양에 묶이는 보시, 보답을 기대하는 보시는 죄를 소멸시킬 수 없다. 죄는 자아의 집착에서 일어나는 것인데, 보답을 기대하는 보시는 오히려 자아를 살찌게 하는 길이기 때문이다. 이러한 보시로 죄를 소멸시키려는 것은 깜빡이는 촛불로 손목만큼 굵은 쇠사슬을 녹이려는 일과 같아서 효과가 없다. 오직 나와 대상에 대한 분별을 내려놓고 복과 죄가 성립하지 않는 자리에 설 때 죄의 소멸이 일어난다.

마음속 죄의 인연이란 나와 남을 나누는 일 외에 다른 것이 아니다. 오직 일체의 분별을 멈출 때 마음의 소멸이 일어나고, 마음의 소멸과 함께 죄가 사라지게 된다. 이것을 『천수경』에서는 "죄가 없어지고 마음조차 사라져 모두 공으로 돌아갈 때, 이것을 진정한 참회라고 한다"고 노래한다.

🪷 **모양을 세우지 않는 노래-2**

법의 수레가 커서 벗어날 수 없음을 깨닫는 것이 진정한 참회,

삿됨을 없애고 바름을 실천하면 바로 죄가 없게 되네.

수행자가 스스로를 비춰 볼 수 있다면,

깨달은 사람과 같네.[152]

평설　　　비추어 본다는 것은 나와 대상을 나누기를 멈추고 그 전체를 보는 눈으로 돌아간다는 뜻이다. 그러니까 진정한 관조는 보는 주체와 보는 대상을 포함하는 붓타적 지견의 자리에서 일어난다. 나와 대상세계가 둘로 나뉘지 않으면 나라고 집착할 것이 없어서 지금의 인연을 유감없이 받아들이게 된다. 이때 인연이 일어나는 모든 현장에서 실상을 보는 반야관조가 일어나는 것이다. 이것이 여래의 본뜻이다. 여래란 어디에서 오는 것도 아니고, 어디로 가는 것도 아니다. 그러니까 오로지 지금 이러한 것에 맡기는 여래의 실천이 있어야 여래를 보게 된다.

🪷 모양을 세우지 않는 노래-3

우리 조사님은 오직 당장에 깨닫는 이 가르침만을 전했으니,

발원하여 배우는 이들 모두가 한 몸 되기 바라네.

만약 가까운 장래에 법신을 찾고자 한다면,

탐진치 삼독의 나쁜 인연을 마음에서 씻어 내야 하네.

노력하여 도를 닦되 해찰하지 않아야 하리니,

어느덧 헛되이 지나가 한 세상이 끝나게 되네.

152　若悟大乘眞懺悔, 除邪行正卽無罪. 學道之人能自觀, 卽與悟人同一類.

당장에 깨닫는 대승의 법을 깨닫고자 한다면,

경건함과 정성으로 합장하고 지극한 마음으로 구해야 하네.

대사가 설법을 마치자 위사군과 관료들과 승려들과 도인, 속인들이 끝없이 찬탄하기를 전에 들어 보지 못한 법이라 했다.[153]

평설　　여기에서 우리 조사님은 오조 홍인 스님을 가리킨다. 가장 최근의 CBETA 돈황본에서는 이것이 혜능 스님을 가리킨다고 수정되어 있다. 이것은 문제가 된다. 이 노래를 부른 당사자가 혜능 스님인데 자신을 가리켜 '우리 조사님'이라 할 일은 없기 때문이다. 그래서 혜흔본을 보면 여기에는 오조 홍인 스님으로 되어 있고, 유통본에는 우리 조사님으로 되어 있다. 그러니까 이것이 오조 스님, 혹은 앞의 조사님을 가리킨다는 정도로 이해하는 것이 온당하다. 읽기에 따라서 이것은 또한 여러 부처님과 조사들을 말하는 것이기도 하다. 육조 스님이 보기에 모든 부처님들과 조사들은 한결같이 당장에 깨닫는 법만을 말했다. 이 당장에 깨닫는 가르침은 지금 당장 나와 법이 둘 아님을 확인하도록 인도한다. 한 몸이 되기를 바란다고 했는데 법의 바다에 합류한다는 뜻이다. 어떻게 합류하는가? 석두 스님은 말했다. "태어나서 죽을 때까지 오직 이것일 뿐, 머리를 굴려 특별한 무엇을 얻으려 하지 말라."

　법신은 한 그릇의 잘 비벼진 비빔밥과 같다. 분별의 눈으로 보면 그 속

---

153 吾祖唯傳此頓教, 願學之人同一體. 若欲當來覓法身, 三毒惡緣心中洗. 努力修道莫悠悠, 忽然虛度一世休. 若悟大乘頓教法, 虔誠合掌至心求. 大師說法了. 韋使君官寮僧眾道俗讚言無盡, 昔所未聞.

의 것들은 다양한 모양과 이름을 갖는다. 이 각각의 모양과 거기 붙여진 이름을 따라다니다 보면 법신을 보지 못하게 된다. 채소 따로, 밥 따로, 양념 따로가 된다. 오직 지금 이 현장의 만사만물에서 법을 확인할 때 비로소 잘 비벼진 한 그릇 비빔밥으로서의 법신이 남김없이 드러난다. 거기에는 '나'가 따로 없고, 대상이 따로 없다. 각각의 모양을 잘 분별하되 전체성을 놓치지 않는 자리가 펼쳐진다.

이것은 탐진치 삼독의 나쁜 인연을 씻어 내는 일이기도 하다. 탐진치는 자아의 굴뚝에서 일어나는 오염물이다. 나에 대한 집착이 온갖 번뇌를 생산하는 공장이다. 여기에 탐진치를 대상화하여 내가 그것을 씻어 내겠다는 기획 역시 그 자체가 문제가 된다. 그것은 공장을 놓아두고 굴뚝만 없애려는 일과 다름없다. 나라는 뿌리를 놔두고 탐진치라는 가지를 잘라내려는 일이다. 그러니 뿌리에 해당하는 나를 세우지 않아야 한다. 그때 탐진치라는 오염의 배출 역시 저절로 멈추게 된다.

그런데 '나'가 없다면 누가 노력하는가? 이렇게 물을 수 있다. 분별을 세우지 않는 자리에 눈을 떴다 해도 수시로 분별에 떨어지는 것을 피할 수 없다. 습관의 힘 때문이다. 그때마다 경건함과 정성으로 합장하고 지극한 마음으로 돌아가야 한다. 여기에서 말하는 경건, 정성, 합장, 지극한 마음은 나를 내려놓고 법신으로 돌아가 하나로 만나는 일의 다른 표현이다. 이렇게 거듭 깨어나서 본래 자리로 돌아가 법신과 손잡는 것이 노력이라면 노력이다. 매 순간 분별에 떨어지지 않도록 힘써 단속하는 것이다. 노력이라는 것이 딴 게 아니다.

대승의 법을 여기에서는 당장에 깨닫는 대승의 법[大乘頓敎法]이라 표현하고 있다. 육조 스님의 입장에서 진짜 불교는 지금 당장 깨닫는 돈교법 외에 다른 것이 없다. 그러니까 대승의 법이 곧 돈교법이다. 그것이 나를 내려놓는 간절하고 지극한 마음에서 일어난다는 것이다.

예전에 들어 보지 못한 법이란 당장에 깨닫는 돈오의 법을 가리킨다. 이 설법이 신기하기 때문이 아니다. 이 가르침을 듣고 바로 불법의 바다에 합류하는 체험을 하였기 때문에 전에 들어 보지 못한 법이 된다. 불교에서 말하는 미증유를 체득하는 일이 일어나는 것이다.

거듭 확인하고 있는 바와 같이 돈황본의 문장은 투박하고 유통본은 세련되어 있다. 그중에서도 "탐진치 삼독의 나쁜 인연을 마음에서 씻어 내고[돈황본]"를 "모든 모양의 분별에서 벗어나 마음을 씻어내고[유통본]"[154]로 바꾼 점은 주목할 만하다. 이 노래가 모양의 분별에서 벗어나는 노래라는 점을 확인하는 마지막 방점이 되기 때문이다. 한편 유통본에는 이 노래에는 다음과 같은 당부와 권면의 말이 붙는다.

스님이 말씀하셨다. "여러분! 모두들 이 노래를 외우고 이것에 의지하여 수행하되 말이 떨어짐과 동시에 자성을 보도록 하십시오. 그러면 나와 천 리를 떨어져 있어도 항상 곁에 있는 것과 같을 것입니다. 지금 이 말이 떨어짐과 동시에 깨닫지 못한다면 얼굴을 마주 보고 있어도 천 리 밖에 있는 것과 같을 것입니다. 그렇다면 멀리서 애써 찾아올 필요가 있겠습니까? 조심히 잘들 돌아가십시오."

대중들이 설법을 듣고 모두들 깨달았으며, 기쁜 마음으로 받들어 실천하였다.[155]

---

154 離諸法相心中洗. [宗寶本]

155 師言, 善知識, 總須誦取, 依此修行, 言下見性. 雖去吾千里, 如常在吾邊. 於此言下不悟, 即對面千里, 何勤遠來. 珍重, 好去. 一眾聞法, 靡不開悟, 歡喜奉行. [宗寶本]

무상계의 설법이 일단락되었음을 밝히고 있다. 여기까지가 최초 설법에 해당한다. 다음의 법문들은 다른 법석에서 설해진 설법들을 모은 것으로 보인다.

제10장

자성 공덕과 자성 서방정토

🪷 위사군의 정법

위사군이 절을 하고 말하였다. "스님의 설법은 실로 생각으로 헤아릴 수 없습니다. 전부터 저에게 작은 의심이 있었는데 스님께 질문하고자 합니다. 스님께서는 대자대비한 마음으로 저를 위해 설명하여 주시기를 바랍니다."

대사가 말씀하셨다. "의심이 있으면 바로 물으시지 머뭇거릴 일이 있겠습니까?"

사군이 물었다. "스님이 말씀하시는 법은 인도에서 온 제1조 달마조사의 종지가 아니겠습니까?"

대사가 말씀하셨다. "그렇습니다."

사군이 물었다. "제가 들으니 달마 대사께서 양(梁) 나라에서 교화하실 때, 양무제가 달마 대사께 물었다고 합니다. '내가 일생 동안 절을 짓고, 보시를 하고, 공양을 드렸는데 공덕이 있습니까?' 이에 달마 대사께서는 '공덕이 전혀 없습니다'고 대답하셨다고 하고, 무제가 실망하여 달마를 나라 밖으로 내보냈다고 하는데, 이 말씀의 뜻을 잘 모르겠으니 스님께서 설명하여 주십시오."

육조 스님이 말씀하셨다. "실제로 공덕이 없습니다. 사군께서는 달마 대사의 말씀을 의심하지 마십시오. 무제가 삿된 도에 집착하여 바른 법을 몰랐던 것입니다."[156]

---

156 使君禮拜自言, 和尚說法, 實不思議. 弟子嘗有少疑, 欲問和尚, 望意和尚大慈大悲, 爲弟子說. 大師言, 有疑即問, 何須再三. 使君問, 法可不是西國第一祖達摩祖師宗旨. 大師言是. 使君問, 弟子見說, 達摩大師化梁, 武帝問達摩, 朕一生以來, 造寺布施供養, 有功德否. 達摩答言, 並無功德. 武帝惆悵, 遂遣達摩出境. 未審此言, 請和尚說. 六祖言, 實無功德, 使君勿疑達摩大師言. 武帝著邪道, 不識正法.

평설　　이 장은 위사군의 의문을 풀어 주는 내용을 하고 있어 유통본에서는 '결의품(決疑品)'으로 장을 나누고 있다. 여기에서 사군은 지방관에 대한 일반적 존칭으로 우리말의 '사또'쯤 된다. 당시 위사군은 자사로서 지방 행정의 총책임자였다. 그의 질문에 나오는 양무제는 달마 대사와 다른 지평에 서 있었다. 달마 대사는 지금 당장의 이것이 바로 마음의 드러남이라는 것을 가리켜 보이는 입장에 있었다. 이 현장의 만사만물이 바로 부처의 작용임을 확인하라는 견성성불을 실천하라는 입장에 있었다. 선종에서는 달마가 제시한 이 길을 따른다. 그래서 선종을 달마종이라고도 부른다. 이에 비해 양무제는 불법의 실천을 특별한 모양을 갖는 무엇으로 이해하고 있었다. 사찰을 짓고, 경전을 전파하며, 온 나라를 불교국가로 가꾸었다. 양무제는 이를 통해 자신이 부처님의 나라에 가까워지는 공덕을 짓고 있다고 생각했다. 그렇지만 절을 짓는다고 부처의 법에 가까워지는 것이 아니다. 각자 스스로가 부처 나라의 부처로 살면서 일거수일투족으로 불사를 수행하고 있는 중임을 알 때, 부처의 나라가 현전한다. 이것이 달마의 법이다.

육조 스님은 양무제가 삿된 도에 집착하고 있었다고 단언한다. 불교에 헌신하였음에 분명한 양무제가 어째서 삿된 도에 집착하였다고 한 것일까?

양무제는 두 가지 집착에 빠져 있었다. 첫째는 자신이 훌륭한 일을 하고 있는 특별한 존재라는 자부심에 빠져 있었다. 아집이다. 둘째는 사찰을 짓고 보시를 하는 등의 어떤 특별한 행위를 통해 불법을 성취할 수 있다는 착각에 빠져 있었다. 법집이다. 그는 불법이 어떤 특별한 무엇이라는 집착에 빠져 있었다. 모양 없는 자성을 바로 보기를 강조하는 돈오문의 입장에서 볼 때 이것은 문제가 심각하다. 공덕이 없는 정도가 아니라 삿된 도에 빠져 있는 사람이었다. 후일담이지만 이후 양무제는 달마의 법에 다시 관심을 갖고 그를 찾았다. 양무제의 명을 받은 사람이 그 행적을 좇다가 북쪽에서 달마의 관에 신발 한 짝만 들어 있는 것을 발견하게 된다. 그래서 무제는 달마의 유해를 모셨던 사찰의 이름을 모양 없는 사찰[空相寺]이라 명명한다. 사찰의 이름은 이렇게 지었지만 정작 무제는 모양 없는 도리를 알았을까?

돈황본과 유통본 간에는 문자적 차이가 약간 보인다. 특히 유통본에는 달마의 말에 실망한 무제가 달마를 국경 밖으로 내보냈다는 구절이 삭제되어 있다. 달마 대사가 황제에게 쫓겨났다는 사실을 드러내어 불법의 위엄을 손상시킬 필요가 없다고 보았기 때문일 것이다.

쫓겨난 달마는 어디로 갔을까? 달마가 서쪽에서 온 뜻을 묻는 질문에 조주 스님은 "뜰 앞의 측백나무"라 했고, 향림(香林)선사는 "오래 앉아 있느라 수고했다"고 답했고, 취미(翠微)선사는 장군죽비를 가져 오라 해서 그것으로 질문자를 때려 주었다. 그러니 자문자답해 보자. 쫓겨난 달마는 어디로 갔을까?

🪷 자성 공덕

위사군이 물었다. "어째서 공덕이 없다는 것입니까?"

스님이 말씀하셨다. "절을 짓고, 보시를 하고, 공양을 올리는 것은 복을 닦는 일일 뿐입니다. 복을 가지고 공덕이라 여겨서는 안 됩니다. 공덕은 법신에 있는 것이지, 복을 닦는 일에 있지 않습니다. 자기의 법성에 공덕이 있습니다. 불성을 보는 것이 공[功]이고, 평등하여 곧바른 마음이 덕[德]입니다. 안으로는 불성을 보고, 밖으로는 공경을 실천하는 것입니다. 사람들을 경시하며, 자기중심적 생각을 끊지 않는다면, 당연히 거기에는 공덕이 없습니다. 자성이 헛된 것이 되고, 법신에 공덕이 없게 될 것입니다. 생각 생각 덕을 실천함으로써 평등하여 마음이 곧아야 합니다. 덕스러운 이는 사람과 사물들을 경시하지 않고 항상 예경을 행합니다. 스스로 몸을 닦는 것이 공이고, 스스로 마음을 닦는 것이 덕입니다. 공덕은 자기 마음에서 짓는 것이므로 복과 공덕은 다릅니다. 양무제가 바른 도리를 몰랐던 것이지, 달마조사에게 잘못이 있었던 것은 아닙니다."[157]

평설   불교를 하나의 이론체계로 이해하는 사람들은 달마의 법을 받아들이지 못한다. 이들은 범부와 성인을 둘로 나누어 이해한다. 극복해야 할 번뇌와 추구해야 할 보리를 둘로 구분한다. 논리란 원래 둘로 분별하기의 다른 이름이기 때문이다.

그러나 달마의 법은 아예 어떤 성스러운 무엇을 따로 세우지 않음을 종지로 한다. 그래서 교리의 학습을 통해 정연한 논리와 통일된 사상을 확보하고자 하는 입장에서 볼 때 선문은 요령부득의 말을 반복하는 집단이 된다. 반면 달마의 선법에서 보면 논리적 이해는 스스로 부처가 되는 길과 무관하다. 심지어 그것은 견성을 가로막는 장애이기까지 하다. 알고 이해하는 일과 지금 당장 부처의 마음으로 돌아가 하나로 만나는 일

---

157 使君問, 何以無功德, 和尚言, 造寺布施供養, 只是修福, 不可將福以為功德. 功德在法身, 非在於福田. 自法性有功德, 見性是功, 平直是德. 內見佛性, 外行恭敬. 若輕一切人, 吾我不斷, 即自無功德. 自性虛妄, 法身無功德. 念念行, 平等直心, 德即不輕, 常行於敬. 自修身即功, 自修心即德. 功德自心作, 福與功德別, 武帝不識正理, 非祖大師有過.

은 서로 다른 지평에 있다. 보다 정확하게 말하자면 알고 이해하기를 멈추지 않는 한, 부처의 마음과 만날 수 없다.

달마의 선문에서 볼 때 불법의 가치는 부처가 되는 데 있고, 법신과 하나인 자리로 돌아가는 데 있다. 우리의 존재가 바다에서 일어난 파도와 같음을 알아 더 이상 자아에 집착하지 않는 데 있다. 그것은 지금 이것 외에 진리가 따로 있다는 착각에서 벗어나는 일이기도 하다.

이에 비해 복을 닦는다는 것은 나를 주체로 세우고 나를 강화하는 행위에 속한다. 양무제가 자랑한 바, 절을 짓고, 보시를 하고, 공양을 올리는 일은 모두 복을 닦는 일에 속한다. 달마의 문중에서 볼 때 그것은 불교 공부의 핵심이 아닌 주변을 때리는 일이다. 이에 비해 진짜 불교를 하는 사람은 나와 대상을 둘로 나누기를 멈춘 사람이다. 오직 하나의 법신만이 여여하여 이렇게 해도 법신이고, 저렇게 해도 법신임을 알고 실천하는 사람이다.

원래 개별적으로 드러나는 사건은 각각의 모양을 갖는다. 바로 그 각각의 모양에 부처가 깃들여 있다. 그것은 한 가족의 남녀노소가 빚는 만두와 같다. 온 가족이 빚는 만두는 모양은 각기 다르지만 모두 동일한 내용물을 갖는 만두이다. 이것을 밝게 아는 것이 견성이라는 공[功]이다. 이에 비해 만사만물이 동일한 내용물을 갖는 만두임을 알아 시비호오의 마음을 내지 않고 불이평등을 실천하는 것이 덕[德]이다. 이렇게 견성과 불이평등의 실천이 둘이 아니므로 공과 덕을 합해 공덕이라 한다.

그러니까 공덕은 매 순간 목전의 이것이 법성의 드러남임을 아는 일이다. 나와 대상이 모두 법성의 드러남이므로 취하고 버릴 것이 없다. 이것이 평등하고 곧은 마음으로 살아가는 길이다. 스스로 몸과 마음을 닦으라 했는데 이를 통해 어떤 특별한 존재가 된다는 뜻이 아니다. 지금 여기의 이것에서 법성을 확인하고, 지금 당장 법신과 하나로 만나 일체의 작용으로 춤추는 것이 바른 수행이고 바른 깨달음이다.

안으로 불성을 본다는 것은 만사만물이 이 한마음의 드러남임을 안다는 뜻이다. 밖으로 예경을 실천한다는 것은 지금 만나는 모든 것이 부처임을 알아 그것과 손잡고 하나가 된다는 뜻이다. 이것이 불교 공부의 핵심이고 진정한 공덕이다.

결국 공덕이란 자아와 대상에 대한 집착을 내려놓고 지금 이 현장의 만사만물이 자성의 드러남임을 바로 보는 데 있다. 걷고, 서고, 앉고, 눕는 이것이 부처의 일임을 바로 아는 데 있다. 과보를 기대하는 보시공양에 있지 않은 것이다.

양무제는 스스로 대단한 불교적 업적을 이루었다는 집착에 빠져 있었다. 무엇보다 자신이 불교적으로 뛰어나다는 아만과 증상만[158]에 빠져 있었다. 많은 불법의 실천자들이 양무제의 길을 걸으며 스스로의 공덕을 자부한다. 그러면서 특별한 존재로 인정받고자 한다. 이렇게 법신과 나를 분리하여 자아를 강화하는 길을 걷는 사람은 어떻게 해도 자성을 볼 수 없다. 그래서 공덕이 없다고 한 것이다.

양무제와 달마의 이 유명한 대화는 돈황본과 유통본 간에 상당한 차이

---

158 자아를 높이는 오만에는 7가지가 있다. 만(慢), 과만(過慢), 만과만(慢過慢), 아만(我慢), 증상만(增上慢), 하열만(下劣慢), 사만(邪慢)이 그것이다. 자기보다 못한 것에 우월감을 느끼고, 자기와 비등한 것에 동등한 감정을 느끼는 것이 만(慢)이다. 비등한 것에 우월감을 느끼고, 자기보다 나은 것도 비등하다고 느끼는 것이 과만(過慢)이다. 자기보다 나은 것을 보며 자기가 더 낫다고 느끼는 것이 만과만(慢過慢)이다. 모든 드러남을 나, 나의 것으로 보는 것이 아만(我慢)이다. 자기의 뛰어난 성취를 자랑하거나, 증득하지 못한 것을 증득했다고 하는 것이 증상만(增上慢)이다. 자기보다 훨씬 나은데 자기가 조금 못한 정도라고 생각한다면 그것이 하열만(下劣慢)이다. 실제로는 공덕이 없는데 자기가 그것을 갖추었다고 하는 것이 사만(邪慢)이다.

가 있다. 그중에서도 공덕의 진정한 의미를 드러내기 위한 유통본의 보완 흔적이 뚜렷하다. 돈황본에서는 법성을 보는 것을 공이라 하고, 마음을 평등하고 곧바르게 쓰는 것을 덕이라고 정의한다. 이에 비해 유통본에서는 공덕에 대한 다양한 정의를 반복하여 청법자를 설득시키는 전략을 취한다.

생각 생각 걸림이 없어, 언제나 본래 이러한 자성을 보아 실상과 함께하며 모든 현장에 그것을 활용하는 것을 공덕이라 합니다. 안으로 겸허하게 마음을 내려놓는 것을 공이라 하고, 밖으로 예경을 실천하는 것을 덕이라 합니다. 자성에서 만법이 일어남을 공이라 하고, 마음의 본체가 생각의 구속에서 벗어나는 것을 덕이라 합니다. 자성을 떠나지 않는 것을 공이라 하고, 그것을 활용하면서도 물들지 않는 것을 덕이라 합니다. 공덕의 법신을 찾고자 한다면 오로지 이렇게 지어 나가십시오. 이것이 진짜 공덕입니다. 이렇게 공덕을 닦는 사람은 마음이 타인을 경시하거나 오만하지 않습니다. 항상 모든 것을 부처로 보아 예경합니다. 마음이 타인을 경시하거나 오만한 사람은 자아위주의 마음을 끊지 못하고 있으므로 당연히 공이라 할 것이 없습니다. 자성에 허망하여 진실하지 못하면 덕이라 할 것이 없습니다. 자아를 자존망대하여 항상 모든 것을 가볍게 무시하기 때문입니다.

여러분! 생각 생각 끊어짐이 없는 것을 공이라 하고, 마음으로 평등과 곧바름을 실천하는 것을 덕이라 합니다. 스스로 자성을 닦음을 공이라 하고, 스스로 몸을 닦음을 덕이라 합니다.

여러분! 공덕은 안에서 자성을 보는 것이지 보시와 공양을 가지고 구할 수 있는 것이 아닙니다. 그러므로 복덕과 공덕은 다릅니다. 무제가 진실한 이치를 몰랐던 것이지, 우리 조사님에게 잘못이 있었던 것이 아닙니다.[159]

불교적 실천에 대한 우리의 이해는 양무제와 오십보백보다. 그러므로 불교에서 말하는 공덕과 일반적으로 생각하는 복덕이 전혀 다른 차원의 일임을 거듭 보여 주어 이 관습적 사유를 타파할 필요가 있다. 유통본에서 안으로 스스로 깨닫고, 밖으로 평등을 실천하는 일이 불교에서 말하는 공덕임을 거듭 반복하는 이유가 여기 있다. 이 중 "스스로 자성을 닦는 일을 공이라 하고, 스스로 몸을 닦는 일을 덕이라 한다"는 마지막 구절은 그 순서가 돈황본과 반대로 되어 있다. 돈황본에는 "스스로 몸을 닦음을 공이라 하고, 스스로 자성을 닦음을 덕이라 한다"고 되어 있기 때문이다. 전체 맥락을 보자면 안으로 깨닫는 것이 공이고, 그 깨달음을 밖으로 실천하는 것이 덕이다. 그럼에도 돈황본에 문제는 없다. 어차피 자성을 본다는 것은 나와 대상의 분별을 허문다는 뜻이기 때문이다. 그러므로 안과 밖을 바꿔서 정의했다 해서 그 돈오견성의 종지를 전달하는 데 문제가 있는 것은 아니다.

🪷 자성 서방정토

위사군이 예배하고 다시 질문하였다. "저는 스님들이나 속인들이 항상 아미타불 염불을 하며 서방에 가서 태어나고자 발원하는 것을 보았습니다. 여쭤보고 싶습니다. 그들은 서방에 태어나게 되는 것입니까?

---

159 念念無滯, 常見本性, 眞實妙用, 名爲功德. 內心謙下是功, 外行於禮是德. 自性建立萬法是功, 心體離念是德. 不離自性是功, 應用無染是德. 若覓功德法身, 但依此作, 是眞功德. 若修功德之人, 心卽不輕, 常行普敬. 心常輕人, 吾我不斷, 卽自無功. 自性虛妄不實, 卽自無德. 爲吾我自大, 常輕一切故. 善知識, 念念無間是功, 心行平直是德. 自修性是功, 自修身是德. 善知識, 功德須自性內見, 不是布施供養之所求也, 是以福德與功德別. 武帝不識眞理, 非我祖師有過. [宗寶本]

262

이 의문을 해소시켜 주시기 바랍니다."

대사가 말씀하셨다. "사군은 내가 하는 말을 들어 보십시오. 세존께서 사위성에 계실 때 서방정토를 설하여 인도하고 교화하였는데, 경전에서는 분명하게 서방정토가 여기에서 멀지 않다고 말했습니다. 다만 깨달음의 자질이 부족한 사람들에게는 멀다고 말했습니다. 가깝다는 것은 상근기의 지혜로운 사람들을 대상으로 한 말입니다. 사람에게 이러한 두 가지 부류가 있는 것이지 법에는 다른 둘이 없습니다. 미혹함과 깨달음에 차이가 있고, 자성을 보는 데 늦고 빠름이 있을 뿐입니다. 미혹한 사람은 염불을 하여 저 서방정토에 나고자 합니다. 깨달은 사람은 스스로 그 마음을 청정하게 합니다. 그래서 부처님께서도 마음이 청정하면 이에 따라 부처의 나라도 청정하게 된다고 말씀하신 것입니다."[160]

평설　　서방정토에 대한 설법은 정토삼부경으로 분류되는 『아미타경』, 『무량수경』, 『관무량수경』을 통해 설해진다. 혜능 스님은 『관무량수경』에 근거하여 몸 가운데의 극락정토를 설한다.

여기에서 말하는 부처님의 극락정토 설법은 빔비사라왕의 비극에서 시작된다. 바이데히 왕비는 남편 빔비사라가 아들 아자타샤트루이에게 시해되는 비극을 겪는다. 이 일로 그녀는 삶에 염오심을 내어 청정한 극

---

160 使君禮拜又問, 弟子見僧俗, 常念阿彌陀佛, 願往生西方. 請和尚說, 得生彼否, 望為破疑. 大師言, 使君聽, 惠能與說. 世尊在舍衛城, 說西方引化, 經文分明, 去此不遠. 只為下根說遠, 說近只緣上智. 人有兩種, 法無兩般. 迷悟有殊, 見有遲疾. 迷人念佛生彼, 悟者自淨其心. 所以佛言, 隨其心淨, 則佛土淨.

락국에 가서 태어나기를 발원한다. 이에 부처님은 서방정토가 멀지 않은 곳에 있다[161]는 설법을 한다. 극락정토라는 것이 청정한 업력으로 조성된 나라이며, 왕생을 기원하는 당사자의 마음으로 세워지는 국토임을 분명히 한 것이다.

이 『관무량수경』의 설법에 의하자면 서방정토는 사람에 따라 멀고 가까움이 나뉜다. 만약 이런저런 악과 삿됨에 빠져 있는 하근기의 사람이라면 극락정토는 10만 8천 리의 먼 곳에 있다. 10가지의 악행과 8가지의 삿됨[162]이 각각의 작용으로 극락정토를 먼 곳으로 밀어냈기 때문이다. 이에 비해 나와 대상을 나누지 않고 자성을 바로 보는 상근기의 사람이라면 극락정토는 바로 여기에 있다. 그러므로 바로 여기에 서방정토를 구현하려면 둘로 분별하기를 멈추어야 한다.

육조 스님의 설법에 의하면 미혹한 사람과 깨달음의 자질이 높은 사람 간의 차이는 분명하다. 미혹한 사람은 지금 여기가 아닌 특별한 어딘가에 서방정토가 있다고 생각한다. 그래서 지금 눈앞에 모든 인연으로 드러나 있는 아미타불을 보지 못하고, 어딘가에 따로 있다고 생각되는 극락에 태어나고자 한다. 그렇지만 지금 이것에서 극락을 보지 못하는 사

---

161 그때 부처님께서 바이데히[韋提希] 왕후에게 말하였다. 그대는 이제 알겠는가? 아미타불은 여기에서 멀리 있지 않다. 그대는 마땅히 업을 청정하게 함으로써 이루어진 서방정토를 놓치지 않고 생각하고 밀밀하게 관조해야 한다. [爾時世尊告韋提希. 汝今知不. 阿彌陀佛去此不遠. 汝當繫念諦觀彼國淨業成者.]

162 살생, 음행, 도둑질, 거짓말, 욕하는 말, 시비를 가리는 말, 꾸미는 말, 탐욕, 분노, 어리석음이 10가지 악행이다. 이것을 떠나면 10가지 선행이 된다. 삿된 견해, 삿된 사유, 삿된 언어, 삿된 업, 삿된 살림, 삿된 방편, 삿된 생각, 삿된 선정이 8가지 삿됨이다. 이 8가지 삿됨을 떠나면 그것이 바로 8가지 바른 길[八正道]이 된다. 팔정도는 8가지로 나뉘어 얘기되지만 이 중 하나라도 바르게 실천하면 나머지는 따라서 성취되는 관계에 있다. 그 핵심은 중도의 실천이다.

람은 결코 저 극락에 태어날 수 없다. 오늘이 극락이라야 내일도 극락이다. 지금 당장 극락을 실천해야 궁극적 극락의 주민이 된다.

그래서 깨달음의 품성이 뛰어난 사람은 지금 당장 이 마음을 청정하게 하여 스스로 극락을 구현한다. 행복과 불행, 삶과 죽음을 둘로 나누지 않는 청정한 나라를 열어젖히는 것이다. 이렇게 마음이 청정한 사람이 사는 나라가 바로 청정한 나라, 서방정토이다. 자아와 대상에 대한 집착을 내려놓는 청정을 실천한다면 그곳이 바로 청정한 나라이다. 그러므로 이마음의 밖에서 극락을 찾을 일이 없는 것이다.

🪷 마음 청정과 국토 청정

사군이시여! 동방 사바세계에서도 마음만 청정하면 죄가 없습니다. 서방 극락에서도 마음이 청정하지 않으면 모든 것이 허물입니다. 미혹한 사람은 극락에 가서 나고자 합니다. 깨달은 사람에게는 동쪽이나 서쪽이나 장소는 마찬가지입니다. 오직 마음만 청정하면 서방은 여기에서 멀지 않습니다. 마음에 청정하지 못한 마음이 일어나면 염불하여 극락에 왕생하고자 해도 그곳에 도달하기 어렵습니다. 10가지 악을 제거하면 그것으로 바로 10만 리를 건너갑니다. 8가지 삿됨이 없다면 그것으로 바로 나머지 8천 리를 건너갑니다. 오직 둘로 분별하지 않는 곧은 마음만 실천한다면 손가락 튕기는 사이에 극락에 이르게 될 것입니다.[163]

---

163 使君, 東方但淨心無罪, 西方心不淨有愆. 迷人願生, 東方西方, 悟人在處, 並皆一種. 心但無不淨, 西方去此不遠. 心起不淨之心, 念佛往生難到, 除十惡即, 即行十萬, 無八邪, 即過八千. 但行直心, 到如彈指.

평설　　　교리적으로 보자면 서방정토에는 두 가지가 있다. 청정한 마음으로 구현되는 유심정토가 그 하나이고, 십만 억 국토의 너머에 실재한다는 서방정토가 다른 하나이다. 정토문에서 이것은 둘 아닌 관계에 있다. 비유적 이름인 동시에 실재하는 세계이기도 하다는 말이다. 그것은 당연하다. 원래 지금 여기 한 송이 꽃을 심는 사람이라야 광대한 꽃밭을 가꿀 수 있다. 이처럼 지금 이 한마음이 정토인 사람이라야 서방정토의 주민이 될 수 있는 것이다.

그런데 돈오문의 입장에서 서쪽 어딘가에 따로 서방정토가 있다는 생각은 사뭇 위험하다. 그것이 모양에 지배되어 특별한 모양을 세우는 일에 속하기 때문이다. 서방정토는 마음이 청정한 사람들이 사는 국토이다. 그렇다면 지금 당장 청정함과 평등함을 실천하는 사람만이 서방정토의 주민이 될 수 있다. 그래서 육조 스님은 서방정토가 이곳에서 멀지 않음을 강조한다. 10만 8천 리의 밖에 서방정토가 있다고들 한다. 그렇지만 그것은 마음에 일어나는 삿됨과 악함을 숫자로 표현한 것일 뿐이다. 여기에서 말하는 악함과 삿됨은 모양에 대한 분별과 집착에서 일어나는 모든 행위들을 가리킨다. 10가지 악이라 했는데 몸으로 짓는 3가지 죄[살생, 사음, 투도], 입으로 짓는 4가지 죄[망어, 양설, 기어, 악구], 뜻으로 짓는 3가지 죄[탐욕, 분노, 어리석음]를 가리킨다. 8가지 삿됨은 팔정도의 반대행위를 가리킨다. 삿된 견해, 삿된 사유, 삿된 언어, 삿된 업, 삿된 살림, 삿된 방편, 삿된 생각, 삿된 선정이 그것이다. 이로 인해 극락이 10만 8천 리의 밖으로 멀어지게 된다.

이에 비해 바르고 곧은 마음은 선악의 상대적 차원을 세우지 않는 청정 평등한 마음이다. 바르고 곧은 마음을 행하면 손가락 튕기는 사이에 극락정토에 도달한다. 아니 도달할 일조차 없다. 바르고 곧은 마음 그 자체

266

가 극락정토이기 때문이다. 이것이 육조 스님이 말하는 유심정토의 도리이다. 유통본에는 몸속의 정토를 설하는 다음의 문단이 추가되어 있다.

동쪽의 사람이 죄를 지으면 염불을 하여 서방정토에 나고자 합니다. 그렇다면, 서방정토의 사람이 죄를 지으면 염불을 하여 어느 나라에 나고자 할 수 있겠습니까? 어리석은 범부들은 자성을 깨닫지 못해 몸속의 정토를 알지 못합니다. 그리하여 동쪽이니 서쪽이니 하며 발원을 합니다. 깨달은 사람은 어느 곳에 있거나 한결같습니다. 그래서 부처님께서도 "그 머무는 곳에 항상 극락으로 안락하라"고 한 것입니다.[164]

돈황본은 오직 마음의 청정만을 말하여 종지의 전달이 깔끔하다. 이에 비해 유통본은 설득하고자 하는 의도를 친절하게 드러내고 있다. 특히 서쪽의 사람이 죄를 지으면 염불을 통해 어디에 나기를 발원할 수 있겠느냐 하는 구절은 기발하다. 오직 당장 자성을 깨달아 몸속의 정토에 눈을 뜨라는 말은 유심정토의 다른 표현으로서 강한 설득력을 발휘한다. 정토를 드러내는 자리에서는 기침소리 하나조차 버릴 것이 없다. 언제나 극락정토에 사는 극락의 주민으로서 스스로 안락하다면 여기에 더할 것이 없다.

🪷 **서방정토의 실천**

사군이시여! 오직 10가지 선행만 실천할 뿐이지, 서방정토에 가서 태

---

164 東方人造罪, 念佛求生西方. 西方人造罪, 念佛求生何國. 凡愚不了自性, 不識身中淨土, 願東願西. 悟人在處一般, 所以佛言, 隨所住處恒安樂. [宗寶本]

어나겠다는 발원조차 새삼스럽습니다. 10가지 악한 마음을 끊지 않으면 어떤 부처가 와서 맞아 주겠습니까? 생성과 소멸이 없는 돈오법을 깨닫는다면 찰나 간에 서방정토를 보게 될 것입니다. 돈오법의 대승진리를 깨닫지 못한다면 아무리 염불을 해도 극락왕생의 길은 멀고멀어 도달할 길이 없을 것입니다.[165]

평설　　　미타신앙의 3대 핵심이 있다. 서방정토의 존재를 믿고[信], 그곳에 나기를 발원하고[願], 아미타불 염불을 부단히 실천[行]하는 것이 그것이다. 이 중 믿음에는 우주법계가 한마음의 드러남임을 믿는 일, 부처님의 가르침과 아미타불의 서원이 진실함을 믿는 일, 가벼운 마음으로 염불을 해도 부처의 종자를 심게 됨을 믿는 일, 염불삼매를 통해 정토에 태어나게 됨을 믿는 일, 무량한 10만억 국토가 존재하며 실제로 극락세계가 존재함을 믿는 일, 10만억 국토가 지금 이 한마음을 벗어나지 않는 것임을 믿는 일이 포함된다. 한편 발원은 사바세계에 대해 염오심을 내고 극락에 대해 기뻐하는 마음을 내는 일을 가리키고, 실천은 아미타불의 명호를 일심으로 외는 일이다.

　　육조 스님은 10가지의 선행―그것은 10가지 악을 끊는 일이기도 하다―이 믿음과 발원과 실천을 대신한다고 했다. 원래 10가지 악은 한결같이 나에 대한 집착을 내용으로 한다. 그러니까 10가지 선행은 나에 대한 집착을 내려놓는 일의 다른 이름이다. '나'가 없으면 악도 없다. 나를

165　使君, 但行十善, 何須更願往生. 不斷十惡之心, 何佛即來迎請. 若悟無生頓法, 見西方只在刹那. 不悟頓教大乘, 念佛往生路遙, 如何得達.

세우지 않으면 선과 악의 상대적 측면이 성립하지 않아 청정함이 저절로 드러난다. 그러므로 분별하는 마음을 세우지 않는 일이 당장 깨닫는 길이고, 찰나 간에 서방정토를 보는 길이다. 육조 스님은 이렇게 분별을 내려놓고 지금 이 현장에 남김없이 드러난 자성을 바로 보는 한 가지 일로 정토법문을 단순화한다. 그리하여 의젓한 산과 휘도는 물과 노래하는 새와 펄떡이는 물고기가 모두 아미타불을 증명하고 있음을 확인시킨다. 사바세계 이대로 서방정토인 것이다.

🪷 눈앞의 극락

육조 스님이 말씀하셨다. "내가 사군께 찰나 사이에 서방정토를 옮겨와 눈앞에서 바로 보게 하겠습니다. 사군께서는 보기를 원하십니까?"

위사군이 예배하였다. "만약 여기에서 볼 수 있다면 굳이 그곳에 가서 태어날 필요가 있겠습니까? 원컨대 스님이 자비를 베풀어 극락을 드러내어 주신다면 너무 좋겠습니다."

대사가 말씀하셨다. "이 순간 극락을 보아 의심이 없다면 바로 돌아들 가십시오."

대중들이 어리둥절하여 어찌된 일인지 알지 못하였다.[166]

평설 지금 여기에서 바로 서방정토를 보게 해 주는 법문이다. 지금 이 순간 눈앞의 바로 이것이 극락임을 알아 의심하지 말라고 가르치

---

166 六祖言, 惠能與使君, 移西方刹那間, 目前便見, 使君願見否. 使君禮拜, 若此得見, 何須往生, 願和尚慈悲, 為現西方. 大善, 大師言, 一時見西方, 無疑即散[現]. 大眾愕然, 莫知何事.

고 있다. "이 순간 극락을 보아 의심이 없다면 바로 돌아들 가십시오"라는 문장은 꽤 흥미롭다. 그 원문은 '일시견서방(一時見西方), 무의즉산(無疑即散)'이다. 이것을 성철 스님은 "이 순간 서방정토를 보아 의심이 없을 것이니 당장 흩어지라"고 번역했다. 당장 흩어지라는 말은 설법 현장을 떠나 각자의 자리로 돌아가라는 뜻이다. 이러한 언어도단적 표현형식은 선사들에게 드물지는 않지만, 육조 스님의 설법에서는 상당히 낯설다. 육조 스님은 줄곧 평이한 언어를 통해 언어도단의 차원으로 이끌어 왔기 때문이다.

이 문장에서 서방정토를 보아 의심이 없다는 앞 구절은 뜻이 분명하다. 불교의 궁극적 도달점을 자성을 보는 일로 귀납시키는 육조 스님의 입장에서 서방정토를 보는 일은 곧 자성을 바로 보는 일이기 때문이다. 의심이 있을 수 없는 것이다. 요령부득인 것은 "당장 흩어지라[散]"는 뒤의 글자이다. 이것을 유사한 발음인 드러날 '현(現)'의 오자로 보는 학자들이 있다. 이렇게 하면 "그것이 곧 극락이 나타난 것입니다"라는 번역문이 가능하다. 위사군이 극락을 드러내어 주기[現]를 간청한 것에 호응하여 이것이 바로 극락의 드러남[現]이라고 답변하는 일이 되는 것이다. 후대의 각 유통본에서는 이 구절을 아예 삭제한다. 아무래도 그 의미가 제대로 납득되지 않았기 때문인 것으로 보인다. 서방정토를 지금 여기에서 보게 하겠다는 육조 스님의 약속은 바로 다음의 설법을 통해 구현되므로 이 요령부득의 구절을 빼도 무방하기는 하다.

🪷 견성과 극락

대사가 말씀하셨다. "여러분! 여러분은 주의하여 들으십시오. 사람들의 각자 형상으로 나타난 몸은 성(城)에 해당합니다. 눈과 귀와 코와 혀와 몸은 성의 문에 해당합니다. 밖으로 다섯 개의 문이 있고, 안으로 의식의 문이 있습니다. 마음은 국토에 해당하고, 자성은 국왕에 해당합니다. 자성이 있는 것은 왕이 있는 것과 같고, 자성이 없다면 왕이 없는 것과 같습니다. 자성이 있어 몸과 마음이 존재하는 것이며, 자성이 없다면 몸과 마음이 허물어지고 말 것입니다. 부처는 자성을 보는 일로 성취되는 것이므로 몸의 밖에서 이것을 찾으려 해서는 안 됩니다. 자성에 미혹하면 부처가 곧 중생입니다. 자성을 깨달으면 중생이 곧 부처입니다."[167]

평설   형상 가진 이 몸이 서방정토의 성채이고, 감각기관은 문에 해당한다. 그 안에 마음이 국토처럼 펼쳐져 있고, 자성은 이 국가를 거느리는 국왕이다. 저절로 이러한 본성이 곧 아미타불이고, 아미타불을 보는 것이 곧 서방정토를 보는 일이다. 육조 스님은 이렇게 왕생극락의 염불문을 자성의 법문으로 환치한다.

자성의 법문에서는 자성을 보는 일이 극락에 가는 일과 다르지 않다. 자성의 법문에서는 예토와 정토를 둘로 나누지 않는 실천을 요구한다. 이렇게 분별을 내려놓고 보면 우리가 한 번도 극락을 떠나본 적이 없다는 것을 알게 된다. 이렇게 닦는 것이 진정한 아미타불 염불이고 서방정

---

167 大師曰, 大衆, 大衆, 作意聽. 世人自色身是城, 眼耳鼻舌身即是城門. 外有五門, 內有意門. 心即是地, 性即是王. 性在王在, 性去王無. 性在身心存, 性去身心壞. 佛是自性作, 莫向身外求. 自性迷, 佛即是眾生. 自性悟, 眾生即是佛.

토에 태어나는 길이다.

🪷 **극락을 만드는 것들, 지옥을 만드는 것들**

자비는 관세음보살이고, 희열과 내려놓음은 대세지보살입니다. 진실한 청정함이 석가모니이고, 평등하고 곧바름이 아미타불입니다. 나와 남을 나누는 생각이 수미산이고, 삿된 마음은 바닷물이며, 번뇌는 파도입니다. 독한 마음은 나쁜 용이고, 번뇌는 물고기와 자라입니다.

허망한 분별망상은 귀신이고, 탐진치 삼독은 지옥이며, 어리석음은 축생이고, 10가지 선은 천당입니다. 나와 남을 나누는 생각이 없으면 수미산이 저절로 무너집니다. 삿된 마음을 없애면 바닷물이 마르고, 번뇌가 없으면 파도가 소멸하며, 독한 생각을 내려놓으면 물고기와 용이 사라집니다.[168]

평설   분별을 내려놓으면 부처와 불국토가 드러나고, 집착과 번뇌에 빠지면 지옥, 아귀, 축생의 삼악도가 일어난다. 그러니까 삼악도에 떨어질 것인지, 극락의 문을 열 것인지는 온전히 이 한 번의 마음 씀에 달려 있다. 분별을 내려놓으면 자아의 수미산, 삿된 생각의 큰 바다, 번뇌의 파도들이 저절로 소멸한다. 분별없음의 실천으로 지금 당장 아미타불을 친견하고, 분별없음의 실천으로 지금 당장 자비, 희사, 청정, 평등

---

168 慈悲即是觀音, 喜捨名是勢至, 能淨是釋迦, 平直是彌陀. 人我是須彌, 邪心是海水, 煩惱是波浪, 毒心是惡龍, 塵勞是魚鼈. 虛妄即是神鬼, 三毒即是地獄, 愚癡即是畜生, 十善是天堂. 無人我, 須彌自倒. 除邪心, 海水竭. 煩惱無, 波浪滅. 毒害除, 魚龍絕.

의 부처님 세계를 연다. 이 법문은 파천황의 선언이다. 보통 우리는 지금의 삶을 원인으로 하여 극락, 혹은 지옥에 떨어지는 사후의 과보를 받게된다고 생각한다. 그러나 이 법문은 분별을 내려놓는 순간, 이 자리에 극락이 열리고, 분별을 짓는 순간, 이 자리에 지옥이 나타난다고 가르친다. 그러니까 분별을 내려놓는가의 여부가 모든 것을 결정하는 것이다. 사실극락을 보는 일은 다른 것이 아니다. 구름이 하늘에 있고, 물이 물병에 있는 것처럼 원래 그러한 본래 성품의 현장을 확인하는 일일 뿐이다.

🪷 마음의 국토와 서방정토

"자기 마음의 국토에서 깨달음의 본성인 여래가 큰 지혜의 빛을 발하고 있습니다. 그것이 여섯 감각기관을 밝게 비춰 대상에 물들지 않도록 하여 여섯 개의 욕망세계를 비추어 부숩니다. 아래로 비추어 삼독이 제거되면 지옥이 일시에 소멸됩니다. 안과 밖의 경계가 없이 철저하게 밝으면 서방정토와 다를 게 없습니다. 이렇게 닦지 않고 어쩌자고 저곳으로 가려 하는 것입니까?"

이 설법을 들은 대중들의 찬탄하는 소리가 하늘까지 높았다. 법문에상응하여 미혹한 사람들이 환하게 바로 보게 된 것이었다. 사군이 절하고 찬탄하여 말하였다. "너무나 훌륭하십니다. 원컨대 모든 법계의중생들이 듣는 이마다 함께 당장 깨달아 알기를 바랍니다."[169]

---

169 自心地上, 覺性如來, 放大智惠光明, 照曜六門淸淨, 照破六欲諸天, 下照三毒若除, 地獄一時消滅. 內外明徹, 不異西方. 不作此修, 如何到彼. 座下聞說, 讚聲徹天, 應是迷人, 了然便見. 使君禮拜, 讚言, 善哉善哉, 普願法界眾生, 聞者一時悟解.

평설   자비와 희사의 마음이 관음과 세지이고, 청정과 평등의 마음이 석가와 미륵이다. 요컨대 모든 불보살은 시비분별이 없는 본래 마음의 다양한 표현이다. 이 분별없는 본래 마음에 돌아가는 것이 보살의 실천이고 부처의 현현이다. 본래 있는 이것에 돌아오고 것이고, 또 돌아가는 일이므로 이와 같이 왔다[如來], 이와 같이 갔다[如去]고 표현한다.

부처님의 지혜는 우주법계를 두루 비추고 있는 본래의 빛이다. 그것은 나와 대상을 둘로 나누지 않으므로 크다. 수행자는 자아의 집착을 내려놓는 수행으로 이 크고 밝은 빛에 돌아가 하나로 만나 깨달음에 이른다. 더 정확하게 말하자면 자신을 주체로 세워 무엇을 욕망하기를 멈춤으로써 자신이 원래 그 빛 속에 있었으며, 그 빛 자체였음을 확인하게 된다. 이 크고 밝은 깨달음의 빛은 감각기관 차원의 욕망을 무력화시켜 여섯 가지 욕망의 세계[170]를 부순다. 이 욕망의 세계는 인간적 오욕칠정은 물론 승화된 정신적 차원까지 포함한다. 그래서 사천왕천과 도리천도 욕망의 세계에 속한다. 그것은 괴로움의 물결이 닿지 않는 수미산의 중턱[사천왕천]과 정상[도리천]에 있어 인간세상과는 차원이 다르기는 하지만 여전히 미세한 분별에 따른 욕망이 있다. 이보다 더 고차원의 세계도 있다. 야마천, 도솔천, 화락천, 타화자재천의 공거천이 그것이다. 항상 즐거운 세계로서 욕계 중에서 가장 고차원의 세계이다. 그럼에도 이 역시 결국 부수어야 하는 욕망의 세계이며 분별의 세계이다. 즐거움의 바다라는 것

---

170 육욕천은 욕계에 속하는 여섯 차원의 세계로서 사천왕천, 도리천, 야마천, 도솔천, 화락천, 타화자재천으로 나뉜다. 각기 그 차원은 다르지만 욕망하는 바가 있으므로 욕망의 세계라 부른다. 이중 사천왕천은 수미산의 중턱에 거주하고, 도리천은 수미산의 정상에 거주하므로 두 세계를 지거천(地居天)이라 하고, 야마천, 도솔천, 화락천, 타화자재천은 33천 위의 공중에 거주하므로 공거천(空居天)이라 부른다.

역시 욕망하고 향유하는 주체가 있어야 성립하는 세계이기 때문이다.

본래 깨달음의 크고 밝은 빛과 하나가 되고 보면 천당과 지옥의 구별이 없다. 나와 대상, 안과 밖의 구별이 없이 철저하게 밝으므로 고해와 극락의 구분이 없다. 이렇게 해야 진정한 서방정토가 구현된다. 우리는 지금 당장 서방정토의 주민이 되어야지, 나중에 극락에 태어나기를 발원할 일이 아니다. 그것은 자기 그림자를 잡으려는 원숭이와 같아 헛된 수고를 반복할 뿐이다. 그래서 오로지 지금 이 순간, 둘로 나누기를 멈추고 본래의 깨달음에 돌아가 완전히 맡기는 한 길만을 거듭 제시하고 있는 것이다.

유통본에는 "법문에 상응하여 미혹한 사람들이 환하게 바로 보게 되었다"는 구절이 생략되어 있다. 이 구절은 혜흔본에 "단지 미혹한 사람이기만 하면, 환하게 자성을 보게 되었다"[171]로 되어 있어 뜻이 성립하지 않는다. 그래서 유통본에서는 이것을 생략한다. 문자에 묶이지 않고 보자면 "비록 미혹한 사람이라 해도, 이 법문을 듣고 환하게 곧바로 성품을 보게 되었다"는 문장이 들어가야 한다. 그래서 스즈키 다이세쓰는 혜흔본을 교정하면서 "오직 미혹한 사람이기만 하면[但是迷人]"의 구절을 但是(使)迷人과 같이 是 → 使로 바꾸었다. "오직 미혹한 사람으로 하여금 환하게 자성을 보게 하였다"는 뜻이 된다.

🪷 청정의 서방정토

대사가 말씀하셨다. "여러분! 수행을 하고자 합니까? 집에서도 수행

---

171 但是迷人, 了然見性. [大乘寺本]

을 할 수 있습니다. 절에서만 수행하는 것이 아닙니다. 절에 살면서도 수행하지 않는다면 서방정토에 사는 사람이 마음이 악한 것과 같습니다. 집에 살면서도 수행을 한다면 동방 사바세계의 사람이 선행을 닦는 일과 같습니다. 오직 자기의 집에서 청정함을 닦기를 발원한다면 그곳이 바로 서방정토입니다."[172]

평설   돈오의 문에서 승속의 구분은 무의미하다. 오직 시비분별을 세우지 않고 자성의 빛에 돌아가 합류하는 일이 있을 뿐이다. 빛과 합류하고 보면 바로 이 자리가 서방정토이다. 여기에 도달하는 데 특별한 형식의 수행이나 특별한 내용의 깨달음이 따로 있을 수 없다. 오직 시비분별 없는 청정함에 맡기는 것이 수행이고, 깨달음이고, 서방정토이다. 다만 맡기고 닦아야 할 청정함이란 것 역시 따로 있지 않음을 잊지 말아야 한다. 그러므로 잘 수행하는 사람은 만물과 만상을 모두 품되 시비호오 없이 까마득히 모를 뿐인 길을 걷는다. 대지는 다양한 높낮이의 산을 일으켜 함께 품고 있지만 그 높고 낮음을 차별하지 않는다. 큰 바위는 옥을 품고 있지만 옥에 티끌이 있는지 없는지 분별하지 않는다. 이렇게 모두 끌어안아 분별이 없는 마음이 청정함이다. 그러므로 밥 먹고 차 마시는 일에서 닦고 깨달아야 하고, 그릇 씻고 마당 쓰는 일에서 닦고 깨달아야 한다. 이 일 외에 달리 특별한 닦음의 길이 있을 수 없다.

유통본에서는 위의 서방정토를 자성의 서방정토[自性西方]라는 용어로

---

172 大師言, 善知識, 若欲修行, 在家亦得, 不由在寺. 在寺不修, 如西方心惡之人. 在家若修行, 如東方人修善. 但願自家修清淨, 即是西方.

대체한다. 청정한 자성이 바로 서방정토임을 강조하기 위해서이다. 다만 자성이라는 것이 따로 있지 않으므로 한순간 자성을 보는 체험을 했다 해서 그것에 머물러서는 안 된다. 자성은 천변만화의 인연을 통해 드러난다. 그러므로 지금 당장, 눈앞의 이 인연이 곧 아미타불의 방문 소식임을 알아야 한다. 이것이 자성미타를 친견하는 길이다.

제11장

모양을 세우지 않는 노래

🪷 세속에서 수행하는 법

위사군이 질문하였다. "스님! 집에서 어떻게 수행해야 하는지 가르쳐 주시기 바랍니다."

대사가 말씀하셨다. "여러분! 내가 여러 스님과 신도들에게 모양을 세우지 않는 노래[無相頌]를 지어 주겠습니다. 모두 이것을 외워 자기의 것으로 삼아 이에 의지하여 수행하십시오. 그러면 나와 한곳에 있는 것과 다름이 없을 것입니다."

노래는 다음과 같았다.[173]

🪷 모양을 세우지 않는 노래-1

말에도 통하고 마음에도 통하니,
태양이 하늘에 있는 것과 같네.
오직 지금 당장 깨닫는 법만을 전하여,
세상에 출현하여 삿된 종파를 부순다네.[174]

평설   말에 통한다는 것은 경전에 눈떴다는 뜻이고, 마음에 통한다는 것은 부처의 마음과 하나로 만났다는 뜻이다. 부처의 마음과 하나로 만나고 있는 사람에게는 모든 말이 완전무결한 설법이다. 그러므로

---

173 使君問, 和尙, 在家如何修, 願爲指授. 大師言, 善知識, 惠能與道俗作無相頌, 盡誦取, 依此修行, 常與惠能一處 無別. 頌曰. 說通及心通, 如日處虛空. 惟傳頓教法, 出世破邪宗.

174 說通及心通, 如日處虛空. 惟傳頓教法, 出世破邪宗.

말에도 통하고, 마음에도 통하게 된다.

지금 당장 깨닫는 법은 육조 스님이 전하는 돈오법이다. 지금 눈앞의 만사만물이 부처의 드러남임을 아는 데 시간과 단계가 필요하지 않으므로 돈오라는 것이다. 그래서 당장 깨닫는 법만을 인정한다. 모양을 설정하지 않고[無相], 머물거나 지향하는 바 없고[無住], 분별 집착을 멈추는[無念] 실천만을 인정한다.

이에 비해 삿된 종파는 수행과 깨달음에 특별한 모양을 설정해 놓고 그것을 지향하는 이들이다. 설혹 불교를 표방하고 있다 해도 지금 이것의 밖에 부처가 따로 있다고 설정하고 그것을 구하고 있다면 삿된 종파가 된다. 계행, 선정, 지혜에 특별한 모양을 설정하고 그것에 집착한다면 삿된 종파가 된다. 그래서 불교 밖의 삿된 종파도 있지만 불교 내부에도 삿된 종파가 많다.

돈오문은 마음 밖에서 부처를 찾는 삿된 종파와 양립할 수 없다. 우주 법계가 이대로 한마음이며, 법신의 드러남임을 보아 지금 당장 깨닫는 것이 돈오문의 일이기 때문이다. 모양 속에 있되 모양에 구속되지 않는 당장 깨닫는 법을 실천하는 그룹이기 때문이다. 한 선사[翠微]에게 구도자[令遵]가 물었다.

"달마 스님이 서쪽에서 오신 진짜 목적은 무엇입니까?"

"사람들이 없을 때 몰래 말해 주겠다."

[사람들이 없는 자리에서]

"이제 사람들이 없으니 말해 주십시오."

[대숲으로 데리고 가서]

"저 대나무는 저렇게 길고, 이 대나무는 이렇게 짧구나."

도를 표현하는 모든 언설은 멀쩡한 백옥에 끌질을 하는 것처럼 무익할 뿐더러 해롭기까지 하다. 그럼에도 말이 없으면 안 된다. 그래서 말에도 통하고 마음에도 통한 도인은 이렇게 스스로 진리로 살면서 타인에게 가장 적절한 방식으로 그것을 드러내어 보여 준다. 마니주는 비춰진 색을 그대로 반영하여 색깔이 천변만화한다. 이러한 마니주의 특성을 잘 아는 사람은 이것이 혹은 붉다고 하고, 혹은 푸르다고 하며, 혹은 본래 색이 없어 변함이 없다고도 말한다. 말 자체는 계속 바뀌고 있지만 항상 마니주라는 본질을 놓치지 않는 것이다.

"오직 지금 당장 깨닫는 법을 전한다[頓敎法]"고 했는데, 유통본에서는 이것을 "성품을 깨닫는 법[見性法]"이라 표현하고 있다. 돈황본에는 당장 깨닫는 돈오의 가르침에 대한 강조가 뚜렷하다. 그럼에도 돈오법과 견성법은 모두 육조 스님이 완성한 깨달음 법의 다른 표현이라는 점은 확실하다. 여기에서 성품은 전체 현상에 스며들어 떼어 낼 수 없는 무엇이다. 이것을 아는 일은 모든 현상을 하나하나 체험하는 과정을 필요로 하지 않는다. 한 번 보아 당장 볼 수 있는 것이므로 이 길을 돈오법이라고도 부른다.

🪷 모양을 세우지 않는 노래-2

법에는 당장 깨닫느니 점차 닦느니 하는 것이 없지만,
미혹함과 깨침으로 인해 늦고 빠름이 있네.
만약 당장 깨닫는 법을 배운다면,
어리석은 사람도 미혹할 수 없다네.[175]

평설   육조 스님이 말하는 법은 견성의 법인 동시에 눈앞의 이것을 떠나지 않는 실상의 법이다. 여기에는 당장 깨닫느니 점차적으로 깨닫느니 하는 구분조차 없다. 이미 갖추어져 있고, 이미 드러나 있는 이것에 돌아가 손잡는 일이기 때문이다. 그러나 현실적으로 보자면 영민한 깨달음의 자질을 가진 사람도 있고, 아무리 말해 주어도 엉뚱한 자리에서 찾아 헤매는 둔한 사람도 있다. 이로 인해 법에 눈뜨는 일에 늦고 빠름이 있게 된다.

오조 홍인선사의 전통을 이은 육조 스님은 오직 견성법만을 말한다. 선정이나 해탈을 곁가지로 말하는 일조차 없다. 모든 수단과 방법을 다해 수행자로 하여금 모양에 대한 집착을 내려놓고 본래의 빛에 돌아가 한 몸으로 만나도록 인도한다. 그것은 무조건적 내려놓기와 무조건적 만남의 길이며, 무조건적 회합하는 길이다. 대상도 내려놓고, 생각도 내려놓고, 깨달음의 지향도 내려놓는다. 나아가 내려놓는다는 생각까지 내려놓는다. 이것이 당장 깨닫는 법을 실천하는 길이다.

만약 깨달음에 실체가 있다면 법은 알고 이해하는 대상이 되어 버린다. 그런데 이 법은 공기와 같다. 우리는 공기에 맡기고 그것과 하나처럼 살지언정 공기를 안다거나 이해한다고 말하지 않는다. 아무리 어리석어도 숨을 쉬는 사람으로서 공기를 찾아다니지는 않는다. 그것은 또한 깊은 산과 넓은 물, 푸른 소나무, 흰 두루미로 나타난다. 요컨대 지금 눈앞의 가장 가까운 이것으로 드러나 있다. 이것이 돈오법이다.

그래서 돈황본에는 돈오법을 배우기만 하면 어리석은 사람도 깨닫는다고 했다. 이것을 유통본에서는 "자성을 보아 바로 깨닫는 이 법이 있을

---

175 法即無頓漸, 迷悟有遲疾. 若學頓教法, 愚人不可迷.

뿐이지만, 어리석은 사람은 그것을 알지 못한다"[176]고 표현하고 있다.

어느 것이 옳을까? 육조 스님은 어리석은 사람이라도 깨달을 수 있으며, 깨닫기만 하면 지혜로운 사람이 된다는 것을 거듭 강조한 바 있다. 그러니까 이 구절의 경우, 돈오법을 배우기만 하면 어리석은 사람이라도 미혹함에서 벗어난다는 돈황본의 표현이 전체 설법의 논지에 더 잘 부합된다.

🪷 모양을 세우지 않는 노래-3

말로 표현하자면 만 가지로 다르지만,

이치에 합류하고 보면 하나로 돌아가리니.

번뇌의 어두운 집에,

항상 지혜의 태양이 일어나게 해야 되리라.[177]

평설   하나라 했지만 이 또한 별수 없어서 붙인 말이다. 하나의 진실한 법계니, 하나의 실상이니, 둘 아닌 법문이니, 어지럽지 않은 한마음이니 하는 것들도 별수 없어서 붙인 이름이다. 하나조차 성립하지 않는 것이 진여실상의 법이기 때문이다. 하나조차 없으므로 어떤 무엇도 설정하면 안 된다. 그저 지금 당장의 만사만물이 바로 부처임을 보는 실천이 있을 뿐이다.

번뇌는 자아를 기준으로 시비호오를 나누는 일에서 일어난다. 이 자

---

176 法即無頓漸, 迷悟有遲疾. 只此見性門, 愚人不可悉. [宗寶本]

177 說即雖萬般, 合理還歸一. 煩惱暗宅中, 常須生慧日.

아라는 씨앗이 셋으로 증식하여 탐욕과 분노와 어리석음이라는 뿌리가 된다. 다시 여기에서 오만과 의혹, 그리고 바르지 못한 견해라는 줄기가 서고, 이 뿌리와 줄기에서 8만 4천의 번뇌라는 가지와 잎이 자라난다.

그런데 알고 보면 번뇌의 나무가 그대로 진리의 동산이다. 8만 4천 번뇌를 부처의 빛에 합류한 눈으로 보기만 하면 말이다. 이것을 가리켜 항상 지혜의 태양이 일어나게 한다고 표현했다. 우리는 이 '항상'이라는 말에 방점을 찍을 필요가 있다. 번뇌에 낙담한다면 바른 수행이 아니다. 그 낙담 역시 번뇌를 극복한 훌륭한 존재이고 싶다는 욕망의 다른 표현이기 때문이다. 반대로 번뇌가 일어날 때 항상 지혜의 바른 비춤과 합류하는 일만 있다면 그것은 언제나 옳다.

견성의 법은 천 가지, 만 가지가 된다. 그렇지만 결국 그것은 오직 한 길, 불이중도의 실천으로 귀납된다. 물론 이 말조차 위험하다. 천만 가지 모양에 묶여서도 안 되지만, 불이중도의 하나에 집착해서도 안 되기 때문이다. 반야지혜의 태양을 가리는 구름을 지우고 보면 모두 같은 얘기이다. 한결같이 자성에 눈뜨라는 얘기이고, 그것에 합류하라는 얘기이고, 오는 대로 인연을 수용하여 호오의 감정을 일으키지 말라는 얘기이다. 분별을 멈추라는 얘기이고, 마음 밖에서 특별한 무엇을 찾지 말라는 얘기이다. 그래서 이 자리에서는 견성성불이나 해탈열반이라는 말조차 발 디딜 곳이 없다. 본래 미혹함이 없는데 견성이라는 말이 성립이나 하겠으며, 본래 묶인 일이 없는데 해탈이라는 말이 가당키나 하겠는가?

🪷 **모양을 세우지 않는 노래-4**

샷됨이 오면 번뇌가 일어나고,

바름이 오면 번뇌가 사라지네.
삿됨과 바름을 모두 내려놓으면,
시비분별 없이 청정하여 완전한 열반에 이르게 되네.[178]

평설　　　일체의 분별이 삿됨이고, 분별을 내려놓는 것이 바름이고 깨달음이다. 그러므로 깨달음과 분별은 양립할 수 없다. 번뇌를 버리고 깨달음을 향해 나아가겠다는 지향은 이미 분별과 취사선택이 개입되어 있어 삿됨의 길을 걷게 된다. 번뇌와 깨달음을 나누는 분별 자체가 이미 번뇌이기 때문이다. 중도의 실천은 삿됨과 바름의 분별을 내려놓는 일이다. 뿐인가? 분별을 내려놓겠다는 의도조차 내려놓는 일이다. 이것은 지금 당장의 철저한 내려놓음을 전제로 한다. 아무리 밝게 알았다 해도 지금 당장 시비분별이 터럭만큼이라도 남아 있다면 이미 생사윤회의 바퀴에 굴려지고 있는 중임을 알아야 한다.

눈앞에 드러난 만사만물이 송두리째 반야의 밝은 빛이다. 이것을 알고, 믿고, 맡기고, 한 몸으로 만나는 것이 수행이다. 그리하여 나와 만사만물이 반야의 빛으로 함께 녹아 다시는 분별이 일어나지 않을 때 이것을 깨달음이라 한다. 반면 비추는 주체와 비춰지는 대상이라는 분별이 털끝만큼이라도 남아 있다면 아직 멀고 멀다. 그래서 어떤 성스러운 가르침이라 해도 아까워할 것 없이 모두 털어 내야 한다. 옛 스승들은 수행자들의 지향점을 지우기 위해 모든 성스러움을 통째로 뒤집는 말을 서슴지 않았다. 덕산 스님은 말한다.

178　邪來因煩惱, 正來煩惱除. 邪正俱不用, 清淨至無餘.

달마는 누린내 나는 오랑캐입니다. 석가모니는 똥 막대기입니다. 문수와 보현은 똥 통 나르는 머슴입니다. 등각, 묘각은 계율을 깬 범부이며, 보리와 열반은 나귀를 묶는 말뚝입니다. 12분교는 귀신의 장부이며 고름을 닦은 휴지일 뿐입니다. 3현, 4과, 초심, 10지는 무너진 무덤을 지키는 귀신일 뿐입니다.

부처와 조사와 불법에 대해 마구 욕을 해대고 있다. 이유는 분명하다. 어떤 것이라도 지향점이 세워지고 머무는 곳이 있다면 그로 인해 취사선택의 분별이 일어나 불법을 등지게 되기 때문이다.

노래의 첫 구절은 흥미로운 번역의 분기를 일으킨다. '邪來因煩惱'의 '因[~로 인하예]'을 해석자에 따라 '번뇌로 인해 삿됨이 온다'는 번역도 가능해지기 때문이다. 이 말이 성립하지 않는 것은 아니지만 분별이라는 삿됨이 번뇌의 뿌리임을 드러내는 데는 적절치 않다. 그래서 유통본에서는 "삿됨이 오면 번뇌가 이른다[邪來煩惱至]"로 표현하고 있다. 삿됨에서 번뇌가 온다는 뜻을 분명히 한 것이다. 또한 이러한 조치를 통해 그 뒤의 "바름이 오면 번뇌가 사라진다[正來煩惱除]"는 구절과 정확한 대구가 되도록 하였다. 유통본의 문장을 다듬은 흔적과 솜씨를 확인할 수 있다.

🪷 모양을 세우지 않는 노래-5

보리는 본래 분별없어 청정한데,
마음을 일으키는 그 일이 바로 망상이라네.
청정한 자성이 그 가운데 있으니,
단지 바르기만 하면 세 가지 장애는 사라지네.[179]

평설   본래 깨달음에 돌아가 합류하고 보면 중생과 부처가 둘이 아니다. 미혹하면 중생이고 깨달으면 부처라는 차이가 있을 뿐이다. 본래 청정하다는 말은 우리를 포함한 우주법계가 모두 차별 없이 불성의 DNA로 이루어져 있다는 말이다. 전체 존재가 통째로 본래 깨달음이라는 뜻이다. 다만 한 생각의 시비분별이 문제가 된다. 그것은 나라는 주체를 세우는 일에서 시작된다. 나를 세우는 순간 대상이 세워져 세계가 둘로 나뉜다. 이렇게 분별의 운동이 시작되면 온 세상이 분별망상의 파도에 잠기게 된다.

다만 세상을 덮는 분별망상의 파도에도 불구하고 전체로서의 바다는 전혀 손상되는 일이 없다. 그러므로 파도를 멈추어 바다로 돌아갈 일이 아니다. 파도가 곧 바다이기 때문이다. 이것을 바로 보기만 하면 된다. 깨달을 수 있는지를 염려할 일이 없다. 우주법계 전체가 법의 바다이고, 깨달음의 빛이라서, 애초에 번뇌와 장애가 있지 않았기 때문이다. 본래 깨달음이 갖추어져 있기 때문이다.

이렇게 보는 것이 번뇌를 녹이는 '바름'이다. 바름이란 둘로 분별하지 않음, 모양에 집착하지 않음의 다른 표현이다. 그러므로 중생을 버려 부처가 되고자 한다면, 그것은 목을 자르면서 살아남기를 구하는 일과 같다.

여기에서 말하는 세 가지의 장애[三障]는 경전에 따라 설이 다양한데 『열반경』에서는 번뇌장(煩惱障), 업장(業障), 보장(報障)의 세 가지 장애를 말하다. 번뇌장은 욕망과 분노와 어리석음 등의 미혹으로 인한 장애, 업장은 크고 작은 악업들로 인한 장애, 보장은 각자가 받은 심신과 환경으로

---

179 菩提本清淨, 起心即是妄. 淨性在於中, 但正除三障.

인한 장애를 가리킨다.

『화엄경』에서는 번뇌를 몸의 겉[皮], 몸의 안[肉], 심층[心]의 차원으로 구분하여, 피번뇌장, 육번뇌장, 심번뇌장을 말한다. 겉에서 일어나는 번뇌의 장애, 즉 피번뇌장은 외적 대상과의 접촉현장에서 일어나는 욕망과 분노와 어리석음 등의 감정으로 인한 장애[思惑]이다. 몸의 안에서 일어나는 번뇌의 장애, 즉 육번뇌장은 시비분별을 가리는 견해로 인한 장애[見惑]이다. 가장 심층의 핵심번뇌에서 일어나는 장애, 즉 심번뇌장은 진여자성의 본래 마음을 가리는 근본무명의 미혹함으로 인한 장애[根本無明惑]이다. 어떤 경우나 몸과 마음을 가진 중생의 한계적 상황에서 일어나는 장애이다.

한편 천태학에서는 감정과 견해에서 일어나는 장애[見思惑], 본질은 공이지만 다양한 현상으로 나타나는 실상의 본질을 통찰하지 못하는 데서 일어나는 장애[塵沙惑], 홀연히 나와 대상을 구분하는 번뇌의 깊은 근본인 장애[無明惑]를 말한다. 그리고 이러한 장애를 해소하기 위해 실체가 없음을 통찰하는 수행, 실체 없는 진리가 다양한 모양으로 나타나는 실상을 바로 보는 수행, 색즉시공·공즉시색을 함께 보는 중관의 수행을 실천의 길로 제시한다.

그러나 육조 스님은 일도양단, 일체의 분별을 내려놓고 단지 "바르기만 하라"고 가르치고 있다. 일체의 교설과 대비되는 육조 돈오선의 매력과 힘이 느껴지는 대목이다.

"보리는 본래 청정하다"는 구절을 종보본 등의 유통본에서는 "보리는 본래 저절로 이러한 자성[菩提本自性]"이라고 표현하고 있다. 청정은 시비분별을 일으키지 않는다는 뜻으로서 본래 저절로 이러한 자성의 특징이다. 표현의 차이는 있지만 뜻의 차이는 없다. 또한 "청정한 자성이 그 가운데 있다"는 3번째 구절은 "청정한 마음은 망상 속에 있다"[180]로 표현되어 있다. 망상이든 정념이든 모두 청정한 자성, 청정한 마음에서 일어난 다양한 모양의 하나이다. 본래 분별없는 이것에 시비호오를 붙여 어떤 것은 버리고 어떤 것은 취하고자 하는 것이 모든 미혹의 본질이다. 그 전하고자 하는 주제의식에 있어서는 돈황본과 차이가 없고 다만 문장이 다듬어져 있음을 확인할 수 있다.

🪷 모양을 세우지 않는 노래-6

세상에 살면서 도를 닦는다 해도,
어떤 것도 방해가 될 수 없네.
항상 자기의 허물을 드러내면,
바로 진리와 서로 상응하게 된다네.[181]

평설   진리를 닦는다 했는데 어떻게 닦는가? 지금 당장 시비분별을 멈춰 자성에 합류한다. 자성의 밝은 빛에 합류해 보면 시끄러움과 고요함이 다르지 않다. 그래서 모든 순경과 역경이 수행의 현장이 된다. 이러한 입장에서는 어떤 일도 장애가 되지 않는다. 시장터에 살거나 산속에 살거나 차이가 없다. 이 통쾌한 일은 모든 현장에서 분별하고 집착하는 자기의 잘못을 바로 보는 일과 동시에 일어난다. 노래에서는 이것을 항상 스스로의 허물을 드러낸다고 표현하였다. 그것은 상황의 탓, 남의

---

180 菩提本自性, 起心即是妄. 淨心在妄中, 但正無三障. [宗寶本]
181 世間若修道, 一切盡不妨. 常現在已過, 與道即相當.

탓을 하지 않는다는 뜻이기도 하다. 상황의 탓, 남의 탓, 그 자체가 분별이기 때문이다. 사실 어떤 일이 장애가 된다면 그것은 그 일의 잘못이 아니라 시비분별을 일으킨 자신의 잘못이다. 이렇게 거듭거듭 분별을 내려놓고 청정한 자성의 밝은 빛에 돌아가 맡길 때, 모든 현장에서 진리와 한 몸으로 만나게 된다. 천만리 먼 곳을 맴돌다 돌아와도 한 걸음조차 움직인 일이 없게 된다.

"어제는 어디에서 주무셨는가?"
"한순간도 이 자리에서 움직인 적이 없습니다."
"움직이지 않고서 여기는 어떻게 왔는가?"
"여기에 왔다고 움직이는 일이 있었겠습니까?"
"오호! 머물지 않는 자리에 묵었다는 말이지?"

스승과 제자가 박자를 맞춰가며 움직임 없는 자리, 머물지 않는 자리를 확인하고 있다. 영가 대사는 이런 공부, 이런 깨달음을 노래하여 "움직이는 것도 참선, 앉는 것도 참선이다. 말하거나 침묵하거나, 움직이거나, 조용히 있거나 본체는 흔들리는 일이 없다. 설사 날카로운 칼날을 맞아도 변함없이 그러하고, 독약을 먹어도 변함없이 한가하다"고 했다. 이렇듯 당장 깨달음을 실천하는 자리에서는 상황의 탓, 환경의 탓, 남의 탓을 할 겨를이 없다.

🪷 **모양을 세우지 않는 노래-ㄱ**
모양으로 나타난 것들은 스스로 그러한 이치가 있으니,

이 이치를 떠나 별도로 진리를 찾지 말라.

진리를 찾으려 하면 진리를 찾을 수 없으리니,

결국엔 도리어 스스로 후회하게 될 뿐이리라.[182]

평설   유정 중생이든 무정 만물이든 모든 존재는 있는 이대로 부처의 드러남이다. 그런데 사람들은 도를 구한다면서 특별한 무엇인가를 찾아 헤맨다. 그래서는 진리를 찾지 못할 뿐 아니라, 번뇌만 키우게 된다. 요컨대 지금 이것, 이 하찮은 모양의 밖에서 별도의 특별한 진리를 찾는다면 그것은 스스로 번뇌를 키우는 일이 되는 것이다. 진리가 따로 있다는 생각이야말로 모양의 함정에 빠지는 일이기 때문이다.

사람들은 명백한 이것을 두고 다른 곳에서 찾기를 반복한다. 그러다 흰 구름 흐르고, 푸른 산 여전한 현장에 문득 눈을 뜨고 보면 그간의 일이 참으로 허망한 헤매기의 반복이었음을 알게 된다. 우주법계의 전체 공간이 불성으로 빽빽이 채워져 있다. 우리는 호박보석과 한 몸이 된 꿀벌과 같다. 이미 한 몸인데 우리는 굳이 스스로 꿀벌로 분리되어 이 호박보석을 찾아 어딘가로 나아가고자 한다.

유통본에는 각 존재들의 "저절로 그러함은 상호 간에 충돌하지 않는다"는 구절이 추가되어 있다. 이로 인해 4구절씩 주제별로 정연하게 나뉘던 노래가 5구절이 되어 분장에 어긋남이 발생하기도 한다. 이것을 조정하기 위해 다시 "다른 곳에서 진리를 찾는다고 일생을 헤매다가"[183]라

---

182 色類自有道, 離道別覓道. 覓道不見道, 到頭還自懊.

183 色類自有道, 各不相妨惱. 離道別覓道, 終身不見道. 波波度一生, 到頭還自懊. [宗寶本]

는 구절을 추가한다. 전체적으로 큰 뜻에 차이는 없지만 돈황본의 표현
이 하나의 주제를 드러내는 데 있어 보다 깔끔하다.

🪷 모양을 세우지 않는 노래-8

진정한 진리의 길을 보고자 하는가?
바른 실천이 곧 진리의 길이라네.
스스로 바른 마음이 없다면,
어둠 속을 헤매면서 진리의 길을 보지 못하게 된다네.[184]

평설　　진정한 도는 지금 이 현장의 가장 비근한 모습으로 남김없
이 나타나 있다. 만 가지로 나타나는 이것 외에 진리가 따로 있지 않다.
이것은 특별한 모습을 따로 갖지 않는다. 그런데 사람들은 지금 이것만
빼놓고 다른 특별한 진리를 찾고자 한다. 지금 이것과 구별되는 특별한
무엇이 따로 있을 것이라는 분별심이 그것을 추동한다. 이로 인해 우리
는 고향을 놓아두고 타향을 헤매는 나그네가 된다. 모든 현장이 고향으
로 돌아가는 길이고, 모든 사건이 고향의 일임에도 불구하고 이 길 아닌
다른 길을 찾아 고향에 돌아가고자 한다. 불가능한 시도를 하고 있는 것
이다.

더구나 우리는 애초 고향을 떠난 적이 없다. 둘로 나누는 생각으로 인
해 자기가 지금 타향을 헤매고 있다는 꿈을 꾸고 있을 뿐이다. 그러므로
시비분별을 내려놓기만 하면 본래의 고향이 스스로 드러난다. 그것은 잠

---

[184]　若欲見眞道, 行正即是道. 自若無正心, 暗行不見道.

에서 깬 아이가 여전히 어머니의 품에 안겨있는 자신을 발견하고 안도하는 일과 같다.

여기에서 '바른 행동, 바른 마음'은 선도 생각하지 않고 악도 생각하지 않는다는 뜻이다. 수행자는 이러한 바름을 수호하고, 이러한 바름에 거듭 합류하는 사람이다. 이런 수행자에게는 모든 자리가 도 닦는 현장이고, 모든 행동이 부처를 실천하는 일이 된다. 반대로 이러한 바름이 없다면 등불 없이 밤길을 가는 것과 같아서 걸음마다 함정에 빠지게 된다.

🪷 모양을 세우지 않는 노래-9

진정으로 진리의 길을 닦는 사람이라면,
세상 사람들의 잘못을 보지 않는다네.
만약 세상 사람들의 잘못을 본다면,
스스로의 잘못이라 도에서 멀어지는 일이라네.[185]

평설 진리의 길에 들어선 사람은 모든 현장에서 부처와 만나 그에 상응하는 다양한 춤으로 불공을 드린다. 설사 그곳이 시비가 치열한 시장바닥이라 해도 모든 것이 부처의 현현이라는 점에는 변함이 없다. 그러므로 시비를 가릴 일이 없다. 무엇보다 남에 대해 어리석다, 잘못되었다 하는 시비분별이 그 기준을 세운 자기에게서 비롯됨을 알아야 한다. 시비분별은 수행의 생명을 끊는 맹독이다. 그러므로 이 길을 걷고자 하는 사람은 오로지 자신이 시비분별에 빠져 있지 않은지 돌이켜 보

---

185 若眞修道人, 不見世間過. 若見世間非, 自非卻是左.

는 일에 쉼이 없어야 한다. 혹은 정의라는 이름으로, 혹은 도덕이라는 이름으로, 혹은 깨달음이라는 이름으로 남을 판단하고 단죄하고 있지는 않은가? 부처님 법이라는 이름으로 이것을 취하고 저것을 버리고 있지는 않은가? 만약 그렇다면 나는 이미 깨달음과 정반대의 길을 걷고 있는 중이다.

시비분별을 내려놓는 일은 철저해야 한다. 그래서 모든 악업을 짓지 않아야 하는 것은 당연하지만 선업을 짓겠다는 지향까지도 내려놓아야 한다. 어리석은 중생심에 휩쓸려도 안 되지만 마음을 비추어 보겠다는 지향, 맑음으로 돌아가겠다는 지향도 내려놓아야 한다. 마음이 혼침과 도거에 휩쓸려 있어도 안 되지만, 마음을 맑게 가라앉히려는 노력도 내려놓아야 한다. 그리하여 시비선악의 어느 쪽에도 취사선택의 마음을 일으키지 않고, 오로지 눈앞에 다가온 당장의 인연을 부처로 맞이하는 것이 진정한 수행이 되는 것이다.

"세상 사람들의 잘못을 보지 않는다"는 두 번째 구절은 "원래 어리석음[愚]을 보지 않는다"로 되어 있었다. 이렇게 하면 요령부득이 된다. 남의 잘못을 보는 일 자체가 스스로 시비분별의 늪에 빠져 있음을 알라는 것이 전체 노래의 메시지인데 여기에서는 남의 어리석음을 보는 일로 되어 있기 때문이다. 혜흔본이나 유통본을 보면 "세상 사람들의 잘못을 보지 말라"[186]고 되어 있다. 이것이 더 맥락이 통한다. 그래서 CBETA 최근본에는 혜흔본 등에 근거하여 어리석을 우(愚)를 잘못 과(過)로 수정하고 있다.

---

[186] 不見世間過. [宗寶本, 大乘寺本]

🪷 모양을 세우지 않는 노래-10

남의 잘못도 나의 죄이고,

나의 잘못은 당연히 나의 죄라네.

오직 스스로 잘못된 마음을 버릴 때,

번뇌가 산산조각 부서지게 된다네.[187]

평설　왜 남의 잘못이 나의 죄인가? 만사만물은 가치중립적이다. 그 일 자체가 있을 뿐이다. 다만 자아를 세워 그것에 시비호오의 마음을 내는 것이 문제가 된다. 그 순간 본래 깨달음이 가려지기 때문이다. 이렇게 남이 잘못되었다고 판단하는 일 자체가 나의 시비분별에서 일어나는 것이므로 남의 잘못도 나의 죄이다.

나의 잘못은 당연히 나의 죄이다. 여기에서 말하는 잘못은 모든 시비분별 그 자체를 가리킨다. 그것이 생사윤회에 스스로 뛰어드는 출발이 되므로 죄가 된다. 죄를 짓지 않으려면 선도 생각하지 않고 악도 생각하지 않는 본래 깨달음의 자리에 거듭 돌아가야 한다. 그 자리에는 좋고 싫음이 없어 번뇌는 물론 진리조차 성립하지 못하게 된다.

불법은 눈앞의 만사만물로 남김없이 드러나 있다. 생각이 작동하는 바로 그 자리, 손 들고 발 딛는 바로 그 자리, 눈썹 치켜올리고 눈 깜빡이는 바로 그 자리에 부처는 황금빛을 발하며 현전해 있다. 설사 앞에는 천 길의 절벽이 있고, 뒤에는 호랑이가 달려든다 해도 어쩔 길 없는 바로 그 자리에 완전한 불법이 나타나 있다. 진정으로 불법을 공부하는 사람은

187　他非我有罪, 我非自有罪. 但自去非心, 打破煩惱碎.

지금 이것을 분별없이 있는 그대로 보는 일을 거듭 실천한다. 시비판단에 따른 취사선택의 마음을 일으키지 않는다. 그렇다고 해서 현실을 무시하라는 말도 아니고, 살기 위한 방도를 생각하지 말라는 말이 아니다. 호랑이를 만났다면 달아나고자 하는 마음이 일어난다. 그리고 바로 이렇게 일어난 마음으로 부처가 나타났음을 알라는 말이다. 이렇게 안다면 호랑이를 만나 달아나도 그 일, 몽둥이를 들고 호랑이와 맞서도 그 일이라서 본래 깨달음의 빛은 완전하다.

유통본에서는 타인의 잘못도 나의 잘못이라는 구절을 "타인에게 잘못이 있어도 나는 시비분별을 하지 않아야 한다"[188]고 표현한다. 두 표현 모두 타인의 행동에 대해 시비분별의 마음을 내지 말라고 하는 점에서 크게 다르지 않다. 또한 유통본에서는 이 구절의 뒤에 "미움과 애착에 마음이 걸리지 않으면, 두 다리 쭉 뻗고 누울 수 있다"[189]는 구절이 더해져 있다. 이전에 문구를 추가한 부분이 있었는데 그로 인해 무너진 정형성을 회복하는 한편 노래의 뜻을 보완하는 역할을 한다.

🪷 **모양을 세우지 않는 노래-11**

어리석은 사람을 교화하고자 한다면,
방편이 있어야 하네.
그들에게 의심이 없게 한다면,
바로 보리가 여기에 드러난다네.[190]

---

188 他非我不非. [宗寶本, 大乘寺本]
189 憎愛不關心, 長伸兩脚臥. [宗寶本]

평설　본래의 깨달음을 실천하는 사람이라면 필연적으로 중생의 교화에 투신하게 된다. 중생의 교화는 의심을 끊어주고[斷疑], 미혹을 깨뜨리고[破惑], 신심을 일으켜[生信], 자성을 보도록 하는 길[見性]을 걷는다. 순서로 보자면 의심이 없게 하는 일이 시작이 되고, 자성을 보도록 하는 일이 마지막이 된다. 그러나 사실 이것은 같은 말이다. 의심이 없는 일이 바로 미혹을 깨뜨리는 일이고, 신심을 일으키는 일이며, 자성을 보는 일이기 때문이다. 그 사이에 단계가 세워질 수 없는 것이다.

다만 사람마다 특징이 다르므로 그에 어울리는 방편이 필요하다. 육조 스님이 설한 36가지 상대되는 법의 실천이 그에 해당한다. 역대 조사들의 몽둥이와 고함도 이에 속한다. 다만 어느 경우라 해도 그 방편은 지금 막 지은 따뜻한 밥이라야 한다. 지금 당장 자성을 확연하게 보는 자리에서 일어난 설법이라야 한다. 나와 대상이 둘 아닌 자리에서 나오는 것이라야 한다.

이 법문은 지금의 현장에서 일어나므로 산과 들의 백 가지 꽃을 가리키고, 수양버들 위 노래하는 꾀꼬리를 가리켜 보이는 방식으로 표현된다. 마조 스님은 진리라 불리는 특별한 무엇이 있다는 생각으로 찾아와 "진리가 무엇인지" 묻는 수행자를 다음에 오라고 돌려보낸다. 실망하여 돌아서는 수행자를 마조가 부른다. "스님!" 수행자가 고개를 돌리사 묻는다. "무엇입니까?" 수행자는 도가 먼 곳에 있다고 생각하여 부지런히 공부해 온 지난 시절을 반성한다. 그것은 "스님!" 하고 부르는 소리에 있고, "무엇입니까" 하는 질문 속에 있다는 것을 확연히 알게 된 것이다.

반면 나와 대상을 나누는 시비분별을 하는 사람이라면, 그가 과거에

190　若欲化愚人, 是須有方便. 勿令彼有疑, 即是菩提現.

어떠한 체험을 했다 해도 이미 쉰밥을 권하는 사람이다. 진정한 방편의 힘을 발휘하지 못할뿐더러 십중팔구 남을 잘못 이끌게 된다. 현재진행형의 깨달음이라야 진정으로 중생의 의심을 끊어 자성을 밝게 보는 자리로 이끌 수 있다. 그렇지 않다면 맹인이 맹인을 안내하여 절벽으로 나아가는 일일 수밖에 없다.

노래 중의 "사람들로 하여금 의심이 없게 한다"는 구절은 원래의 돈황본에는 "그 의심을 깨뜨리지 않도록 한다"[191]로 되어 있었다. 전체 주제의식을 고려하여 혜흔본과 유통본을 따라 고쳤다. 억지로 해석을 하자면 못 할 것은 없지만 맥락의 연결이 자연스럽지 못하기 때문이다.

🪷 모양을 세우지 않는 노래-12

불법은 원래 세간에 있는 것,
세간에 있으면서 세간을 벗어나는 것.
세간을 벗어나,
바깥에서 출세간의 법을 찾지 말 것.[192]

평설　　불법은 세간의 모든 일에 드러나 있다. 세간이라 함은 의식을 가진 모든 존재[有情世間]와 그것을 둘러싼 모든 환경[器世間]을 포함한다. 그러므로 모든 존재와 일체의 의식작용, 그리고 전체 대상세계가 불법이 드러나는 현장이다. 요컨대 만법이 다 불법이다. 불법은 이 모든 세간의

---

191 勿令破彼疑.

192 法原在世間, 於世出世間. 勿離世間上, 外求出世間.

일을 떠나서 별도로 존재할 수 없다. 모든 곳에서 만나는 그것이 바로 주인공이고, 발 딛는 이 자리에서 대면하고 있는 이것이 진짜 그것이다.

만약 세속의 지금 이 일을 떠나 특별히 성스러운 무엇을 찾아 헤맨다면 불법은 영원히 체험할 수 없게 된다. 그것은 토끼에게서 뿔을 찾는 일과 같고, 거북의 등에서 털을 찾는 일과 같다. 그래서 선사들은 불법이 무엇인지 질문을 받으면 항상 지금의 이것을 들어 보여 주곤 하였다. 필요하다면 뺨을 때리고, 몽둥이를 휘두르고, 발길질을 하였다. 가장 은근하고 부드러운 가르침에서 극히 과격하고 비상식적인 폭력에 이르기까지 이 모든 경책은 지금 이것을 곧바로 가리켜 보이기 위한 돈오문의 방편에 속한다. 유통본에서는 다음과 같이 훨씬 세련된 방식으로 이것을 표현한다.

불법은 세간에 있으니,
세간을 떠나지 말고 깨달으라.
세간을 떠나 깨달음을 구한다면,
토끼에게서 뿔을 찾는 것과 같으리라.[193]

돈황본은 할 말만 하는 경향이 있고, 유통본은 청법자에 대한 배려와 설득을 우선시하고 있음을 거듭 확인할 수 있다.

> ### 🪷 모양을 세우지 않는 노래-13
>
> 삿된 견해가 세간이고,

---

[193] 佛法在世間, 不離世間覺. 離世覓菩提, 恰如求兔角.

제11장 모양을 세우지 않는 노래 301

> 바른 견해가 출세간이라네.
> 삿됨과 바름을 모두 버리고 나면,
> 보리의 자성이 분명하게 드러나리라.[194]

평설   바른 견해와 삿된 견해가 무엇인지 정의를 내리고 있다. 분별을 내려놓는 일, 본래의 깨달음에 맡기는 것이 바른 견해이고, 모든 분별은 삿된 견해다. 심지어 생각하려는 준비동작만 해도 삿된 견해이다.

중도라는 것에도 집착하면 안 된다. 중도는 분별망상을 치유하기 위해 붙여 놓은 임시적 이름일 뿐, 어떤 특별한 일을 가리키는 것이 아니다. 만약 불이중도만이 진리라 하여 이를 따로 추구한다면 그 역시 분별로서 두 날의 칼을 쪼개 삼지창을 만드는 일이다. 시비의 칼날에 중도라는 또 하나의 칼날이 추가되는 것이다. 설상가상이다. 서천행을 서두르다가 봉변을 당한 손오공이 그랬다. 그는 팔계의 도움을 받아 두 자루의 칼을 쓰는 호랑이 요괴를 퇴치한다. 아니 퇴치했다고 생각한다. 분별과의 싸움에서 이겼다고 생각했다는 것이다. 그 순간 호랑이 요괴의 뒤에서 삼지창을 쓰는 쥐 요괴가 나타난다. 손오공은 쥐 요괴의 삼매 바람에 당해 눈이 멀고 만다. 중도를 따로 설정하고, 삼매를 따로 설정하는 잘못을 범한 결과가 이렇다.

그러므로 중도에 대한 관념과 추구조차 내려놓는 진정한 중도의 실천이 요구된다. 일체의 분별과 추구를 내려놓으면 온 법계가 그대로 넘실거리는 깨달음의 바다이다. 노래에서 말한 것처럼 "보리의 자성이 분명

---

194 邪見是世間, 正見出世間. 邪正悉打卻, 菩提性宛然.

하게 드러난다." 바로 이 깨달음의 바다에 돌아가 하나로 출렁거리는 것이 수행이다. 때때로 분별이 일어나면 고삐를 채어 돌아오되, 별도의 성스러움을 구할 일이 없다. 따로 구하는 일 없이 물 뜨고 나무 나르는 일이 곧 그것임을 아는 살림을 꾸리는 것이다.

유통본의 표현 또한 이와 크게 다르지 않다. 다만 혜흔본의 첫 구절이 돈황본이나 각 유통본과 약간 다르다. 삿된 견해=세간, 바른 견해=출세간이라는 표현 대신 "진리는 원래 세간에 있는 것이니, 세간에 있으면서 세간을 벗어나야 한다"[195]고 표현되어 있다. 전체적으로 보자면 앞, 뒤 2개의 시를 합쳤다는 느낌이 있다. 혜흔본의 이 구절은 세간과 출세간을 분별하는 위험을 차단하는 효과가 있어 참고할 만하다.

> ### 🪷 모양을 세우지 않는 노래-14
>
> 이것이 바로 지금 당장 깨닫는 가르침으로서,
> 대승이라 부르기도 한다네.
> 미혹하면 여러 겁을 거치게 되지만,
> 깨달으면 찰나 사이의 일일 뿐이라네.[196]

평설   우리는 이미 깨달음의 바닷속에 있다. 어떤 예외도 없이 세계의 모든 것이 깨달음의 밝은 빛 그 자체이다. 그러니까 세계가 있는 이대로 깨달음이다. 이와 같이 깨달음의 빛이 세계의 모든 것을 빠짐없이

---

195 法元在世間, 於世出世間. [大乘寺本]

196 此但是頓教, 亦名為大乘. 迷來經累劫, 悟即刹那間.

비추고, 세계의 모든 것을 남김없이 싣고 있으므로 이것을 수레에 비유하여 큰 수레라 한다.

그런데 사람들은 나를 기준으로 안과 밖을 나눈다. 가상의 장벽을 세워 그 안에 스스로를 가둔다. 그래서 미혹하다. 미혹한 사람들은 진리를 밖에서 찾는다. 진리가 남김없이 드러나 있는 이 현장을 버려두고 그 바깥에서 찾아다니고 있으니 어긋날 수밖에 없다. 이래서는 설사 억겁의 세월을 도를 닦는다 해도 깨달음은 일어날 수 없다.

진정으로 깨달음을 닦는 사람은 당장의 이것에서 진리를 확인한다. 지금 이 현장에서 일어나는 가장 하찮은 일까지 예외 없이 이것이므로 이것을 보는 일에 시간이 필요하지 않다. 호떡이 현장인 자리에서 이것은 호떡이다. 뜰 앞의 잣나무가 현장인 자리에서 이것은 뜰 앞의 잣나무이다. 똥 막대기가 현장인 자리에서 이것은 똥 막대기이다. 그렇지만 과연 실전에 임해 지금 이 현장을 떠나지 않고 한마디 할 수 있는 사람이 있는가? 말하려는 순간 이미 상여 지나간 뒤 곡하는 일이 된다. 그것은 참으로 쉽지만 결코 쉬운 일이 아니다. 우리의 가장 큰 특기이자 원죄에 해당하는 분별적 생각이 그것을 가로막고 있기 때문이다.

유통본과의 차이는 크지 않으나 약간의 문자적 출입이 있다. 예컨대 "대승이라 부른다"는 구절을 "큰 법의 배라 부른다"로 표현하고 있고, "미혹하면 여러 겁을 거친다"는 구절을 "미혹함으로 들으면 여러 겁을 거친다"[197]로 표현하고 있다. 뜻에 있어서는 큰 차이가 없다.

---

197 此頌是頓教, 亦名大法船. 迷聞經累劫, 悟則刹那間. [宗寶本]

🪷 이 땅의 부처

대사가 말씀하셨다. "여러분! 여러분은 모두 이 노래를 외워 자신의 것으로 만드십시오. 이 노래에 의지하여 수행한다면 천 리 먼 곳에 떨어져 있어도 항상 나와 함께하게 될 것입니다. 이에 의지하여 닦지 않는다면 얼굴을 맞대고 있어도 천 리 먼 곳에 떨어져 있는 것과 같을 것입니다. 각자 스스로 닦아야 합니다. 법이라는 것이 따로 있는 것이 아니기 때문입니다.

여러분! 이제 헤어집시다. 나는 조계산으로 돌아갈 것입니다. 여러분에게 만약 큰 의심이 있다면 산으로 찾아오십시오. 여러분을 위해 의심을 타파하여 함께 불성을 볼 수 있도록 해 주겠습니다."

자리에 있던 관료와 승려들과 신도들이 스님께 예배하며 모두 찬탄하였다. "훌륭하십니다. 크게 깨달으신 분이여! 예전에 들어보지 못한 일입니다. 영남 땅에 복이 있어서 이곳에서 부처님이 나실 줄 누가 알았겠습니까?"

대중들이 모두 흩어졌다.[198]

평설 위에서 감상한 모양 없음에 대한 노래들은 돈오문의 정수를 남김없이 담고 있다. 우리는 이것을 수지하여 자신의 것으로 만들고, 나아가 노래 자체가 될 필요가 있다. 우리가 지금 당장 자성을 보는 삶을

---

198 大師言, 善智識, 汝等盡誦取此偈. 依偈修行, 去惠能千里, 常在能邊. 依此不修, 對面千里. 各各自修, 法不相待. 眾人且散, 惠能歸曹溪山. 眾生若有大疑, 來彼山間, 為汝破疑, 同見佛性. 合座官寮道俗, 禮拜和尚, 無不嗟嘆. 善哉大悟, 昔所未聞. 嶺南有福, 生佛在此, 誰能得知, 一時盡散.

산다면 육조 스님과 떨어져 있어도 항상 같이 있는 것과 다를 바 없다. 뿐만 아니라 모든 부처와 조사들과 항상 함께하게 된다. 모양 없음의 도리에 돌아가는 것이 곧 자성을 보는 일이며, 부처가 되는 일이며, 조사의 마당에 들어가는 일이기 때문이다.

진리는 어떤 모양을 갖는 특별한 무엇이 아니다. 눈으로 볼 수 있고, 손으로 쥘 수 있는 대상물이 아니다. 중요한 것은 자아를 내려놓는 일이다. 내려놓고 보면 자신도 모르게 스스로 진리와 하나인 길을 걷고 있다. 이것이 바로 자성을 보아 성불하는 길이다.

육조 스님은 설법을 마치고 대중들에게 각자 흩어질 것을 명한다. 속인들은 세속으로, 스님들은 절로, 육조 스님은 조계산으로 돌아간다. 각자의 몫으로 주어진 삶의 현장이 곧 우리가 돌아가야 할 본래 자리라는 가르침을 결론짓는 데 있어서 이만한 비유도 없다. 그렇게 헤어지지만 자성의 자리에서는 헤어진 일이 없다. 다만 견성이 철저하지 못하다면 선지식에게 거듭 돌아갈 필요가 있다.

우리는 육조 스님의 설법을 통해 자성을 보는 체험을 하게 된다. 그렇지만 십중팔구 다시 모양에 휘둘려 밖에서 부처를 찾아다니는 어리석음에 떨어진다. 이때 조계산에 주석하는 육조 스님을 떠올리는 것만으로도 자성의 자리로 돌아갈 수 있다. 위대한 스승은 원래 그러한 위신력을 갖추고 있다. 하물며 직접 찾아가 그 얼굴을 보고, 그 음성을 듣고, 그 가르침을 받는다면 어떻겠는가? 남아 있던 의문이 남김없이 타파되는 통쾌함이 없다면 오히려 이상한 일이다. 그럼에도 오직 법과 함께하고 있는 사람이라야 육조 스님을 만날 수 있다는 사실을 잊지 말아야 한다. "야!" 하는 부름에 "왜!" 하고 대답하는 여기가 바로 육조 스님이 주석하는 조계산이기 때문이다.

바르게 수행한다면 천 리 먼 곳에 떨어져 있어도 함께 있는 것과 같고, 그렇지 않으면 함께 있어도 멀리 떨어져 있는 것과 같다고 했다. 유통본에는 이 전체 문단이 없지만, 돈황본과 유통본의 중간 단계인 혜흔본에 이 구절이 남아 있다. 만약 각 유통본의 편찬자들이 이 구절을 보고도 삭제한 것이라면 아까운 것을 버린 셈이다.

한편 유통본에는 마지막 결론으로 "대중들이 모두 깨닫고 함께 예경하였다"[199]는 구절이 추가되어 있다. 대승경전의 관용적 표현을 그대로 가져온 것이다. 육조 스님의 설법을 경전의 지위로 올리기 위한 조치이다.

🪷 『단경』과 종지의 전수

스님께서는 조계산에 주석하면서 40여 년간 소주(韶州)와 광주(廣州) 지역을 교화하셨다. 문인은 스님들과 속인을 합쳐 3~5천 명에 이르러 이루 다 헤아릴 수 없었다. 그 종지는 『단경』을 전수하는 데 있었으며 이를 소의경전으로 삼았다. 『단경』을 전수받지 못하면 법을 받지 못한 일이 된다. 법을 받게 되면 그 가는 곳, 연월일, 성명 등을 기록하도록 하였고, 상호 간에 법을 부촉하도록 하였다. 그러니까 『단경』을 전수받지 못하면 남종의 제자가 아닌 것이다. 『단경』을 전수받지 못한 이는 비록 당장 깨닫는 법을 말할지라도 근본을 알지 못하여 결국 시비분별을 완전히 떠나지 못한다. 법을 얻은 이라면 오직 수행만 할 것을 권하였다. 시비분별은 승부를 겨루는 마음이므로 부처님의 길에 위배되기 때문이다.[200]

---

199 聞師所說, 無不省悟, 一時作禮. [宗寶本]

평설 『단경』의 전수 여부가 법의 부촉 여부를 가리는 기준임을 강조하고 있다. 육조 스님의 생전에 그 어록이 정리되어 『단경』으로 불렸는지에 대해서는 회의적으로 보는 학자들이 많다. 그럼에도 돈오법의 계승자들 간에 그 징표로 『단경』을 암송해 주고 받아쓰도록 하는 일이 있었다는 것만은 의심의 여지가 없다. 나아가 『단경』이 돈오문의 소의경전이었다는 사실 역시 분명하다. 돈황의 여러 필사본들이 바로 그 증거가 된다.

이러한 『단경』의 전수는 단순히 문장을 구술해 주고 받아쓰는 일이 아니었음이 틀림없다. 아마 그 전에 자성을 환히 보는 자리에 동참하도록 이끄는 일이 있었을 것이고, 그 눈뜸에 변함이 없다는 것을 확인하는 사건이 있었을 것이며, 그 이후 『단경』의 전체 내용을 전수해 주는 일이 있었을 것이다. 견성의 체험이 있은 뒤, 습관의 힘 때문에 시비분별에 떨어지지 않도록 하기 위하여 강력한 점검의 표준으로 『단경』을 전수했던 것이다.

그러면서도 당장 깨닫는 법을 전수받았다 하여 자신들을 우월한 집단으로 여기지 않도록 단속하고 있다. 사실 당장 깨닫는 법이라는 수행법이 따로 있는 게 아니다. 지금 이 순간 시비분별을 떠나 부처님의 마음과 하나가 되는 것이 당장 깨닫는 법이다. 사정이 이러한데 우열을 다툰다면 그 자체가 이미 나를 세우는 일이 되고, 스스로의 미혹함을 선전하는 일이 될 뿐이다. 돈오문의 수행자는 지금 눈앞의 만사만물에서 부처를

---

200 大師住曹溪山, 韶廣二州, 行化四十餘年. 若論門人, 僧之與俗, 三五千人, 說不可盡. 若論宗旨, 傳授壇經, 以此爲依約. 若不得壇經, 即無稟受. 須知去處年月日姓名, 遞相付囑. 無壇經稟承, 非南宗弟子也. 未得稟承者, 雖說頓敎法, 未知根本, 終不免諍. 但得法者, 只勸修行, 諍是勝負之心, 與佛道違背.

확인할 뿐, 논쟁할 여가가 없다. 이미 용담호혈이다. 용과 호랑이를 만나 목숨을 걸고 싸우는 현장에서 어느 겨를에 용을 그리고 호랑이를 묘사하겠는가?

법은 평온하지만은 않으므로 법을 확인하는 현장도 평온하지만은 않다. 제자는 길을 막은 스승의 다리를 수레바퀴로 밟고 지나가고, 스승은 "방금 그놈 나오라"고 도끼를 높이 들며, 제자는 다시 그 앞에 목을 길게 빼는 무서운 드라마가 펼쳐진 현장도 있었다. 다 죽을 각오로 목숨 걸고 했던 일이다.

원래 이 구절은 앞뒤의 맥락에 전혀 어울리지 않는다. 이미 대중들의 찬탄과 깨달음에 대한 표현으로 설법의 기록이 완결된 이후에 중복된 내용을 제시하고 있으므로 사족이라는 느낌도 없지 않다. 또한 최초 법석의 기록일 뿐인 대범사의 법문 바로 뒤에 아직 이루어지지도 않은 육조스님의 전체 40년 설법 생애가 언급되는 것도 이상하다. 다만 이를 통해 여기까지가 최초의 『육조단경』이 아니었을까 하는 합리적 추론을 해 볼 수는 있을 것 같다. 혜흔본에서는 이것을 별도의 장으로 나누어 "여러 종파의 논쟁[諸宗難問]"이라는 제목을 붙이고 있다. 그렇지만 한 문단을 하나의 장으로 나누어 별도의 제목을 붙인 것도 이상하기는 마찬가지이다. 그래서 유통본에서는 아예 이 문단 전체를 생략하고 싶지 않았다.

제12장

제자들의 견성

🪷 혜능과 신수

세상에서는 다들 남쪽은 혜능이고 북쪽은 신수라 말한다. 이것은 본래의 일을 모르는 말이다. 신수선사는 형양부 당양현 옥천사에 주석하면서 수행했다. 혜능 대사는 소주성 동쪽 35리 되는 조계산에 주석하셨다. 법은 한 가지이지만 사람에 남과 북이 있어서 남과 북을 세우게 된 것이다. 당장 닦고 당장 깨닫는 법이란 무엇이며, 점차 닦아 점차 깨닫는 법이란 무엇인가? 법은 한 가지이지만 그것을 보는 일에는 더디고 빠름이 있다. 보는 것에 더딘 것이 점차 닦는 것이고, 보는 것에 빠른 것이 당장 닦고 당장 깨닫는 법이다. 법에는 돈오니 점수니 할 것이 없다. 사람에게 수행의 자질이 뛰어난 사람과 둔한 사람이 있기 때문에 당장 깨닫느니, 점차 닦느니 하는 이름이 붙게 된 것이다.[201]

평설　　　법은 한 가지이지만 각자가 그것을 보는 일에 늦고 빠름이 있다. 돈점론의 핵심이다. 여기에서 분명히 밝히고 있는 것처럼 당장 깨닫는 법 따로 있고, 점차 깨닫는 법 따로 있지 않다. 법은 오직 한 가지이다. 그럼에도 육조 스님은 당장 깨닫는 법만을 인정한다. 그것은 선도 생각하지 않고 악도 생각하지 않는 바탕으로 돌아가 지금 당장의 이것에서 법을 확인하는 길이다. 법을 확인했다면 그것과 하나가 되어야 한다. 이 점에 있어서 육조 스님이나 신수 스님이나 다르지 않다. 다만 바로 가

201　世人盡傳南能北秀, 未知根本事由. 且秀禪師, 於南都荊州江陵府當陽縣玉泉寺, 住持修行. 惠能大師, 於韶州城東三十五里漕溪山住. 法即一宗, 人有南北, 因此便立南北. 何名漸頓, 法即一種, 見有遲疾, 見遲即漸, 見疾即頓. 法無漸頓, 人有利鈍, 故名漸頓.

리켜 보이는 이것을 확인하지 못하는 사람들이 많이 있다. 또한 그 믿고, 보고, 맡기는 일이 100%의 순도에 도달하기까지 시간을 필요로 하는 사람들도 있다. 그래서 사람에 따라 당장 보는 경우와 시간이 걸리는 경우의 차이가 생긴다는 것이다.

그럼에도 불구하고 육조 스님이 당장 깨닫는 돈오의 길과 점차 깨닫는 점수의 길을 함께 인정했다고 보기는 어렵다. 육조 스님이 가르친 이 법의 근본은 지금 이것을 당장 깨닫도록 하는 데 있다. 수행은 지금 당장 본래의 깨달음과 하나로 만나는 일이라야 한다. 점차적 단계를 세워 그 중간의 어디를 의식하거나 지향하는 일이 있어서는 안 되는 것이다. 단계를 세워 도달하고자 한다면 그것은 방울씩 떨어뜨리는 물로 계곡을 채우려는 일과 같고, 터럭으로 허공을 메우려는 일과 같다.

육조 스님은 거듭 말한다. 본래의 마음이 이미 완전히 갖추어져 있어서 얻거나 잃어버릴 일이 없다. 스스로 엉뚱한 곳을 헤매지 않도록 잘 돌아오는 일만 있을 뿐인 것이다. 그러니 깨달음은 '지금 당장'이라야 진짜인 것이다.

🪷 지성의 귀의

신수선사는 혜능 스님의 법이 빨라, 곧장 길을 가리켜 보인다고 하는 사람들의 말을 들었다. 신수선사는 제자 지성을 불러 말하였다. "네가 총명하고 지혜가 많으니 나 대신 조계산에 가 보거라. 혜능 스님의 회상에 가서 예배하고 오직 듣기만 하면서 내가 보냈다는 말은 하지 말아라. 그 들은 내용을 기억하고 기록하여 돌아와 나에게 말해 주기 바란다. 혜능의 견해와 나의 견해 중 누가 빠르고 누가 더딘지 보리라.

너는 무엇보다도 서둘러 돌아와 내가 탓하지 않도록 하여라."

지성이 기쁘게 임무를 받아 반달쯤 걸려 조계산에 도착하였다. 혜능 스님을 뵙고 예배한 뒤 법문을 들으면서 그 온 곳을 말하지 않았다. 지성이 법을 듣고는 말이 떨어짐과 동시에 깨달아 바로 본마음과 하나로 만나 계합하는 체험을 하였다. 이에 일어나 절을 하고는 자백하여 말하였다. "스님! 저는 옥천사에서 왔습니다. 신수 스님의 회상에 있으면서 진여와 계합하는 깨달음을 얻지 못하였습니다. 그런데 스님의 설법을 듣고는 바로 본마음과 하나로 만나 계합하는 체험을 하였습니다. 스님! 자비를 베푸시어 잘 가르쳐 주시기 바랍니다."

혜능 대사가 말씀하셨다. "그대가 거기서 왔다니 틀림없이 간첩이로구나."

지성이 말하였다. "말을 하기 전까지는 간첩이었지만, 말을 하고 난 뒤에는 간첩이 아닙니다."

육조 스님이 말씀하셨다. "번뇌가 바로 깨달음인 것도 또한 그렇다."[202]

평설　　　신수 스님이 문인 지성을 보내 육조 스님의 법을 염탐하도록 했다는 소설 같은 이야기이다. 지성은 육조 스님의 10대 제자의 한 사

---

[202] 神秀師嘗見人說, 惠能法疾直指路. 秀師遂喚門人僧志誠曰, 汝聰明多智, 汝與吾至曹溪山, 到惠能所, 禮拜但聽, 莫言吾使汝來. 所聽得意旨記取, 卻來與吾說, 看惠能見解與吾誰疾遲. 汝弟一早來, 勿令吾怪. 志誠奉使, 歡喜遂行, 半月中間 即至曹溪山, 見惠能和尚, 禮拜即聽, 不言來處. 志誠聞法, 言下便悟, 即契本心. 起立即禮拜白言, 和尚, 弟子從玉泉寺來. 秀師處, 不得契悟. 聞和尚說, 便契本心. 和尚慈悲, 願當教示. 惠能大師曰, 汝從彼來, 應是細作. 誠曰, 未說時即是, 說了不是. 六祖言, 煩惱即是菩提, 亦復如是.

람이므로 이것이 근거 없이 창작된 이야기일 것 같지는 않다. 원래 지성은 신수 스님의 수행 그룹에서 총명과 지혜로 손꼽히던 엘리트 수행자였다. 혜흔본에는 그가 신수 스님에게서 9년이나 공부했다고 되어 있다. 그런 그가 육조 스님의 법을 듣고 말이 떨어짐과 동시에 본래의 마음을 확인하는 체험을 하게 된다. 그것은 신수 스님의 회상에는 없던 일이었다. 그리하여 자신이 신수 스님의 명으로 법을 염탐하러 왔다는 사실을 고백한다. 육조 스님은 사뭇 장난스럽게 네가 간첩이 아니냐고 몰아붙인다. 이에 지성이 스스로 간첩임을 밝혔으니 이제는 그렇지 않다고 대답하자 스님은 결정적인 가르침을 내린다. 간첩 지성이 명백하게 자신의 정체를 드러내어 법의 제자가 되었듯이 번뇌를 밝음 속에 드러내면 그 자체가 깨달음이 된다는 것이다.

간첩으로 내려온 지성의 상황을 빌려 당장 깨닫는 가르침을 베풀고 있다. 육조 스님이 일자무식이었다는 것은 사실이겠지만, 그럼에도 육조 스님은 언어의 마술사다. 마음에 통하여 말의 자유를 얻은 전형적 경우에 해당한다. 가장 적절한 언설로써 당사자를 깨닫게 하는 솜씨는 가히 천의무봉이다.

유통본에는 신수 스님이 육조 스님을 흠모했다는 내용이 보인다. 이에 의하면 육조 스님을 일자무식이라 비웃는 제자들을 향해 신수 스님이 이렇게 말한다.

그분은 스승 없이 저절로 그러한 지혜를 얻어 최상승의 법을 깊이 깨달았다. 나는 그분보다 못하다. 또한 나의 스승이신 오조 스님이 직접 가사와 법을 전한 것에 어찌 이유가 없겠는가? 나는 멀리 그분을 찾아가 가까이할 수 없으면서 헛되이 나라의 은혜만 받고 있다는 사실이 한스럽다. 그대들

은 여기에 머물지 말고 조계로 가서 의심을 끊어도 좋으리라.[203]

이것은 유통본의 창작임에 틀림없다. 혜흔본에도 없다. 신수 스님이 자신의 법에 이렇게까지 자신이 없었다고 생각할 수는 없다. 만약 그렇다면 천하를 이끄는 선지식이 될 수 없었을 것이다.

지성 스님과 관련하여 유통본에는 창작에 가까운 구절들이 상당 부분 추가되어 있다. 지성이 정체를 숨기고 설법을 듣고 있을 때 육조 스님이 "지금 법을 훔치러 온 도적이 이 회상에 숨어 있다"고 밝혔다는 구절도 그 한 예이다. 그것은 육조 스님을 높이 띄우기 위한 서술전략에 해당한다.

다만 유통본에 전하는 신수 스님에 대한 비판은 육조 스님이 직접 말했는지의 여부에 상관없이 진실을 담고 있다. "마음을 멈추어 고요함에 집중하고[住心觀靜], 이것을 유지하기 위해 좌선만 하며 눕지 않도록 하라[長坐不臥]"는 신수 스님의 가르침에 대한 비판이 특히 그렇다. 마음을 멈추라는 신수 스님의 가르침은 육조 스님이 주장하는 '머물지 않는 마음'과 정면으로 충돌한다. 신수 스님의 가르침은 모든 생각을 끊어 대상경계에 대해 마음을 일으키지 않도록 이끈다. 그런데 육조 스님은 이것을 바른 참선이 아니라고 단언한다. 생각이 일어나지 않는 공적한 상태를 세워 그것을 지향하는 일은 조작에 해당한다. 조작은 의식 차원의 일로서 바로 그것이 진여와 하나로 만날 수 없게 하는 장애가 된다. 또한 신수 스님은 특별한 마음의 상태와 몸의 자세를 제시했다는 점에서 수행을 오도할 위험을 범하고 있다. 모양에 묶이는 길로 이끌 수 있기 때문이다.

---

203 他得無師之智, 深悟上乘. 吾不如也. 且吾師五祖, 親傳衣法. 豈徒然哉. 吾恨不能遠去親近, 虛受國恩. 汝等諸人, 毋滯於此, 可往曹溪參決. [宗寶本]

유통본에는 이에 대한 직접적 비판의 문장이 보인다. '마음을 멈추어 고요함에 집중하는 것은 병이지 참선이 아니다. 오래도록 앉는 것은 몸을 구속하는 일일 뿐이니 법을 깨닫는 데 무슨 도움이 되겠느냐?'[204]는 것이다. 그리고는 다음과 같은 노래를 제시한다.

> 살아 있을 때 오래 좌선하면서 눕지 말라니,
> 죽고 나면 내내 누워 있을 뿐, 앉을 일이 없다.
> 냄새나는 한 짝의 뼛조각들이,
> 어떻게 도를 성취하겠는가?[205]

마음을 멈추어 고요함에 집중하고, 눕는 일 없이 오래 좌선하라는 신수 스님의 가르침은 수행 기풍의 진작에 큰 영향을 끼쳤을 것임에 분명하다. 그러나 이것이 오래되면 움직이지 않는 마음과 움직이지 않는 몸을 수행으로 생각하는 집착이 일어날 수밖에 없다. 특별한 모양을 수행으로 생각하는 잘못된 견해가 일어나게 되는 것이다. 이 추가된 문구가 진짜 육조 스님의 설법인지에 대해서는 논의가 엇갈리고 있지만, 그 내용만은 육조 스님의 설법의도와 딱 맞아떨어지고 있다.

육조 스님의 모양에 머물지 않는 선풍은 그 수제자 남악회양을 거쳐 마조도일에게 전해진다. 원래 마조도일은 정중사(淨衆寺) 무상(無相)선사에게 배워 선정을 닦는 일에 힘쓰고 있었다. 남악회양은 부처가 되려고 좌선을 한다는 마조도일의 앞에서 벽돌을 간다. 벽돌을 갈아 거울을 만들

---

204 師曰, 住心觀靜, 是病非禪, 長坐拘身, 於理何益. [宗寶本]
205 生來坐不臥, 死去臥不坐. 一具臭骨頭, 何為立功課. [宗寶本]

318

겠다는 것이었다. 마조도일이 그 무리함을 인정하자 남악회양이 말한다. '벽돌을 갈아도 거울이 될 수 없는데, 좌선을 해서 어떻게 부처가 되겠다는 건가?' 그러면서 유명한 가르침을 내린다.

그대는 앉아서 하는 참선을 배우려 하는가? 아니면 앉아 있는 부처를 배우려 하는가? 앉아서 하는 참선을 배우려 한다? 참선은 앉거나 눕는 일이 아니다. 앉아 있는 부처를 배우려 한다? 부처는 정해진 모양이 없다. 머물지 않는 법에 있어서 취하고 버리는 일이 있어서는 안 된다. 그대가 앉아 있는 부처를 배우려 한다면 그것은 부처를 죽이는 일이다. 앉아 있는 모양에 집착한다면 그 이치를 통달하지 못할 것이다.

원래 마조도일이 참선을 배운 정중사 무상선사는 신라인으로서 김(金)화상으로 불리며 사천지역을 대표하는 선사였다. 그러니까 당나라 때의 선풍은 북쪽의 신수, 남쪽의 혜능, 서쪽의 무상으로 3분 되어 있었다고 보아도 무방하다. 이들에게 배운 제자들은 각기 달마의 가사가 자신들의 스승에게 전해졌다고 믿었고 또 그렇게 선전하였다. 김화상 무상선사만 해도 그 스승 처적(處寂)에게 달마의 가사를 직접 전해 받았다는 기록이 전한다. 사실 그 가사는 측천무후가 회수하여 당대의 최고 선지식이었던 지선(智詵)에게 하사하고, 지선이 처적에게 전한 것이었으므로 역사적으로는 가장 신빙성 있는 가사 전수의 계보에 해당한다. 무상선사는 검남선법(劍南禪法)을 수립한 지선과 처적의 선풍에 영향을 받아 철저한 두타행을 실천하였다. 이후 '아무 일도 하지 않지만 한결같이 바쁠 뿐인[總不作, 只沒忙]' 적극적 무위로 돌아가긴 했지만 그럼에도 '생각을 멈추고 좌선을 하는 일[息心坐禪]'은 정중선의 핵심이었다.

마조도일은 이것을 배워 생각을 멈추는 좌선을 하면 부처가 될 수 있다는 관념에 빠져 있었다. 남악회양은 이것을 공략한 것이다. 그것이 "마음을 멈추어 고요함에 집중하고[住心觀靜], 오래 좌선하며 눕지 않는다[長坐不臥]"는 신수 선법을 부정한 육조 스님의 가르침에 연결되어 있음은 물론이다.

🪷 두 개의 계정혜

대사가 지성에게 말씀하셨다. "그대의 스님은 가르칠 때 오직 계정혜만을 전한다고 들었다. 그대의 스님은 계정혜를 어떻게 가르치는지 나에게 말해 보아라."

지성이 말하였다. "신수 스님은 계정혜를 가르치시는데, 어떠한 악도 짓지 않는 것을 계율이라 하고, 모든 선을 정성껏 실천하는 것을 지혜라 하며, 스스로 그 뜻을 청정하게 하는 것을 선정이라 합니다. 이것을 계정혜라 한다고 하셨습니다. 신수 스님의 이 설법에 대해 스님께서는 어떻게 보시는지요?"

혜능 스님이 말씀하셨다. "그 설법은 사유의 차원을 넘어서 있다. 그러나 나의 견해는 또 그것과 다르다."

지성이 어떻게 다른지를 묻자 스님이 대답하셨다. "보는 일에 더디고 빠름이 있다."

지성이 스님이 생각하는 계정혜를 물었다. "스님께서는 계정혜를 어떻게 보시는지 말씀해 주십시오."

대사가 말씀하셨다. "그대는 나의 설법을 듣고 내가 보는 자리를 보도록 하라. 마음의 바탕에 잘못이 없으니 이것이 자성의 계율이다. 마음의 바탕에 어지러움이 없으니 이것이 자성의 선정이다. 마음의 바탕에 어리석음이 없으니 이것이 자성의 지혜이다."

혜능 대사가 말씀하셨다. "그대의 스승이 가르치는 계정혜는 근기가 낮은 사람들에게 권하는 것이고, 내가 말하는 계정혜는 높은 근기의 사람들에게 권하는 것이다. 자신의 자성을 체득하면 계정혜조차 세울 일이 없는 것이다."

지성이 말하였다. "세우지 않는다는 말이 무슨 뜻인지 말씀해 주십시오."

대사가 말씀하셨다. "자성에는 잘못이 없고, 산란함이 없고, 어리석음이 없다. 생각 생각에 반야지혜로 관조하면 현상의 모양에 지배될 일이 없다. 그러니 무엇을 세울 것인가? 자성을 당장 닦아라. 무엇인가를 세우면 점차적 단계가 있게 된다. 그래서 세우지 않는 것이다."

지성이 절을 하고는 조계산을 떠나지 않고 바로 제자가 되어 스님의 곁을 떠나지 않았다.[206]

평설 신수 스님의 계정혜에 대한 설명은 『열반경』에서 가져온 것이다. 『열반경』에서는 악을 짓지 않는 일, 선을 실천하는 일, 뜻을 청정하게 하는 일이 불교의 모든 것이라 말한다. 이러한 죄의 뿌리는 지아에 대

---

206 大師謂志誠曰, 吾聞汝禪師教人, 唯傳戒定惠. 汝和尚, 教人戒定惠如何, 當為吾說. 志誠曰, 秀和尚言戒定惠, 諸惡不作名為戒, 諸善奉行名為惠, 自淨其意名為定, 此即名為戒定惠. 彼作如是說, 不知和尚所見如何. 惠能和尚答曰, 此說不可思議, 惠能所見又別. 志誠問何以別, 惠能答曰, 見有遲疾. 志誠請和尚說, 所見戒定惠. 大師言, 汝聽吾說, 看吾所見處. 心地無非是自性戒, 心地無亂是自性定, 心地無癡自性惠. 能大師言, 汝戒定惠, 勸小根諸人. 吾戒定惠, 勸上根人. 得吾自性, 亦不立戒定惠. 志誠言, 請大師說不立如何. 大師言, 自性無非無亂無癡, 念念般若觀照, 常離法相, 有何可立. 自性頓修, 立有漸次, 所以不立. 志誠禮拜, 便不離曹溪山, 即為門人, 不離大師左右.

한 집착에 있다. 탐욕과 분노와 어리석음을 비롯한 온갖 악업이 모두 자아에 대한 집착에서 비롯된다. 자아에 대한 집착을 내려놓으면 악업 또한 사라지게 된다.

그래서 참선의 실천은 오로지 자아에 대한 집착을 내려놓는 일로 귀결된다. 살생하지 않고, 도둑질하지 않고, 음행하지 않는 일의 진정한 실천은 자아에 대한 집착을 내려놓을 때만 가능하다. 언어행위 역시 마찬가지이다. 자아의 집착이 없을 때 말은 저절로 순결해진다. 뜻을 청정하게 한다는 것은 나와 남을 가르고, 선과 악을 분별하고, 정의와 불의를 나누는 일을 중단하는 일이다. 바로 이것이 계정혜이다.

그럼에도 특별한 무엇을 실천하라고 제시하는 일은 항상 위험하다. 법에 대한 집착이 일어나기 때문이다. 계정혜라는 것도 번뇌를 해소시켜주는 방편으로 제시된 것이지, 그 정해진 내용이 따로 있는 것이 아니다. 그래서 육조 스님은 이 셋을 자성을 보는 일 하나로 묶어 들인다. 악을 행하지 않는 것이 계라면, 마음의 바탕에는 원래 선악이 없다. 그러므로 자성으로 돌아가면 계율은 저절로 지켜진다. 어지러움이 없는 것이 선정이라면, 마음의 바탕에는 원래 고요함과 어지러움이 없다. 그러므로 자성으로 돌아가면 선정은 저절로 성취된다. 어리석음이 없는 것이 지혜라면, 마음의 바탕에는 본래 총명함과 어리석음이 없다. 그러므로 자성으로 돌아가면 지혜는 저절로 갖추어진다.

유통본에는 육조 스님 스스로 자신의 설법이 오로지 자성을 보게 하기 위한 것임을 강조하는 노래가 이 법문에 추가되어 있다.

나의 설법은 자성을 떠나는 일이 없다. 본체를 떠나 법을 설명하면 모양을 따라다니는 말이 되어 자성에 항상 어둡게 된다. 모든 현상이 자성에서 일어나 작용하는 것임을 알아야 한다. 이것이 진정한 계정혜의 법인 것이다. 나의 노래를 들어 보라.

마음의 바탕에 잘못이 없으니,
이것이 자성의 계율.
마음의 바탕에 어리석음이 없으니,
이것이 자성의 지혜.
마음의 바탕에 산란함이 없으니,
이것이 자성의 선정.

늘어나거나 줄어드는 일이 없으니, 저절로 이러한 금강의 지혜.
몸이 가기도 하고 오기도 하지만, 언제나 본래의 선정삼매.[207]

돈오의 법은 이처럼 본래 잘못이 없고, 본래 산란함이 없으며, 본래 어리석음이 없는 자성으로 돌아가 합류하는 길을 제시한다. 그런데 이 자성은 이미 갖추고 있는 것이므로 이를 보기 위해 따로 할 일이 없다. 그래서 계정혜조차 세울 일이 없다고 단언하는 것이다. 무엇인가를 세우면 그것에 도달하기 위한 과정과 단계가 생겨 지금 당장 바로 보는 일을 가로막는다. 신수 스님만 해도 벌써 불교의 궁극에 도달하기 위해 먼저 도착해야 할 목적지로서 계, 정, 혜라는 세 개의 차원을 세웠다. 이에 비해 육조 스님은 모든 지향을 내려놓고, 자성을 바로 보는 한 길을 제시하고

---

207 吾所說法, 不離自性. 離體說法, 名為相說, 自性常迷. 須知一切萬法, 皆從自性起用, 是真戒定慧法. 聽吾偈曰,
心地無非自性戒, 心地無癡自性慧, 心地無亂自性定, 不增不減自金剛, 身去身來本三昧. [宗寶本]

있다. 그래서 이 법을 간편하고 빠른 길이라 하는 것이다.

유통본에 의하면 지성은 이 시원한 가르침을 듣고 전에 없던 깨달음을 체험한다. 그리하여 마음에서 우러나는 노래를 한 수 바친다.

> 몸은 물질과 인지작용의 조합으로 이루어진 환영입니다.
> 이 환영에 무슨 궁극의 실체가 있겠습니까?
> 진여라 해도 만약 그것을 지향하면,
> 법 또한 청정하지 못하게 됩니다.[208]

과연 그렇다. 신수 스님의 회상에서 계정혜 중심의 가르침을 들은 수행자들은 십중팔구 계정혜 자체에 정신이 팔리게 된다. 법이라는 특별한 모양을 세우고 그것에 집착하게 된다. 그것이 무엇이든 집착하면 병이된다. 아무리 귀한 금가루라도 눈에 넣으면 눈병을 일으키는 것은 정한 이치이다. 그래서 이 법에서는 궁극의 무엇을 세우지 않는다. 무엇인가세웠다 하면 결국 자아를 주체로 세워 그것을 성취하는 길을 걷게 될 것이기 때문이다. 이것은 자아를 살찌게 하는 일일 뿐, 진리의 실천과는 무관한 길이다. 육조 스님은 어떤 궁극의 하나를 세우지 않음으로써 지금 당장 자성을 보는 길에 들어서게 한다. 그리하여 유통본에는 다음과 같은 설법이 추가되어 있다.

> 자성을 깨닫는다면 보리니 열반이니 하는 것을 설정하지 않게 된다. 해
> 탈의 지견도 세울 일이 없다. 궁극의 하나조차 나의 것으로 잡을 수 없을

---

208 五蘊幻身, 幻何究竟. 迴趣真如, 法還不淨. [宗寶本]

때, 비로소 만 가지의 법을 세울 수 있다. 이 도리를 안다면 부처님 몸이라 해도 좋고, 보리열반이라 해도 좋고, 해탈의 지견이라 해도 좋다. 자성을 본 사람은 무엇이나 세워도 되고, 아무것도 세우지 않아도 된다. 가거나 오거나 자유로워 걸림이 없다. 상황에 맞게 활용하고, 상황에 따라 행동하며, 오는 말에 호응하여 대답을 한다. 두루 다양한 몸을 드러내면서도 자성을 떠나는 일이 없다. 이처럼 있는 이대로 막힘없이 통하는 유희삼매를 얻게 되니 이것을 견성이라 하는 것이다.[209]

유통본에 이렇게 장편의 문장이 추가된 것은 지성의 개인적 회고를 반영하였기 때문으로 추측된다. 대체로 경전은 설법을 직접 청취한 제자들의 기억을 모아 대조하고 확정하는 결집 작업을 통해 완성된다. 그런데 『육조단경』은 특별하다. 현장에서 받아쓰는 작업을 통해 완성된 초고가 먼저 있었기 때문이다. 초고에 가까운 돈황본에 비해 후대의 유통본들은 여기에 다양한 관련기록과 후일담들을 채록하여 상당한 보완 작업을 행하였다. 지성 스님의 기록에도 당사자의 회고담이 반영되었을 것이라 보는 것은 합리적이다.

🪷 법달의 『법화경』

또 법달이라는 스님이 7년간 늘 『법화경』을 독송하였으나, 마음이

---

209 若悟自性, 亦不立菩提涅槃, 亦不立解脫知見. 無一法可得, 方能建立萬法. 若解此意, 亦名佛身, 亦名菩提涅槃, 亦名解脫知見. 見性之人, 立亦得, 不立亦得, 去來自由, 無滯無礙. 應用隨作, 應語隨答, 普見化身, 不離自性, 即得自在神通游戲三昧, 是名見性. [宗寶本]

미혹하여 바른 법의 자리를 알지 못하였다. 이에 스님을 찾아와 이렇게 물었다. "경전에 의심이 있는 부분이 있습니다. 스님께서는 지혜가 넓고 크시니 저의 의심을 풀어 주십시오."

대사가 말씀하셨다. "법달이라! 법은 뚜렷하게 통하고 있는데 그대의 마음이 통하지 못하고 있구나. 경전에는 의심할 것이 없는데 그대의 마음으로 스스로 의심을 하면서 바른 법을 구한다고 하는구나. 우리의 마음이 바른 선정에 든 것이 바로 경전을 수지독송하는 것이다. 나는 평생 문자를 모르고 살았으니 그대가 『법화경』을 가져와 나에게 한 번 읽어 보여라. 내가 들으면 바로 알 것이다."[210]

평설   유통본에 의하면 법달은 7살에 출가하여 항상 『법화경』을 독송하였다. 이 법문은 법달이 찾아와 인사를 하는 데서 시작된다. 이에 대해 유통본에서는 다음과 같이 자세하게 묘사하고 있다.

스님을 찾아와 절을 하는데 머리가 땅에 닿지 않자 스님이 꾸짖었다. "절을 하는 데 머리가 땅에 닿지 않는다면 절하지 않는 것과 다를 바 없다. 그대는 마음에 무언가 담고 있구나? 무엇을 익히고 있는가?'

법달이 말하였다. "『법화경』을 독송한 것이 이미 3천 번이 됩니다."

스님이 말씀하셨다. "그대가 만 번을 읽어 그 경전이 말하는 바를 알았다

---

210 又有一僧, 名法達. 常誦法華經七年, 心迷不知正法之處. 來問日, 經上有疑, 大師智惠廣大, 願為決疑. 大師言, 法達, 法即甚達, 汝心不達, 經上無疑, 汝心自疑, 而求正法, 吾心正定, 即是持經. 吾一生已來, 不識文字, 汝將 法華經來, 對吾讀一遍, 吾聞即知.

해도 공덕이 있다고 생각하지 말라. 그래야 나와 함께할 수 있을 것이다. 그대는 지금 이 일에 자부심을 느끼면서도 그것이 잘못인 줄 알지 못하고 있다. 나의 노래를 들어 보라."

예경이란 본래 아만의 깃발을 꺾는 일,
어째서 머리가 땅에 닿지 않는가?
아상이 있으면 바로 죄가 생겨나나니,
공덕이 있다는 생각까지 잊어야 복이 무한하리라.

스님이 다시 말씀하셨다. "그대의 이름은 무엇인가?"
지성이 대답했다. "법달입니다."
스님이 말씀하셨다. "그대는 이름은 법달인데 법을 통달하지 못하고 있구나."
그리고는 다시 노래로 말씀하셨다.

지금 그대의 이름이 법달이라,
부지런히 독송하며 쉼이 없었다지만,
헛되이 독송하며 소리만 따라가고 있구나.
마음에 밝은 것을 보살이라 한다.

그대에게 지금 인연이 있으니,
내 그대를 위해 설해 주리라.
다만 부처님이 말씀하신 것이 따로 없음을 믿으라.
그리하면 연꽃이 입에서 필 것이다.[211]

이러한 설법을 듣고 법달은 자아에 대한 집착을 내려놓는다. 그런 뒤 법화의 도리에 대해 질문한 것이 위의 본문이다. 스님이 자신은 글자를 모르니 그대가 읽어 보라고 하는 장면은 상당히 인상적이다. 육조 스님은 진여의 법과 하나 되어 살아가는 살림을 살고 있는 중이었다. 나와 대상, 선과 악을 둘로 나누지 않는 바른 실천이 경전을 수지독송하는 일이라면, 육조 스님은 항상 경전을 읽고 있는 중이었다. 그래서 『법화경』을 한 번도 읽어 보지 않았지만, 그 도리를 설하는 데 조금의 머뭇거림도 없었던 것이다.

여기에서 질문자 법달의 이름으로 설법을 끌어가는 육조 스님의 솜씨는 탁월하다. 법은 지금 당장의 이것으로 환히 드러나 있다. 그런데도 정작 법에 통달했다는 뜻의 법달이라는 이름을 갖고 있는 수행자는 그것을 모르고 있다. 질문자 법달의 한계상황을 정확히 짚어 그에게 필요한 법문을 열어 주는 이러한 방식이야말로 『법화경』의 설법정신이기도 하다.

⚜ 『법화경』의 일대사 인연

법달이 경을 가져다 대사의 앞에서 한 번 읽었다. 육조 스님이 다 듣고는 바로 부처님의 설하신 뜻을 알았다. 이에 바로 법달에게 『법화경』을 해설하였다. 육조 스님이 말씀하셨다. "법달아! 『법화경』에는 많은

---

211 僧法達, 洪州人, 七歲出家, 常誦法華經. 來禮祖師, 頭不至地. 師訶曰, 禮不投地, 何如不禮. 汝心中必有一物. 蘊習何事耶. 曰, 念法華經已及三千部. 師曰, 汝若念至萬部, 得其經意, 不以為勝, 則與吾偕行. 汝今負此事業, 都不知過. 聽吾偈曰, 禮本折慢幢, 頭奚不至地. 有我罪即生, 亡功福無比. 師又曰, 汝名什麼. 曰, 法達. 師曰, 汝名法達, 何曾達法. 復說偈曰, 汝今名法達, 勤誦未休歇, 空誦但循聲, 明心號菩薩. 汝今有緣故, 吾今為汝說, 但信佛無言, 蓮華從口發. [宗寶本]

말이 없으니, 일곱 권이 모두 비유와 인연을 말하고 있다. 여래께서 넓게 삼승을 말씀하셨지만 세상 사람들의 근기가 둔해서 그런 것일 뿐이다. 경문에는 분명하게 다른 수레는 없고 오직 하나일 뿐인 부처의 수레만이 있다고 밝히고 있다."

대사가 말씀하셨다. "법달아! 그대는 오직 하나인 부처의 수레만을 알라. 다른 둘 셋의 수레를 구하여 그대의 자성을 어둡게 하지 말라. 경전의 어느 곳이 오직 하나일 뿐인 부처의 수레인지 그대에게 말해 주리라. 경전에 말하였다. '모든 부처님들과 세존들은 오직 하나의 큰일에 대한 인연으로 세상에 나타나셨다[諸佛世尊, 唯以一大事因緣故, 出現於世]'. 이 16자가 바른 법이다.

이 법을 어떻게 알고, 이 법을 어떻게 닦을 것인가? 그대는 나의 설명을 들어 보라. 마음에 생각을 하지 않으면 본래의 근원이 공적하여 삿된 견해를 떠난다. 이것이 하나의 큰일에 대한 인연이다. 안팎으로 미혹하지 않아 양쪽의 상대적 측면을 떠나게 되는 것이다. 밖으로 미혹하면 모양에 집착하게 되고, 안으로 미혹하면 공에 집착하게 된다. 모양을 대하되 모양에 지배되지 않고, 공에 있으면서 공에 지배되지 않는 것이 미혹하지 않는 일이다. 이 법을 깨달아 한 생각에 마음이 열리면 이것이 부처가 세상에 나타나는 일이다. 마음이 무엇에 열리는가? 부처의 앎과 견해에 열리는 것이다. 부처란 깨달음이라는 뜻이다. 이것을 넷으로 나누면 깨달음의 앎과 견해에 열리고[開], 깨달음의 앎과 견해를 보고[示], 깨달음의 앎과 견해를 깨닫고[悟], 깨달음의 앎과 견해에 들어가는[入] 일이 된다. 이것이 열고, 보고, 깨달아, 들어가는 일이다. 이것은 한곳에서 들어가는 것이니, 부처의 앎과 견해가 그것이다.

저절로 이러한 자성을 보면 세상에 부처가 출현하게 되는 것이다."²¹²

평설　　　하나의 큰일[一大事]은 부처의 지견을 가리킨다. 우주법계에 하나의 앎, 하나의 눈이 가득 차 있으니 이것이 바로 부처의 지견이다. 『법화경』을 포함한 모든 경전은 법계를 가득 채운 이 부처의 지견을 열고, 보고, 깨닫고, 들어가는 일을 제시한다.

부처의 지견은 우주법계와 한 몸을 이루고 있다. 이것을 하나의 큰 부처 수레[一佛乘]라고도 한다. 이 하나의 부처 수레에 우리를 포함한 법계의 만사만물이 태워져 있다. 다만 중생과 부처, 번뇌와 해탈을 둘로 나누는 생각을 하고 있는 탓에 그 사실을 바로 보지 못하고 있을 뿐이다. 그러므로 둘로 나누기를 멈추는 순간, 지금 당장의 이것에서 부처를 확인하게 된다. 이것이 부처의 지견을 아는 일이다. 그래서 부처의 지견을 알고, 닦으려면 분별을 멈추는 일 외에 다른 것이 있을 수 없다. 안과 밖, 선과 악, 부처와 범부를 둘로 나누기를 멈출 때 부처의 지견이 열린다. 진리에 특별한 모양을 설정하지 않을 때 부처의 지견이 열린다. 공이니 중도니 하는 특별한 무엇이 별도로 존재한다는 집착을 내려놓을 때 부처의 지견이 열린다.

212　法達取經, 對大師讀一遍. 六祖聞已, 即識佛意, 便與法達說法華經. 六祖言, 法達, 法華經無多語, 七卷盡是譬喻因緣. 如來廣說三乘, 只為世人根鈍. 經文分明, 無有餘乘, 唯一佛乘. 大師言, 法達, 汝聽一佛乘, 莫求二佛乘. 迷卻汝性, 經中何處是一佛乘, 與汝說. 經云, 諸佛世尊, 唯以一大事因緣故出現於世. 此法如何解, 此法如何修, 汝聽吾說, 人心不思, 本源空寂. 離卻邪見, 即一大事因緣, 內外不迷, 即離兩邊. 外迷着相, 內迷著空, 於相離相, 於空離空, 即是不迷. 悟此法, 一念心開, 出現於世. 心開何物, 開佛知見, 佛猶如覺也. 分為四門, 開覺知見, 示覺知見, 悟覺知見, 入覺知見. 開示悟入, 從一處入, 即覺知見. 見自本性, 即得出世.

330

이것은 알고 보는 주체인 나에 대한 집착과 그 대상인 부처가 있다는 관념을 내려놓는 일이기도 하다. 그렇게 내려놓고 보면 손에 든 이 한 그릇의 물을 마셔도 그 일, 쏟아 버려도 그 일이다. 기러기가 날아가도, 생쥐가 찍찍대도 그 일이다. 모두 한결같이 부처의 지견에서 일어나는 일이다.

유통본에서는 열고, 보고, 깨닫고, 들어가는 일이 편의상 넷으로 나눈 일임을 자세하게 설한다. 이것이 모두 부처의 지견을 깨닫는 한 가지 일에 귀결된다는 것이다. 그것은 또한 자기 마음을 보는 일, 자성을 바로 보는 일의 다른 표현이기도 하다. 유통본에 추가된 내용은 다음과 같다.

열고 보는 일이 있으면, 깨달아 들어가는 일이 있게 된다. 본래의 진여자성을 깨달아 부처로서 출현할 수 있는 것이다. 그대는 경전의 뜻을 오해하지 않도록 조심해야 한다. 사람들은 이렇게 말하기도 한다. "열고, 보고, 깨닫고, 들어가는 일은 결국 부처님의 지견이지 우리의 몫은 아니다." 만약 이렇게 이해한다면 그것은 경전을 비방하고 부처를 헐뜯는 일이 될 것이다. 부처라면 부처의 지견을 이미 갖추고 있을 텐데 다시 그것을 열 필요가 있겠는가?

부처의 지견이라는 것이 바로 그대의 저절로 이러한 마음이라는 것을 믿어야 한다. 부처라는 별도의 무엇이 따로 있지 않은 것이다. 대체로 모든 중생들은 스스로 진리의 밝은 빛을 가려 놓고 대상 경계를 탐내고 애착한다. 밖의 인연과 안의 번민에 뒤흔들려 이리저리 뛰어다니면서 이를 싫증내는 일이 없다. 이에 세존께서는 수고롭게도 삼매에서 일어나 이런저런 입에 쓰지만 약이 되는 가르침을 통해 쉬고 또 쉬어 밖으로 찾아다니지 말라고 가르쳤다. 부처와 둘이 아님을 말씀하신 것이다. 그래서 "부처의 지견을 연

다"고 하는 것이다.[213]

　　부처와 나, 부처와 만사만물은 둘이 아니어서 가장 비근한 이것이 바로 부처의 드러남이고 부처의 작용이다. 이렇게 하나의 자성과 다양한 만물이 둘 아님을 보는 이가 있다면 그는 진실하게 경전을 읽고 있는 사람이며 부처의 지견을 열고 있는 사람이다. 그러므로 부처의 지견을 열고, 보고, 깨닫고, 들어가는 일이 모두 동일한 일이 아닐 수 없는 것이다.

🪷 부처의 지견과 중생의 지견

　　대사가 말씀하셨다. "법달아! 나는 모든 사람들의 마음이 오직 스스로 부처의 앎과 견해를 열 뿐, 중생 차원의 앎과 견해를 열지 않기를 항상 바라고 있다. 사람들의 마음이 삿되면 어리석고 미혹하여 악을 짓게 된다. 스스로 중생 차원의 앎과 견해를 여는 것이다. 사람들이 바른 마음으로 지혜를 일으켜 관조하면 스스로 부처의 앎과 견해를 여는 일이 된다. 중생의 앎과 견해를 열지 말고, 부처의 앎과 견해를 열도록 하라. 그러면 부처가 세상에 나타남을 볼 것이다."

　　대사가 말씀하셨다. "법달아! 이것이 『법화경』이 말하는 일승법, 즉 오직 하나의 수레에 대한 법이다. 그 아래에 셋으로 나눈 것은 미혹한 사람들을 위해서이다. 그대는 부처에게 이르는 유일한 부처의 수레에

213　若聞開示, 便能悟入, 即覺知見, 本來眞性而得出現. 汝愼勿錯解經意, 見他道, 開示悟入, 自是佛之知見. 我輩無分. 若作此解, 乃是謗經毀佛也. 彼旣是佛, 已具知見, 何用更開. 汝今當信, 佛知見者, 只汝自心, 更無別佛. 蓋爲一切眾生, 自蔽光明, 貪愛塵境, 外緣內擾, 甘受驅馳. 便勞他世尊, 從三昧起, 種種苦口, 勸令寢息, 莫向外求, 與佛無二. 故云, 開佛知見. [宗寶本]

만 의지하라."

대사가 말씀하셨다. "법달아! 마음으로 실천하면 법화를 굴리게 될 것이고, 마음으로 실천하지 않으면 법화가 그대를 굴리게 될 것이다. 마음이 바르면 법화를 굴리게 될 것이고, 마음이 삿되면 법화가 그대를 굴리게 될 것이다. 부처의 지견을 열면 법화를 굴리게 될 것이고, 중생의 지견을 열면 법화에 굴려지게 될 것이다."

대사가 말씀하셨다. "법에 의지하여 수행하도록 노력하라. 그것이 바로 경전을 굴리는 일이다."[214]

평설 법에 의지하여 수행한다는 말은 굉장한 가르침이다. '내'가 '수행'을 '한다'는 분별을 내려놓아야 법에 의지하는 일이 일어나기 때문이다. 나라는 주체를 내려놓는 일은 쉬운 일이 아니다. 사실 나라는 주체 의식을 내려놓는 일은 모든 종교의 근간이기까지 하다. 여기에 더해 대승불교에서는 법이라는 특별한 무엇, 부처라는 특별한 무엇을 설정하는 일까지 차단한다. 설상가상이다. 주체를 내려놓음은 물론, 법이나 부처가 따로 있다는 관념까지 내려놓아야 진정으로 법에 의지하는 일이 일어날 수 있는 것이다.

원래 우주법계는 그 존재와 작용 전체가 부처의 알고 봄, 그 자체이다. 이것을 자아를 기준으로 둘로 나누어 파편화하기를 반복하는 것이 중생

---

214 大師言, 法達, 吾常願, 一切世人, 心地常自開佛知見, 莫開眾生知見. 世人心邪, 愚迷造惡, 自開眾生知見. 世人心正, 起智惠觀照, 自開佛知見. 莫開眾生知見, 開佛知見即出世. 大師言, 法達, 此是法華經一乘法, 向下分三, 為迷人故, 汝但依於一佛乘. 大師言, 法達, 心行轉法華, 不行法華轉. 心正轉法華, 心邪法華轉. 開佛知見轉法華, 開眾生知見被法華轉. 大師言, 努力依法修行, 即是轉經.

의 지견이다. 어떻게 부처의 지견을 여는가? 중생의 지견을 내려놓기만 하면 된다. 그러기 위해 자아와 대상에 대한 집착을 내려놓기를 부단히 결단하고 부단히 실천하는 것이다. 분별을 내려놓는 일 자체가 바로 부처의 지견으로 돌아가는 일이기 때문이다. 부처는 부처로서의 눈[佛眼]을 실천하기 때문에 부처이고, 전체를 둘로 보지 않는 지혜[一切種智]를 구현하기 때문에 부처이다. 이 부처의 눈, 전체를 둘로 보지 않는 지혜의 핵심은 바른 마음에 있다. 당연히 그것은 모양에 집착하지 않는 마음이고, 분별에 떨어지지 않는 마음이며, 전체를 평등하게 보는 마음이다. 이 바른 마음이 부처의 지견을 활짝 연다.

모양에 휘둘리기를 멈추고 지금 당장의 이것에서 법을 확인하는 것이 부처의 앎이요, 부처의 비춰 봄이다. 만약 특별한 법을 따로 세워 그것을 추구한다면 스스로 이미 갖고 있는 것을 밖에서 찾아 헤매는 어리석음을 범하는 일이 된다. 유통본에서는 이것을 자기 꼬리를 사랑하는 야크와 같다[犛牛愛尾]고 표현한다. 야크 이야기의 원래 출전은 『법화경』이다. 야크가 자기 꼬리를 사랑하여 하나의 터럭이라도 나무에 걸리면 그것이 상할까 봐 움직이지 못하고, 사냥꾼이 잡으러 와도 꼬리를 보호하기 위해 죽음을 받아들인다는 것이다. 자기를 사랑하여 집착을 내려놓지 못하는 중생의 상황을 비유한 것이다.

어찌 되었든 육조 스님의 설법은 『법화경』의 방대한 설법을 귀납하여 분별을 내려놓는 일 하나로 모아들이고 있다. 분별만 내려놓으면 부처의 지견을 열고, 드러내고, 깨닫고, 들어가는 일이 저절로 일어나게 된다는 것이다. 간단명료의 극치이다. 이러한 설법을 듣고 법달은 '그렇다면 굳이 경전을 읽을 필요가 있을까?' 하는 의문을 갖게 된다. 옳음과 그름을 세우는 분별에 떨어진 것이다. 그래서 유통본에는 법달의 질문과 이를 경책하는 스님의 설법이 추가되어 있다.

법달이 말했다. "그렇다면 뜻만 알면 되지 굳이 경전을 읽을 필요가 없지 않겠습니까?"

스님이 말씀하셨다. "경전에 무슨 잘못이 있겠는가? 그것이 어떻게 그대의 생각에 장애가 되겠는가? 미혹과 깨달음은 오직 사람에게 달려 있을 뿐이다. 손해를 보는 길을 걸을지 이익이 되는 길을 걸을지는 자기에게 달려 있다. 입으로도 외고 마음으로도 실천한다면 그것이 바로 경전을 굴리는 일이 된다. 입으로만 외고 마음으로 실천하지 않는다면 경전에 굴려지는 일이 된다. 나의 노래를 들어 보라."

마음에 미혹하면 법화가 나를 굴리고,
마음을 깨달으면 내가 법화를 굴리네.
경전을 오래 읽어도 밝게 깨닫지 못하면,
경전의 내용과 원수가 된다네.

머무는 생각이 없으면 생각마다 바르고,
머무는 생각이 있으면 생각마다 삿되네.
있음과 없음에 함께 걸리지 않으면,
언제나 항상 흰 소가 끄는 수레를 몰게 될 것이라네.[215]

---

215 達曰, 若然者, 但得解義, 不勞誦經耶. 師曰, 經有何過, 豈障汝念. 只為迷悟在人, 損益由己. 口誦心行, 即是轉經. 口誦心不行, 即是被經轉. 聽吾偈曰, 心迷法華轉, 心悟轉法華, 誦經久不明, 與義作讎家. 無念念即正, 有念念成邪, 有無俱不計, 長御白牛車. [宗寶本]

사람들은 『법화경』을 읽는다 하면서 경전의 노예가 될 뿐, 그 도리와 하나 되어 살아가지 못하고 있다. 나라는 주체가 경전이라는 대상을 소유하려 하기 때문이다. 그것은 경전의 진리와 정반대의 길을 걷는 일이 된다.

그러므로 경전의 가르침대로 살아가야 한다. 모든 경전은 머물지 않는 길, 집착하지 않는 길을 제시한다. 있음과 없음, 옳고 그름을 구분하는 취사선택의 길을 걷지 않도록 안내한다. 그것은 지금 당장 이것에서 실천되어야만 한다. 자신이 원래부터 우주법계와 꼭 같은 크기인 법의 수레에서 내려 본 적이 없음을 확인하는 일이 매 순간 일어나야 한다. 이것이 『법화경』을 바로 읽는 길이다.

🪷 법달의 깨달음

법달이 설법을 듣고 말이 떨어짐과 동시에 크게 깨달아 눈물을 흘리고 울면서 말하였다. "스님! 참으로 법화를 굴려본 적이 없이 7년간 법화에 굴려져 왔습니다. 이후로는 법화를 굴려서 생각 생각 부처의 행을 닦고 실천하겠습니다."

대사가 말씀하셨다. "부처의 실천이 바로 부처이다."

그때 듣는 사람들 중에 깨닫지 못한 사람이 없었다.[216]

평설 본래 부처에 눈을 뜬 감격과 미혹에 빠져 허송했던 지난 세

---

216 法達一聞言下大悟, 涕淚悲泣自言, 和尚實未曾轉法華, 七年被法華轉, 已後轉法華, 念念修行佛行. 大師言, 即佛行是佛, 其時聽人無不悟者.

월에 대한 회한으로 청법자가 눈물을 흘리는 일은 대승 경전에 자주 보이는 장면이다. 법달이 우는 장면은 실제로 있었던 일에 대한 묘사이기도 하고, 육조 스님의 설법을 경전으로 격상시키면서 이러한 대승 경전의 관용적 표현을 채용한 것이기도 하다.

유통본에는 법달이 깨닫고 나서 다른 사람들에게 도움을 주기 위한 보살심으로 다시 설법을 청하는 다음과 같은 장면이 추가되어 있다.

법달이 다시 질문하였다. "경전에 '여러 성문 제자와 보살들이 모두 생각하고 헤아려보았지만 부처님의 지혜를 알 수 없었다'고 되어 있습니다. 지금 범부들이라 해도 자기 마음만 깨달으면 그것을 부처의 지견이라 한다고 하셨습니다. 상근기의 수행자가 아니라면 이에 대한 의심과 논의가 없을 수 없겠습니다. 또한 경전에는 3가지의 수레, 즉 양이 끄는 수레, 사슴이 끄는 수레, 소가 끄는 수레와 흰 소가 끄는 수레를 말하고 있습니다. 이것이 어떻게 다른 것인지 스님께서 다시 가르침을 내려 주시기 바랍니다."

스님이 말씀하셨다. "경전에 분명히 말하고 있는데 그대가 미혹하여 스스로 그것을 등지고 있구나. 삼승의 사람들이 부처님 지혜를 알지 못하는 것은 헤아리고 추측하는 잘못을 범하고 있기 때문이다. 생각하고 추측할수록 점점 더 멀어지는 것이다. 부처님은 원래 범부를 위해 법을 설하였지 부처를 위해 설한 것이 아니다. 이러한 이치를 믿고 싶지 않다면 이 자리에서 물러나도 될 것이다. 그것은 스스로 흰 소가 끄는 수레를 타고 있으면서 문 밖에서 세 가지의 수레를 찾고 있다는 사실을 전혀 모르는 일이 된다. 더구나 경전에서는 '오직 유일한 부처의 수레만 있을 뿐, 이승이니 삼승이니 하는 다른 수레는 없다'고 분명히 말하고 있다. 나아가 무수한 방편이나 다양한 인연·비유의 설법들은 모두 유일한 부처의 수레를 드러내기 위한 것이다. 그대는 알아야 한다. 세 가지의 수레는 임시의 방편일 뿐으로서 그 옛날 성문과 연각과 보살을 깨우치기 위한 것이었다. 유일한 부처의 수레만이 실상으로서 지금 설하는 이것이다. 그대는 임시의 방편을 버리고 오직 실상으로 돌아가야 한다. 실상으로 돌아가고 보면 그 실상이라는 이름조차 실체가 없다. 그때 모든 보배와 재물이 다 그대에게 속한 것으로서 마음대로 받아서 쓰기만 하면 된다는 사실을 알게 될 것이다. 나아가 이 재물들이 아버지의 것이라는 생각도 하지 않게 될 것이고, 아버지를 따르는 아들의 것이라는 생각 역시 하지 않게 될 것이며, 그것을 받아서 쓴다는 생각 역시 하지 않게 될 것이다. 이렇게 해야 『법화경』을 수지독송한다고 할 수 있다. 최초의 겁에서 최후의 겁에 이르기까지 손에서 경전을 놓지 않고, 밤낮으로 그것을 생각하지 않는 때가 없게 되는 것이다."

법달은 깨우침을 받아 발을 구르고 뛰면서 기뻐하면서 노래를 지어 찬양하였다.

경전을 3천 번 읽었으나,
조계의 한마디에 모두 사라졌네.
세상에 나온 하나의 큰 인연을 깨닫지 못한다면,
어떻게 여러 겁에 걸친 번뇌를 쉴 수 있으랴.

양 수레, 사슴 수레, 소 수레는 방편으로 설한 것,
처음, 중간, 끝이 모두 좋다는 것은 법을 드러내기 위한 것.
알겠는가, 불타고 있는 집 안 그대로,
원래 법 가운데 왕이라는 것을.

스님이 말씀하셨다. "이제야 비로소 그대를 경전을 읽는 중이라 할 수 있겠다."

법달은 이로써 깊은 뜻을 깨달았으며, 또한 경전의 독송도 그만두지 않았다.[217]

🪷 지상의 질문과 깨달음

그때 지상이라는 중이 조계산에 와서 스님께 예배하고는 사승(四乘)의 법에 대해 질문하였다. 지상이 스님께 물었다. "부처님께서는 삼승을 말씀하시고, 다시 최상승법을 말씀하셨습니다. 그 뜻을 잘 모르겠으니 가르쳐 주십시오."

혜능대사가 말씀하셨다. "그대는 자신의 마음을 보아야지 밖의 현상적 모습에 집착해서는 안 된다. 원래 네 가지의 수레에 비유할 법이 따로 있는 것이 아니다. 다만 사람의 마음에 네 가지 등급이 있어, 법에 네 가지의 수레가 있게 된 것이다. 보고, 듣고, 독송한다면 소승이다. 법을 깨닫고, 이치를 안다면 중승이다. 법에 따라 수행한다면 대승이

---

217 再啓曰, 經云, 諸大聲聞乃至菩薩, 皆盡思共度量, 不能測佛智. 今令凡夫但悟自心, 便名佛之知見. 自非上根, 未免疑謗. 又經說三車, 羊鹿牛車與白牛之車, 如何區別. 願和尚再垂開示. 師曰, 經意分明, 汝自迷背. 諸三乘人, 不能測佛智者, 患在度量也. 饒伊盡思共推, 轉加懸遠. 佛本為凡夫說, 不為佛說. 此理若不肯信者, 從他退席. 殊不知, 坐卻白牛車, 更於門外覓三車. 況經文明向汝道, 唯一佛乘, 無有餘乘若二若三. 乃至無數方便, 種種因緣譬喻言詞, 是法皆為一佛乘故. 汝何不省, 三車是假, 為昔時故. 一乘是實, 為今時故. 只教汝去假歸實, 歸實之後, 實亦無名. 應知所有珍財, 盡屬於汝, 由汝受用, 更不作父想, 亦不作子想, 亦無用想. 是名持法華經, 從劫至劫, 手不釋卷, 從晝至夜, 無不念時也. 達蒙啓發, 踊躍歡喜, 以偈讚曰, 經誦三千部, 曹溪一句亡, 未明出世旨, 寧歇累生狂. 羊鹿牛權設, 初中後善揚, 誰知火宅內, 元是法中王. 師曰, 汝今後方可名念經僧也. 達從此領玄旨, 亦不輟誦經. [宗寶本]

다. 모든 법에 다 통하고, 모든 실천을 갖추고 있어, 어떤 것도 떠나지 않되, 오로지 법의 모양에 집착하지 않으며, 행위를 하되 새로 얻는다는 생각이 없다. 이것이 최상승이다. 수레[乘]란 실천하는 데 의미가 있지 입으로 따지는 데 있지 않다. 그대는 직접 닦아야지 나에게 물을 일이 없다."[218]

평설 　지상 역시 육조 스님의 10대 제자 중 한 명이다. 그는 부처님이 소승, 중승, 대승의 삼승을 말해 놓고, 왜 다시 최상승의 법문을 설했느냐는 질문을 한다. 원래 삼승의 설은 대승불교의 자기 정체성을 드러내기 위한 창안이다. 또 최상승은 홍인 스님의 독창은 아니지만 평생 동안 강조한 수행론으로서 『최상승론』이라는 논저까지 전한다. 따라서 육조 스님의 회상에서도 이 용어가 자주 쓰인 것은 이상한 일이 아니다. 지상은 이 최상승의 설법이 불교의 교리에서 어떤 정통성을 갖는지를 묻고 있다. 이에 육조 스님은 먼저 삼승이니 사승이니 하는 말을 무효화시켜 버린다. 원래 그런 법이 따로 있지 않다는 것이다. 다만 사람에 따라 차이가 있으므로 부처님이 삼승을 말했다는 것이다. 이에 의하면 소승은 부처님의 설법을 금과옥조로 여기는 그룹이다. 중승은 스스로 그 뜻을 알고 이해하는 수준에 머무는 그룹이다. 대승은 가르침에 따라 스스로 실천하는 그룹이다. 이들은 모두 부처님이 설한 법에 특별한 의미를 부

218 　時有一僧, 名智常. 來曹溪山, 禮拜和尚, 問四乘法義. 智常問和尚曰, 佛說三乘, 又言最上乘. 弟子不解, 望為教示. 惠能大師曰, 汝自身心見, 莫著外法相. 原無四乘法, 人心自有四等, 法有四乘. 見聞讀誦是小乘, 悟法解義是中乘, 依法修行是大乘. 萬法盡通, 萬行俱備, 一切無離, 但離法相, 作無所得, 是最上乘. 乘是行義, 不在口諍. 汝須自修, 莫問吾也.

여하고 있다.

이에 육조 스님은 지금 당장 이미 드러나 있는 법을 확인하고, 이것에 돌아가, 이것과 하나로 사는 새로운 길, 최상승의 길을 제시한다. 부처의 법 따로 있고 현상의 법 따로 있다면 모든 법에 통하는 일은 일어나지 않는다. 모든 실천을 갖추는 일 역시 마찬가지이다. 이 말은 훌륭한 행동을 두루 갖추었다는 뜻이 아니다. 일거수 일투족의 모든 하는 일이 다 부처의 작용임을 밝게 안다는 뜻이다.

이 일은 어떻게 가능한가? 무엇보다 부처의 법이 따로 있다는 생각에서 벗어나야 한다. 이것은 모양을 설정하는 관념적 습관에서 벗어나는 일이기도 하다. 별도의 모양을 갖춘 무엇이 있다는 생각은 집착을 불러일으킨다. 이것을 내려놓아 특별한 모양을 설정하지 않을 때, 이것이니 저것이니 따질 일이 없게 된다. 말로 따지려면 적어도 그것이 가리키는 바가 있어야 한다. 그런데 법은 특별한 모양이 없어 매 순간의 이것으로 드러날 뿐이다. 그러므로 최상승을 지향한다면 최상승이 무엇인지를 묻는 대신 지금 당장의 이것에서 법을 확인하는 실천에 들어가야 한다.

유통본에 의하면 지상은 이 질문을 하기 전에 육조 스님의 법문을 듣고 견성을 체험하였다. 그 내용은 다음과 같다.

지성은 신주(信州) 귀계(貴溪) 사람으로 어린 나이에 출가하여 자성을 보는 일에 뜻을 두고 있었는데, 어느 날 스님을 찾아와 예배하였다.

대사가 물었다. "그대는 어디에서 왔으며, 무엇을 묻고 싶은가?"

지성이 말하였다. "저는 최근에 홍주(洪州) 백봉산(白峰山)에 가서 대통(大通) 스님을 뵙고 견성성불의 도리에 대해 가르침을 받았습니다. 그러나 이것일까 저것일까 하며 의심을 끊지 못했습니다. 그래서 멀리에서 찾아와 귀의하며 예경하오니, 스님께서 자비로써 가리켜 주십시오."

스님이 말씀하셨다. "거기에서는 무슨 말을 하던가? 그대가 한 번 얘기를 해 봐라."

지상이 말하였다. "제가 그곳에 가서 3개월이 지날 때까지 가르침을 받지 못했는데, 법을 구하는 마음이 간절하여 어느 날 저녁, 혼자 방장실에 들어가 가르침을 청했습니다. '어떤 것이 지상의 본래 마음이며 본래 성품입니까?' 하는 질문이었습니다. 대통 스님이 말씀하셨습니다. '그대는 허공을 보는가?' 제가 대답했습니다. '예! 봅니다.' 스님이 말씀하셨습니다. '그대가 보기에 허공에 모양이 있는가?' 제가 대답했습니다. '허공은 형상이 없는데 무슨 모양이 있겠습니까?' 스님이 말씀하셨습니다. '그대의 본성이 허공과 같다. 텅 비어 볼 수 있는 자성이라는 물건이 따로 있지 않다. 이것을 분명히 알면 그것이 바르게 보는 일이다. 알 수 있는 것이 한 물건도 없다. 이것을 분명히 알면 그것이 진정한 앎이다. 자성에는 푸르니, 누르니, 기니, 짧니 하는 구분이 없다. 오직 본래의 근원이 청정하며 그 깨달아 있는 본체가 완전히 밝음을 보면, 이를 견성성불, 극락세계, 여래의 지견이라고 한다.' 저는 이러한 말을 들었지만 아직 의심을 완전히 끊지 못했으니 스님께서 가르쳐 주시기 바랍니다."

스님이 말씀하셨다. "그 스님이 말한 것에는 아직 알고 보는 일이 남아 있다. 그래서 그대가 의심을 끊도록 해 주지 못한 것이다. 내 이제 그대에게 한 노래를 주겠다."

하나의 법조차 보지 말라지만 보지 말라는 일이 남아 있어,
마치 뜬구름이 해를 가린 것과 같다.
하나의 법조차 알지 말라지만 공적한 앎을 지키는 일이 남아 있어,

허공에 번개가 일어나는 것과 같다.

이렇게 알고 보는 일이 한 번 일어나면,
잘못 알게 되는 것이니 어떻게 방편법문을 알 수 있겠는가?
그대가 앞의 한 생각이 잘못된 것임을 스스로 알면,
자기의 신령한 빛이 항상 분명히 드러나리라.

지상이 이 노래를 듣고 마음이 환해져 노래로 말하였다.

무단히 앎과 봄을 일으켜,
모양에 집착하여 깨달음을 구했습니다.
깨닫는다는 한 생각을 남겨 두고 있었으니,
어떻게 오래된 미혹함을 뛰어넘겠습니까?

자성은 깨달음의 근원이자 본체인데,
비춤을 따라가며 헛되이 흘러 다녔습니다.
조사님의 방에 들어오지 않았다면,
까마득한 상태로 상대적 두 측면을 헤매고 다닐 뻔했습니다.'[219]

---

219 僧智常, 信州貴溪人, 髫年出家, 志求見性. 一日參禮, 師問曰, 汝從何來. 欲求何事. 曰, 學人近往洪州白峰山
禮大通和尚, 蒙示見性成佛之義. 未決狐疑, 遠來投禮, 伏望和尚慈悲指示. 師曰, 彼有何言句. 汝試舉看. 曰,
智到到彼, 凡經三月, 未蒙示誨. 為法切故, 一夕獨入丈室, 請問, 如何是某甲本心本性. 大通乃曰, 汝見虛空否.
對曰, 見. 彼曰, 汝見虛空有相貌否. 對曰, 虛空無形, 有何相貌. 彼曰, 汝之本性, 猶如虛空, 了無一物可見, 是
名正見. 無一物可知, 是名真知. 無有青黃長短, 但見本源清淨, 覺體圓明, 即名見性成佛, 亦名如來知見. 學人
雖聞此說, 猶未決了, 乞和尚開示. 師曰, 彼師所說, 猶存見知, 故令汝未了. 吾今示汝一偈, 不見一法存無見,
大似浮雲遮日面, 不知一法守空知, 還如太虛生閃電. 此之知見瞥然興, 錯認何曾解方便, 汝當一念自知非, 自己

지성은 이렇게 육조 스님의 가르침을 받아 본래 청정한 자성, 본래 밝은 깨달음의 본체와 하나로 만난다. 위 돈황본의 본문은 이 문답의 뒤에 제시되어 있다. 눈을 환히 뜬 뒤에 다시 질문하였던 것이다. 미혹에 빠진 대중들을 돕기 위해 보살의 마음으로 짐짓 일으킨 질문에 해당한다.

🪷 신회의 질문과 귀의

또 양양(襄陽)의 신회라는 중이 조계산에 찾아와 예배하고 질문하였다. "스님께서는 좌선하며 보십니까? 보시지 않습니까?"

대사가 일어나 신회를 3번 때리고는 신회에게 물었다. "내가 너를 때렸는데 아픈가, 아프지 않은가?"

신회가 말하였다. "아프기도 하고, 아프지 않기도 합니다."

육조 스님이 말씀하셨다. "나 역시 보기도 하고, 보지 않기도 한다."

신회가 다시 물었다. "스님께서는 어떻게 보기도 하고, 보지 않기도 하십니까?"

대사가 말씀하셨다. "내가 보기도 한다는 것은 항상 자신의 허물을 본다는 뜻이다. 그래서 보기도 한다고 말한 것이다. 보지 않기도 한다는 것은 하늘과 땅과 남의 허물을 보지 않는다는 뜻이다. 그래서 보기도 하고 보지 않기도 한다고 말한 것이다. 네가 아프기도 하고, 아프지 않기도 하다고 했는데 무슨 뜻인가?"

靈光常顯現. 常聞偈已, 心意豁然. 乃述偈曰, 無端起知見, 著相求菩提, 情存一念悟, 寧越昔時迷. 自性覺源體, 隨照枉遷流, 不入祖師室, 茫然趣兩頭. 起知見. 著相求菩提. 情存一念悟. 寧越昔時迷, 自性覺源體, 隨照枉遷流, 不入祖師室, 茫然趣兩頭. [宗寶本]

신회가 대답하였다. "만약 아프지 않다면 감각이 없는 나무나 돌과 같을 것입니다. 아프다면 범부와 같아 원한을 일으킬 것입니다."

대사가 말씀하셨다. "신회야! 방금 전에 보느니 보지 않느니 하는 것은 상대적 차원이다. 아프니 아프지 않느니 하는 것은 생성과 소멸의 차원이다. 그대는 자성을 보지는 않고 함부로 사람을 희롱하고 있구나."

신회가 예배하고 다시 말하지 않았다. 대사가 말씀하셨다. "너의 마음이 미혹하여 자성을 보지 못한다면 선지식에게 물어 길을 찾아야 한다. 마음으로 깨달아 스스로 자성을 보았다면 법에 의지하여 수행하면 된다. 너는 스스로 미혹하여 자기 마음을 보지는 않고 나에게 보느냐 보지 못하느냐를 묻고 있다. 내가 보았다면 나 혼자 아는 일일 뿐, 너 대신 미혹에 빠질 수는 없다. 네가 스스로 보았다면 나를 대신하여 미혹할 수 있겠느냐? 스스로 닦지는 않고, 내가 자성을 보았는지를 묻고 있구나."

신회가 예배하고 바로 문인이 되어 조계산을 떠나지 않으며 스님을 가까이에서 모셨다.[220]

---

220 又有一僧, 名神會, 襄陽人也. 至曹溪山禮拜, 問言, 和尙坐禪, 見亦不見. 大師起把打神會三下, 卻問神會, 吾打汝痛不痛. 神會答言, 亦痛亦不痛. 六祖言曰, 吾亦見亦不見. 神會又問, 大師何以亦見亦不見, 大師言, 吾亦見, 常見自過患. 故云亦見, 亦不見者, 不見天地人過罪, 所以亦見亦不見. 汝亦痛亦不痛如何. 神會答曰, 若不痛卽同無情木石. 若痛卽同凡, 卽起於恨. 大師言, 神會, 向前見不見是兩邊, 痛不痛是生滅. 汝自性且不見, 敢來弄人, 神會禮拜更不言. 大師言, 汝心迷不見, 問善知識覓路, 以心悟自見, 依法修行. 汝自迷, 不見自心, 卻來問惠能見否. 吾見自知, 代汝迷不得. 汝若自見, 代得吾迷. 何不自修, 問吾見否. 神會作禮, 便爲門人, 不離曹溪山中, 常在左右.

평설　　혜흔본이나 유통본을 보면 신회가 육조 스님을 찾아간 것은 13살 때의 일이었다. 그러나 당시 신회의 나이가 30살이었다는 설도 있다. 신회의 질문 수준을 보면 30살 설이 설득력이 있기는 하다. 어쨌든 그가 육조의 십대제자 중 가장 나이가 어려 '어린 중 신회[神會小僧]'라고 불렸던 것은 분명하다. 신회는 옥천사의 신수 스님에게서 공부하다가 천신만고 끝에 조계산에 도달하였다. 이때 육조 스님과 신회 간에 이런 대화가 있었다.

"본래면목을 보았는가? 만약 근본이 있다면 틀림없이 주인공을 보았으리라. 한번 말해 보거라."

신회가 말하였다. "머물지 않음을 근본으로 하며, 보는 것을 주인공으로 합니다."

스님이 말씀하셨다. "이 어린 중이 남의 말만 따라 하는구나."[221]

그리고는 주장자로 세 번 때린 뒤에 위의 문답이 전개된다. 보느냐 보지 않느냐는 신회의 질문에는 두 가지 의미가 함께 들어 있다. 우선 견성하였는가를 묻는 질문이다. 어린 나이에 어울리는 질문이다. 물론 종교에 대한 천재적 감각의 소유자였던 신회는 간단하지가 않다. 그래서 이 질문에는 보는 주체와 대상이 남아 있는지를 떠보겠다는 두 번째의 의도가 숨어 있다. 은근히 함정을 파 놓은 질문인 것이다. 이 질문에 대해 만약 본다고 대답한다면 보는 주체와 대상이 성립하므로 견성이 아니다. 만약 보지 않는다고 대답한다면 나무나 돌처럼 무지각의 상태에 머물러

---

221 還將得本來否. 若有本則合識主. 試說看. 會曰, 以無住爲本, 見即是主. 師曰, 這沙彌爭合取次語. [宗寶本]

있으므로 견성이 아니다.

13살 신회가 육조 스님을 시험한 것이다. 육조 스님은 대답하는 대신 신회를 때리고 묻는다. 아픈가? 아프지 않은가? 이에 대해 신회는 이론적으로 준비된 대답을 한다. 아프기도 하고 아프지 않기도 하다. 목석이 아니므로 아프다. 아픔에 호오의 감정을 일으키지 않으므로 아프지 않다. 이 대답은 이론적으로는 문제가 없지만 중생을 구원해 주지 못한다. 법은 아프고 아프지 않고의 판단에 있지 않기 때문이다. 육조 스님에게 함정을 팠다가 결국에는 자신이 함정에 빠져 버린 것이다.

그런데 범부는 남을 해치기 위해 분별심으로 함정을 파지만, 성인은 중생을 이롭게 하기 위해 함정을 판다. 육조 스님이 그랬다. 육조 스님은 보는가, 보지 않는가 하는 질문에 논리로 대답하는 대신 질문자를 이 현장으로 이끌어 낸다. 주장자로 세 번 때린 일이 그렇고, 전혀 다른 차원의 대답이 그렇다. 솜씨가 천의무봉이다. 본다거나, 보지 않는다거나 하는 신회의 말은 분별에 떨어졌지만, 입장만 바꾸면 자성을 보는 현장이 될 수 있다. 그것이 바로 하늘과 땅과 남의 잘못은 보지 않고, 나의 잘못을 보는 자리이다. 하늘과 땅과 남의 잘못을 보지 않는다는 것은 어떤 일에 대해 시비호오의 판단을 하지 않는다는 뜻이다. 모든 일이 법의 드러남이기 때문이다. 자신의 잘못을 본다는 것은 옳고 그름, 착하고 악함에 대한 분별과 취사심이 일어나는 순간을 살펴, 그것을 내려놓기를 반복한다는 뜻이다. 그리하여 불이중도의 자리로 바로 돌아오도록 한다는 것이다.

그런 뒤에 스님은 엄숙하게 신회를 경책한다. 자성을 본다는 것은 스스로 깨달음의 현장에 있다는 뜻이다. 이에 비해 타인이 견성했는지 묻는 것은 깨달음에 특정한 모양을 설정하는 상대적 분별에 떨어진 사람이

하는 말이다. 견성은 주체와 대상의 분별을 내려놓는 일과 함께 일어난다. 그러므로 '스님은 견성하셨습니까?' 하는 질문은 견성이 무엇인지조차 모르는 사람에게서 나오는 질문이다.

육조 스님은 이 질문에 대답하는 대신 오직 스스로 자성을 확인하는 현장이 있을 뿐, 논의를 위한 논의에 빠지지 말라는 가르침을 내린다. 그런데도 신회는 여전히 이론으로 따지는 습관을 버리지 못한다. 유통본을 보면 육조 스님의 가르침을 자꾸 관념화하려는 신회의 모습이 보인다. 육조 스님이 질문에 신회가 대답하는 장면이 있다.

"나에게 한 물건이 있는데, 머리도 없고 꼬리도 없다. 이름도 없고, 별명도 없다. 뒤도 없고, 앞도 없다. 그대들은 이것이 무엇인지 아는가?"

신회가 나서서 말했다. "모든 부처님들의 본래 근원이며, 저의 불성입니다."

스님이 말씀하셨다. "이름도 없고 별명도 없다고 했는데, 그대는 본래 근원이니 불성이니 하는구나? 그대가 나중에 도량을 세워 가르침을 펴게 된다 하여도 그저 알고 이해하는 무리의 일원이 될 뿐이겠다."[222]

알고 이해하는 무리의 일원이 될 것이라는 육조 스님의 비판에 칭찬의 뜻이 담겨 있다고 보는 학자들도 있다. 바로 그 뒤에 신회가 돈오의 가르침을 드러내는 공을 세웠다는 구절이 뒤따르기 때문이다. 그러나 어떻게 보아도 여기에서 신회는 아직 육조 스님의 법을 깨닫지 못하고 있다. 머

222　吾有一物, 無頭無尾, 無名無字, 無背無面. 諸人還識否. 神會出曰, 是諸佛之本源, 神會之佛性. 師曰, 向汝道, 無名無字, 汝便喚作本源佛性. 汝向去有把茆蓋頭, 也只成箇知解宗徒. [宗寶本]

리도 없고 꼬리도 없는 이것을 본래 근원이니 불성이니 하는 관념적 언어로 해설하지 말고 바로 가리켜 보라는 것이 육조 스님의 요구였다. 지금 이 현장에 바로 가리켜 보일 것이 이렇게 많은데, 하필이면 다시 본래의 근원이나 불성을 들먹일 일이 있겠는가? 이것은 신회가 이론의 구속, 법에 대한 집착을 벗어나지 못하였음을 말해 주고 있다.

그럼에도 육조 스님의 돈오법이 세상에 널리 알려진 것은 절대적으로 신회의 공로에 속한다. 스님이 열반한 뒤 장안과 낙양에서 돈오의 가르침을 일으킨 것도 신회이고, 『현종기(顯宗記)』를 통해 그 법을 유통시킨 것도 신회이기 때문이다. 유통본이나 기타 자료를 보면 신회는 호북성 양양(襄陽) 사람이다. 돈황본에는 남양(南陽)으로 되어 있는데 이곳은 하남성에 있어 양양과 다른 곳이다. 유통본이 옳다고 보아 이를 수정하였다.

그 밖에 스님의 제자들에 관한 기록은 주로 유통본의 '기연품'과 '돈점품'에 보인다. '기연품'에는 무진장(無盡藏), 법해(法海), 법달(法達), 지통(志通), 지상(智常), 지도(志道), 청원행사(靑原行思), 남악회양(南嶽懷讓), 영가현각(永嘉玄覺), 지황(智隍), 방변(方辯)의 기록이 보인다. 한편 '돈점품'에는 지성(志誠), 지철(志徹), 신회(神會)의 기록이 보이는데 이들은 모두 신수 스님에게서 공부하다가 나중에 육조 스님에게 귀의했다는 공통점을 갖는다.

이 중 지성, 법달, 지상, 신회의 행적은 위에서 살펴본 바와 같이 돈황본에도 기록이 남아 있다. 이 밖에 유통본은 돈황본에 없는 제자들의 기록을 다수 추가하고 있다. 육조 스님에게 법을 받은 제자들 중 후대에 일정한 영향력을 끼친 스님들이나 특별한 에피소드가 전해지는 경우, 이것이 편집 과정에 적극 반영되었기 때문으로 보인다. 이렇게 유통본에 추가된 여러 제자에 대한 기록들은 무시할 수 없는 가치를 지니고 있다. 육조 스님의 가르침이 지향하는 바와 그것이 전달되는 현장을 극적으로 보여 주고 있기 때문이다. 이에 유통본에 추가된 제자들의 기록을 살펴보기로 한다.

먼저 비구니 무진장(無盡藏)이 있다. 무진장은 원칙적으로 육조 스님의 제자는 아니다. 또한 무진장과의 만남이 홍인 스님에게 인가를 받기 전이었는지 이후였는지에 대해서도 논의가 엇갈린다. 특히 무진장에게 『대열반경』의 종지를 해설해 준 사건이 일어난 시점이 다르다. 유통본에서는 이것을 깨달음 이후의 일로 보아 '기연품'에 배치하고 있다. 그 기록은 다음과 같다.

스님이 황매에서 법을 받아 소주(韶州)의 조후촌(曹侯村)으로 돌아왔을 때 알아보는 이가 없었다. 다만 유지략이라는 유학자가 있어 스님을 매우 후하게 예우하였다. 그에게는 무진장이라는 출가한 고모가 있었는데 항상 『대열반경』을 독송하였다. 스님이 잠시 듣고는 바로 그 오묘한 뜻을 알아 해설해 주니 무진장이 책을 가져다 글자를 물었다. 스님이 말씀하셨다. "글자는 모르겠고, 뜻을 물어보도록 하십시오."

비구니가 말하였다. "글자도 모르는데 어떻게 뜻을 안다는 말입니까?"

스님이 말씀하셨다. "모든 부처님들의 오묘한 이치는 문자와 상관이 없습니다."

무진장이 놀라 기이하게 여기면서 마을의 원로들에게 말하였다. "이분은 도를 깨달으신 분이니 모시고 공양을 올려야 합니다."

위무후(魏武侯)의 현손인 조숙량(曹叔良)과 주민들이 앞다투어 찾아와 스님을 뵙고 예배하였다. 그때 옛 보림사가 수나라 말년의 전쟁으로 불에 타 폐허만 남아 있었는데, 원래의 터에 사찰을 중건하여 스님을 청해 머물도록 하니 순식간에 보배로운 사찰이 되었다.[223]

무진장에 대한 이 기록에서 우리는 육조 스님의 깨달음과 가르침이 문자의 구속을 벗어난 것이었다는 사실을 새삼 재확인하게 된다.

다음으로 대제자 법해의 깨닫는 상황이 소개된다. 법해는 이 경전의 기록자로서 돈황본의 곳곳에 그 이름이 나타나지만 정작 그 깨달음에 대한 기록은 보이지 않는다. 유통본에 전하는 법해의 기록은 그 제자들에 의한 편집과정에 추가된 것임에 분명하다. 내용은 다음과 같다.

법해는 소주곡강(韶州曲江) 사람이다. 처음에 스님을 뵈었을 때 이렇게 물었다. "마음이 곧 부처라 하는데 이 일을 가르쳐 깨우쳐 주시기 바랍니다."

스님이 말씀하셨다. "분별하는 생각이 일어나지 않는다면 그것이 바로 마음이고, 뒷 생각이 사라지지 않는다면 그것이 바로 부처이다. 모든 모양을 이루는 것이 바로 마음이고, 모든 모양을 떠나는 것이 부처이다. 내가 이 것을 다 말하자면 겁이 끝나도록 다하지 못할 것이다. 그러니 나의 노래를 들어 보라."

마음과 하나로 만나는 것을 지혜라 하고,
부처와 하나로 만나는 것을 선정이라 한다.
선정과 지혜를 둘 아니게 유지하면,
마음이 청정해지리라.

---

223 師自黃梅得法, 回至韶州曹侯村, 人無知者. 有儒士劉志略, 禮遇甚厚. 志略有姑為尼, 名無盡藏, 常誦大涅槃經. 師暫聽, 即知妙義, 遂為解說. 尼乃執卷問字,師曰, 字即不識, 義即請問. 尼曰, 字尚不識, 焉能會義. 師曰, 諸佛妙理, 非關文字. 尼驚異之, 遍告里中耆德云, 此是有道之士, 宜請供養. 有魏武侯玄孫曹叔良及居民, 競來瞻禮. 時, 寶林古寺, 自隋末兵火已廢, 遂於故基重建梵宇, 延師居之, 俄成寶坊. [宗寶本]

이 법문을 깨달으면 되는 것이지만,

다만 그대의 습성이 장애가 될 뿐이라.

오묘한 활용은 본래부터 생성과 소멸의 차원을 떠나 있으니,

선정과 지혜를 함께 닦는 것이 바른길이라네.

법해가 말이 떨어짐과 동시에 크게 깨달아 노래로 찬양하였다.

마음과 하나로 만나는 것이 원래 부처인데,

이것을 깨닫지 못하고 스스로 중생이라 자처했습니다.

선정과 지혜가 둘 아닌 이치를 알았으니,

이를 함께 닦아 모든 사물의 구속에서 벗어나겠습니다.[224]

분별하지 않는 마음이 곧 부처이고, 자성에서 떠나지 않는 선정이 곧 지혜라 했다. 그렇지만 선정이라는 것, 지혜라는 것을 따로 세울 수 없다. 선정을 따로 세우면 이것을 가지고 산란한 마음을 누르려 하게 된다. 이 누르려 하는 의도가 산란을 키우는 동력원이 된다. 그래서 지금 이 마음을 거듭 돌이켜 비추는 지혜가 필요하다. 이 돌이켜 비춤은 주체와 대상을 둘로 나누지 않는 자리에서 이루어지므로 선정과 둘이 아니게 된다. 이것이 본래의 부처에 돌아가는 길로서 육조법문의 핵심인 정혜쌍수의 가르침이다.

---

224 僧法海, 韶州曲江人也. 初參祖師, 問曰, 即心即佛, 願垂指諭. 師曰, 前念不生即心, 後念不滅即佛. 成一切相
即心, 離一切相即佛. 吾若具說, 窮劫不盡. 聽吾偈曰, 即心名慧, 即佛乃定, 定慧等持, 意中清淨. 悟此法門, 由
汝習性, 用本無生, 雙修是正. 法海言下大悟, 以偈讚曰, 即心元是佛, 不悟而自屈, 我知定慧因, 雙修離諸物.
[宗寶本]

다음으로 지통에 관한 기록이 보인다. 원래 돈황본을 보면 육조 스님의 10대 제자의 한 사람으로 '志通'이라는 인명이 보이는데, 유통본에는 '智通'으로 되어 있다. 그러니까 이 둘은 같은 인물이다. 그래서 돈황본 최신 교정본에는 志通 → 智通으로 교정되어 있다.

지통은 수주안풍(壽州安豐) 사람이다. 일찍이 『능가경』을 천 번 넘게 보았으나 부처의 세 몸[三身]과 네 가지 지혜[四智]를 알지 못하였다. 이에 스님을 찾아뵙고 그 뜻을 해설해 주기를 구하였다.

스님이 말씀하셨다. "부처의 세 몸이라! 청정한 법신은 그대의 본래 이러한 자성이다. 원만한 보신은 그대의 지혜이다. 천백억 화신은 그대의 행동이다. 만약 본래 이러한 자 성을 떠나 별도로 부처의 세 몸을 말한다면 몸만 있고 지혜는 없는 꼴이 된다. 부처의 세 몸이라는 정해진 자성이 따로 있지 않다. 이것을 깨닫는다면 네 가지 지혜의 이치를 알게 될 것이다. 나의 노래를 들어 보라.

본래 이러한 자성에 세 몸이 갖추어져 있어,
이를 밝게 깨달으면 네 가지 지혜가 된다.
보고 듣는 인연의 현장을 떠나지 않으면서,
곧바로 부처의 자리로 뛰어오른다.

이제 그대에게 말하노니,
깊이 믿어 다시는 미혹하지 말라.
밖에서 진리를 찾아 뛰어다니며,
종일 말로만 보리를 말하는 이들을 배우지 말라.

지통이 다시 질문하였다. "네 가지 지혜가 무슨 뜻인지 들려주실 수 있겠습니까?"

스님이 말씀하셨다. "부처의 세 몸을 알았다면, 바로 네 가지 지혜가 무엇인지 분명해졌을 텐데 다시 물을 필요가 있겠는가? 만약 부처의 세 몸을 떠나 별도로 네 가지 지혜를 말한다면 그것은 부처의 지혜만 있고 부처의 몸은 없는 꼴이 된다. 이렇게 되면 지혜가 있다 해도 지혜 없는 이가 될 것이다."

그리고는 다시 노래로 말하였다.

대원경지는 자성의 청정함이고,
평등성지는 마음에 병이 없는 것.
묘관찰지는 노력 없이 비춰 보는 것이며,
성소작지는 둥근 거울과 같다.

전5식과 제8식은 부처의 과위(果位)에 오름과 동시에 전환되고,
제6식과 제7식은 성불 전 인위(因位)에 있을 때 전환된다.
이것은 단지 이름이 그렇다는 것이지 실체가 따로 있다는 것은 아니다.
의식이 지혜로 전환되는 자리에조차 마음을 두지 않으면,
무수히 생멸한다 해도 영원한 선정에 머물게 될 것이다.

지통이 그 자리에서 저절로 그러한 자성의 지혜를 깨닫고 노래를 바쳤다.

부처의 세 몸이 원래 나와 한 몸이고,
네 가지 지혜가 본래 밝은 마음입니다.

세 몸과 네 지혜가 서로 통하여 막힘이 없으니,

만나는 사물과 인연에 따라 걸림 없이 모양을 드러냅니다.

수행한다는 마음을 일으키는 일 자체가 망상의 움직임이고,

어떤 것을 지키고 머무는 일 역시 진정한 길이 아닙니다.

이 오묘한 뜻 스승님을 만나 깨달았으니,

앞으로는 관념적 이름에 오염되는 일이 없을 것입니다."[225]

　지통이 천 번 넘게 읽었다는 『능가경』은 유식학의 핵심경전이다. 이 경전에서는 수행이 깊어지면 성불을 전후하여 각 차원의 의식이 네 지혜로 전환되며 부처의 세 몸을 갖추게 된다고 말한다. 육조 스님은 그러한 부처 몸의 성취와 지혜로의 전환이라는 가르침을 이론으로 이해하고자 하는 제자의 길을 차단한다. 지향하는 마음을 둔다는 것은 특별한 무엇을 세워 그것을 나의 것으로 소유하고자 하는 일에 속한다. 깨달음은 분명히 존재한다. 그렇지만 깨달음이라는 것이 특별한 모양으로 따로 존재하는 것은 아니다. 그것은 나라는 주체와 깨달음이라는 대상이 따로 있다는 분별이 사라진 자리에서만 드러난다. 능력 있는 장군은 난세를 평정하여 태평성세를 불러온다. 그러나 진정한 태평성세는 능력 있는 장군

---

225 僧智通, 壽州安豐人. 初看楞伽經, 約千餘遍, 而不會三身四智. 禮師求解其義, 師曰, 三身者, 清淨法身, 汝之性也. 圓滿報身, 汝之智也. 千百億化身, 汝之行也. 若離本性, 別說三身, 即名有身無智. 若悟三身無有自性, 即明四智菩提. 聽吾偈曰, 自性具三身, 發明成四智. 不離見聞緣, 超然登佛地. 吾今為汝說, 諦信永無迷, 莫學馳求者, 終日說菩提. 通再啟曰, 四智之義, 可得聞乎. 師曰, 既會三身, 便明四智. 何更問耶. 若離三身, 別談四智, 此名有智無身. 即此有智, 還成無智. 復說偈曰, 大圓鏡智性清淨, 平等性智心無病, 妙觀察智見非功, 成所作智同圓鏡. 五八六七果因轉, 但用名言無實性, 若於轉處不留情, 繁興永處那伽定. 通頓悟性智, 遂呈偈曰, 三身元我體, 四智本心明, 身智融無礙, 應物任隨形. 起修皆妄動, 守住匪真精, 妙旨因師曉, 終亡染污名. [宗寶本]

이 없는 세상이다. 깨달음에 자아가 없는 것도 이와 같다.

다음으로 지상에 대한 기록이 나오는데 그 기본적인 내용이 이미 살펴본 돈황본과 같다. 그 다음이 지도(志道)에 대한 추가된 기록이 보인다. 지도는 혜흔본의 기록에 의하면 법해 → 지도 → 오진 → 원회로 이어지는 단경 전수의 계보에 있어서 중요한 위치를 점하는 인물이다.

광주남해(廣州南海) 사람 지도가 가르침을 청하였다. "저는 출가하고부터 『열반경』을 10여 년 읽었습니다만 큰 뜻을 잘 알지 못하고 있습니다. 스님께서 가르쳐 주시기 바랍니다."

스님이 말씀하셨다. "어디를 잘 모르겠다는 것인가?"

지도가 말하였다. "만사만물은 불변의 실체가 아니어서, 생성하고 소멸하는 현상에 속한다 하고, 생성과 소멸이 성립하지 않는 자리에 돌아오면 적멸의 즐거움을 누리게 되리라 하는 구절에 의혹을 느끼고 있습니다."

스님이 말씀하셨다. "어떤 의혹이 있다는 것인가?"

지도가 말하였다. "모든 중생들은 현상으로서의 색신과 본질로서의 법신이라는 두 몸을 갖습니다. 현상으로서의 색신은 변하는 것이라서 생성과 소멸이 있게 됩니다. 본질로서의 법신은 변함이 없는 것으로서 지각을 떠나 있습니다. 그런데 경전에서는 '생성과 소멸이 성립하지 않는 자리에 돌아오면, 생성과 소멸을 떠난 적멸의 즐거움을 누리게 되리라'고 말하고 있습니다. 여기에서 어떤 몸이 적멸하고 어떤 몸이 즐거움을 누리는지 잘 모르겠습니다. 현상으로서의 색신을 말하는 것이라면, 그것이 소멸할 때 그 구성요소가 흩어질 것이므로 전체가 고통이 될 것이니, 즐거움이라 할 것이 없을 것입니다. 만약 본질로서의 법신을 말하는 것이라면, 그것은 본래 생성과 소멸이 없는 적멸의 상태에 있는 것이라서 초목이나 기왓장이나 돌멩

이와 같습니다. 그러니 누가 그 즐거움을 누리겠습니까? 또한 법성은 생성과 소멸이 일어나는 본체이고, 오온의 다섯 가시 집적은 생성과 소멸이 일어나는 작용입니다. 이것은 하나의 본체에 다섯 가지 작용이 있다는 것이므로 생성과 소멸이야말로 불변하는 것입니다. 생성이란 본체에서 작용이 일어나는 것이고, 소멸이란 작용을 거두어 본체로 돌아가는 일일 것이기 때문입니다. 만약 거듭 태어나는 것이라면 모든 생명체는 끝나거나 사라지는 일이 없을 것입니다. 만약 거듭 태어남이 없는 것이라면 생성과 소멸을 떠난 적멸의 자리로 영원히 돌아가 사물과 같게 될 것입니다. 그렇게 되면 모든 것이 열반의 원리에 지배를 받아 다시 태어나지도 못할 텐데 무슨 즐거움이 있을 수 있겠습니까?'

스님이 말씀하셨다. "그대는 부처님의 제자로서 어떻게 허무론과 영원론의 외도적 사견을 배워 최상승의 법을 논의하는가? 그대의 말대로 하자면 현상으로서의 색신의 밖에 법신이라는 것이 따로 있어 생성과 소멸을 떠난 적멸의 자리에서 찾을 수 있다는 말이 된다. 또한 열반의 영원한 즐거움을 누릴 어떤 몸이 있어야 한다고 추론하고 있다. 이것이야말로 삶에 집착하고 죽음을 싫어하는 것이며, 세속적 즐거움을 탐착하는 일이다. 그대는 알아야 한다. 부처님은 왜 법을 설하셨는가? 미혹에 빠진 사람들은 오온이라는 다섯 요소의 화합물을 자아로 보고, 일체의 현상을 자아와 구별되는 외적 현상이라 본다. 그리하여 삶을 좋아하고 죽음을 싫어함으로써 생각 생각 망상에 휩쓸려 흘러가고 있다. 그것이 꿈이나 허상과 같아 실체가 없는 임시적 현상임을 모르고 헛되이 윤회를 받고 있는 것이다. 그리하여 변함없는 즐거움인 열반을 괴로운 것이라고 거꾸로 인식하면서 종일토록 바쁘게 밖으로만 치달리고 있는 것이다. 부처님은 이것을 안타깝게 여겨 열반의 진정한 즐거움을 보여 주신 것이다. 어떠한 찰나에도 생성이라 할 무엇이 따로 없으며, 어떠한 찰나에도 소멸이라 할 무엇이 따로 없다. 또한 없애야 할 생성과 소멸이라는 것이 따로 없다. 이것이 적멸이 현장에 드러나는 이치이다. 적멸이 드러날 때에는 그것이 드러난다는 인식조차 없다. 그래서 이것을 변함없는 즐거움이라 하는 것이다. 이 즐거움은 수용하는 주체가 따로 있지는 않지만, 그렇다고 그것을 받는 주체가 없는 것도 아니다. 그러니 어떻게 하나의 본체에 다섯 가지 작용이 있다는 정의가 가능하겠는가? 나아가 열반의 도리가 모든 현상을 지배하여 영원히 태어날 수 없도록 한다는 말이 가능하겠는가? 이것이야말로 부처님을 비방하고 법을 흠집 내는 일이다. 나의 노래를 들어 보라."

위없는 큰 열반은,
있는 이대로 밝아 생멸을 떠나 두루 비추고 있다.
범부나 어리석은 이들은 이것을 죽음이라 말하고,
외도의 사람들은 이것을 소멸이라 말한다.

성문연각의 소승들은,
이것을 인위적인 행위가 없는 상태로 해석한다.
그것은 모두 생각으로 따지는 일로서,
62가지 견해의 뿌리가 될 뿐이다.

그것은 전도된 생각으로 실체가 없는 임시적 이름을 세운 것일 뿐,
진실한 도리라 할 수 없는 것들이다.
오직 생각의 헤아림을 뛰어넘은 사람이라야,
둘 아님에 통달하여 취사선택이 없게 된다.

다섯 가지 요소의 집적으로 이런저런 형상과 마음이 일어난다는 사실,

그 속의 나라는 것은 실체가 아니라는 사실을 알아야 한다.

밖으로 이런저런 모양이나,

다양한 음성으로 드러나는 것일 뿐임을 알아야 한다.

그것은 꿈이나 허상과 같아서 실제로는 분별이 없는 것이니,

범부니 성인이니 하는 분별적 견해를 일으키지 않아야 한다.

열반이 있다거나 없다거나 하는 이해를 짓지 않으며,

분별이 사라지고 과거·현재·미래의 시간이 끊어졌다는 이해도 없어야

한다.

모든 감각기관의 작용과 하나로 상응하여 나아갈 뿐,

그러한 작용이 있다는 생각을 일으켜서는 안 되며,

모든 법을 분별하면서도,

분별로 인한 전도된 견해가 없어야 한다.

영겁의 불길이 바다를 태워 말리고,

영겁의 바람이 모든 산을 때려 덜그럭거리게 하는 일이 있다 해도,

이것이야말로 진정하고도 변함없는 적멸의 즐거움이니,

대열반의 실상이 바로 이와 같다.

내가 지금 억지로 말로 설명하여,

그대의 삿된 견해를 내려놓도록 하고 있다.

그대는 말을 따라다니며 이해하려 하지 말라,

그러면 조금이라도 불법을 깨닫게 될 것이다.

지도가 노래를 듣고 크게 깨달아 환희하여 발을 구르며 예경을 하고 물러갔다.[226]

깨달음이라는 것이 따로 있다면 그것에 대해 생각하고, 이해하고, 아는 일이 가능할 것이다. 그런데 바로 이 생각하고, 이해하고, 아는 주체인 자아를 내려놓는 것이 깨달음의 출발이다. 그러므로 자아를 설정하고 그에 기초하여 대열반을 이해하고 설명하려 한다면, 그것은 언제나 삿된 견해일 수밖에 없다. 위의 노래들은 이러한 이치를 거듭 확인하고 있다.

다음으로 청원행사(靑原行思)의 기록이 이어진다. 청원행사는 후대에 지대한 영향을 끼친 선사인데, 그에 대한 기록은 극히 간단하다. 청원행

---

226 僧志道, 廣州南海人也. 請益日, 學人自出家, 覽涅槃經十載有餘, 未明大意, 願和尙垂誨. 師日, 汝何處未明. 日, 諸行無常, 是生滅法. 生滅滅已, 寂滅爲樂. 於此疑惑. 師日, 汝作麼生疑. 日, 一切衆生皆有二身, 謂色身法身也. 色身無常, 有生有滅. 法身有常, 無知無覺. 經云, 生滅滅已, 寂滅爲樂者, 不審何身寂滅. 何身受樂. 若色身者, 色身滅時, 四大分散, 全然是苦, 苦不可言樂. 若法身寂滅, 卽同草木瓦石, 誰當受樂. 又法性是生滅之體, 五蘊是生滅之用, 一體五用, 生滅是常. 生則從體起用, 滅則攝用歸體. 若聽更生, 卽有情之類, 不斷不滅. 若不聽更生, 則永歸寂滅, 同於無情之物. 如是, 則一切諸法被涅槃之所禁伏, 尙不得生, 何樂之有. 師日, 汝是釋子, 何習外道斷常邪見, 而議最上乘法. 據汝所說, 卽色身外別有法身, 離生滅求於寂滅. 又推涅槃常樂, 言有身受用. 斯乃執吝生死, 耽著世樂. 汝今當知, 佛爲一切迷人, 認五蘊和合爲自體相, 分別一切法爲外塵相, 好生惡死, 念念遷流, 不知夢幻虛假, 枉受輪迴. 以常樂涅槃翻爲苦相, 終日馳求. 佛愍此故, 乃示涅槃眞樂. 刹那無有生相, 刹那無有滅相, 更無生滅可滅, 是則寂滅現前. 當現前時, 亦無現前之量, 乃謂常樂. 此樂無有受者, 亦無不受者, 豈有一體五用之名. 何況更言涅槃禁伏諸法, 令永不生. 斯乃謗佛毁法. 聽吾偈日, 無上大涅槃, 圓明常寂照, 凡愚謂之死, 外道執爲斷, 諸求二乘人, 目以爲無作, 盡屬情所計, 六十二見本. 妄立虛假名, 何爲眞實義, 惟有過量人, 通達無取捨. 以知五蘊法, 及以蘊中我, 外現衆色象, 一一音聲相, 平等如夢幻, 不起凡聖見, 不作涅槃解, 二邊三際斷. 常應諸根用, 而不起用想, 分別一切法, 不起分別想. 劫火燒海底, 風鼓山相擊, 眞常寂滅樂, 涅槃相如是. 吾今彊言說, 令汝捨邪見, 汝勿隨言解, 許汝知少分. 志道聞偈大悟, 踊躍作禮而退. [宗寶本]

360

사가 육조 스님을 만나기 전에 이미 자성을 보는 체험을 하였으므로 미혹 → 가르침 → 견성의 방식으로 보여 줄 극적인 사연이 없었기 때문으로 보인다. 내용은 다음과 같다.

행사선사는 길주안성(吉州安城)의 유(劉)씨 가문 출신이다. 조계의 설법 현장에서 활발한 교화가 이루어지고 있다는 말을 듣고 즉시 찾아와 예경하고 가르침을 청했다. "어떤 것에 힘을 써야 계급에 떨어지지 않고 당장 깨닫게 됩니까?"

스님이 말씀하셨다. "그대는 이제까지 무엇을 해 왔는가?"

행사가 대답하였다. "고집멸도의 네 가지 성스러운 진리조차 실천하지 않고 있습니다."

스님이 말씀하셨다. "그대는 어떤 계급에 떨어졌는가?"

행사가 대답하였다. "성스러운 진리조차 실천하지 않는데 무슨 계급이 있겠습니까?"

스님이 특별한 그릇으로 인정하여 대중들의 위에서 그들을 이끌게 하였다. 어느 날 스님이 말씀하셨다. "그대는 여기에서 갈라져 나가 다른 곳에서 교화하여 법이 끊어지지 않도록 하라."

행사가 법을 전수받고 드디어 길주의 청원산(靑原山)으로 돌아와 법을 펼치고 교화를 계승하였다. [시호는 홍제(弘濟)선사라 했다.][227]

---

227 行思禪師, 生吉州安城劉氏. 聞曹溪法席盛化, 徑來參禮, 遂問日, 當何所務, 即不落階級. 師日, 汝曾作什麼來. 日, 聖諦亦不為. 師日, 落何階級. 日, 聖諦尚不為, 何階級之有. 師深器之, 令思首眾. 一日, 師謂日, 汝當分化一方, 無令斷絕. 思既得法, 遂回吉州青原山, 弘法紹化(諡弘濟禪師).

청원행사는 육조 스님을 찾아오기 전에 이미 분별을 내려놓은 삶을 살고 있었다. 다만 그것이 과연 불법에 합치되는 일인지 확신하지 못하는 입장에 있었다. 그저 편안할 뿐인 자리에 떨어져 그것에 만족하여 살아가는 천연외도의 길이 열릴 수 있는 상황이었다. 선가에서는 이러할 때 반드시 선지식을 찾아가 그에 대한 확인을 받아야 한다고 가르친다. 그래서 청원행사는 육조 스님을 찾아간다. 그리고 그 자리에서 자신의 깨달음이 육조 스님의 가르침과 완전히 일치한다는 사실을 확인하게 된다.

계급에 떨어지는 것은 무엇이고, 당장 깨닫는 길은 무엇인가? 여기 천지자연의 음악과 거문고 명인의 음악이 있다. 천지자연은 완전한 음악 그 자체다. 바람소리, 물소리는 물론이고, 세상의 드잡이하는 소리, 자동차의 빵빵대는 소리가 하나로 만나거나 따로 울리면서 끝없는 연주를 거듭하고 있다. 거문고 연주자는 이 완전한 연주의 일부를 잡아낸다. 그는 무수한 경로와 단계를 거쳐 음악을 발전시킨다. 여기에 우열의 계급이 생긴다. 그러나 아무리 해도 천지자연의 완전한 음악을 다 잡아낼 수는 없다. 그래서 명인은 거문고의 줄을 끊어 버리고 천지자연의 음악에 맡겨 스스로 음악이 된다. 이것이 돈오이다. 선문에서 줄 끊어진 거문고[無絃琴]를 사랑하는 것도 다 이유가 있는 것이다.

다음으로 남악회양(南嶽懷讓)의 기록이 이어진다. 남악회양은 청원행사와 함께 육조 스님 이후 남종선을 정립한 두 기둥에 해당한다. 특히 남악회양 → 마조도일 → 백장회해로 이어지는 선맥은 중국선종의 가장 도도한 흐름에 해당한다. 그런데 남악회양이 깨달음 이후 15년간 육조 스님을 시봉하였음에도 그에 대한 기록이 극히 간단하다. 그 역시 먼저 깨달은 후 육조 스님에게 그것을 확인하는 길을 걸었다. 따라서 미혹에서 깨달음으로 전환하는 극적인 장면이 없었던 것으로 보인다.

회양선사는 금주(金州) 두(杜)씨 집안의 사람으로서 처음에 숭산의 안국(安國) 스님을 찾아가 공부했는데 안국 스님이 그를 조계로 보내 법을 묻도록 했다. 회양이 도착하여 예배를 하자 육조 스님이 물었다. "어디에서 왔는고?"

회양이 대답했다. "숭산에서 왔습니다."

스님이 물으셨다. "무슨 물건이 이렇게 왔는고?"

회양이 대답했다. "설사 한 물건이라 해도 적절하지 않습니다."

스님이 물으셨다. "수행으로 깨달을 수 있겠는가?"

회양이 대답했다. "수행이나 깨달음이 없지는 않으나 오염시킬 수는 없습니다."

스님이 말씀하셨다. "바로 그 오염시킬 수 없는 것이 모든 부처님들이 보호하고 유념하는 바이다. 그대가 이미 이와 같구나. 나 역시 이와 같다. 인도의 반야다라존자의 예언에 의하면 그대의 제자 중에서 한 마리 말이 출현하여 천하의 사람들을 모두 밟아 죽인다고 했다. 그대의 심중에 느껴지는 바 있다 해도 함부로 말하지는 말라."

회양이 밝게 계합하여 깨닫고는 이후 15년간 육조 스님을 가까이에서 모시며 매일매일 깊고 오묘한 이치를 깊이 깨달아 갔다. 나중에 남악으로 가 선종을 크게 선양하였다.[시호를 대혜(大慧)선사라 하였다.]²²⁸

육조 스님은 자기를 찾아온 것이 숭산의 한 수행자임을 뻔히 알면서도 '무슨 물건이 이렇게 왔는고?' 하고 묻는다. 여기에 어떻게 대답할 것인

---

228 懷讓禪師, 金州杜氏子也. 初謁嵩山安國師, 安發之曹溪參扣. 讓至禮拜, 師曰, 甚處來. 曰, 嵩山. 師曰, 什麼物. 恁麼來. 曰, 說似一物即不中. 師曰, 還可修證否. 曰, 修證即無, 污染即不得. 師曰, 只此不污染, 諸佛之所護念. 汝既如是, 吾亦如是. 西天般若多羅讖, 汝足下出一馬駒, 踏殺天下人. 應在汝心, 不須速說. 讓豁然契會, 遂執侍左右一十五載, 日臻玄奧. 後往南嶽, 大闡禪宗(敕諡大慧禪師).

가? '숭산에서 왔습니다'라 할 것인가, '회양이라 불리는 수행자가 이렇게 찾아왔지만, 법성은 가고 옴이 없습니다'라고 대답하겠는가? '이 한 물건이 있을 뿐'이라고 대답하겠는가? 어느 경우나 언어와 의미의 함정에 떨어지는 일이다. 육조 스님은 말과 뜻을 떠나 자성을 드러내는 대답을 원하였다. 회양은 '설사 한 물건이라 해도 적절치 않다'는 대답을 내놓아 육조 스님을 꼼짝 못하게 하고 있다. 어떻게 공략해도 무너지지 않는 철옹성 같은 대답이다.

다음으로 영가현각의 기록이 이어진다. 현각 역시 먼저 깨달은 뒤 그것을 확인하기 위해 육조 스님을 찾아온 경우에 속한다. 그 만남의 기록은 상당히 구체적이다.

영가현각선사는 온주(溫州) 대(戴)씨 가문의 사람이다. 어려서 불교 경론을 익혀 천태의 지관(止觀) 법문에 정통하였고, 『유마경』을 읽다가 마음바탕에 밝게 눈을 뜨게 되었다. 우연히 육조 스님의 제자인 현책을 만나 깊은 대화를 나누게 되었는데 영가의 하는 말이 은연중 옛 조사들과 합치하였다.

이에 현책이 말하였다. "스님께서 법을 받은 스승은 누구입니까?"

현각이 대답하였다. "제가 『방등경』과 그에 대한 논의를 배울 때에는 매번 전수해 주는 스승이 있었습니다. 나중에 『유마경』을 읽다가 부처와 마음의 도리에 대해 깨닫게 되었지만 아직 그것을 증명해 주는 분을 만나지 못했습니다."

현책이 말하였다. "위음왕 이전에는 그렇게 해도 괜찮습니다. 그러나 위음왕 이후에 스승 없이 스스로 깨닫는다면 모두 저절로 그러함만을 따르는 외도라 했습니다."

현각이 말하였다. "그러면 스님께서 저를 위해 인증해 주십시오."

현책이 말하였다. "저의 말은 아직 부족합니다. 조계에 육조 대사가 계시는데 사방에서 사람들이 구름처럼 몰려들어 법을 받고 있습니다. 그곳에 가시겠다면 제가 함께 가 드리도록 하겠습니다."

현각이 마침내 현책을 따라 육조 스님을 찾아와서는 오른쪽으로 세 번 돌고는 석장을 흔들고 멈춰 섰다.

육조 스님이 말씀하셨다. "대체로 출가 사문은 3천 가지 위엄 있는 태도와 8만 가지 미묘한 행동을 갖추어야 한다. 그대는 어디에서 왔기에 이리도 큰 아만의 마음을 내는가?"

현각이 말하였다. "나고 죽는 일이 중차대한데, 무상하여 신속하기만 합니다."

스님이 말씀하셨다. "태어남이 없는 이치를 직접 체득하고, 신속함이 본래 없음을 밝게 깨달아야 하지 않겠는가?"

현각이 말하였다. "직접 체득하면 태어남이라는 것이 없습니다. 밝게 깨달으면 신속함이라는 것이 본래 없습니다."

스님이 말씀하셨다. "그래, 바로 그렇다!"

현각이 비로소 위의를 갖추어 예배를 하고는, 잠시 후 작별의 인사를 하였다.

스님이 말씀하셨다. "너무 빨리 가는 게 아닐까?"

현각이 말하였다. "본래 이대로여서 움직인 일조차 없는데 무슨 빠르고 늦음이 있겠습니까?"

스님이 말씀하셨다. "움직인 일이 없다니 그것을 아는 것은 누구인가?"

현각이 말하였다. "스님께서야말로 분별하는 마음을 내십니다."

스님이 말씀하셨다. "그대는 태어남이 없음의 도리를 깊이 알았구나."

현각이 말하였다. "태어남이 없는데 무슨 도리가 있겠습니까?"

스님이 말씀하셨다. "아무 도리도 없다는 그것은 누가 분별해 내는가?"

현각이 말하였다. "분별이라는 것 역시 도리는 아닙니다."

스님이 말씀하셨다. "참으로 그렇다. 하룻밤만이라도 묵고 가거라."

당시 사람들은 그를 하룻밤 묵고 깨달은 사람[一宿覺]이라 불렀다. 나중에 『증도가』를 지었는데 세상에 널리 읽혔다. [시호를 무상(無相) 대사라 하며, 당시에는 진각(眞覺)이라고 불렀다.]²²⁹

육조 스님과 영가현각의 대화는 숨 쉴 틈 없는 공방전으로 전개된다. 함정과 지뢰를 잔뜩 설치하여 상대가 여기에 빠지지 않는지를 시험하는 이와 같은 대화의 공방전은 이후 선문에서 법거량의 주된 방식이 된다. 모든 대화가 그렇지만 특히 언어적 기교의 극치를 다한 다음과 같은 대화를 주목할 필요가 있다.

육조: 태어남이 없는 도리를 직접 체득하고, 신속함이 본래 없음을 밝게 깨
　　　달아라.

현각: 직접 체득하면 태어남이 없고, 밝게 깨달으면 신속함이 본래 없습니다.

---

229 永嘉玄覺禪師, 溫州戴氏子. 少習經論, 精天台止觀法門. 因看維摩經發明心地. 偶師弟子玄策相訪, 與其劇談, 出言暗合諸祖. 策云, 仁者得法師誰. 曰, 我聽方等經論, 各有師承. 後於維摩經悟佛心宗, 未有證明者. 策云, 威音王已前即得, 威音王已後, 無師自悟, 盡是天然外道. 曰, 願仁者為我證據. 策云, 我言輕. 曹溪有六祖大師, 四方雲集, 並是受法者. 若去, 則與偕行. 覺遂同策來參, 繞師三匝, 振錫而立. 師曰, 夫沙門者, 具三千威儀八萬細行. 大德自何方而來, 生大我慢. 覺曰, 生死事大, 無常迅速. 師曰, 何不體取無生, 了無速乎. 曰, 體即無生, 了本無速. 師曰, 如是, 如是, 玄覺方具威儀禮拜, 須臾告辭. 師曰, 返太速乎. 曰, 本自非動, 豈有速耶. 師曰, 誰知非動. 曰, 仁者自生分別. 師曰, 汝甚得無生之意. 曰, 無生豈有意耶. 師曰, 無意, 誰當分別. 曰, 分別亦非意. 師曰, 善哉, 少留一宿. 時謂一宿覺. 後著證道歌, 盛行于世(諡曰無相大師,時稱為真覺焉).

육조 스님은 태어남이 없는 도리를 직접 체득하라 말해 놓고 그 반응을 주시한다. 그런데 태어남이 없는 도리라는 것이 따로 없다. 스스로 자아와 대상에 대한 집착을 내려놓는 일만 있을 뿐이다. 만약 이 구도자가 "나는 이미 그것을 깨달았다"는 식의 대답을 내놓는다면 육조 스님은 고개를 돌릴 준비가 되어 있다. 그런데 현각은 육조 스님의 말을 정반대로 뒤집어 대답한다. "직접 체득하면 태어남이 없습니다" 스스로 직접 체득하고 밝게 깨달으면 본래 생멸이 없고, 본래 돈점이 없다는 것이다. 육조 스님이 "그렇다!"고 무릎을 치지 않을 수 없는 대답인 것이다. 이렇게 현각은 육조 스님을 만나 터럭만한 의심도 없는 확신의 자리에 이를 수 있었다.

다음으로 지황에 대한 다음과 같은 기록이 있다.

지황은 선을 하는 사람으로, 처음에 오조 스님에게 공부하여 스스로 바른 깨달음을 얻었다고 자부하며 암자에서 눕지 않는 참선으로 20년을 지내고 있었다. 육조 스님의 제자인 현책이 천하를 돌아다니다가 하북(河北) 지역에 이르러 지황의 소문을 듣고는 암자를 방문하였다.

현책이 물었다. "여기에서 무엇을 하시는지요?"

지황이 대답하였다. "선정에 들어갑니다."

현책이 말하였다. "스님께서 선정에 들어간다 하는데 들어가겠다는 마음이 있으십니까? 그런 마음조차 없으십니까? 만약 그런 마음이 없이 선정에 들어간다면 느낌과 인식이 없는 초목이나 기왓장, 돌멩이들도 모두 선정을 얻을 수 있다 해야 할 것입니다. 만약 선정에 들어간다는 마음이 있다면 느낌과 인식의 기능을 갖는 생명체들이 모두 선정을 얻을 수 있다 해야 할 것입니다."

지황이 말하였다. "내가 딱 선정에 들어갈 때에는 있느니 없느니 하는 마음이 일어나지 않습니다."

현책이 말하였다. "있느니 없느니 하는 마음이 일어나지 않는다면 언제나 변함없이 선정이라는 말이 됩니다. 그런데 어떻게 선정에 들어가느니 나오느니 하는 일이 있다는 것입니까? 만약 들어가고 나오는 일이 있다면 그것은 큰 선정이 아닙니다."

지황이 대답을 못하고 한참 있다가 물었다. "스님은 누구의 법을 이었습니까?"

현책이 말하였다. "저의 스승은 조계의 육조 스님입니다."

지황이 물었다. "육조 스님은 무엇을 선정이라고 합니까?"

현책이 말하였다. "우리 스님의 설법에 의하면 다양한 현상과 한결같은 본질이 둘이 아니어서 현상 이대로 본질이고 본질 이대로 현상입니다. 오온의 다섯 집적물에 실체가 없고, 여섯 가지 대상 세계에 모두 실체가 없습니다. 그러니 선정에 들어가고 나올 일이 없으며, 고요한 선정과 어지러운 흔들림이 따로 있지 않습니다. 참선이란 머물지 않음을 본질로 하므로, 참선의 고요함에 머물러 집착하는 일이 없어야 합니다. 참선이란 생성 없음을 본질로 하므로, 참선을 한다는 생각이 일어나서는 안 됩니다. 마음을 허공과 같이 하되, 허공과 같다는 생각조차 없습니다."

지황이 이 말을 듣고 곧바로 육조 스님을 찾아와 뵈었다.

육조 스님이 물었다.

"어디에서 왔는가?"

지황이 이전의 수행인연을 모두 아뢰니 스님이 말씀하셨다. "진실로 말한 대로이다. 그대는 그저 마음을 허공과 같이 하되 비어 있다는 생각에조차 집착하지 말라. 그러면 상황에 맞는 활용이 일어나 막힘이 없게 될 것이

다. 어지러운 움직임과 고요한 멈춤에 대해 싫어하고 좋아하는 마음이 일
어나지 않게 될 것이다. 범부니 성인이니 하는 생각을 잊고, 주체니 대상이
니 하는 구별이 모두 사라지게 될 것이다. 본질 이대로 현상이며 현상 이대
로 본질인 이러함이 있을 뿐이니, 선정이 아닌 때가 없을 것이다."

지황이 크게 깨달아 20년 동안 얻은 것에 자부하던 마음이 흔적도 없이
사라졌다. 그날 밤 하북의 사람들은 허공에서 들려오는 소리를 들었다. "지
황 스님이 오늘 진리를 깨달았다."

지황은 얼마 후 스님께 인사하고 떠나 하북으로 돌아가 사부대중을 널리
교화하였다.[230]

지황은 선정이라는 특정한 경지를 설정하고 그것을 성취하기 위해 노
력하고 있었다. 한마디로 수행과 깨달음이 따로 있다고 생각하는 병을
앓고 있었다. 어지러움을 버리고 고요함을 취하려는 이 실천이 치열한
수행의 의지에서 비롯된 것이기는 하다. 그렇지만 그 자체가 이미 움직
임과 고요함을 둘로 나누는 상대주의의 프레임에 갇히기를 자청하는 일
임을 알지 못하고 있었다. 육조 스님의 돈오법을 사방에 전하는 법사였

---

230 禪者智隍, 初參五祖, 自謂已得正受. 菴居長坐, 積二十年. 師弟子玄策, 游方至河朔, 聞隍之名, 造菴問云, 汝
在此作什麼. 隍曰, 入定. 策云, 汝云入定, 為有心入耶. 無心入耶. 若無心入者, 一切無情草木瓦石, 應合得定,
若有心入者, 一切有情含識之流, 亦應得定. 隍曰, 我正入定時, 不見有有無之心. 策云, 不見有有無之心, 即是
常定. 何有出入. 若有出入, 即非大定. 隍無對, 良久, 問曰, 師嗣誰耶. 策云, 我師曹溪六祖. 隍云, 六祖以何為
禪定. 策云, 我師所說, 妙湛圓寂, 體用如如. 五陰本空, 六塵非有, 不出不入, 不定不亂. 禪性無住, 離住禪寂.
禪性無生, 離生禪想. 心如虛空, 亦無虛空之量. 隍聞是說, 徑來謁師. 師問云, 仁者何來. 隍具述前緣. 師云, 誠
如所言. 汝但心如虛空, 不著空見, 應用無礙, 動靜無心, 凡聖情忘, 能所俱泯, 性相如如, 無不定時也. 隍於是
大悟, 二十年所得心, 都無影響. 其夜河北土庶, 聞空中有聲云, 隍禪師今日得道. 隍後禮辭, 復歸河北, 開化四
眾. [宗寶本]

던 현책은 이 문제를 공략하여 지황을 몰아붙인다. 지황은 이 인연으로 육조 스님을 찾아가게 되고, 드디어 선정에 집착하던 마음을 내려놓고 진리에 돌아가 하나가 되는 길로 들어서게 된다. 참으로 선정이란 나와 대상을 나누는 분별심을 내려놓는 일이며, 그에 대한 일체의 집착을 내려놓는 일의 다른 이름일 뿐이다. 분별과 집착을 내려놓으면 차 한 잔 내놓는 일, 손가락 튕기는 일이 모두 선정이다. 가부좌한 몸과 조용한 마음에서 일어나는 무엇이 따로 있지 않은 것이다.

다음으로 무명승과의 대화 장면이 소개된다. 이것은 짧은 선문답이지만 깨달음으로 이끄는 힘을 가진 귀중한 현장기록이다.

> 한 중이 스님에게 질문하였다. "황매산 오조 스님의 법을 누가 얻었습니까?"
> 스님이 말씀하셨다. "불법을 아는 사람이 얻었겠지."
> 중이 물었다. "스님께서는 그것을 얻으셨습니까?"
> 스님이 말씀하셨다. "나는 불법을 몰라."[231]

육조 스님은 천의무봉의 말솜씨로 순간의 대화 속에 불법과 깨달음의 요체를 남김없이 드러내 보여 준다. 불법은 알 수 있는 것이 아니다. 그래서 "내가 불법을 알았다"고 말한다면 그는 적어도 3가지의 불치병을 앓는 환자이다. 불법을 아는 주체, 불법이라는 대상, 알았다는 분별이 그것이다. 이 불치병이 일어나면 스스로 윤회의 바퀴를 굴리게 된다.

이에 육조 스님은 "나는 불법을 모른다"고 대답한다. 이 대답은 관념을 허무는 강력한 힘을 발휘한다. 그 이유는 이렇다. 첫째, 육조 스님 같

---

231 一僧問師云, 黃梅意旨, 甚麼人得. 師云, 會佛法人得. 僧云, 和尚還得否. 師云, 我不會佛法. [宗寶本]

은 대선지식이 불법을 모른다니 이것이 무슨 말인가? 질문자는 당황한다. 둘째, 육조 스님이 얻은 바 없다니, 그렇다면 나는 무엇을 얻으려 하고 있는 것인가? 질문자는 절망한다. 셋째, 그런데도 어째서 육조 스님은 이렇게도 분명한 선지식의 위신력을 발휘하는가? 그리하여 질문자는 자기를 내려놓고 그 알 수 없는 캄캄한 벽을 마주 대한다. "나는 모른다"는 이 금강반야의 번갯불 하나만 가지고도 욕계 중생의 의심을 다 태우고도 남음이 있다.

다음으로 서촉(西蜀) 사람 방변과 전법가사에 대한 신비한 기록이 있다.

육조 스님이 하루는 전수받은 가사를 세탁하려는데 깨끗한 샘이 없었다. 이에 절 뒤로 5리가량 되는 곳에 들어가 산림이 울창하고 상서로운 기운이 감도는 것을 보고 석장을 들어 땅을 찍으니 그곳에서 물이 솟았다. 물을 모아 웅덩이를 만들고는 무릎을 꿇고 돌 위에서 가사를 씻는 참인데, 갑자기 한 중이 다가와 예배를 하고 말하였다. "저는 방변이라고 하며 서촉 출신입니다. 어제 남인도에서 달마 대사를 뵈었는데 저에게 위촉하시기를 '서둘러 중국 땅으로 건너가거라. 내가 전한 마하가섭의 정법안장과 가사가 6대를 전하여 지금 소주의 조계에 가 있다. 그대가 가서 친견하고 예배하도록 하라' 하셨습니다. 제가 먼 곳에서 왔으니 스님께서 전수받으신 옷과 발우를 보여 주시기 바랍니다."

육조 스님이 가사를 꺼내 보여 준 뒤 물었다. "그대는 무엇을 잘하는가?"

방변이 대답하였다. "불상을 잘 만듭니다."

스님이 낯빛을 엄숙하게 하고 말하였다. "한번 만들어 봐라."

방변이 당황해하다가 며칠이 지나 육조 스님의 형상을 빚어냈는데 높이가 7촌에 기술이 오묘하기 그지없었다. 스님이 웃으며 말하였다. "그대는

흙으로 물건을 빚는 이치는 잘 알면서 모든 형상으로 드러나는 부처의 원리
는 잘 모르는구나."

그리고는 손을 뻗어 방변의 정수리를 쓰다듬으며 말하였다. "영원히 인
간과 천상의 복을 가꾸는 밭이 되도록 하라."

육조 스님이 이에 가사를 내주니 방변이 옷을 받아 셋으로 나누어 하나
는 스님의 소상에 입히고, 다른 하나는 자기가 간직하고, 나머지 하나는 종
려 잎으로 싸서 땅 속에 묻으며 서원하였다. "나중에 이 가사를 얻어 세상에
태어나게 될 것이며, 이곳의 주지가 되어 사찰을 중건하고자 합니다."

송나라 가우(嘉祐) 8년에 유선(維先)이라는 중이 전각을 세우기 위해 땅을
파다가 가사를 얻었는데 새것과 같았다. 육조 스님의 상은 고천사(高泉寺)에
있는데 기도를 하면 바로 응험이 있다고 한다.[232]

육조 스님과 관련된 신비한 행적이 몇 가지 기록되고 있는데 이것이
그중 하나이다. 정말로 이러한 일이 있었는지 따지는 것은 별 이득이 없
다. 글자 그대로 믿을 필요도 없고, 굳이 이성과 합리를 내세워 이를 부
정할 필요도 없다. 육조의 문에서는 이성과 합리의 벽을 허물기 위해서
라면 하늘을 무너뜨리고 땅을 꺼지게 하는 일도 사양하지 않는다. "모양
은 잘 만들면서 모든 형상으로 드러나는 부처의 원리는 모르는구나"고

---

232 師一日, 欲濯所授之衣而無美泉, 因至寺後五里許, 見山林鬱茂, 瑞氣盤旋. 師振錫卓地, 泉應手而出, 積以為池,
乃跪膝浣衣石上. 忽有一僧來禮拜, 云, 方辯是西蜀人, 昨於南天竺國, 見達磨大師, 囑方辯速往唐土. 吾傳大迦
葉正法眼藏及僧伽梨, 見傳六代, 於韶州曹溪, 汝去瞻禮. 方辯遠來, 願我師傳來衣鉢. 師乃出示, 次問, 上人
攻何事業. 曰, 善塑. 師正色曰, 汝試塑看. 辯罔措. 過數日, 塑就真相, 可高七寸, 曲盡其妙. 師笑曰, 汝只解塑
性, 不解佛性. 師舒手摩方辯頂, 曰, 永為人天福田. 師仍以衣酬之. 辯取衣分為三, 一披塑像, 一自留, 一用棕
裹瘞地中. 誓曰, 後得此衣, 乃吾出世, 住持於此, 重建殿宇. 宋嘉祐八年, 有僧惟先, 修殿掘地, 得衣如新. 像在
高泉寺, 祈禱輒應. [宗寶本]

372

한 육조 스님의 가르침은 방변을 어떻게 변화시켰을까? 그는 육조 스님의 가사를 받아 셋으로 나눈다. 그 최상승의 법이 화신[스님의 성], 보신[자기의 몸], 법신[땅 속의 도리]를 통합한 것이며 영원히 전해질 것임을 알았다는 뜻이다.

다음으로 한 무명승을 깨우친 일이 소개되어 있다.

한 중이 와륜(臥輪)선사의 노래를 예로 들었다.

와륜은 재주가 있어,
백 가지 생각을 끊는다.
대상 세계를 대해도 마음이 일어나지 않아,
깨달음의 지혜가 날로 자란다.

스님이 이것을 듣고 말하였다. 이 노래는 아직 마음의 바탕을 밝게 깨닫지 못하고 있구나. 만약 이것에 따라 실천한다면 속박이 더 심해질 것이다. 그리고는 노래를 들려주었다.

혜능은 재주가 없어,
백 가지 생각을 끊지 않는다.
대상 세계를 대하면 그때마다 마음이 일어나니,
깨달음의 지혜가 자랄 일이 무엇이겠는가?[233]

---

233 有僧擧臥輪禪師偈曰, 臥輪有伎倆, 能斷百思想, 對境心不起, 菩提日日長. 師聞之, 曰, 此偈未明心地, 若依而
行之, 是加繫縛. 因示一偈曰, 惠能沒伎倆, 不斷百思想, 對境心數起, 菩提作麼長. [宗寶本]

과연 그렇다. 지금 목전의 이 하나, 둘, 셋…백, 천, 만이 모두 깨달음의 지혜가 드러난 현장이다. 탐진치를 끊는 것이 아니라 탐진치가 일어나는 자리를 밝게 아는 것이다. 이렇게 한다면 탐진치가 바로 부처를 이루는 계기가 된다. 그러니 이것을 끊고 무슨 깨달음의 지혜가 자라날 수 있겠는가?

이것이 유통본의 '기연품'에 추가된 제자들의 기록이다. 유통본에는 여기에 '돈점품'을 더해 제자들이 깨달음을 얻는 상황을 계속 전하고 있다. 여기에는 지성, 지철, 신회의 세 제자가 육조 스님의 가르침을 들어 말이 떨어짐과 동시에 깨닫는 상황이 자세하게 묘사되어 있다. 이 중 지성과 신회는 이미 살펴보았으므로, 지철에 대한 기록만 남는다.

원래 유통본의 '돈점품'은 북종 출신의 귀의와 깨달음을 통해 남종 돈오법의 우월함을 드러내는 것을 주제로 삼는다. 지성과 신회가 모두 북종 출신이었던 것처럼, 지철도 북종에서 파견된 사람이었다. 그는 자객으로서 스님을 암살하러 왔다가 귀의를 하고 깨달음을 체험하게 된다. 사연은 이렇다.

지철이라는 중은 강서(江西) 사람으로 성은 장(張), 이름은 행창이라 했는데 젊을 때부터 협의를 중시하였다. 남종과 북종이 둘로 나뉜 뒤에도 그 종조가 되는 신수 스님이나 육조 스님 간에는 피아를 나누는 마음이 없었다. 그러나 그 제자들에게는 걷잡을 수 없는 애증의 마음이 일어났다. 당시 북종 사람들은 신수를 육조로 모시고 있었으므로 육조 스님이 의발을 전수받았다는 사실이 세상에 널리 알려지는 것을 싫어하였다. 이에 행창을 시켜 스님을 살해하도록 사주하였다. 스님은 마음이 통하였기 때문에 미리 그 일을 알고서 황금 10냥을 앉은 자리 옆에 놓아두었다. 날이 저물어 행창이 스님의 방으로 들어와 스님을 해치려고 하자 스님이 목을 내밀었다. 행창이 세 번이나 칼을 휘둘렀으나 다친 곳이 전혀 없었다.

스님이 말씀하셨다. "바른 검은 삿되지 않고 삿된 검은 바르지 않은 법이지. 그대에게 황금을 빚졌을지는 몰라도 목숨을 빚진 일은 없네."

행창이 놀라 기절하였다가 한참이 지나 깨어나 잘못을 회개하고 용서를 빌며 출가를 원하였다.

이에 스님이 황금을 내주며 말씀하셨다. "그대는 우선 떠나거라. 이제는 오히려 대중들이 그대를 해칠 수도 있다. 나중에 모습을 바꿔서 찾아오도록 해라. 내 그대를 거두어 받아들이겠다."

행창이 스님의 뜻에 따라 밤에 달아났는데 훗날 불가에 출가하여 계를 받고 정진하게 되었다. 그러던 어느 날 스님의 말을 기억하여 멀리에서 찾아와 예배하였다.

스님이 말씀하셨다. "내 오랫동안 그대를 생각해 왔는데 어떻게 이렇게 늦게 왔는가?"

행창이 말하였다. "그때 스님의 용서를 받아 이렇게 출가하여 고행을 하고 있습니다. 갚기 어려운 스님의 덕을 생각하며 오직 법을 전하여 중생을 제도하는 일로 갚고자 하고 있습니다. 제가 항상 『열반경』을 읽고 있는데 변함없음과 무상함의 뜻을 알지 못하겠습니다. 스님께서 자비를 베푸시어 좀 해설해 주시기 바랍니다."

스님이 말씀하셨다. "무상한 것은 불성이다. 변함없는 것은 일체의 선악 등 모든 현상을 분별하는 마음이다."

행창이 말하였다. "스님의 말씀은 경전에 크게 위배됩니다."

스님이 말씀하셨다. "나는 도장을 찍는 방식으로 부처의 마음을 전하고 있는데 어떻게 부처님의 경전을 위배하겠는가?"

행창이 말하였다. "경전에서는 불성은 변함이 없다고 했는데 스님께서는 거꾸로 무상하다고 하십니다. 선악 등의 현상에서 보리심에 이르기까지 모두 무상하다고 했는데 스님께서는 거꾸로 변함이 없다고 하십니다. 이렇게 반대로 말씀하시니 더욱 헷갈립니다."

스님이 말씀하셨다. "내가 전에 무진장 비구니가 독송하는 『열반경』을 한 번 듣고 강설을 해 준 적이 있는데 한 글자, 한 도리도 경전에 어긋나는 일이 없었다. 그대에게 다르게 설해줄 리가 없다."

행창이 말하였다. "제가 지식이 옅고 마음이 어두우니 스님께서 귀찮으시겠지만 열어 주시고 보여 주시기 바랍니다."

스님이 말씀하셨다. "그대는 아는가? 불성이 만약 변함없는 것이라면 다시 어째서 선악과 같은 이런저런 현상들이 있겠느냐? 또한 겁이 다하도록 진정으로 보리심을 발한 사람이 한 사람도 없을 수 있겠느냐? 그래서 불성이 무상하다고 하는 나의 말이야말로 바로 부처님이 말씀하신 진짜 변함없음의 원리인 것이다. 또 일체의 모든 현상들이 무상하다면 만물들이 다 자성을 갖고 있으면서 생성과 소멸을 받는다는 말이 된다. 그렇다면 변함없는 진정한 자성이 어디에는 있고 어디에는 없다는 말이 된다. 그래서 모든 현상이 변함없다고 하는 나의 말이야말로 바로 부처님이 말씀하신 진짜 무상함의 본뜻인 것이다. 범부와 외도들은 삿된 영원함에 집착하고 있고, 성문과 연각들은 변함없는 이것을 무상하다고 집착하고 있다. 이것을 모두 합하면 여덟 가지 전도망상[234]이 된다. 부처님은 이들을 위해 모든 것을 드

---

234 범부외도와 성문연각은 열반의 경계에 대해 잘못된 견해를 갖고 집착한다. 혹은 그것이 상, 락, 아, 정(常樂我淨)이라고 하면서 변함없음에 집착하거나, 그것이 무상, 고, 무아, 부정(無常苦無我不淨)일 뿐이라 하면서 무상함에 집착하는 것이다. 이것을 합하면 여덟 가지 전도망상이 된다.

러낸 대승경전인『열반경』의 가르침을 통해 그들의 치우친 견해를 깨뜨리고 진정한 상락아정(常樂我淨)의 도리를 명확하게 설하였던 것이다. 지금 그대는 말만 좇다가 이치를 잃어버리고 말았다. 그리하여 완전히 소멸한다는 차원에서 무상을 이해하고, 고정불변의 차원에서 변함없음을 이해한다. 부처님이 열반하시면서 보여 주신 무상한 현상들과 변함없는 자성이 통일되어 있는 이치를 잘못 이해하고 있는 것이다. 그러니『열반경』을 천 번을 읽는다 한들 무슨 이익이 있겠는가?"

행창이 문득 크게 깨달아 노래로 말하였다.

무상한 마음을 지키고자 하므로,

부처님은 변함없는 자성을 말씀하셨습니다.

방편으로 한 설법임을 모르면,

봄날 연못에서 쓸데없는 조약돌을 찾는 것과 같습니다.

저는 지금 아무런 노력도 기울이지 않고 있지만,

불성은 저절로 앞에 드러나 있습니다.

스님께서 전해 주신 것이 아니요,

저 또한 얻었다 할 것이 없습니다.

스님이 말씀하셨다. "그대가 이제 투철해졌으니 이름을 지철이라 하도록 해라."

지철이 예배하고 물러갔다.[235]

---

235 僧志徹, 江西人, 本姓張, 名行昌, 少任俠. 自南北分化, 二宗主雖亡彼我, 而徒侶競起愛憎. 時北宗門人, 自立

불성은 변함없이 영원하고 모든 현상은 본질이 없어 무상하다. 이것이 열반에 임한 부처님의 가르침이다. 그런데 이 가르침조차 하나의 방편이다. 변함없이 영원한 불성이라는 것이 따로 있거나, 무상한 현상이 따로 있는 것이 아니기 때문이다. 만 가지 현상 이대로 변함없는 불성이며, 변함없는 불성 이대로 만 가지 현상이다. 육조 스님은 불성과 현상을 두 가지 다른 것으로 이해하는 사람들의 편견을 두들겨 타파한다. 행창은 이러한 스님의 두들김에 부서지고, 그렇게 부서진 끝에 지철로 다시 태어난다. 그리하여 시원한 깨달음의 노래를 내놓는다. 깨달음은 스님이 준 것도 아니고 내가 얻은 것도 아니라고 노래하는 이런 제자를 만났으니 춤을 출 사람은 육조 스님이다.

육조 스님의 가르침은 천만번 반복해도 오직 시비, 선악, 호오의 분별을 내려놓고 본래의 자성으로 돌아가는 일, 그 하나를 가리킨다. 이것을 저절로 그러한 본성이라는 뜻에서 자성이라 하고, 둘이 아닌 자리에 나

秀師爲第六祖, 而忌祖師傳衣爲天下聞, 乃囑行昌來刺師. 師心通, 預知其事, 即置金十兩於座間. 時夜暮, 行昌入祖室, 將欲加害. 師舒頸就之, 行昌揮刃者三, 悉無所損. 師曰, 正劍不邪, 邪劍不正. 只負汝金, 不負汝命. 行昌驚仆, 久而方蘇, 求哀悔過, 即願出家. 師遂與金, 言, 汝且去, 恐徒衆翻害於汝. 汝可他日易形而來, 吾當攝受. 行昌稟旨宵遁. 後投僧出家, 具戒精進. 一日, 憶師之言, 遠來禮覲. 師曰, 吾久念汝, 汝來何晚. 曰, 昨蒙和尚捨罪, 今雖出家苦行, 終難報德, 其惟傳法度生乎. 弟子常覽涅槃經, 未曉常無常義. 乞和尚慈悲, 略爲解說. 師曰, 無常者, 即佛性也. 有常者, 即一切善惡諸法分別心也. 曰, 和尚所說, 大違經文. 師曰, 吾傳佛心印, 安敢違於佛經. 曰, 經說佛性是常, 和尚卻言無常. 善惡之法乃至菩提心, 皆是無常. 和尚卻言是常. 此即相違, 令學人轉加疑惑. 師曰, 涅槃經吾昔聽尼無盡藏讀誦一遍, 便爲講說, 無一字一義不合經文. 乃至爲汝, 終無二說. 曰, 學人識量淺昧, 願和尚委曲開示. 師曰, 汝知否. 佛性若常, 更說什麼善惡諸法, 乃至窮劫無有一人發菩提心者. 故吾說無常, 正是佛說真常之道也. 又一切諸法若無常者, 即物物皆有自性, 容受生死, 而真常性有不遍之處. 故吾說常者, 正是佛說真無常義. 佛比爲凡夫外道執於邪常, 諸二乘人於常計無常, 共成八倒, 故於涅槃了義經中, 破彼偏見, 而顯說真常真樂真我真淨. 汝今依言背義, 以斷滅無常及確定死常, 而錯解佛之圓妙最後微言. 縱覽千遍, 有何所益. 行昌忽然大悟, 說偈曰, 因守無常心, 佛說有常性, 不知方便者, 猶春池拾礫. 我今不施功, 佛性而現前, 非師相授與, 我亦無所得. 師曰, 汝今徹也, 宜名志徹. 徹禮謝而退. [宗寶本]

타나는 본성이라는 뜻에서 무이지성(無二之性), 진실한 본성이라는 뜻에서 실성이라 한다. 그렇지만 이것들은 모두 말의 표현일 뿐, 실제로 그런 것이 따로 있지 않다. 오로지 분별을 내려놓되 그것을 내려놓겠다는 의도조차 없이 그저 이것과 하나로 만나 곧게 나아갈 때 지철이 되고, 청원행사가 되며, 남악회양이 되는 것이다.

제13장

전법과 열반

🪷 세 가지의 법문 ─ 5온(五蘊), 18계(十八界), 12처(十二處)

대사가 제자 법해, 지성, 법달, 지상, 지통, 지철, 지도, 법진, 법여, 신회를 불러 놓고 말하였다. 너희들 10명의 제자들은 가까이 오라. 너희들은 다른 사람들과 달라 내가 간 뒤 각각 한 곳의 스승이 될 것이다. 너희들에게 설법에 대해 가르쳐 근본 종지를 잃지 않게 하겠다.

먼저 3가지 법문을 말하고, 그런 뒤 움직여 작용함에 나타나는 36가지 상대되는 대법을 말하여라. 그리하여 나가고 들어감에 상대적 두 측면을 떠나게 하여라. 모든 법을 이야기할 때에는 자성과 현상을 떠나지 말아라. 만약 누군가 법을 묻는다면 모든 말을 쌍으로 하여 모두 대법을 취하도록 하여라. 가고 옴이 서로 인연이 되게 하여 결국엔 두 법이 모두 사라지게 하여 다시는 갈 곳이 없게 하여라.

3가지 법문이란 5온과 18계와 12처이다. 5온이란 무엇인가? 물질 요소의 집적, 느낌 요소의 집적, 생각 요소의 집적, 실천경험 요소의 집적, 의식 요소의 집적이 그것이다.

18계란 무엇인가? 6가지 인식대상, 6가지 인식기관, 6가지 인식작용이 그것이다.

12처란 무엇인가? 밖의 6가지 대상과 중간의 6가지 감각기관이 그것이다.

6가지 대상이란 무엇인가? 모양과 소리와 향기, 맛과 감촉과 현상이 그것이다.

6가지 감각기관이란 무엇인가? 눈, 귀, 코, 혀, 몸과 의식이 그것이다. 법성에서 6가지 인식이 일어난다. 눈의 인식, 귀의 인식, 코의 인식, 혀의 인식, 몸의 인식, 의식의 인식이 그것이다. 또한 법성에서 6가지 인식기관과 6가지 인식대상이 일어난다. 이렇게 자성이 만법을 포함하므로, 포함하여 간직하는 인식[含藏識]이라 한다. 생각을 하면 의식으로 전환되어 6가지 인식을 생성한다. 이것이 6가지 인식기관을 통해 나와서 6가지 대상을 접한다.

이렇게 하여 3×6=18이 된다. 자성에 삿되면 18계가 삿되게 일어나고, 자성에 바르면 18계가 바르게 일어난다. 이것을 잘못 쓰면 중생이고, 잘 쓰면 부처이다. 작용은 어떠한 것들로부터 일어나는가? 자성으로부터 일어난다.[236]

평설　　　여기에서 육조 스님의 가르침은 3가지로 시작된다. 5온과 18계와 12처가 그것이다.

먼저 5온은 불교 교리에서 가장 중요한 논의의 하나에 속한다. 그것은 다섯 가지 요소들이 집적되어 물질 현상, 정신 현상을 구성하는 원리를 밝히는 것이다. 불교에서는 다양한 물질 현상을 물질 요소의 집적[色蘊]으로 통괄하여 표현하고, 정신 현상을 느낌 요소의 집적[受蘊], 생각 요소의 집적[想蘊], 행위 요소의 집적[行蘊], 사유인식 요소의 집적[識蘊]으로 구분하여 표현한다. 우리는 이렇게 다양한 요소의 집적을 자아로 착각하여 이

---

236 大師遂喚門人法海, 志誠, 法達, 智常, 志通, 志徹, 志道, 法珍, 法如, 神會. 大師言, 汝等拾弟子近前. 汝等不同餘人, 吾滅度後, 汝等各為一方師. 吾教汝等說法, 不失本宗. 擧三科法門, 動用三十六對, 出沒即離兩邊. 說一切法, 莫離於性相. 若有人問法, 出語盡雙, 皆取對法. 來去相因, 究竟二法盡除, 更無去處. 三科法門者, 蘊界入. 蘊是五蘊, 界是十八界, 入是十二入. 何名五蘊, 色蘊受蘊想蘊行蘊識蘊是. 何名十八界, 六塵六門六識. 何名十二入, 外六塵中六門. 何名六塵, 色聲香味觸法是. 何名六門, 眼耳鼻舌身意是. 法性起六識, 眼識耳識鼻識舌識身識意識. 六門六塵. 自性含萬法, 名為含藏識. 思量即轉識, 生六識, 出六門, 見六塵, 是三六十八. 由自性邪, 起十八邪, 若自性正, 起十八正. 惡用即眾生, 善用即佛. 用由何等, 由自性有.

것에 집착한다. 그러나 이러한 내적, 외적 현상들은 모두 인연의 조합과 제반 요소의 집적으로 나타난 모습일 뿐, 그것은 불변하는 실체가 아니다. 자아라고 집착할 특별한 무엇이 없다는 것이다.

그렇다고 아무것도 없다는 허무론에 빠져서도 안 된다. 지금의 현장에 이렇게 나타난 모든 물질적, 정신적 현상이 있는 이대로 진리를 증명하고 있음을 알아야 한다. 다만 어떤 특정한 무엇을 실체로 착각하는 습관을 내려놓아야 한다. 그리하여 지금 이 현상의 밖에서 진리를 찾아 헤매는 일을 중단해야 한다. 궁극의 실체는 어디에도 없지만 모든 곳에 있는 것이기 때문이다. 이렇게 5온이 모두 실체가 없음을 바로 보면 집착을 내려놓게 된다. 또한 자아와 대상에 대한 집착을 내려놓으면 모든 괴로움이 찰나에 사라지게 된다.

18계는 6가지 인식기관[6근]과 6가지 인식작용[6식]과 6가지 인식대상[6진]을 합해 말하는 것이다. 인식기관이 인식대상을 만나면 인식작용이 일어난다.

육조 스님은 여기에서 먼저 인식기관과 인식대상의 12처를 따로 떼어 내어 설한다. 이 둘은 서로 만나 맞물려 들어가므로 12입(入)이라 말하기도 한다. 이 인식기관과 인식대상이 만나는 자리에서 인식작용이 일어난다. 인식작용은 곧 정신작용이다. 그러니까 12처라는 말은 인식작용이 일어나는 자리라는 뜻이 된다. 6근, 6진을 장소[處]라고 하는 것은 이 12개의 세계가 의식이 생성되는 장소이기 때문이다. 이것을 떠나 별도의 자리에서 인식작용이 독립적으로 일어나지 못한다. 그래서 6근과 6진을 12개의 장소[12處]라 부르는 것이다. 이 인식기관과 인식대상은 워낙 분명한 존재성을 갖기 때문에 실체로 착각할 가능성이 높다.

그런데 이것들은 상호 간에 원인과 결과를 이루어 의지하는 관계에 있다. 그러므로 12개의 장소는 실체가 아니다. 또한 이 12개의 장소라는 마당이 있어야 인식작용이 일어날 수 있으므로 인식작용 역시 실체가 아니다.

이 요소들은 상호 간에 원인과 결과를 이루면서 거듭거듭 작용과 변화의 현장을 생산해 낸다. 그러므로 18계를 어떻게 묶거나 어떻게 해체해도 실체가 없다. 육조 스님은 이 작용과 변화의 현장을 시시각각 비춰 보아 그것이 공임을 알라는 취지에서 설법을 전개한다.

18계의 상호관계를 규명하는 언설들은 복잡해질 수밖에 없다. 다양한 요소들에 대한 설명이 수반되기 때문이다. 여기에 달을 가리키는 손가락이 부각될 위험성이 있다. 그래서 육조 스님은 18계에 대한 설법을 자성을 바로 보는 일 하나로 모아들인다. 인식작용, 인식기관, 인식대상의 18계가 모두 자성에서 일어나는 것이므로 오로지 자성을 바로 보는 일로 돌아가라는 것이다. 복잡한 설명에 정신이 팔려 무언가 특별한 것이 따로 있다는 생각을 하지 말라, 오로지 지금 이 현장이 우리가 도달하려는 목적지임을 알라, 또한 누군가 특별한 체험을 통해 이것이 궁극의 실체가 아닐까 하는 생각이 들었다면 바로 그것을 내려놓으라. 이것이 육조 스님의 가르침이다.

심지어 아뇩다라삼먁삼보리의 법이라 해도 궁극의 실체가 따로 있는 것은 아니다. 그렇다고 아무것도 없다는 생각에 빠져서도 안 된다. 법은 청정한 마니주와 같다. 그것은 자기 고유의 색을 갖지 않는다. 그런 의미에서 실체가 없다. 그렇다고 그것이 정말 '없다'는 것은 아니다. 그것은 붉은색이 오면 온통 붉게 빛나고, 푸른색이 오면 온통 푸르게 드러난다. 그러니까 우리가 보는 만 가지 빛과 모양이 모두 마니주의 드러남이다. 이렇게 법을 보는 눈을 떴을 때 진정한 수행과 깨달음이 시작되는 것이다.

🪷 36가지 대법과 중도실천-1

바깥 대상인 사물의 차원에 5가지 상대가 있다. 하늘과 땅, 해와 달, 어두움과 밝음, 음과 양, 물과 불이 상대된다. 언어와 법의 현상에 12가지의 상대가 있다. 유위와 무위, 유색과 무색, 모양 있음과 모양 없음, 유루와 무루, 물질적 존재성과 공성, 움직임과 고요함, 맑음과 탁함, 범부와 성인, 승려와 속인, 늙음과 젊음, 길고 짧음, 높고 낮음이 상대된다.[237]

평설   실체에 대한 집착을 내려놓는 전략으로 그것의 상대성을 밝히는 일만한 것이 없다. 상대되는 두 측면을 제시한 뒤 그것이 상호의존적 관념의 유희임을 밝혀 어느 한 측면에 집착하지 못하도록 하는 방법이다. 이때 설법자는 모든 현상이 자성의 드러남임을 확인하는 자리에 발을 딛고 있어야 한다. 그래야 시비분별의 미로에서 헤매고 있는 대중들을 중도의 자리로 인도할 수 있다. 백장선사는 제자가 화로에 불이 없다고 하자 화로의 재에서 불씨를 찾아내어 그 없다는 상대적 차원을 무너뜨렸다. 제자는 이 무너짐을 체험한 뒤 있음과 없음에 휘둘리지 않는 자유의 자리에 나아갈 수 있었다.

여기에서 사물의 차원, 작용의 차원, 언어와 현상의 차원으로 36가지 상대되는 측면을 제시하고 있지만 그 숫자나 항목에는 큰 의미가 없다.

---

237 外境無情對有五, 天與地對, 日與月對, 暗與明對, 陰與陽對, 水與火對. 語言法相對, 有十二對. 有為無為對, 有色無色對, 有相無相對, 有漏無漏對, 色與空對, 動與靜對, 清與濁對, 凡與聖對, 僧與俗對, 老與少對, 長與短對, 高與下對.

유통본을 보면 숫자는 같지만 서로 다른 항목이 다수 발견되기도 한다. 그러므로 만사만물이 모두 상대되는 두 개념에 의해 분별되고 있다는 진단만 받아들이면 된다. 이것을 받아들이면 분별집착을 내려놓아 상대되는 측면에 떨어지지 않을 수 있게 된다. 현상에도 집착하지 않고, 공에도 집착하지 않게 된다. 색즉시공, 공즉시색이 되고, 색불이공, 공불이색이 된다. 만사만물의 현상이 무상한 동시에 영원하며, 모든 부처가 영원한 동시에 무상함을 보면 이것이 중도이다. 이를 통해 지금의 이 현장에서 무명과 사견을 떠나 바른 깨달음을 즉시 구현할 수 있는 것이다.

🪷 36가지 대법과 중도실천-2

자성의 작용에 19가지의 상대가 있다. 삿됨과 바름, 어리석음과 지혜, 우둔함과 총명함, 어지러움과 선정, 계율과 난잡함, 곧음과 굽음, 실체와 허상, 험함과 평평함, 번뇌와 깨달음, 자애로움과 잔인함, 기쁨과 분노, 내놓음과 인색함, 진보와 퇴보, 생성과 소멸, 영원과 무상, 법신과 색신, 화신과 보신, 본체와 작용, 자성과 모양, 유정과 무정이 그것이다.[238]

평설　　대주혜해(大珠慧海)에게 수행자가 물었다.

---

238 自性起用對, 有十九對. 邪與正對, 癡與慧對, 愚與智對, 亂與定對, 戒與非對, 直與曲對, 實與虛對, 嶮與平對, 煩惱與菩提對, 慈與害對, 喜與嗔對, 捨與慳對, 進與退對, 生與滅對, 常與無常對, 法身與色身對, 化身與報身對, 體與用對, 性與相對, 有情無情對.

"행위함이 없는 법[無爲法]이란 무엇입니까?"

"행위를 하는 일이 바로 그것입니다."

"행위함이 없는 법을 질문했는데 행위함이 있는 것이라 대답하십니까?"

"있음이란 없음으로 인해서 성립합니다. 없음은 있음으로 인해서 드러납니다. 애초에 있음을 세우지 않는다면 없음이 어디에서 생겨나겠습니까? 진정으로 행위함이 없다는 것은 행위함도 취하지 않고, 행위함이 없음도 취하지 않는 것입니다. 이것이 진정한 행위함이 없는 법입니다."

대주혜해는 육조 스님이 제시한 바, 상대되는 현상을 들어 집착을 내려놓도록 하는 법문의 공식을 직접 보여 주고 있다. 우리는 이 공식에 의해 삿됨과 바름을 설법할 수도 있다.

"바름이란 무엇입니까?"

"삿됨이 바로 그것입니다."

"바름을 질문했는데 삿됨이 바로 그것이라 대답하시면 어쩝니까?"

"삿됨이란 바름으로 인해서 성립합니다. 바름은 삿됨으로 인해서 드러납니다. 애초 바름을 세우지 않는다면 삿됨이 어디에서 생겨나겠습니까? 진정한 바름이란 삿됨도 취하지 않고, 바름도 취하지 않는 것입니다. 이것이 진정한 바름입니다."

36대법의 활용이 이렇게 신통하다. 만사만물을 이 공식에 적용할 수도 있겠지만 그럴 필요는 없어 보인다. 이 모든 법문은 상대되는 두 측면에 대한 집착을 내려놓고 자성을 바로 보도록 이끈다. 그러므로 몸을 바꾸고 마음을 바꾸는 진정한 중도의 실천이 없다면 법문을 듣는 일이 번뇌를 더하는 일이 될 뿐이다.

자성의 작용 차원에 19가지의 대법이 있다고 했는데 실제로 세어 보면 20가지가 된다. 항목도 유통본 등과 다르다. 이에 비해 혜혼본과 유통본을 대조해 보면 순서는 다르지만 그 항목과 숫자는 완전히 동일하다. 교정과정에서 숫자를 맞추고 항목을 조절한 것으로 이해할 수 있다.

🪷 36가지 대법과 중도실천-3

언어와 법의 모양 차원에 12가지 상대가 있고, 밖의 사물 차원에 5가지 상대가 있으며, 자성의 작용 차원에 19가지 상대가 있어 도합 36가지 상대가 된다. 이 36가지 상대되는 현상을 잘 이해하여 활용하면 모든 경전에 통하게 될 것이고, 나아가고 들어감에 상대적 측면을 떠나게 될 것이다.

자성의 작용으로서의 36가지 상대되는 현상을 어떻게 활용할 것인가? 사람들과 대화를 함에 밖으로 모양을 대하면서 모양에 구속되지 말아라. 안으로 공(空)을 대하면서 공에 구속되지 말아라. 공에 집착하면 무명만을 키우게 될 것이고, 모양에 집착하면 삿된 견해만을 키우게 될 것이다. 법을 지킨다고 하면서 문자를 전혀 쓰지 않아야 한다고 말하곤 한다. 문자를 쓰지 않는다면 사람이 말을 하면 안 될 것이다. 언어가 곧 문자이기 때문이다. 자성의 차원에서 공하다고 말하지만, 언어 그 자체의 본성은 공한 것이 아니다. 미혹하여 스스로 현혹되고 있는데, 그것은 언어를 배제했기 때문이다.

어두움은 그 자체로 어두운 것이 아니다. 밝음과 상대하여 어둡다 하는 것이다. 밝음은 그 자체로 밝은 것이 아니다. 어두움이 있기 때문에 밝다고 하는 것이다. 밝음이 변화하여 어두움이 된다. 어두움이 있어 밝음이 드러난다. 이처럼 오고 감이 서로 원인이 되는 것이다. 36가지 상대되는 현상이 또한 그러하다.[239]

평설   상대되는 현상을 잘 이해하고 활용하면 모든 경전에 통하게 된다. 그것은 분별의 두 기둥을 허물어 중도를 실천하는 일이기도 하다. 모든 경전이 불이중도의 실천을 말하고 있으므로 중도의 실천은 경전을 바르게 읽는 일이 된다. 육조 스님은 일자무식이었지만 무진장이 읽는 『열반경』을 듣고, 그리고 또 법달이 읽는 『법화경』을 듣고 바로 그 뜻을 설명해 줄 수 있었다. 그 자신이 스스로 경전의 진리와 하나 되어 살아가는 입장이었기 때문에 가능한 일이었다.

여기에서는 언어와 모양 차원에서 중도의 실천을 설하고 있다. 진리는 언어도단, 불립문자의 자리에 있다. 그렇다고 진짜 말을 하지 않고 글을 쓰지 않는다는 뜻은 아니다. 언어가 표상하는 분별적 의미에 구속되지 않는다면 아무리 말해도 틀리지 않는다. 반면 그저 말과 문자를 쓰지 않는 일 자체에 집착한다면 천 년을 침묵해도 천리만리 진리에서 벗어나게 된다.

모양에 대해서도 마찬가지이다. 모양에 따라 사물을 구분하고 호오의 판단을 내리는 것이 범부의 살림이다. 그래서 모양에 구속되지 않는 것

---

239 語言與法相有十二對, 外境無情有五對, 自性起用有十九對, 都合成三十六對也. 此三十六對法解用, 通一切經, 出入即離兩邊. 如何自性起用三十六對. 共人言語, 出外, 於相離相, 入內, 於空離空. 著空則惟長無明, 著相則惟長邪見, 秉法直言 不用文字, 既云不用文字, 人不合言語, 言語即是文字. 自性上說空, 正言語本性不空, 迷自惑, 語言除故, 暗不自暗, 以明故暗. 暗不自暗, 以明變暗, 以暗現明, 來去相因. 三十六對, 亦復如是.

을 불법이라 한다. 그렇다면 어떤 것이 모양에 구속되지 않는 것인가? 아예 청황적백을 구분하지 않고, 대소장단에 깜깜해야 하는가? 그렇지 않다. 청황적백은 엄연히 청황적백이고, 대소장단은 엄연히 대소장단이다. 다만 그 모든 현상이 진여와 한 몸이라는 점에서는 전혀 다름이 없다. 이렇게 아는 것이 진정으로 모양에 구속되지 않는 일이며 중도를 실천하는 길이다.

위의 법문 중, 밝음과 어두움에 대한 설명은 자칫하면 상대성을 강조하는 것처럼 이해될 수 있다. 그러나 밝음과 어두움에 실체가 없음을 강조하는 것이 이 법문의 주제라는 점을 잊지 말아야 한다. 바로 이러한 오해의 소지를 없애기 위해 유통본에는 36대법의 설법에 대한 결론으로 다음과 같은 법문이 추가되어 있다.

그대들은 알아야 한다. 자신이 미혹한 것은 그렇다 쳐도 부처님의 경전을 비방하면 되겠느냐? 경전을 비방하지 말라. 죄로 인한 장애가 한이 없을 것이다. 밖으로 나타난 모양에 집착하여 인위적 노력을 통해 진여를 구하거나, 곳곳에 도량을 세워 있음과 없음의 상대적 견해를 설하는 잘못을 범한다면 이런 사람들은 겁을 거듭해도 자성을 볼 수 없다. 오로지 법에 의지하여 수행하라는 가르침만 따라야 한다.

그렇다고 아무 생각도 하지 않고자 해서는 안 된다. 도의 자성을 보는 데 장애가 되기 때문이다. 만약 닦지 말라는 말을 따른다면 오히려 삿된 생각만 생겨날 것이다. 오로지 법에 의지하여 수행하며 모양에 집착하는 일 없이 법을 베풀도록 해라. 만약 너희들이 깨달아 이렇게 설법하고, 이렇게 활용하며, 이렇게 실천하고, 이렇게 짓는다면 본래의 종지를 잃지 않을 것이다.

너희에게 법의 바른 이치를 묻는 이가 있을 것이다. 있음에 대해 물으면 없음으로 대답해라. 없음에 대해 물으면 있음으로 대답해라. 범부에 대해 물으면 성인으로 대답해라. 성인에 대해 묻는다면 범부로 대답해라. 두 상대되는 현상이 서로의 원인이 되어 중도의 바른 뜻이 생겨날 것이다.

그 밖의 질문도 이러한 일문일답의 예에 따라 답변한다면 이치를 잃는 일이 없을 것이다. 예를 들어 어두움이 무엇인지 묻는 사람이 있다면 이렇게 대답하면 된다. "밝음을 인연으로 하여 어두움이 드러난다. 밝음이 사라지면 어둡게 된다. 밝음으로 어두움이 드러나고, 어두움으로 밝음이 드러난다." 이렇게 서로 오가면서 서로 원인이 되어 중도의 바른 뜻이 생겨나는 것이다. 그 밖의 질문에 대해서도 모두 이렇게 해라. 너희들이 이후 법을 전할 때에도 이렇게 거듭 가르치고 전수하여 종지를 잃지 않도록 해라.[240]

대법을 구체적으로 적용하는 예를 보여 줌으로써 설법의 효과를 극대화하고자 하고 있다. 다만 앞에서 말한 것처럼 36가지 대법의 구체적 항목과 분류는 크게 중요한 것 같지는 않다. 모든 상대적 측면에 기울지 않고 중도로 돌아간다면 그것이 곧 36가지 대법의 활용이기 때문이다.

36가지 대법을 3가지로 분류하고 있는데 이와 관련하여 돈황본에는 약간의 논리적 모순이 발견된다. 이 설법에서는 36가지 대법을 분류하

---

240 汝等須知, 自迷猶可, 又謗佛經. 不要謗經, 罪障無數. 若著相於外, 而作法求眞. 或廣立道場, 說有無之過患. 如是之人, 累劫不得見性. 但聽依法修行, 又莫百物不思, 而於道性窒礙. 若聽說不修, 令人反生邪念. 但依法修行, 無住相法施. 汝等若悟, 依此說依此用依此行依此作, 即不失本宗. 若有人問汝義, 問有將無對, 問無將有對, 問凡以聖對, 問聖以凡對. 二道相因, 生中道義. 如一問一對, 餘問一依此作, 即不失理也. 設有人問, 何名爲闇. 答云, 明是因, 闇是緣, 明沒即闇. 以明顯闇, 以闇顯明, 來去相因, 成中道義. 餘問悉皆如此. 汝等於後傳法, 依此轉相教授, 勿失宗旨. [宗寶本]

면서 '자성의 작용 차원'에 19가지 상대가 있다고 하고 있다. 그런데 바로 다음의 문단에서는 전체 36가지 대법을 자성의 작용 차원으로 말하고 있다. 자성의 작용 차원에는 19가지 상대가 있는가, 36가지 상대가 있는가? 어느 것이 맞는가? 스톱! 사실을 말하자면 모든 것이 자성의 작용이다. 요컨대 36가지, 혹은 1만 가지의 상대가 모두 자성의 작용 차원에 해당한다. 다만 36가지를 그냥 무작위로 나열할 경우, 설법의 설득력이 약해지지 않을 수 없다. 이 점을 의식하여 36가지 대법에 편의적인 분류를 하였던 것이 아닐까? 유통본이나 혜흔본에서는 돈황본의 이러한 논리적 모순을 의식하고 자성의 작용의 36가지 대법이라는 구절을 그냥 '이 36가지 대법'으로 바꾸어 표현하고 있다.

🪷 『단경』의 부촉

대사가 10대 제자에게 말씀하셨다. "이후 법을 전하려면 대를 이어 이 한 권의 『단경』을 전수하여 근본 종지를 잃지 않도록 해라. 『단경』을 전수받지 않는다면 나의 종지가 아니다. 이제 그것을 얻었으니 대를 이어 널리 행해지도록 해라. 『단경』을 만날 수 있는 사람은 내가 직접 전수해 주는 것과 같을 것이다."

10대 제자 스님들이 가르침을 받은 뒤 『단경』을 베껴 써서 대를 이어 널리 행해지게 되었다. 이것을 얻은 이는 틀림없이 견성을 하게 될 것이다.[241]

---

241 大師言十弟子, 已後傳法, 遞相教授一卷壇經, 不失本宗. 不稟受壇經, 非我宗旨. 如今得了, 遞代流行. 得遇壇經者, 如見吾親授. 拾僧得教授已, 寫為壇經, 遞代流行, 得者必當見性.

평설　　　『단경』을 전수해 주고 전수받는다고 했지만 그것은 언어문자를 베껴 쓰는 범위를 넘어서 있다. 청법자가 설해진 진리와 의심 없이 하나가 되었을 때 진정한 법의 전수가 이루어질 수 있기 때문이다. 무엇보다 지금 이것으로 드러나 있는 불성을 바로 보는 일이 있어야 한다. 그것이야말로 육조 스님의 마음과 하나가 되고, 부처의 마음과 하나가 되는 일이다. 이것을 가리켜 마음을 깨닫는다고 한다. 따라서 천년이 흐르고 다시 천년이 흐른다 해도, 『단경』을 바로 만난 사람은 육조 스님을 친견하게 된다.

돈황본의 필사본을 통해 볼 때, 일정 기간 동안 법을 전수한 징표로 『단경』을 구술해주고 이것을 받아쓰는 실제적 전법의식이 있었다고 추정해 볼 이유는 충분하다. 그래서일까? 『단경』의 전수와 그 가치를 강조하는 일은 돈황본에 더 뚜렷하다. 실제로 유통본에는 이 문단이 없다.

한편 스님에게 법을 받은 이로는 위의 10대 제자 외에 40여 명의 용 같고 코끼리 같은 제자들이 있었다. 유통본의 보완된 내용을 통해 살펴본 것처럼 전체 제자들 중 남악회양, 청원행사, 남양혜충, 영가현각, 하택신회가 유명하다. 이 중 남악회양의 문하에서 마조도일이 나와 크게 선풍을 날려 남종 돈오선의 극성기를 연다. 마조의 문하에서 100여 명의 선지식이 나왔는데 백장회해, 남전보원, 서당지장, 대매법상, 장경회훈, 내주혜해가 유명하다. 선의 황금기가 열렸던 것이다.

🪷 열반의 준비

스님께서는 선천(先天) 2년 8월 3일에 열반하셨는데 7월 8일에 제자들을 불러 작별을 고하였다. 스님께서는 선천 원년에 신주(新州)의 국은 사(國恩寺)에 탑을 조성하도록 하고는, 선천 2년 7월이 되자 작별을 고한 것이다. 스님께서 말씀하셨다.

"너희들 가까이 오거라. 내가 8월에 세상을 떠나려 한다. 너희들에게 의심되는 것이 있으면 서슴없이 묻도록 하라. 너희를 위해 의심을 타파하여 미혹함이 없도록 함으로써 너희를 안락하게 해 주겠다. 내가 가고 나면 너희를 가르쳐 줄 사람이 없을 것이다."

법해를 비롯한 여러 제자가 그 말을 듣고 눈물을 흘리며 슬피 울었는데, 신회만은 동요하지 않고 슬프게 울지도 않았다.

육조 스님이 말씀하셨다. "어린 신회도 좋고 나쁨을 차별 없이 보고, 헐뜯음과 칭찬에 동요하지 않는데, 나머지 사람들은 그렇지 못하구나. 여러 해를 산중에 살면서 도대체 무슨 도를 닦은 것이냐? 너희들은 누구를 걱정하여 슬피 우는 것이냐? 내가 가는 곳을 알지 못해 걱정하는 것이냐? 만약 내가 가는 곳을 알지 못한다면 그대들에게 작별을 고하지 않을 것이다. 그대들은 내가 가는 곳을 알지 못해 슬피 울고들 있는데, 만약 가는 곳을 안다면 그러지 않을 것이다. 자성은 생성과 소멸을 떠나 있고, 오고 감을 떠나 있다."[242]

평설　　육조 스님은 열반 1년 전에 그 생가 터에 미리 탑을 조성하

---

242 大師先天二年八月三日滅度. 七月八日, 喚門人告別, 大師先天元年, 於新州國恩寺造塔, 至先天二年七月告別. 大師言, 汝衆近前, 吾至八月, 欲離世間, 汝等有疑早問, 爲汝破疑, 當令迷盡, 使汝安樂. 吾若去後, 無人教汝. 法海等衆僧聞已, 涕淚悲泣. 唯有神會不動, 亦不悲泣. 六祖言, 神會小僧, 卻得善不善等, 毁譽不動. 餘者不得, 數年山中, 更修何道. 汝今悲泣, 更憂阿誰. 憂吾不知去處在, 若不知去處, 終不別汝. 汝等悲泣, 即不知吾去處. 若知去處, 即不悲泣. 性無生無滅, 無去無來.

도록 하고는, 일을 맡은 제자에게 서두르도록 독려하기까지 하였다. 이를 통해 우리는 그 열반이 준비된 것임을 알 수 있다. 육조 스님은 열반에 임해서도 지금 당장의 현장에서 자성을 바로 보라는 가르침에 충실하다. 그렇게 40여 년간 끝없이 자성을 직접 가리켜 보이는 설법을 했음에도 열반에 임해 다시 제자들의 의심을 깨뜨려 주고자 하고 있다.

열반을 예고하는 현장에서 신회가 울지 않았다는 기록은 유통본에도 전한다. 여기에 더해 유통본에는 다음과 같은 7월 8일의 상황과 사제 간의 문답이 기록되어 있다.

스님이 7월 8일, 갑자기 제자들을 불러 말하였다. 내가 신주로 돌아가려 하니 너희들은 속히 배를 준비하도록 해라. 대중들이 슬퍼하며 굳이 만류하였다.

스님이 말씀하셨다. "모든 부처님들도 세상에 나오셨다가 열반을 보여 주셨다. 온 일이 있으니 필연적으로 가는 것이다. 이것이 정해진 이치이다. 나의 이 형해는 반드시 돌아갈 곳이 있다."

대중들이 물었다. "스님이 이번에 가시면 조만간 돌아오십니까?"

스님이 말씀하셨다. "낙엽은 뿌리로 돌아가는 법이니, 올 때는 말할 수 없겠지."

또 질문이 있었다. "우주 만유를 통찰하는 바른 법은 누구에게 전수하시겠습니까?"

스님이 말씀하셨다. "도 있는 사람이 얻을 것이고, 마음 없는 사람이 통할 것이다."

또 질문이 있었다. "이후 어떤 환난이 있을 수 있겠습니까?"

스님이 말씀하셨다. "내가 떠가고 5~6년이 지나 나의 머리를 취하려는 사람이 있을 것이다. 나의 예언을 들어 보아라. 머리를 가지고 부모를 공양 하려는 사람과 입에 들어갈 밥이 필요한 사람으로 인해 장정만(張淨滿)의 환 난을 만나리니 류(柳)씨, 양(楊)씨가 관직에 있을 것이다."

또 말씀하셨다. "내가 떠난 뒤 70년이 지나면 두 보살이 동쪽에서 와서 하나는 출가하고 하나는 속세에 있으면서 함께 교화를 일으켜 나의 종파를 세울 것이며, 가람을 일구어 법의 계승이 창성하게 될 것이다."²⁴³

『단경』과 관련된 여러 자료에 의하면 육조 스님은 세수 76세에 세상을 뜨면서 두 가지 예언을 한다. 첫 번째는 자신이 떠나고 5~6년이 지난 뒤 그 머리를 취하러 오는 사람이 있을 것이라는 예언이다. 그래서 사람들 은 스님의 목 부위에 철편과 옻칠한 베를 둘러 보호조치를 취하였다. 과 연 이후 장정만(張淨滿)이라는 사람이 김대비(金大悲)라는 신라 스님의 돈을 받아 육조 스님의 머리를 취하려는 사건이 있었다. 예언에서 말한바, 머 리를 가지고 부모를 봉양하려는 사람에 해당한다. 입에 들어갈 밥이 필 요한 사람은 장정만이다. 그는 김대비에게 2천 냥을 받아 육조의 탑에 들어갔다가 들켜서 달아났다가 이틀 만에 잡힌다. 마지막 구절은 이 사 건을 담당한 관리를 말한다. 당시 현령은 양씨[楊侃]였고, 자사는 유씨[柳無 忝]였다. 예언과 그대로 일치하는 것이다.

한편 실패로 돌아간 스님의 머리 절취 사건은 신라의 입장에서는 성공

---

243 大師, 七月八日忽謂門人日, 吾欲歸新州, 汝等速理舟楫. 大眾哀留甚堅. 師日, 諸佛出現, 猶示涅槃. 有來必去, 理亦常然. 吾此形骸, 歸必有所. 眾日師從此去, 早晚可回. 師日葉落歸根, 來時無口. 又問日正法眼藏, 傳付何 人. 師日有道者得, 無心者通. 又問言莫有難否. 師日吾滅後五六年, 當有一人來取吾首. 聽吾記日, 頭上養親, 口裏須餐, 遇滿之難, 楊柳為官. 又云吾去七十年, 有二菩薩從東方來, 一出家一在家. 同時興化, 建立吾宗, 締 緝伽藍, 昌隆法嗣. [宗寶本]

398

한 의거였다. 스님이 돌아가신 후 10년이 되던 성덕왕 23년[723]의 일이다. 당시 의상 대사의 제자인 삼법 스님이라는 분이 중국유학에서 돌아오는 길에 육조 스님의 머리를 모시고 와 쌍계사에 모셨다는 것이고, 이것이 오늘날까지 육조정상탑으로 전해지고 있기 때문이다. 육조정상탑은 그 사실의 진위와 무관하게 육조의 선맥이 우리나라에 이어지고 있다는 힘 있는 증거가 되어 왔다.

두 번째 예언은 스님이 세상을 뜬 뒤 70년 후에 재가, 출가보살이 동쪽에서 와서 스님의 법을 일으킬 것이라는 예언이다. 출가보살은 마조도일(馬祖道一), 재가보살은 방거사(龐居士)를 가리킨다고 하는 설도 있고, 황벽(黃檗)선사와 승상 배휴(裴休)를 가리킨다고 하는 사람도 있다.

한편 스님이 돌아가셨다는 선천(先天) 2년에 대해서는 논의의 여지가 있다. 유통본에는 태극(太極) 원년에 돌아가셨다고 되어 있는데, 이때가 서기 712년이다. 태극은 당 예종(睿宗)이 즉위하여 개원한 연호로서 네 달이 지난 5월에는 연화(延和)로 바뀌고, 다시 8월에 현종이 즉위하면서 선천(先天)으로 바뀐다. 그러니까 태극 원년이라면 712년이 되고, 선천 2년이라면 713년이 된다. 결국 열반한 시점에 대해 두 설이 공존하게 되는데 중국의 학계에서는 돈황본에 따라 선천 2년[713년]설을 취하고 있다.

🪷 진여와 현상에 대한 노래

"너희들 모두 앉아 보거라. 내가 너희들에게 노래 하나를 주겠는데, 진여와 현상, 움직임과 고요함에 대한 노래[真假動靜偈]라는 것이다. 너희들은 모두 다 이 노래를 외워 지니도록 해라, 그러면 그 뜻이 나와 같게 될 것이다. 이것에 의지하여 수행하여 종지를 잃지 않도록 해라."

여러 제자들이 예배를 하고, 스님께 노래를 전해 주기를 청하여 공경하는 마음으로 받아 지녔다. 노래의 내용은 다음과 같다.[244]

평설　　　육조 스님은 열반에 임해 제자들에게 진여와 현상에 대한 노래, 움직임과 고요함에 대한 노래를 전수한다. 이것에 의지하여 수행한다는 것은 진여와 현상을 둘로 나누지 않음을 실천한다는 뜻이다.

육조 스님의 가르침이나 경전의 설법에서는 노래가 자주 제시된다. 분별사유의 차원에서 일어난 이해는 시간이 지나면 사라지게 되어 있다. 이에 비해 전체의 교리를 통으로 담고 있는 노래는 외우는 행위를 통해 체화되는 힘을 갖고 있다. 진심으로 외면 스승과 한 마음인 자리에서 노닐 수 있는 것이다. 경전의 수지독송이 꼭 그것을 왼다는 뜻만 가지고 있는 것은 아니지만 게송을 외우고 수지독송하는 일이 불가사의한 힘을 발휘하는 것은 분명하다.

🪷 진여와 현상에 대한 노래-1

어디에도 진여가 따로 있지 않으니,
진여를 찾으려고 하지 말라.
진여를 본다 해도,
그 보는 것은 모두 진여가 아니다.[245]

244　汝等盡坐, 吾與汝一偈, 真假動靜偈. 汝等盡誦取此偈, 意與吾同, 依此修行, 不失宗旨. 僧衆禮拜, 請大師留偈, 敬心受持, 偈曰.

평설　　　모양과 이름에 갇힌 사람들은 진여라는 특별한 무엇이 따로 있다고 착각한다. 그래서 눈앞의 만사만물로 드러난 진여를 놓아두고 밖으로 찾아다니는 어리석음을 범하게 된다. 『금강경』에서는 이러한 사람들을 향해 '모양을 가진 것은 모두 허망하다'고 거듭 설한다. 혹 일시적으로 진여를 보았다 해도 그것에 집착하면 안 된다. 경계체험을 기억하고 여기에 머무른다면 특별한 모양의 진여를 따로 세우는 일이 되기 때문이다. 그래서 지금 이것의 밖에 진여를 세우는 일을 불교에서는 모두 외도라 부른다. 스님은 말한다. 진여라는 이름과 진여라는 모양에 갇히지 말라. 오직 지금의 이것에서 진여를 확인하고, 진여와 하나 되는 길을 걸으라.

진여를 찾는 사람이 있다면 그의 멱살을 쥐며 말할 일이다. '여기에 그런 것은 없다!' 바로 이렇게 멱살을 움켜쥐는 일, 차를 한 잔 내놓는 일, 몽둥이를 휘두르고 고함을 치는 일, 빙그레 미소 짓는 일이 모두 그것이다. 이것이 조사의 뜻이지 특별히 얘기할 진여라는 것이 따로 없다.

🪷 **진여와 현상에 대한 노래-2**

각자에게 진여가 있기를 바라는가?

모양의 집착을 떠나면 그것이 마음의 진여이다.

자기의 마음이 모양을 떠나지 않는다면,

진여는 없다, 어디에 진여가 있겠는가?[246]

---

245 一切無有眞, 不以見於眞. 若見於眞者, 是見盡非眞.

246 若能自有眞, 離假卽心眞. 自心不離假, 無眞何處眞.

평설　　　진여라는 것이 따로 있지 않다. 상대되는 두 기둥을 세워 어느 한쪽을 진여라고 생각하는 분별에서 집착이 일어난다. 이것을 내려놓는 일에 의해 본래의 진여가 드러난다. 진여가 따로 있다는 모양에 대한 집착을 내려놓아야 한다. 그런데 진여는 만 가지로 나타나는 모양의 밖에서 찾을 수 없다. 그래서 어떤 것도 버릴 수 없다. 버린다면 모두 버려야 하는 일이고, 취한다면 모두 취해야 하는 일이다. 진여는 모든 모양과 함께 하지만, 어떤 특별한 모양에 한정되지 않기 때문이다.

어느 경우나 문제는 분별이다. 그러므로 분별을 내려놓는 일이야말로 진정한 수행이다. 옳음과 그름, 진리와 거짓, 진여와 모양의 어느 한쪽에 떨어지지 않는 실천이 유일한 길이다. 그러므로 분별하는 마음으로 진여를 따로 찾고자 한다면 그것은 불가능하다. 모든 분별이 진리의 실천을 가로막는 장애이기 때문이다. 분별만 내려놓으면 모든 것이 진여가 드러나는 현장이 된다.

설봉(雪峯)의 문하에서 깨달은 부상좌(孚上座)는 평생을 한 재상에게 신세 지며 살았다. 그는 임종에 임해 『대열반경』 강의로 평생에 걸친 신세를 갚기로 하였다. 그리고는 법상에 올라가 계척을 휘두르고 말했다.

"이와 같이 내가 들었습니다[如是我聞]. 재상 어른!"
"예!"
"한때에 부처님이 계셨습니다[一時佛在]."

그리고는 열반에 들었다. 부 상좌는 스스로 진여 그 자체로 살았다. 세상만사 모든 것이 진여 아닌 것이 없었고 경전 아닌 것이 없었다. 당연히 경전을 전하는 데 따로 할 말이 없었다. 『열반경』을 들어 올리는 행위만 가지고도 설법을 완성하는 것이고, 계척을 휘두르는 것만 가지고도 설법을 마치는 것이다. 경전의 첫 두 마디를 읽은 부상좌는 과하게 친절하다. 평생을 신세졌으므로 이 정도는 해야 된다고 생각했던 것일까?

한편 위 돈황본 노래의 '모양의 집착을 떠나면 그것이 마음의 진여이다[離假即心真]'라고 번역한 구절을 혜흔본에서는 '모양을 떠나면 그것은 진여가 아니다[離假即非真]'로 되어 있다. 이 구절의 경우, 유통본은 모처럼 돈황본과 같다. 그렇다고 정반대로 말한 혜흔본의 구절을 쉽게 오류로 단정할 수는 없다. 돈황본과 유통본은 없음의 입장, 그러니까 색즉시공의 입장에서 진여를 노래하고 있다면, 혜흔본은 있음의 입장, 공즉시색의 입장에서 진여를 노래하고 있다고 해석할 수 있기 때문이다. 본서의 부록으로 제시된 혜흔본의 번역에서는 이 노래를 다음과 같이 옮겼다.

> 각자에게 진여가 있기를 바라는가?
> 모양을 떠나 따로 진여라 할 것이 없다.
> 자기의 마음은 모양을 떠나지 않는 것이니,
> 진여는 없다, 어디에 따로 진여가 있겠는가?[247]

이렇게 한 글자의 차이로 인해 정반대로 해석되는 돈황본과 혜흔본을 함께 노래하면 부정과 긍정이 통일되는 쌍차쌍조의 효과를 거둘 수 있기까지 하다.

---

[247] 若能自有真, 離假即非真, 自心不離假, 無真何處真. [大乘寺本]

의식을 가진 존재는 움직이고,

의식 없는 사물은 움직이지 못한다.

만약 움직이지 않는 행을 닦는다면,

움직이지 않는 사물과 다를 게 없다.[248]

평설　　참선은 움직이지 않는 것이라는 오해가 있다. 그것은 돌이나 나무와 같아지는 일일 수는 있어도 진정한 참선이 아니다. 이것을 모르고 사람들은 장좌불와를 표방하며 움직이지 않는 자리를 찾기를 반복한다. 움직임과 멈춤이라는 두 기둥을 설정해 놓고 움직임을 멈추어 멈춤으로 돌아가고자 한다. 그러나 바로 멈추겠다는 그 의지 때문에 더욱 동요하게 된다.

진정으로 동요하지 않는 일은 분별을 내려놓을 때 가능해진다. 둘을 세워 호오의 판단을 내리는 일이 없다고 생각해 보라. 어떤 상황이 닥쳐오더라도 그것을 인연으로 알아 유보 없이 수용하는 일만 있다고 생각해 보라. 그것이 진정으로 동요하지 않는 일이다.

그런 점에서 선재동자는 수행의 모델이다. 그는 진정한 참선이 무엇인지를 실천으로 보여 준다. 기존의 관념을 모두 내려놓고 53선지식을 찾아가 매번 그 현장과 하나로 만나기를 반복한다. 이것을 불교에서는 53곳에서의 진정한 참선[53參]이라 부른다. 그것은 자아를 내려놓고 선지식의 마음과 하나 되고 법계와 하나가 된다는 뜻이다. 그래서 참여할 참

248　有情即解動, 無情即不動. 若修不動行, 同無情不動.

(參) 자를 썼다. 참선의 참(參) 역시 그렇게 이해해야 한다.

🪷 진여와 현상에 대한 노래-4

진정한 움직이지 않음을 찾는가?
움직임 위에 움직이지 않음이 있다.
움직이지 않음이 그냥 움직이지 않음일 뿐이라면,
사물이라서 부처의 씨앗이 없다.[249]

평설　　움직이지 않음이라는 것이 따로 없다. 움직임과 움직이지 않음의 분별을 세우지 않을 때 진정한 움직이지 않음이 구현된다. 불이 중도의 자리에는 움직임이 없다. 항상 지금 이것이 부처이고, 이것이 불법이며, 이것이 수행이기 때문이다. 그래서 저 까마귀가 까악! 하고 울거나, 가만히 앉아 있거나, 날개를 치며 날아가거나 모두 차별 없이 한마음의 일이고 부처의 나타남이다. 움직이느니, 움직이지 않느니 하는 구별을 세울 일이 없는 것이다. 움직여도 이것이고, 움직이지 않아도 이것이다. 별도로 움직이지 않는 상태를 설정한다면 그것은 돌이나 나무처럼 되기를 추구하는 일이다. 움직이지 않는 사물에는 부처의 종자가 깃들여 있지 않다. 우리가 인지하는 사물들이 한결같이 부처의 드러남에는 틀림없지만 그 사물 스스로 부처가 될 수는 없다는 말이다. 그럼에도 이 말은 하나마나한 말이다. 스스로 부처인 입장에서 보자면 산하대지가 한결같이 부처일 뿐만 아니라 매 순간 성불하고 있기 때문이다.

---

[249] 若覺真不動, 動上有不動. 不動是不動, 無情無佛種.

모양을 잘 분별하되,

진여의 자리에서 움직이지 말라.

만약 깨달아 이러한 견해를 취한다면,

이것이 바로 진여의 활용이다.[250]

평설　　　모양을 잘 분별하되 진여의 자리에서 움직이지 말라는 이 말은 『유마경』에서 가져온 것[251]이다. 여기에서 중요한 것은 현상과 진여를 둘 아니게 보는 입장이다. 다만 이 말에도 어폐가 있다. 만약 무엇인가 대상을 보는 주체로서의 입장이 남아 있다면, 그는 이미 중도의 자리에서 벗어나 있기 때문이다. 그래서 다시 말하자! 진여의 자리에서 움직이지 않으려면 모양과 진여가 둘 아닌 자리, 일체의 분별을 내려놓은 자리에 살고 있어야 한다.

　여기 모양과 진여에 관한 앙산혜적선사의 이야기가 있다. 앙산선사는 탐원응진선사에게서 깨달음에 이르는 97개의 원상을 기록한 책을 전수받아 한 번 보고는 태워 버렸다. 탐원선사가 그 책을 태운 것을 꾸짖자 하나의 원상을 손으로 그려 두 손으로 바쳤다. 97개의 원상을 복원하여 돌려준다는 것이었다. 97개의 원상이 하나의 원상에 들어가고, 하나의 원상은 97개의 원상을 낳는다. 하나와 많음은 둘이 아니어서 상호 간에 둘 아닌 관계가 성립한다.

250　能善分別相, 第一義不動. 若悟作此見, 則是真如用.
251　維摩經云, 外能善分別諸法相, 內於第一義而不動.

둘 아닌 이치는 황금나라의 사물들로 비유될 수 있다. 이곳의 사물들은 모두 황금으로 이루어져 있지만 무수한 사물들은 상호 구분되는 모양을 갖는다. 컵은 컵, 접시는 접시로서 분명하게 구분된다. 그런데 황금의 차원에서 보면 모든 사물들은 황금이라서 모양에 따라 시비분별, 취사선택할 일이 없다. 우주법계의 실상이 바로 이와 같다. 이것이 성상일여, 법성원융, 색즉시공, 공즉시색의 도리이다.

🪷 진여와 현상에 대한 노래-6

도를 배우는 사람들에게 말하노니,
노력하여 마음을 쓰도록 하라.
대승의 문에서,
생사를 둘로 나누는 지혜에 집착하지 않도록 하라.[252]

평설　　어떻게 마음을 쓸 것인가? 이것은 어떻게 수행할 것인가를 묻는 질문이기도 하다. 이에 대한 답은 한결같다. 지금 이것의 밖에서 진리를 따로 찾지 말라! 지금 이것이 바로 진리가 드러난 현장이다! 이것이 중도를 실천하는 수행자의 바른 마음 씀이다.

　대승의 문은 지금 이것으로 온 우주에 열려 있는 문이다. 그래서 대승의 문은 안과 밖을 나누지 않는다. 사실을 말하자면 우리는 이미 대승의 세계에 들어와 있어 진여와 모양을 둘로 나눌 일조차 없다. 이것을 문 없는 관문[無門關]이라고 하는 이유이다. 그럼에도 수행자들은 특별한 문을

---

252 報諸學道者, 努力須用意. 莫於大乘門, 卻執生死智.

찾아 헤맨다. 그래서 선사들의 가르침은 항상 궁극의 진리가 따로 있다고 보는 수행자의 관념을 공략한다. 황금의 나라에서는 쥐똥이 곧 황금이라서, 쥐똥을 보여 줄 뿐, 따로 내놓을 황금이 없다.

🪷 **진여와 현상에 대한 노래-ㄱ**

앞의 사람이 노래와 하나로 만나 상응한다면,

함께 부처님 말씀을 나누면 될 일이고,

실상과 하나로 만나 상응하지 못한다면,

합장하여 환희토록 하라.[253]

평설　　설법은 설법자와 구도자의 마음이 한마음의 자리에서 만날 때 완성된다. 이렇게 한마음의 자리에서 만나는 일을 상응한다, 계합한다고 표현한다. 서로 상응하면 모든 말과 표정과 동작이 염화미소가 된다. 그런데 하나로 만나지 못한다면 어떻게 할 것인가? 설득시키기 위해 웅변을 펼칠 것인가?

　그렇지 않다. 공경하는 마음과 편안한 자세로 만나는 이들을 환희롭게 하는 것이 우선이다. 그래서 우는 아이에게 노란 나뭇잎을 황금이라고 쥐어 주며 달래는 방편[黃葉止啼]이 널리 쓰인다. 복을 받는 길을 제시한다든가, 천상의 과보를 말해 주는 방편을 쓰는 것이다. 이와 달리 무장을 해제시키는 방법을 쓰기도 한다. 아예 진리에 대한 것을 생각하지도 못하게 몰아붙이는 것이다. 나무하고, 밥 짓고, 빨래하는 일에 매진하도록

253　前頭人相應, 即共論佛語. 若實不相應, 合掌令歡喜.

하는 방편도 있고, 멱살을 잡고 몰아붙이는 방편도 있다. 이러한 위신력 앞에서 구도자는 진리를 구한다는 생각조차 잊는다. 그 순간 눈을 떠 보면 그저 살아갈 뿐인 이 자리를 확인하는 것이 깨달음이다.

설법자는 이렇게 방편을 베풀면서 구도자의 인연이 무르익기를 기다린다. 그리고 상응하는 자리가 되었을 때 다시 부처님의 마음자리로 이끈다. 억지로 부처님 세계로 끌고 가는 것은 불교의 중도실천에서 벗어나 있을 뿐더러 그 자체가 불가능하다. 그러므로 부처가 무엇인지 깨닫지 못했다면 매 순간 이것에 합장하고 환희하라고 한 것이다.

그런데 매 순간의 합장과 환희라는 말이 간단한 일이 아니다. 오히려 그것이야말로 궁극적 수행의 길이자 깨달음을 실천하는 길이기 때문이다. 매 순간 이것에 합장하고 환희한다면 모든 부처에 예경하는 셈이 된다. 매 순간 이것에 합장하고 환희한다면 진여자성을 마주 대하는 일이 된다. 그러므로 매 순간의 합장과 환희는 결코 가벼운 일이 아니다.

⚘ 진여와 현상에 대한 노래-8

이 가르침은 원래 논쟁할 일이 아니라서,
논쟁을 하면 도의 바른 뜻을 잃게 된다.
집착과 미혹으로 법문에 대해 논쟁하면,
자성이 생사윤회에 들어가게 된다.[254]

평설　　　둘로 분별하므로 이것은 옳고 저것은 그르다는 판단과 논쟁

---

[254] 此教本無諍, 若諍失道意. 執迷諍法門, 自性入生死.

이 일어난다. 불교적으로 볼 때 생각의 차원이든, 언어의 차원이든 둘로 나눠 놓고 하나가 옳다고 집착한다면 결코 진리를 볼 수 없다. 옳은 것이 따로 있다는 집착이야말로 진리와 하나 되지 못하도록 가로막는 큰 장애이기 때문이다. 그러므로 어떤 법문은 옳고 어떤 법문은 틀렸다고 말한다면 스스로 이미 진리와 등진 채 논쟁의 차원에 들어섰음을 알아야 한다. 논쟁은 그 자체가 집착과 미혹에 빠진 중생의 살림이며, 말법의 증거가 된다. 도와 하나로 사는 도인은 자기의 떡을 모습을 보여줄 뿐, 그림의 떡을 가지고 왈가왈부하지 않는다.

논쟁하지 않음[無諍]은 육조 스님식으로 말하자면 '선도 생각하지 않고 악도 생각하지 않는 일'이다. 바로 이러할 때 '무엇이 진짜 자기인가'를 당장 돌이켜 확인하는 일이다. 원래 이것과 저것은 모두 한 몸의 손과 발의 차이일 뿐이라서 손과 발이 싸울 일은 없다.

🪷 전법의 노래들

여러 제자들이 그 설법을 듣고 스님의 뜻을 알아 다시는 논쟁하는 일 없이 법에 의지하여 수행하였다. 제자들은 함께 예배하면서 스님이 세상에 오래 머물지 않을 것임을 알았다.

법해상좌가 앞으로 나아가 말하였다. "스님! 스님께서 가시고 나면 가사와 법을 누구에게 맡기시겠습니까?"

스님이 말씀하셨다. "법은 이미 맡겼으니 질문할 필요가 없다. 내가 세상을 뜨고 20여 년이 지나면 삿된 법이 요란하게 일어나 나의 종지를 어지럽힐 것이다. 그때 누군가가 나서서 신명을 바쳐 불법 가르침의 옳고 그름을 판정하고 종지를 바로 세울 것이다. 그것이 바로 나의 바

른 법이다. 여기에 가사를 다시 전하는 것은 적절하지 않다. 너희들이
믿지 못하겠다면 내가 노래를 들려주겠다. 선대의 다섯 조사님들께서
가사를 맡기면서 법을 전하는 노래를 남겼다. 그중 제1조 달마 스님의
노래가 전하는 뜻에 의하면 가사를 전하는 것은 적합하지 않다. 내가
들려주는 노래를 들어 보아라."

🪷 제1조 달마 스님의 노래

내가 이 땅에 온 것은,
가르침을 전하여 미혹한 중생들을 구하기 위해서였네.
한 꽃에 다섯 꽃잎이 달리면,
열매는 저절로 완성되리라.[255]

평설　　달마에서 시작되어 육조에 이르는 전법의 노래가 있다. 이
노래들은 대부분 후대에 창작되어 삽입된 것으로 보이지만 선종의 역사
를 개관하는 명문장으로 중시되어 왔다.

첫 번째 달마 대사의 노래에서는 선종을 하나의 꽃에 비유하고, 그 발
전을 다섯 꽃잎으로 표현한다. 여기에서 다섯 잎이 무엇을 가리키는지에
대해서는 설이 분분하다. 수행과 깨달음으로 성취되는 다섯 가지 지혜를

255　眾僧既聞, 識大師意, 更不敢諍, 依法修行. 一時禮拜, 即知大師不久住世. 上座法海向前言, 大師, 大師去後,
衣法當付何人. 大師言, 法即付了, 汝不須問, 吾滅後二十餘年, 邪法撩亂, 惑我宗旨, 有人出來, 不惜身命, 定佛
教是非, 豎立宗旨, 即是吾正法, 衣不合轉. 汝不信, 吾與誦先代五祖傳衣付法頌, 若據第一祖達摩頌意, 即不合
傳衣, 聽吾與汝誦. 第一祖達摩和尚頌曰, 吾本來東土, 傳教救迷情. 一花開五葉, 結果自然成.

가리킨다는 설, 위앙·임제·조동·운문·법안의 다섯 종파를 가리킨다는 설, 달마 이후 다섯 조사를 가리킨다는 설 등이 그것이다. 이 중 이조혜 가에서 육조혜능에 이르는 다섯 조사의 계승관계를 가리킨다는 설이 가 장 널리 수용되고 있다.

여기에서 육조 스님은 '의발을 전수할 필요가 없음'을 달마의 노래로 증명하고자 한다. 5대를 거치면서 선종이 성숙하여 더 이상 의발을 징표 로 삼을 필요가 없다는 뜻이 되는 것이다.

이 노래의 핵심은 "열매는 저절로 완성될 것"이라는 마지막 구절에 있 다. 대를 거치면서 성숙해 가다가 5대가 지나 육조혜능의 시기가 되면 모든 것이 자연스럽게 이루어질 것이라 보았는데 실제 역사가 그러했다. 개인적 차원에서도 선의 핵심은 자연스럽게 이루어짐에 있다. 이때 꽃 은 깨달음, 꽃잎은 깨달음의 실천이 되고, 열매는 궁극적 깨달음이 된다. 깨달음이란 매 순간의 실천[다섯 꽃잎]만 있으면 되는 것이지, 지향해야 할 궁극적 깨달음이 따로 있지 않다. 매 순간 깨달음을 실천할 때 궁극적 깨 달음은 자연적으로 성취되는 일이기 때문이다.

유통본에 의하면 이 노래는 스님의 열반에 임해 가사를 누구에게 전할 지를 묻는 법해 등의 질문을 받아 스님이 대답하는 상황에서 설해진 것 이다.

내가 대범사에서 한 설법이 기록되어 오늘날까지 전해져 제목을 『법보단 경』이라 한다고 들었다. 너희들은 이것을 잘 지켜 상호 간에 전수하여 일체 중생을 제도하도록 해라. 이것에만 의지하는 것을 진실로 바른 법이라 한 다. 지금 너희들을 위해 설법을 하면서 가사를 전수하지 않는 것은 그 믿음 의 뿌리가 성숙해지고, 의심이 모두 걷혀 큰일을 감당하여 맡을 수 있게 되

었기 때문이다. 다만 달마 대사가 부촉한 노래의 뜻에 따라 가사는 전수하
지 않는 것이 합당할 것으로 생각된다.[256]

달마의 부촉에 따라 가사 대신 노래로 법을 전하는 전통이 세워졌다
는 말이 된다. 선종의 역사를 장식하는 무수한 전법의 노래가 다 이런 맥
락에서 나온 것이다. 이후 육조 스님에게까지 이어지는 역대 조사의 게
송이 제시되는데 이것들은 혜흔본이나 유통본에 모두 보이지 않는다. 두
계열의 판본 모두 달마의 게송에 화답하는 육조 스님의 게송만 제시되어
있을 뿐이다. 여러 정황으로 보아 이 노래들을 육조 스님이 직접 전한 것
은 아닌 듯하다. 여러 유통본의 조본이 되는 계숭본을 편찬한 계숭 스님
은 이 노래들을 자세히 전하는 『전법정종기(傳法正宗記)』를 직접 편찬한 편
찬자였음에도 이 노래들을 계숭본에 싣지 않았다. 돈황본을 수정한 혜흔
본에도 이 노래들이 없다. 그렇다면 원래의 돈황본에는 달마 스님과 육
조 스님의 노래 외에 다른 노래들이 없었다는 추론이 가능하다. 또 계숭
스님이 그것을 계숭본에 싣지 않았다는 사실을 통해 이 노래들이 육조
스님의 법문 중에 나온 것이 아니었다고 볼 수도 있다.

사실 달마조사의 노래만 해도 논의의 여지가 많다. 특히 '내가 이 땅에
온 것은'이라 번역한 첫 구절은 필사본을 보면 '吾大來唐國'으로 되어 있고,
스즈키 다이세쓰는 이것을 '吾本來唐國'으로 교정하였다. '내가 본디 당나
라에 온 것은'이라는 뜻이 된다. 말이 되는가? 달마조사가 중국에서 활동

---

256 吾於大梵寺說法, 以至于今抄錄流行, 目曰法寶壇經. 汝等守護, 遞相傳授. 度諸群生, 但依此說, 是名正法. 今
   為汝等說法, 不付其衣. 蓋為汝等信根淳熟, 決定無疑, 堪任大事. 然據先祖達磨大師付授偈意, 衣不合傳. [宗
   寶本]

한 것은 남북조 시대로서 당나라가 시작되기 100~200여년의 일이었다. 또 달마조사의 입적 시기가 대략 536년, 혜능 스님의 입적 시기가 대략 713년으로 추정되고 있으므로 그 간에는 180년 가까운 차이가 있다. 그런데도 달마조사의 노래에서 중국이 당나라로 표현되고 있다. 이 노래의 진위에 대해 의심하는 사람이 없을 수 없는 것이다. 각 판본에서는 이 당나라[唐國]를 이 나라[玆國], 동쪽 땅[東土]으로 교정하는 작업들이 이루어져 있다.

그런데 이것이 하나의 학문적 주제임에는 분명하지만 그 진위 여부를 가리는 것은 무의미한 논쟁을 촉발한다. 어쨌든 이 노래들은 선종의 문헌에 전하면서 대대로 중시되어 온 것으로서 깨달음의 순도에 대해서는 의심의 여지가 없기 때문이다.

🪷 제2조 혜가 스님의 노래

본래 (마음)땅이 있기 때문에,

그 땅에서 종자가 꽃을 피운다.

만약 본래 근원이 되는 땅이 없다면,

꽃이 어디에서 피겠는가?[257]

평설   2조 혜가 스님은 달마의 선을 계승하여 법과 한 몸으로 살았다. 시장 바닥의 누추한 삶을 살면서도 진여와 괴리되지 않았다. 이 노래는 법과 하나 되어 살았던 그의 삶을 총괄하는 동시에 3조 승찬 스님

---

257 第二祖惠可和尚頌曰, 本來緣有地, 從地種花生. 當本元無地, 花從何處生.

의 삶을 예언하는 것으로 이해되고 있다.

달마의 선이 중국에 씨앗으로 뿌려져 혜가라는 꽃을 피우게 된다. 혜가는 평지돌출이 아니라 중국이라는 세계를 바탕으로 일어난 인물이다. 그것은 마치 땅이 있어야 꽃이 피고 열매가 익는 이치와 같다. 이것이 표층적 해석이다.

깨달음법의 차원에서 볼 때 이 노래에서 말하는 땅과 씨앗과 꽃은 보다 심층적 의미를 갖는다. 땅은 본래의 바탕인 자성이다. 여기에 부처의 씨앗이 심어져 있다. 그러니까 혜가라는 부처 꽃은 바로 이 부처의 씨앗에서 나온 것이고, 이 씨앗은 자성의 땅에 심어져 있다가 발아한 것이다. 이 노래는 부처의 씨앗이자 그 자체로 부처인 자성에 눈을 떠야 함을 강조한다. 깨달음과 부처로서의 본성은 서로 다르지 않기 때문이다. 달마의 법을 받은 2조혜가의 깨달음과 관련하여서는 다음과 같은 이야기가 전한다.

"모든 부처님들의 법 도장[法印]에 대해 듣고자 합니다."

"모든 부처님들의 법 도장은 다른 사람에게서 얻을 수 있는 것이 아니다."

"제가 마음이 평안하지 못합니다. 스님께서 평안하게 해 주십시오."

"마음을 가져오면 내가 평안하게 해 주겠다."

"마음을 찾아도 찾을 수 없습니다."

"내가 너의 마음을 모두 평안케 해 주었다."

혜가 스님이 말이 떨어짐과 동시에 바로 깨달아 위의 노래를 불렀다는 것이다. 참으로 그렇다. 마음을 어디에서 찾겠는가? 이 몸뚱이와 정신 작용 속에서 찾겠는가? 큰 마음, 작은 마음을 나누어서 찾겠는가? 우주법계 만사만물이 이대로 마음이다. 폭풍취우 이대로, 덥고 추움 이대로, 춘풍추월 이대로 마음 아닌 것이 없다. 평안하지 못할 마음이 따로 없는 것이다. 다음으로 3조 승찬 스님의 노래가 이어진다.

☸ 제3조 승찬 스님의 노래

꽃과 씨는 땅에 의지하는 것이라,

땅에서 씨앗과 꽃이 나기는 하지만,

꽃과 씨에 생성하는 본성이 없다면,

땅이 있다 해도 생성하지 못할 것이다.[258]

평설　　2조 스님의 노래에서는 깨달음의 바탕이 되는 법성을 강조하였다면, 여기에서는 꽃과 씨앗에 담겨 있는 깨달음의 작용을 강조한다. 우주법계는 법성의 드러남이다. 그런데 만약 이 수행자에게 믿고, 알아차리고, 확인하는 지혜가 의지할 본래 깨달음이 없다면 이 모든 것이 소용이 없다. 그래서 본래 깨달음에 거듭 돌아가는 일이 중요하다. 이것을 꽃과 씨에 담긴 본원적 생명력에 비유하고 있는 것이다. 혜가 스님의 법을 받은 3조 승찬 스님의 깨달음과 관련하여서는 다음과 같은 대화가 전한다.

"제가 문둥병을 앓고 있습니다. 스님께서 죄를 참회케 하여 주십시오."

"죄를 가져오면 그 죄를 참회토록 해 주지."

---

[258] 第三祖僧璨和尚頌曰, 花種雖因地, 地上種花生. 花種無生性, 於地亦無生.

"죄를 찾아도 찾을 수 없습니다."

"그대의 참회가 끝났다. 이제 부처와 불법과 승가에 의지하여 머물도록 하라."

"지금 스님을 뵈었으니 무엇이 승가인지 알겠습니다. 그렇다면 부처란 무엇이며, 불법이란 무엇입니까?"

"이 마음이 바로 부처이고, 이 마음이 바로 불법이다. 불법과 부처는 둘이 아니며, 승가 역시 마찬가지이다."

"이제야 알겠습니다. 죄의 본성이 안에 있는 것도 아니고, 밖에 있는 것도 아니며, 중간에 있는 것도 아니어서 그 마음과 같이 되는 것이었습니다. 부처와 불법이 서로 다르지 않음을 알겠습니다."

3조 승찬 스님은 본래 깨달음에 거듭 돌아가는 삶을 살았다. 그것은 선종의 성전인 『신심명』을 통해 남김없이 드러나 있다. 승찬 스님이 『신심명』에서 거듭 강조했던 시비호오의 판단을 내려놓는 일은 깨달음의 현장에 거듭 돌아가는 수행의 생생한 기록이기도 하다.

🪷 제4조 도신 스님의 노래

꽃과 씨에는 생성의 본성이 있으나,

땅에 기대어야 비로소 씨앗이 꽃을 피운다.

그 앞의 인연이 적합하지 않으면,

모든 것은 생성하지 못하리라.[259]

---

259 第四祖道信和尚頌曰, 花種有生性, 因地種花生. 先緣不和合, 一切盡無生.

평설　　법계가 이미 있는 이대로 불성의 드러남이다. 그러므로 우리는 자아를 내려놓고 이것과 하나가 되는 길을 걸어야 한다. 본래의 깨달음을 굳게 믿고, 분명하게 확인하고, 궁극적으로 하나가 되는 것이 수행이고 깨달음이다. 그런데 안타깝게도 이 명백한 본래 깨달음은 인연이 없으면 확인할 수도 없고 하나 될 수도 없다. 따라서 법과 하나로 만날 수 있는 인연이 있어야 한다. 인연은 보시, 지계 등과 같은 선업으로 성숙되기도 하고, 치열한 수행을 통해 도래할 수도 있다. 그러므로 스스로 깨닫지 못하고 있다면 깨달음의 현장으로 인도할 인연을 짓는 일에 적극적일 필요가 있다. 물론 가장 큰 인연은 본래 깨달음이라는 대지이다.

도신 스님이 3조 승찬 스님의 법을 받은 것은 14세 때의 일로서 이런 일이 있었다.

"스님! 자비를 베푸시어 속박에서 벗어나는 법문[解脫法門]을 말씀해 주십시오."

"누가 너를 속박하더냐?"

"누가 속박하지는 않았습니다."

"그런데 어째서 속박에서 벗어나기를 추구하는가?"

도신 스님은 이 말에 바로 깨달았다. 사람들은 스스로 무엇엔가 속박되었다는 생각을 갖고 살아간다. 그러나 이것은 스스로의 분별적 생각과 집착에서 비롯되는 망상일 뿐이다. 그리고 바로 그 망상이 우리를 속박한다. 이것을 버리고 저것으로 나아가야 한다는 모든 강박관념이 다 속박이다. 이것에서 풀려나려면 속박되어 있다는 그 생각 자체가 곧 망상이라는 사실에 사무치게 눈떠야 한다. 14세의 도신 스님에게 그 일이 일어났다. 이후 도신 스님은 부처의 마음으로 돌아가 진여법계를 평등하게 보는 일행삼매[260]의 실천으로 평생을 살았다. 특히 도신 스님은 좌선의 길과 염불의 길을 함께 실천한 것으로 유명하다. 일찍이 마하반야바라밀을 외어 도적에게 포위당한 마을을 구한 일이 있었다고 하는데 그의 염불선 실천을 부각시키는 전설이다.

🪷 제5조 홍인 스님의 노래

감정의지 작용을 가진 사람이 씨앗을 뿌려,
감정의지 작용을 갖지 않은 꽃이 생겨난다.
감정의지도 없고 씨앗도 없으며,
마음 땅도 없고 생겨나는 일도 없다.[261]

평설　　　선문에서 말하는 궁극적 깨달음은 수행도 없고 깨달음도 없는 자리에 돌아가는 일이다. 그 철저한 내려놓음의 가르침은 모든 모양에 대한 집착을 내려놓으라는 『금강경』의 가르침과 통한다.

홍인 스님은 7살 때 4조 도신 스님에게 출가하였다. 그 출가와 관련하여 전설에 가까운 얘기가 전한다. 4조 도신 스님이 법을 펼치고 있을 때 재송(栽松) 도인이라는 늙은 수행자가 찾아와 법을 구했다. 도신 스님은 그가 너무 늙어서 설사 깨닫는다 해도 법을 펼칠 수 없을 것이라 우려한다. 이에 재송 도인은 몸을 버리고 주(周)씨 성을 가진 처녀에게 입태

---

260 法界一相, 系緣法界, 是名一行三昧.
261 第五祖弘忍和尚頌曰, 有情來下種, 無情花即生. 無情又無種, 心地亦無生.

한다. 처녀의 몸으로 임신한 주씨 처녀는 집에서 쫓겨나 아들을 낳아 기르게 되는데 이 아이가 7살이 되자 도신 스님이 찾아와 출가를 권했다는 것이다. 이때 다음과 같은 대화가 오간다.

> "성(姓)이 무엇인고?"
> "성이 있기는 하지만 일반적인 성이 아닙니다."
> "무슨 성이 그런 거냐?"
> "불성(佛性)입니다."
> "그러면 너는 성(姓)이 없느냐?"
> "자성에 실체가 없으니[性空] 성이 없다고 하는 겁니다."

　이렇게 출가한 홍인 스님은 4조 도신 스님의 회상에서 수행자의 표상이 된다. 시비의 현장에 입을 대는 일이 없었고, 항상 둘 아닌 자리를 떠나지 않았다. 행주좌와의 모든 작용이 부처의 일이었고, 몸과 입과 뜻으로 짓는 일들이 모두 다 불사였다. 특히 낮에는 사람들과 어울려 모든 일을 하면서도 밤에는 좌선을 하는 삶을 살았다. 그는 『능가경』과 일행삼매에 의지하는 도신 스님의 길을 따르면서도, 여기에 『금강경』을 추가하는 변화를 주어 동산법문이라 불리는 새길을 개척한다.
　홍인 스님이 동산의 회상을 이끌면서 선종에 큰 변화가 일어나게 된다. 선종의 전문도량인 총림의 모태가 형성된 것이다. 이전의 참선 수행자들은 개별적으로 두타행을 닦으며 일정한 거처가 없는 삶을 살았다. 그런데 도신 → 홍인의 시기에 집단생활과 노동선이 중시되기 시작한다. 여기에서 마조도일 → 백장회해로 이어지는 총림과 청규의 단초가 마련된다. 육조 스님은 바로 이러한 도량에서 그 선풍을 수용하여 방앗간에서 일을 하면서 깨달았던 것이다.

평설 씨앗이라는 본래의 깨달음이 있다. 이것을 확인하고, 이것에 돌아가, 이것에 맡기는 것이 사건으로서의 깨달음이다. 이것을 여기에서는 깨달음의 열매라 했다. 열매를 맺고 보면 그것이 원래의 씨앗과 전혀 다르지 않음을 확인하게 된다. 마음 땅의 씨앗은 본질로서의 본래 깨달음이다. 이것이 본래 갖추어져 있기 때문에 사건으로서의 깨달음은 '저절로' 이루어질 수밖에 없다. 유통본을 보면 이 육조 스님의 노래를 설하기 전에 먼저 그에 대한 해석이라 할 다음과 같은 설법을 행한다.

그대들 제지들이! 너희는 각기 마음을 청정하게 하여 나의 설법을 들어라. 만약 일체종지를 성취하고자 한다면 반드시 일상삼매(一相三昧)와 일행삼매(一行三昧)에 도달해야 한다. 어디에서나 모양에 머물지 않아, 그 모양에 대해 싫다거나 좋다는 생각을 내지 않는다면, 취하거나 버리고자 하는 생각을 내지 않는다면, 이익과 손해, 성공과 실패 등의 마음을 내지 않는다면, 편안

---

262 第六祖惠能和尚頌曰, 心地含諸種, 法雨即花生. 自悟花情種, 菩提果自成.

하고 한가하며 느긋하고 고요하다면, 텅 비어 있어 모든 것과 두루 녹아들며 맑고 고요하다면, 그것이 일상삼매이다. 그곳이 어디이든 움직이거나, 멈추거나, 앉거나, 눕거나 한결같이 한마음일 뿐이라면, 도량을 옮기는 일 없이 진실한 청정국토를 성취한다면, 그것이 일행삼매이다.

이 두 삼매를 함께 성취한다면 그것은 땅에 뿌려진 씨앗을 잘 보존하고 오래 잘 길러 그 열매를 성숙시키는 일과 같다. 일상삼매나 일행삼매가 바로 그렇다. 내가 지금 법을 설하는 것은 적당한 때에 내리는 비가 대지를 두루 적시는 일과 같다. 그대들의 불성은 씨앗과 같은데 땅을 적시는 이 비를 만났으니 모두 싹을 틔울 수 있을 것이다. 나의 가르침을 받는 이들은 틀림없이 보리를 얻게 될 것이며, 나의 가르침대로 실천하는 이들은 틀림없이 부처의 깨달음을 증득할 것이다.[263]

그리고는 돈오의 꽃과 성불의 열매를 약속하는 위의 노래를 제시한 것이다. 스님은 이렇게 법을 전하고 전수받는 현장에서 이전에 불린 노래들을 소개한 뒤, 자신이 지은 새로운 노래를 두 수 들려준다.

🪷 **육조 스님의 새 노래**

혜능 스님이 말씀하셨다. "내가 지은 두 수의 노래를 들어 보라. 달

---

263 諸善知識, 汝等各各淨心, 聽吾說法. 若欲成就種智, 須達一相三昧, 一行三昧. 若於一切處而不住相, 於彼相中 不生憎愛, 亦無取捨, 不念利益成壞等事, 安閒恬靜, 虛融澹泊, 此名一相三昧. 若於一切處行住坐臥, 純一直心, 不動道場, 真成淨土, 此名一行三昧. 若人具二三昧, 如地有種, 含藏長養, 成熟其實. 一相一行, 亦復如是. 我 今說法, 猶如時雨, 普潤大地. 汝等佛性, 譬諸種子, 遇茲霑洽, 悉得發生. 承吾旨者, 決獲菩提. 依吾行者, 定證 妙果. [宗寶本]

마 스님의 노래에서 뜻을 취한 것이니 그대들이 미혹하더라도 이 노래에 기대어 수행하면 틀림없이 자성을 보게 될 것이다."첫 번째 노래와 두 번째 노래는 다음과 같다.

마음의 땅에 삿된 꽃이 피니,
다섯 꽃잎이 뿌리를 따른 것.
함께 무명의 업을 지으면,
업의 바람에 나부끼게 되리라.

마음의 땅에 바른 꽃이 피니,
다섯 꽃잎이 뿌리를 따른 것.
함께 반야의 지혜를 닦으면,
곧바로 부처의 깨달음이 오리라.[264]

평설   삿된 꽃이 핀다는 것은 분별의 생각에 빠진다는 뜻이다. 삿되게 핀 꽃은 꽃잎도 삿되고, 흔들림도 삿되며, 향기도 삿되다. 하는 일마다 모두 무명의 업을 짓는 일이 되고, 하는 일마다 모두 업의 바람에 흔들리는 일이 된다.

바른 꽃이란 지금 당장 둘 아닌 중도를 실천한다는 뜻이다. 바른 꽃이 피면 모든 것이 반야지혜의 실천이 된다. 피는 꽃도 지혜롭고, 지는 꽃도

---

264 能大師言, 汝等聽, 吾作二頌, 取達摩和尙頌意. 汝迷人依此頌修行, 必當見性. 第一頌曰, 心地邪花放, 五葉逐根隨. 共造無明業, 見被業風吹. 第二頌曰, 心地正花放, 五葉逐根隨. 共修般若惠, 當來佛菩提.

지혜롭다. 흔들림도 지혜롭고, 향기도 지혜롭다. 이것 자체가 부처의 깨달음이다. 그래서 틀림없이[當] 오고, 지금 당장[當] 온다.

수행은 본래의 지혜에 철저히 맡기고 의지하는 일이다. 그 의지하는 것이 『능가경』일 수도 있고, 『금강경』일 수도 있다. 혹은 조사의 노래, 관세음의 이름, 부처의 마음, 다라니, 화두일 수도 있다. 어떤 것이 되었든 나를 고집하는 마음을 철저히 내려놓고 이것에 돌아가 의지하는 것이다.

🪷 열반 직전

육조 스님이 노래를 설하신 뒤 대중들을 해산하였다. 제자들이 밖으로 나와 생각해 보고는, 스님이 세상에 오래 머물지 않을 것임을 알게 되었다.[265]

평설　　초조 달마에서 육조 혜능에 이르는 깨달음의 노래에 대한 설법이 끝나자 대중들이 흩어진다. 여러 조사의 노래는 모두 열반에 앞서 내려 준 가르침의 결산이었다. 이렇게 육조 스님은 임종에 앞서 마지막 가르침을 노래로 결산한다. 그래서 제자들은 스님의 임종을 짐작하게 된다.

유통본에도 노래에 대한 설법이 끝나고 대중들이 흩어지는 상황에 대한 묘사가 있다. 그런데 여기에 그 의미를 결산하는 설법이 추가되어 있다. 그 내용은 다음과 같다.

265　六祖說偈已了, 放眾生散. 門人出外思惟, 即知大師不久住世.

스님이 노래를 설하기를 마치고 말씀하셨다. "이 법은 둘이 아니며, 이 마음 역시 마찬가지이다. 이 진리는 분별이 없어 청정하며 이런저런 모습으로 한정되지 않는다. 그대들은 고요함을 관찰한다느니, 그 마음을 비운다느니 하지 않도록 조심하라. 이 마음이 본래 청정하여 취하거나 버릴 것이 없는 까닭이다. 각자 노력하되 인연을 따라 잘 가도록 하라." 이에 대중들이 예배하고 물러갔다.[266]

그렇다. 법이라는 것은 어디에 따로 있지는 않지만 모든 곳에 있지 않은 곳이 없다. 이것을 모르고 고요함에 집중하려 하고, 아무 생각도 하지 않으려 한다. 안됐지만 무엇엔가 지향점을 정하면 노력할수록 멀어지게 된다. 그러므로 관념적 지향을 내려놓고 지금 이 인연을 잘 수용하고 잘 만나는 것이야말로 진짜 노력이라 할 수 있다.

🪷 법 전승의 계보

육조 스님이 그 뒤 8월 3일, 공양을 드신 후 말씀하셨다. "너희들! 모두 자리에 앉아 보아라. 내가 이제 너희들과 작별하려 한다."

법해가 그 말을 듣고 말하였다. "당장 깨닫는 이 법이 전수되어 오는 데 옛날부터 지금까지 몇 대를 거친 것입니까?"

육조 스님이 말씀하셨다. "처음에 일곱 부처님으로 전수되었으니 석가모니 부처님이 7번째가 되신다. 이후 대가섭(8대), 아난(9대), 말전지

---

266 師說偈已曰, 其法無二, 其心亦然. 其道清淨, 亦無諸相, 汝等慎勿觀靜及空其心. 此心本淨, 無可取捨. 各自努力, 隨緣好去. 爾時徒眾作禮而退. [宗寶本]

(10대), 상나화수(11대), 우바국다(12대), 제다가(13대), 불타난제(14대), 불타밀다(15대), 협비구(16대), 부나사(17대), 마명(18대), 비라장자(19대), 용수(20대), 가나제바(21대), 라후라(22대), 승가나제(23대), 승가야사(24대), 구마라타(25대), 사야다(26대), 바수반다(27대), 마나라(28대), 학륵나(29대), 사자비구(30대), 사나파사(31대), 우바굴(32대), 승가나제(33대), 수바밀다(34대), 남천축국 왕자 보리달마(35대), 중국의 혜가(36대), 승찬(37대), 도신(38대), 홍인(39대)을 거쳐, 이 혜능이 법을 받은 것이 이제 40대째가 된다.

스님이 말씀하셨다. 오늘 이후 서로 대를 이어 전수하되 반드시 기대고 믿어서 종지를 잃지 않도록 하여라."²⁶⁷

평설　　　보통 서천 28조사라 할 때에는 가섭을 제1조로 삼는다. 여기에 중국의 6조사를 더하여 33조사로 통칭한다. 28+6=33이 되는 이유는 인도의 28조인 달마 대사가 중국의 제1조에 해당하여 중복되기 때문이다. 여기에서는 석가모니불을 포함하는 과거칠불을 숫자에 넣어 전체 40대의 전법계승관계를 말하고 있다. 유통본에는 과거칠불의 이름을 직

267　六祖後至八月三日食後. 大師言. 汝等着位座. 吾今共汝等別. 法海聞言. 此頓教法傳授. 從上已來至今幾代. 六祖言. 初傳授七佛, 釋迦牟尼佛第七, 大迦葉第八, 阿難第九, 末田地第十, 商那和修第十一, 優婆鞠多十二, 提多迦第十三, 佛陀難提第十四, 佛陀密多第十五, 脅比丘第十六, 富那奢第十七, 馬鳴第十八, 毘羅長者第十九, 龍樹第二十, 迦那提婆第二十一, 羅睺羅第二十二, 僧迦那提第二十三, 僧迦耶舍第二十四, 鳩摩羅馱第二十五, 闍耶多第二十六, 婆修盤多第二十七, 摩拏羅第二十八, 鶴勒那第二十九, 師子比丘第三十, 舍那婆斯第三十一, 優婆堀第三十二, 僧迦羅第三十三, 須婆蜜多第三十四, 南天竺國王子第三子菩提達摩第三十五, 唐國僧惠可第三十六, 僧璨第三十七, 道信第三十八, 弘忍第三十九, 惠能自身, 當今受法第四十. 大師言, 今日已後, 遞相傳授, 須有依約, 莫失宗旨.

접 거명한다. 과거장엄겁에 출현한 비파시불, 시기불, 비사부불, 금현겁에 구류손불, 구나함모니불, 가섭불. 석가모니불이 그것이다.

인도의 28조는 판본에 따라 이름이 다르다. 우선 당장 아난을 계승한 것으로 얘기되는 말전지(末田地)는 각 유통본에 보이지 않는다. 상나화수에 대한 관점이 다르기 때문이다. 유통본에서는 상나화수를 아난의 전법제자로 보고 말전지를 넣지 않는다. 여기에서는 말전지를 아난의 전법제자로 넣었으므로 상나화수를 말전지의 계승자로 처리하고 있다.

상나화수의 법을 이은 우바국다존자는 처음에 귀의하였을 때 악행을 하면 검은 돌을 놓고, 선행에 흰 돌을 놓도록 하는 과제를 받는다. 이렇게 한 지 7일 만에 흰 돌만 남게 되자 법을 전해 받았다는 이야기로 유명하다.

우바국다존자의 법을 제다가존자가 잇는다. 제다가존자가 태어날 때 이적이 있었다. 그가 태어날 즈음에 그의 부친이 꿈을 꾸었는데, 집에서 황금빛 태양이 솟아 천지를 밝게 비추는 것이었다. 또한 앞에는 무수한 보배로 장식된 큰 산이 있고, 산 정상에서는 샘물이 솟아 사방으로 넘쳐 흘렀다. 이에 대해 우바국다존자는 보배로 장식된 산은 우리들의 몸을 암시하며, 샘물이 솟는다는 것은 법이 무궁무진하다는 뜻이며, 태양이 집에서 솟는다는 것은 주인공이 도에 들어가는 모습이며, 천지를 밝게 비춘 것은 그 지혜가 모든 것을 비춘다는 뜻이라고 해석하였다.

미차가는 제다가존자에게 숙세의 인연으로 법을 받았으며, 그를 따르던 8천여 명의 바라문들 또한 제다가존자의 신통력에 감화되어 불교에 귀의하였다.

이후 제18대 마명 대사가 법을 이어 대승불교의 문을 크게 열고, 제20대에 제2의 석가라 불리는 용수보살이 나타나 불법을 널리 편다. 팔불중도

(八不中道)[268]로 요약되는 그의 중관학설은 대승불교의 가장 대표적 성취에 해당한다.

그런데 어째서 번쇄함까지 느껴지는 이 불법전승의 계보가 그토록 중요할까? 불법은 언어와 문자, 논리와 객관을 벗어난 진여실상의 진리를 전달한다. 그래서 이심전심, 불립문자, 언어도단이라는 말을 자꾸 하게 된다. 그런데 이 말을 잘 이해해야 한다. 언어와 문자의 밖에 전할 무엇이 따로 있지 않기 때문이다. 다만 언어와 문자가 기반하는 분별적 생각을 내려놓는 일이야말로 수행자의 눈앞에 떨어진 과제이다. 이렇게 내려놓고 보면 모든 것이 실상일 뿐이라, 부처님과 조사들이 전하고자 했던 것이 진실하여 허망한 것이 아님을 확인하게 된다.

다만 분별적인 생각을 내려놓는 일이 과연 무엇인지에 대해서는 혼자 책을 보아 알기 어렵고, 추론하여 알기 어렵고, 홀로 수행하여 도달하기 어렵다. 아무리 열심히 공부해도 결국 분별적인 생각을 작동하는 일이 되기 때문이다. 그것은 스승이 직접 점검하고 인정하는 방식을 통해 전수될 수밖에 없다. 스승에게서 제자에게로 직접 전수되는 법맥을 상정하지 않을 수 없는 이유이다. 특히 선가에는 위음왕불이 세상에 나오고 난 뒤로는 스승 없이 혼자 깨닫는 일을 외도로 본다는 얘기가 있다. 자아가 얼마든지 다른 방식으로 위장하여 숨어 있을 수 있고, 스승의 확인이 없이 스스로 이것을 눈치채기는 어렵기 때문이다.

이에 대한 돈황본과 유통본의 차이는 상당하다. 돈황본에서는 과거

---

[268] 『중론』 제1품의 첫째 노래를 '팔불게[八不偈]'라 不生亦不滅, 不常亦不滅, 不一亦不異, 不來亦不去라는 게송에 불(不) 자가 8번 들어가기 때문에 붙여진 제목이다. 같은 이유로 이것을 팔불중도[八不中道], 혹은 팔불연기[八不緣起]라 한다.

7불을 포함하여 40조사의 마지막에 육조 스님을 위치시키고 있다. 이에 비해 유통본에서는 7불을 빼고 33조사만 제시한다. 그러니까 돈황본의 제8대 가섭존자가 유통본에서는 제1대가 되고, 제40대 육조 스님이 유통본에서는 제33대가 되는 것이다. 유통본은 그 포함되는 조사에 있어서나 순서에 있어서도 돈황본과 차이가 크다. 특히 사자(師子)비구에서 보리달마에 이르는 계보는 완전히 다르다. 그래서 이 대목이 스님이 직접 구술한 내용이 아닐 수 있다는 추정도 가능하다. 육조 스님이 당시 불교계의 상식에 근거하여 과거 7불, 서천 28조, 동토 6조를 말했을 수는 있다. 그러나 중국의 6조를 제외하고 그것을 일일이 말하지는 않은 것 같으며, 굳이 그럴 일도 없었을 것으로 생각된다. 십중팔구 후대의 기록자들이 참고자료로 추가한 것이 본문에 편입된 것일 가능성이 높다.

🪷 열반과 부촉

법해가 또 말하였다. "스님께서 이제 가시면 어떤 법을 남겨 부촉하시겠습니까? 후대인들로 하여금 어떻게 부처를 보도록 하시겠습니까?"

육조 스님이 말씀하셨다. "너희들 들어 보라. 후대의 미혹한 사람들이라도 다만 중생을 알면 곧 부처를 볼 수 있을 것이다. 만약 중생을 모르고 부처만 찾는다면 만겁이 지나도 볼 수 없을 것이다. 내가 이제 너희들에게 중생을 알아 부처를 보도록 가르치기 위해 '진짜 부처를 보아 해탈하는 노래[見眞佛解脫頌]'를 남겨 주겠다. 미혹하면 부처를 보지 못할 것이요, 깨달으면 바로 볼 것이다."

법해가 듣기를 소원하며 말하였다. "저희가 간절히 듣고 대대로 전하여 세대를 넘어 끊어지지 않도록 하겠습니다."

육조 스님이 말씀하셨다. "너희들 들어 보라. 내가 너희들에게 말하여 주겠다. 후세의 사람들이 부처를 찾고자 한다면 오직 자기 마음속의 중생만 알면 바로 부처를 알 수 있을 것이다. 중생이 있기 때문에 부처인 것이다. 중생을 떠나서 부처의 마음이 따로 있는 것이 아니다. 미혹하면 이 부처가 중생이 될 것이고, 깨달으면 이 중생이 부처가 될 것이다. 어리석으면 이 부처가 중생이 되고, 지혜로우면 이 중생이 부처가 된다. 마음이 분별에 떨어지면 부처가 중생이 되고, 마음이 평등하면 중생이 부처가 된다. 한평생 마음에 분별이 있으면 부처가 중생 속에 있게 될 것이지만, 한 생각 깨달아 평등하면 중생이 그대로 부처가 되리라. 내 마음 이대로 부처가 있으니, 있는 이대로의 부처가 진짜 부처이다. 자기에게 부처 마음이 없다면, 어느 곳에서 부처를 구할 것인가?"[269]

평설　　　자기 마음이 부처이므로 이 마음을 바로 보면 부처를 본다. 마음이 바로 불성이 나타나는 현장이기 때문이다. 그렇다면 마음이란 무엇인가? 희로애락이 그것인가? 그렇기도 하고 아니기도 하다. 마음은 일체의 희로애락을 포함하여 보고, 듣고, 느끼고, 아는 모든 인지작용을 포함한다. 나아가 지금 눈앞에 드러난 만사만물까지 모두 포함한다. 요컨

---

[269] 法海又白, 大師今去, 留付何法, 令後代人, 如何見佛. 六祖言, 汝聽, 後代迷人, 但識眾生, 即能見佛. 若不識眾生, 覓佛萬劫, 不得見也. 吾今教汝, 識眾生見佛, 更留見真佛解脫頌, 迷即不見佛, 悟者即見. 法海願聞, 代代流傳, 世世不絕. 六祖言, 汝聽. 吾與汝說. 後代世人, 若欲覓佛, 但識自心眾生, 即能識佛, 即緣有眾生, 離眾生無佛心. 迷即佛眾生, 悟即眾生佛. 愚癡佛眾生, 智惠眾生佛. 心險佛眾生, 平等佛眾生. 一生心若險, 佛在眾生中. 一念悟若平, 即眾生自佛. 我心自有佛, 自佛是真佛. 自若無佛心, 向何處求佛.

대 모든 작용과 모든 존재를 포함한다. 그래서 마음은 뜰 앞의 잣나무이다. 대나무에 돌 부딪치는 소리이고, 난만하게 개화한 복숭아꽃이다. 옴마니반메훔이고, 관세음보살이다.

중생과 부처도 마찬가지이다. 마음 이대로 부처이듯 중생 이대로 부처이다. 여기에 단 한 가지, 바로 본다는 조건이 전제된다. 바로 본다는 것은 둘로 나누어 분별하지 않는다는 뜻이다. 미혹함, 어리석음 등의 다양한 용어는 모두 시비호오에 대한 분별, 판단, 선택, 집착을 가리킨다는 점에서 차이가 없다. 유통본에는 이 설법에 대한 결론으로 다음과 같은 내용이 추가되어 있다.

너희들 각자의 그 마음이 바로 부처이니 다시는 이리저리 의심하지 말라. 부처는 밖에 별도로 세워지는 어떤 특별한 무엇이 아니다. 모든 것은 본래 마음에서 수만 가지 현상으로 생겨나는 것이다. 그래서 경전에서는 "마음이 생기면 모든 현상이 생기고, 마음이 사라지면 모든 현상도 사라진다"고 한 것이다.[270]

참으로 적절한 결론이다. 이 마음이 부처이고, 이 부처가 마음이다. 이 마음이 만법이고, 만법이 마음이다. 그래서 깃발이 움직이는 것을 마음이 움직인다고 한 것이다. 다만 마음이 만 가지 현상이라고 할 때, 마음과 만 가지 현상을 원인과 결과로 이해하면 곤란하다. 지금 이 눈앞의 일들이 그대로 마음의 풍경이지, 마음이 따로 있는 것이 아님을 알아야 한

---

270 汝等自心是佛, 更莫狐疑. 外無一物而能建立, 皆是本心生萬種法. 故經云, 心生種種法生, 心滅種種法滅. [宗寶本]

다. 마음이 생기면 모든 현상이 생긴다는 구절은 『대승기신론』에서 가져
온 것이다.

🪷 **자성의 노래-1**

대사가 말씀하셨다. "제자들아! 잘 있거라. 내가 노래를 하나 남겨
주리니 제목을 '자성이 진짜 부처임을 알아 해탈하는 노래[自性真佛解脫
頌]'라 한다. 후대의 미혹한 사람들이 이 노래를 듣고 이해하면 바로 자
기의 마음과 자성이 진짜 부처임을 알게 될 것이다. 이 노래를 선물하
는 것으로 너희들과 작별하고자 한다. 노래는 다음과 같다."

진여의 청정한 자성이 진짜 부처이고,
삿된 견해에서 일어나는 탐진치가 진짜 마왕이다.
삿된 견해를 가지면 마왕이 집안에 머물고,
바른 견해를 가지면 부처가 방안에 있게 된다.[271]

평설　　　전체 8수로 이루어진 연작 중 첫째 노래이다. 부처와 마왕
은 나의 마음자세에 따라 갈리는 것이지 밖에서 오는 것이 아니다. 시비
의 분별과 그에 따른 호오의 선택을 하지 않으면 마음은 청정하다. 이 청
정함이 진짜 부처이다. 시비로 분별하고 호오로 선택하는 자리에는 '나'
가 개입한다. 원래 세상은 있는 이대로 문제가 없다. 그런데 이 문제없는

271　大師言, 汝等門人好住, 吾留一頌, 名自性真佛解脫頌. 後代迷人, 聞此頌意, 即見自心自性真佛, 與汝此頌, 吾
　　共汝別. 頌曰. 真如淨性是真佛, 邪見三毒是真魔, 邪見之人魔在舍, 正見之人佛在堂.

세상에 '나'가 개입하여 분쟁의 전쟁터가 된다. 이 전쟁터를 지배하는 것이 탐진치의 세 가지 악독한 마군이다. 둘로 분별하여 자기에게 좋은 것을 가지려 하고, 싫은 것을 버리려 하는 취사선택의 의도야말로 삿된 견해이며 마군이다. 이에 비해 둘로 나누기를 멈추어 자기를 세우지 않는 일을 바른 견해라 한다. 바른 견해에 서면 모든 일이 부처의 일이 되고, 모든 곳이 부처의 나라가 된다.

그러므로 매 순간 분별을 내려놓는 중도의 실천만이 유일한 길이 된다. 내가 주체가 되어 부처를 보려 하거나, 반야를 보려 한다면 이미 천리 밖이다. 보는 주체와 보이는 대상을 설정하는 마군이 나타났기 때문이다.

🪷 자성의 노래-2

자성 중의 삿된 견해에서 삼독심이 일어나면,
바로 마왕이 찾아와 집에 머물게 된다.
바른 견해를 가지면 삼독심이 저절로 제거되고,
마왕이 변하여 거짓 없는 진짜 부처가 된다.[272]

평설　　자성이 청정하다면 어떻게 자성에서 삿된 견해가 일어나는가? 자성이라는 본체가 따로 있지 않기 때문이다. 분별이 일어나면 삿된 견해에 빠지고, 분별을 내려놓으면 바른 견해가 일어날 뿐이다. 바른 견해를 가지면 탐진치의 현장이 그대로 계정혜가 된다. 모든 마군이 그대

272　性中邪見三毒生, 即是魔王來住舍, 正見自除三毒心, 魔變成佛真無假.

로 부처가 된다. 그래서 지금 당장의 이 시비가 넘치는 시장이 유일한 수행처이자 부처를 만나는 현장이 된다. 돌아갈 자성이 따로 있지 않고, 성취할 부처가 따로 있지 않다. 오직 지금 당장 분별을 내려놓아 바른 견해를 가지면 온 우주법계가 그대로 자성의 드러남, 부처의 드러남이다.

🪷 자성의 노래-3

법신과 보신과 화신,

이 세 몸은 본래 한 몸이라.

만약 이 몸에서 부처를 찾아 스스로 본다면,

그것이 바로 부처의 깨달음을 성취하는 인연이라네.[273]

평설   법신, 보신, 화신을 한 몸으로 보는 삼위일체설은 불교 교리의 발전사를 통해 그 정교성을 더해 왔다. 원래 본질이 따로 있고, 현상이 따로 있다는 논리는 분별적 이원사유에 근거하고 있기 때문에 쉽게 이해가 된다. 그러나 진실한 불교적 실천과 체험에 들어가면 본질과 현상은 둘이 아니다. 나와 부처는 둘이 아니다. 그러므로 나를 바꾸어 부처가 되는 것이 아니라, 있는 이대로 부처임을 보는 것이 불법 수행의 요체가 된다. 이 몸과 마음에 깃들인 부처를 알아차리는 눈이 되면, 온 세상이 부처의 국토이고, 모든 일이 부처의 일이며, 모든 이가 부처이다. 그러므로 분별을 내려놓고 바로 보는 일로 돌아가는 일이야말로 궁극적 깨

---

273 化身報身及法身, 三身原本是一身. 若向身中覓自見, 即是成佛菩提因.

달음의 열매를 맺는 일이 되는 것이다. 다만 보는 주체를 세워서는 안 된다. 그것은 불을 들고 있는 사람이 불을 구하는 일이고, 말을 탄 사람이 말을 찾는 일이기 때문이다.

이 노래의 제3구, "만약 이 몸에서 부처를 찾아 스스로 본다면"을 유통본에서는 "만약 이 성품에서 스스로 볼 수 있다면"[274]으로 다르게 표현하고 있다. 둘 중 어느 것이 틀렸다고 말할 수는 없지만, 전체 노래가 모든 몸이 그대로 부처임을 보라는 주제로 이루어져 있다는 점에서 돈황본이 더 일관되어 있다.

> 🪷 **자성의 노래-4**
>
> 본래 화신에서 청정한 자성이 일어나고,
> 청정한 자성은 항상 화신 가운데 있다.
> 자성이 화신으로 하여금 바른 길을 걷게 하니,
> 장차 원만한 보신으로 한량없이 진실하리라.[275]

평설 모양으로 드러난 부처를 화신이라 한다. 그런데 화신이라 해서 어떤 특별한 모양이 따로 있는 것이 아니다. 요컨대 모든 모양이 있는 이대로 부처의 화신이다. 이 화신은 청정법신과 둘이 아니다. 이렇게 모양과 자성이 둘 아님을 알아 분별집착에 빠지지 않는 것이 바르게 닦고 바르게 깨닫는 길이다. 그것이 어떤 모양이든 지금 여기에 드러난 이

---

274 若向性中能自見. [宗寶本]

275 本從化身生淨性, 淨性常在化身中. 性使化身行正道, 當來圓滿真無窮.

것에서 청정한 자성을 확인하기를 거듭하는 것이 바르게 닦는 길이다. 이렇게 닦고 닦다 보면 상대되는 두 측면을 오가던 의심이 말끔하게 사라져 진실로 참된 자리가 나타나게 된다. 무엇이 참된 자리인가? 선사들은 대답한다. 강물은 아래로 흐르고, 해 지면 달이 뜬다.

🪷 자성의 노래-5

더러움의 성품이 그 자체로 청정함의 원인이니,

더러움을 제거한 청정한 본체가 따로 있지 않다.

다만 성품 가운데 있는 다섯 가지 욕망이 저절로 떨어질 때,

찰나 간에 성품을 보리니 그것이 바로 참 부처이다.[276]

평설　　더러움은 나쁜 것이고, 청정함은 좋은 것이라는 생각 자체가 문제이다. 청정함을 세우는 순간 더러움이라는 쌍생아가 태어나기 때문이다. 이 공부에서는 둘로 나누는 분별이 만악의 근원이다.

별도의 특별한 무엇을 설정하지 않는 입장에서 보면 원인이라 할 것도 없고 결과라 할 것도 없다. 그것은 둘이 아니라서 오직 한결같은 이 일일 뿐이기 때문이다. 당연히 더러움이라 할 것이 없고, 청정이라 할 것이 없다. 더러움은 우리에게 갖추어진 청정한 마니주에 입혀진 색의 하나일 뿐이다. 그렇다면 어떻게 하면 청정한 마니주의 본래 청정함으로 돌아갈 것인가? 자아에 대한 집착을 내려놓아야 한다. 그것은 물질에 대한 욕망, 성에 대한 욕망, 명예에 대한 욕망, 음식에 대한 욕망, 수면에 대한 욕망

276　婬性本身淸淨因, 除婬卽無淨性身. 性中但自離五欲, 見性刹那卽是眞.

을 함께 내려놓는 일이기도 하다. 자아에 대한 집착과 그것에서 발원하는 다양한 욕망들은 뿌리와 가지의 관계에 있기 때문이다.

노련한 농부는 뿌리를 다스리는 것으로 가지와 잎사귀를 함께 다스린다. 둘로 나누기를 멈추고 자아에 대한 집착을 내려놓으면 다양한 욕망들은 저절로 떨어진다. 이때 만사만물이 부처님임을 알게 된다. 산하대지 전체가 그대로 법신 부처님임을 확인하게 된다. 이것을 가리켜 성품을 본다 하고, 참 부처를 본다고 한다.

🪷 자성의 노래-6

이번 생애에 당장 깨닫는 가르침을 만났으니,

깨달으면 눈앞의 부처님을 보게 되리라.

만약 수행을 통해 부처를 구하고 찾고자 한다면,

어느 곳에서 참 부처를 구할 수 있겠는가?[277]

평설　　육조 스님이 완성하여 보여 준 당장 깨닫는 이 가르침은 불교사의 일대 사건이다. 중생이 진화하여 성인이 된다는 일반적 관점을 뒤집는 파천황의 가르침이기 때문이다.

지금 당장 깨닫는 이 육조 스님의 가르침을 실천하는 입장에서는 중생이 곧 부처이다. 부처와 중생이 둘이 아님을 완전히 알아 추호의 의심조차 없게 되는 일을 가리켜 자성을 보았다, 부처를 이루었다고 한다.

이에 비해 별도의 부처를 따로 찾고자 하는 모든 지향은 갈수록 어긋

---

[277]　今生若悟頓教門, 悟卽眼前見世尊. 若欲修行求覓佛, 不知何處欲覓真.

난다. 일반적으로 수행자들은 지금의 이 평범함을 버리고 저 숭고한 무
엇을 취하고자 한다. 그러나 육조 스님은 단언한다. 지금 이것의 밖에서
부처를 찾는다면 그것은 아예 불가능한 일이다. 그런데도 대부분의 수행
자들은 지금 이것의 밖에서 부처를 찾는다. 그때 선사들은 고함을 치거
나, 몽둥이를 후려치거나, 멱살을 잡는 등의 가르침을 통해 지금 이것에
돌아오게 하는 방편을 쓰곤 했다. 이후 천하의 선방에 고함과 멱살잡이
가 유행처럼 번져 지금 이것으로 돌아오는 일과 아무 상관이 없는 퍼포
먼스가 되기도 하였지만 그것은 나중의 일이다.

🪷 **자성의 노래-ㄱ**

이 마음 가운데 스스로 참된 진여를 볼 수만 있다면,
그 참됨이 바로 성불의 씨앗이 되리라.
스스로에게서 참 부처를 구하지 않고 밖으로 부처를 찾아다니는데,
그렇게 찾는다면 결국 크게 어리석은 사람이 되리라.[278]

평설   배부르기를 바란다면 당장 눈앞에 놓인 음식을 한 입 먹어
야 한다. 그러지 않고 어딘가에 있다는 산해진미를 찾으면서 굶주리기
를 감수한다면 그는 어리석은 사람이다. 부처를 이루는 길 역시 그렇다.
자신을 중생으로 규정하는 관념에서 벗어나 이 몸 이대로, 이 삶 이대로,
지금 당장 이대로 부처임을 확인해야 한다. 지금 당장 부처로 살아야 궁
극적으로 부처를 성취할 수 있다. 지금 당장의 부처를 버려두고 저 먼 곳

---

[278] 若能心中自有真, 有真即是成佛因. 自不求真外覓佛, 去覓總是大癡人.

의 부처를 찾아다니는 것이 수행의 큰 병이다. 선문에서는 어떤 특별하고 성스러운 무엇이 있다 해도 눈앞의 이 똥 막대기보다 못하다고 본다.

✿ 자성의 노래-8

지금 당장 깨닫는 가르침을 이렇게 이미 전하였으니,
이것으로 세상 사람들을 제도하고 스스로 닦도록 하라.
이제 세상의 도를 배우는 사람들에게 말하노니,
이것에 의지하지 않는다면 크게 헛되리라.[279]

평설 　　육조 스님의 전법 생애는 당장 깨닫는 가르침을 펴는 일로 일관된다. 이로 인해 이후 중국의 선종에서 당장 깨닫는 길이 주류를 점하게 된다. 이것은 가장 힘 있는 중생 제도의 길로서 있는 이대로 부처임을 알도록 중생들을 이끈다. 이것은 또한 가장 효과적인 자기 수행의 길로서 지금 당장 이것에서 부처를 확인하도록 몰아붙인다. 상구보리, 하화중생이 바로 이 당장 깨닫는 가르침의 길에서 하나로 만나고 있는 것이다.

✿ 임종유촉과 열반

스님이 노래를 모두 마치고는 마지막으로 제자들에게 말씀하셨다.

279　頓教法門今已留, 救度世人須自修. 今報世間學道者, 不依此是大悠悠.

"너희들 잘 있거라. 이제 너희들과 작별해야겠다. 내가 간 뒤 세상 사람들과 같은 감정으로 곡을 하지 않도록 하라. 조문이나 돈이나 천을 받거나 상복을 입는다면 부처님의 법도가 아니므로 나의 제자라 할 수 없다. 내가 있던 날과 똑같이 모두 함께 단정히 앉아서 움직임도 없고 고요함도 없게 하여라. 생성과 소멸이 없고, 가거나 옴이 없으며, 옳거나 그름도 없으니 어디에도 머무르지 말아라. 편안하고, 고요하며, 청정한 이것이 바로 큰 도이다. 내가 간 뒤 오로지 내가 가르친 법에 의지하여 닦고 실천하면 나와 함께 있던 때와 똑같을 것이다. 내가 살아 있다 해도 너희들이 가르침과 법을 어기면 도울 수가 없을 것이다."

스님이 이렇게 말씀하신 뒤 밤에 삼경이 되자 문득 돌아가셨다. 스님의 세수 76세였다.[280]

평설　　육조 스님의 임종유촉은 수행자의 일상적 삶이 어떠해야 하는지에 대한 가르침을 담고 있다. 부모와 같은 은혜를 끼쳐 준 스승의 죽음에 임해 울지 말라는 것이다. 인지상정이라는 것이 있다. 육조 스님은 그것을 부정한다. 인지상정이란 삶과 죽음을 둘로 보는 차원에서나 성립하는 것이다. 수행자는 스승의 죽음은 물론 자기의 죽음에 임해서도 둘 아닌 이치와 함께하고 있어야 한다. 둘이 아닌 자리에서 보면 온 일이 없으니 가는 일도 없다. 이러한 도리를 진실하게 실천하는 사람은 스승의

280　大師說偈已了, 遂告門人曰, 汝等好住, 今共汝別. 吾去已後, 莫作世情悲泣, 而受人弔問錢帛, 著孝衣. 即非聖法, 非我弟子. 如吾在日一種, 一時端坐, 但無動無靜, 無生無滅, 無去無來, 無是無非, 無住. 坦然寂淨, 即是大道. 吾去已後, 但依法修行, 共吾在日一種, 吾若在世, 汝違敎法, 吾住無益. 大師云此語已, 夜至三更, 奄然遷化, 大師春秋七十有六.

죽음에 임해서도 법신과 하나인 자리를 벗어나지 않는다. 그래야 자기의 목숨이 끝남에 임해서도 여여하게 법신으로 돌아갈 수 있는 것이다.

이것이 육조 스님의 가르침이다. 수행자는 언제나 가고 옴이 둘 아닌 자리에 살고 있어야 한다. 그래야 스승의 가르침을 제대로 실천하는 제자이다. 스승을 따른다 하면서 그 가르침을 실천하지 않는다면 다시 100년을 함께한다 해도 소용이 없다.

육조 스님은 도를 깨닫는 과정에서 스스로 진정한 제자가 무엇인가를 보여 주었다. 오조 스님을 수십 년 따른 제자들은 스승의 가르침을 지금 당장 실천할 줄 몰랐다. 그러나 스님은 행자로서 오조 스님의 회상에서 8개월간 방아를 찧으며 매 순간 번뇌가 곧 보리인 도리를 확인하는 삶을 살았다. 스승의 마음과 항상 함께 만나고 있었던 것이다. 육조 스님은 열반에 임해 제자들이 스승인 자기에게 집착한다면 그것이 바른 진정한 제자가 아님을 거듭 강조한다. 유통본에 의하면 이때 선과 악의 상대적 두 측면에 묶이지 말라는 또 다른 임종의 노래를 남겼는데 내용은 다음과 같다.

조용히 멈추어 착함도 닦지 말며,
어지럽게 악도 짓지 말라.
고요하고 고요하여 보고 듣는 일에 분별을 짓지 말며,
크고 넓어 마음에 집착이 없게 하라.[281]

이 임종의 노래는 착함도 생각하지 말고, 악함도 생각하지 말라는 대

---

281 兀兀不修善, 騰騰不造惡. 寂寂斷見聞, 蕩蕩心無著. [宗寶本]

유령의 최초 설법과 완전히 일치한다.

🪷 열반 이후 이적들

스님이 열반하시던 날, 절 안에는 기이한 향기가 가득 차 며칠이 지나도 흩어지지 않았다. 산이 무너지고 땅이 흔들렸으며, 숲의 나무들이 하얗게 변했다. 해와 달이 빛을 잃고 바람과 구름이 평상시 같지 않았다. 8월 3일에 열반하신 뒤, 11월에 스님의 법신을 맞이하여 조계산으로 옮겨 감실에 모셨는데 흰 빛이 나타나 하늘로 뻗쳤다가 3일이 지나서야 흩어졌다. 소주 자사 위거가 비석을 세워 오늘날까지 공양하고 있다.[282]

평설   도를 이룬 부처와 조사는 법계와 한 몸으로 살고 한 몸으로 돌아간다. 산천, 초목, 천지, 일월과 둘이 아닌 것이다. 그러므로 그 열반에 감응해 신이한 자연현상이 나타나는 것은 이상한 일이 아니다. 또한 그 기록된 내용들 역시 진실성에 의심의 여지가 없다.

2000년 노벨문학상을 수상한 중국 출신 작가 가오싱젠[高行健]은 육조 스님의 생애와 가르침을 극화하여 『팔월의 눈[八月雪]』이라는 작품을 발표한다. 열반하던 날 숲의 나무들이 하얗게 변했다는 위의 기술을 제목으로 삼은 것이다. 나무꾼으로서, 행자로서, 사냥꾼들 속의 눈에 띄지 않는 거사로서, 한 시대의 스승으로서 머물지 않는 길을 직접 걸었던 스님의

---

282 大師滅度之日, 寺內異香氛氳, 經數日不散, 山崩地動, 林木變白, 日月無光, 風雲失色. 八月三日滅度, 至十一月, 迎和尙神座於漕溪山, 葬在龍龕之內, 白光出現, 直上衝天, 三日始散. 韶州刺使韋璩立碑, 至今供養.

생애는 평범의 극을 보여 준다. 그런데 왜 열반에 임해 돌연 최고로 특별한 죽음을 보여 준 것일까? 가오싱젠은 그 타고난 문학적 예민함으로 육조 스님의 평범한 삶과 특별한 죽음이 둘이 아님을 간파한다.

육조 스님의 생애와 가르침을 접하면 자칫 수행이니 뭐니 내려놓고 그냥 평범하게 살면 되지 않을까 생각할 수도 있다. 그런데 선과 악에 대한 구분을 내려놓고, 자아를 주장하지 않으며, 우주법계에서 항상 부처를 확인하며 사는 삶은 이미 기적이다. 그 삶의 모양이 평범하다 해서 그 내용까지 평범한 것은 아니다. 육조 스님의 특별한 열반은 우리의 평범함에 대한 집착을 허무는 작용을 한다. 평범함과 특별한 이적은 둘이 아닌 것이다. 유통본에는 스님이 열반한 뒤 법신을 조계에 모시게 된 상황, 스님의 생애 개관, 황제의 예우 등에 대한 기록이 추가되어 있다.

11월 광주, 소주, 신주의 관료, 제자, 승려, 속인들이 그 법신을 맞아들이기 위해 서로 다투었으나 좀체 어디로 갈지 결정이 나지 않았다. 이에 향을 피우고 기도하며 말하였다. "향의 연기가 가리키는 곳을 스님께서 돌아갈 곳으로 삼겠습니다."

그러자 향 연기가 곧바로 조계로 향하였다. 11월 13일, 법신을 모신 감실과 가사 및 발우를 조계로 옮겼다. 다음해 7월, 법신을 감실에서 꺼내어 제자 방변이 향을 개어 법신에 입혔다. 문인들은 머리를 취하러 오는 사람이 있을 것이라는 예언을 기억하여 철편과 옻칠한 베로 스님의 목을 단단히 감싼 뒤 탑에 모셨다. 이에 문득 탑 안에 흰 빛이 나타나 하늘에 곧게 뻗었는데 3일이 지나서야 흩어졌다. 소주에서 이 일을 조정에 상주하고 칙명을 받들어 비석을 세워 스님의 깨달음의 행적을 기록하였다.

스님은 춘추 76세를 사셨으며, 24살에 의발을 전수받았고, 39세에 삭발하였으며, 설법으로 대중들을 제도하기 37년이 되신다. 법을 계승한 제자들이 43인이며, 도를 깨달아 범부중생을 벗어난 이들은 그 수를 셀 수가 없다. 달마 스님이 신표로 전한 가사와 중종 황제가 하사한 마납가사 및 발우, 그리고 방변이 조성한 스님의 조상, 쓰시던 도구 등은 모두 보림의 도량에 영원히 보관하였다. 『단경』을 전수하여 종지를 드러내었으며 삼보를 흥성하게 일으켜 중생들을 널리 이롭게 하였다. '육조 대사법보단경(끝)'[283]

돈황본이나 유통본 모두 이로써 『단경』은 끝나게 된다. 다만 돈황본에서는 여기에 이 경의 계승관계를 밝히는 편찬자의 말을 더해 경전의 후기로 삼고 있다.

🏵 경전 전수의 계보

이 『단경』은 상좌인 법해 스님이 모아 기록한 것이다. 법해 스님이 돌아가시고 동문인 도제(道漈) 스님에게 전해졌다. 도제 스님이 돌아가시면서 제자 오진(悟眞) 스님께 전해졌는데, 오진 스님은 영남 조계산 법흥사에서 지금 이 법을 전수하고 있다. 이 법을 받는 자는 반드시 상근기의 지혜를 갖춘 이라야 한다. 불법을 깊이 믿어 크게 자비로운 마음을

---

283 十一月, 廣韶新三郡官僚, 洎門人僧俗, 爭迎真身, 莫決所之. 乃焚香禱曰, 香煙指處, 師所歸焉. 時香煙直貫曹溪. 十一月十三日, 遷神龕併所傳衣鉢而回. 次年七月出龕, 弟子方辯以香泥上之, 門人憶念取首之記, 仍以鐵葉漆布固護師頸入塔. 忽於塔內白光出現, 直上衝天, 三日始散. 韶州奏聞, 奉敕立碑, 紀師道行. 師春秋七十有六, 年二十四傳衣, 三十九祝髮, 說法利生三十七載, 嗣法四十三人, 悟道超凡者莫知其數. 達磨所傳信衣(西域屈眴布也), 中宗賜磨衲寶鉢, 及方辯塑師真相, 并道具, 永鎮寶林道場. 留傳壇經以顯宗旨, 興隆三寶, 普利群生者. 六祖大師法寶壇經(終) [宗寶本]

444

세운 사람이라야 한다. 이 경전을 항상 마음에 지니고 다니며 법을 계승하고 있다고 여겨야 한다. 그렇게 하여 지금까지 끊이지 않고 있다.[284]

평설　　　이 『단경』이 상좌 법해 스님의 주도로 최초 편집된 것은 분명하다. 다만 그 법의 전승에 대해서는 돈황본에서는 법해 → 도제 → 오진의 계보를 제시하고 있고, 혜흔본에서는 법해 → 지도 → 피안 → 오진 → 원회의 계보를 제시하고 있다. 또한 유통본에는 구체적 사승관계에 대한 언급이 없이 다만 그 법이 널리 전파된 사실만 적시하고 있다.

법이 어떤 전승관계를 갖는지는 그 기록자의 종교적 권위에 의해 결정되는 경우가 많으므로 그 정확한 사실관계를 밝히기는 어렵고 또 그럴 필요도 없다. 다만 이 법을 받는 자의 마음 자세에 대한 당부의 말은 거듭 반추해 볼 필요가 있다.

우선 이 법을 받는 자는 반드시 상근기의 지혜를 갖춘 이라야 한다. 상근기는 깨달음의 영성이 높은 사람이다. 그래서 우리가 이미 불성을 갖추고 있다, 우리 스스로 이미 부처다, 이미 불국토에 있다는 등의 말을 듣고 당장 알아차리는 사람이다. 수행이란 없던 것을 성취하여 자신의 소유로 삼는 일이 아니다. 진정한 수행이란 이미 갖추고 있는 이것을 분명히 보아 다시 의심하지 않는 일이다. 이렇게 아는 이가 상근기의 사람이다.

---

284 此壇經, 法海上座集. 上座無常, 付同學道漈, 道漈無常, 付門人悟真. 悟真在嶺南漕溪山法興寺, 現今傳授此法. 如付此法, 須得上根智, 深信佛法, 立於大悲. 持此經, 以為稟承, 於今不絕.

다음으로 불법을 깊이 믿어 크게 자비로운 마음을 세운 사람이라야 한다. 불법을 깊이 믿는다는 것은 우주법계가 모두 불법일 뿐임을 분명히 확인하여 의심하지 않는 사람이다. 이때 크게 자비로운 마음이 발현된다. 중생과 부처, 나와 대상이 둘이 아니므로 내 편과 네 편을 가르지 않는 큰 자비의 마음이 세워지는 것이다.

마지막으로 『단경』을 수지하는 사람이라야 이 경전을 전수받을 수 있다. 수지한다는 것은 단순히 이 경전을 갖고 다닌다는 뜻이 아니다. 이 경전과 하나가 되어 자나 깨나, 앉으나 서나, 모든 것을 이 경전에 돌아가 하나로 만난다는 뜻이다. 그러므로 『단경』에 온전히 헌신한 사람이라야 이 경전을 전해 받을 수 있다. 사실 법은 누가 누구에게 전해 주는 것이 아니라, 자기 스스로 법과 하나 되었을 때 저절로 전해지는 것이다. 다만 자아의 위장전술에 속는 일이 일어날 수 있으므로 눈 밝은 스승이 확인하는 일이 필요한 것이다.

🪷 **후기**

스님은 본래 소주 곡강현 사람이다. 여래께서 열반에 드시고 법의 가르침이 동쪽 땅으로 흘러왔는데, 어느 경우나 머물지 않는 도리를 전했다는 점은 동일하다. 그러므로 우리의 마음이 머무는 곳이 없어야 한다. 이 진정한 보살께서는 참된 실상의 도리와 비유방편의 설법을 함께 베풀어, 오직 큰 지혜의 사람들만 가르쳤으니 이것이야말로 의지해야 할 종지이다. 서원을 세워 수행하는 사람, 고난을 만나도 물러서지 않는 사람, 괴로움을 참을 수 있는 사람, 복덕이 깊고 두터운 사람에게 이 법을 전할 일이다. 만약 근기와 성품이 부족하고 자질과 도량이 적절하지 않다면 이 법을 구하더라도 통달하여 스스로 설 수 없는 사람이므로 함부로 『단경』을 전해서는 안 된다. 길을 함께하는 모든 사람에게 알려 비밀스러운 뜻을 알게 한다. [남종돈교최상대승단경법 일권][285]

평설　　스님을 소주(韶州) 곡강현 사람으로 표현하는 구절은 설명을 필요로 한다. 원래 육조 스님의 본관은 범양(范陽)이다. 그 부친이 북경 부근인 범양에서 벼슬살이를 하였기 때문이다. 이후 부친이 유배됨에 따라 영남의 신주(新州)에 자리 잡게 된다. 신주는 지금의 광동 신흥현(新興縣)이다.

그런데 여기에서는 육조 스님을 소주 곡강현 사람으로 기술하고 있다. 조계산이 있는 소주는 신주와 상당한 거리를 두고 있어 동일 지역이 아니다. 그리고 여러 정황을 종합해 볼 때 스님이 신주 출신이라는 것은 분명해 보인다. 그렇다면 스님이 소주 곡강현 사람이라는 표현은 어떻게 나오게 된 것일까?

이 표현이 스님에 대한 일반적인 기술과 어긋나므로 이것이 법해 스님에 대한 기술이라 보는 이들도 있다. 법해 스님이 곡강현 출신으로 얘기되고 있으므로 그렇게 본 것이다. 그러나 많은 학자들은 이것을 육조 스님이 소주 곡강현의 조계에서 30여 년간 법을 설하였던 사실을 강조하는

---

285 和尚本是韶州曲江縣人也. 如來入涅槃. 法敎流東土. 共傳無住, 卽我心無住. 此眞菩薩, 說眞實亦譬喩, 唯敎大智人, 是旨依. 凡發誓修行, 遭難不退, 遇苦能忍, 福德深厚. 方授此法, 如根性不堪, 材量不得, 雖求此法, 建立不得者, 不得妄付壇經. 告諸同道者, 令知密意. 南宗頓敎最上大乘壇經法一卷

기술로 이해한다.

어찌되었든 법해 스님 등과 같이 『단경』의 전수자 중 한 사람임에 분명한 이 편찬자는 간절한 당부의 말을 통해 세 가지를 강조하고 있다.

첫째, 육조 스님이 전한 것은 머물지 않는 법의 도리라는 점, 그러므로 우리는 법과 일치하여 살아가며 머물지 않는 도리를 실천해야 한다는 점이다. 머물지 않음은 생각에 지배되지 않음, 모양에 지배되지 않음과 함께 육조 스님의 주된 가르침에 해당한다. 우리가 육조 스님의 가르침을 받았다면 머물지 않는 법과 일치된 삶을 살고 있어야 한다. 편찬자는 이 점을 당부한다.

둘째, 『단경』을 전수하는 조건을 제시한다. 우선 중생 제도의 서원을 발하여 수행하는 사람이라야 한다. 나와 중생을 둘로 나누지 않는 사람이라야 돈오의 법을 실천할 수 있다는 말이다. 돈오법에서 말하는 중생 제도는 대상으로서의 중생을 구원한다는 뜻이 아니라 모든 현장에서 마음과 모양이 둘 아님을 실천한다는 뜻이다. 그렇지 않고 수행을 통해 초월적 존재가 되고자 하는 사람이라면 이 법을 전할 수 없다는 것이다. 또한 고난을 만나도 물러서지 않으며 괴로움을 만나도 잘 참아내는 사람이라야 한다는 조건을 함께 제시한다. 이것이 강한 수행의지를 요구하는 것처럼 보이지만 그렇지는 않다. 물러서지 않는다, 잘 참는다는 것은 나를 세우지 않는 청정하고 곧은 마음과 항상 함께한다는 뜻이다. 나를 세우지 않아 법과 일치된 삶을 사는 수행자는 고난과 고통에 동요하지 않는다. 역경과 순경, 고통과 쾌락이 모두 법의 드러남이므로 그것을 바로 알 뿐 시비호오의 반응을 낼 일이 없다. 그러므로 고난에 힘들다거나 고통에 괴롭다거나 할 일이 없다.

셋째, 법을 전해서는 안 되는 경우를 명시하고 있다. 근기와 성품, 혹은 자질과 도량에서 돈오법을 감당할 수 없는 사람이 있다는 것이다. 무엇보다도 중생과 부처, 번뇌와 해탈의 이분법적 수행관을 가진 이는 돈오법을 감당할 수 없는 사람이다. 마지막의 이 당부는 법이 따로 있다고 집착하는 사람들을 향한 가르침에 억지로 애를 쓸 필요가 없음을 강조하고 있다. 이것으로『육조단경』의 모든 설법이 끝난다.

찾아보기

평설
육조단경
六祖壇經